# 民法概要

松野 民雄 — 著  四訂版

嵯峨野書院

# は　し　が　き

　本書は，民法の基礎知識修得のために執筆したものである。民法は，第1条から第1044条までの膨大な条文を有する法律であり，はじめから，すべての内容についての十分な理解を得ることは非常に困難である。そこで，これから民法の学習をはじめようとする際に，まず，民法の全体像を把握してもらい，民法の基本的内容・基本的考え方を理解してもらうことを主眼として，本書を執筆した。本書は，民法の初級レベルから中級レベルに相当する範囲・内容を中心に記述している。本書によって基礎知識を修得した後に，より詳細な内容・より高度な内容（上級レベル）を学習してもらえれば幸いである。

　本書の特色としては，第1に，判例理論を中心として記述していることである。判例は，民法の法源（本文5頁参照）だからである。そして，学説については，必要最少限度の範囲で紹介するにとどめている。学説は，民法の法源ではないからである。第2に，必要に応じて，重要判例の判決要旨を掲載していることである（本文中に，✑印を付している部分）。判決要旨を読むことによって，理解が深まる場合があるからである。第3に，重要ポイントについては設例方式を導入し，具体例での理解の促進を図っていることである。

　本書の制作に関しては，明治大学行政研究所講師の中山実郎氏と弁護士の續孝史氏から多くの助言をいただいた。ここに付記して謝意を表する。また，本書の刊行については，嵯峨野書院の中村義博氏にたいへんお世話になった。同氏の多大なる御尽力をいただいて本書を完成させることができた。同氏に心から感謝申し上げる。

　　平成16年5月

　　　　　　　　　　　　　　　　　　　　　　松　野　民　雄

# 改訂版の序

　本書の初版を執筆してから3年が経過した。この間に，民法典の現代語化，それに伴う若干の規定の改正・新設，新たな特別法の制定，不動産登記法の改正など，民法分野における立法や法改正が相次いでなされてきた。本書においても，これらのことを反映させるため，一部の修正・加筆により，改訂版を刊行することにした。

　本書の執筆姿勢および特色については，初版のはしがきに示してあるが，改訂版においてもそれらを維持している。さらに本書は，国家試験や公務員試験の受験をも念頭において執筆しており，これらの合格をめざして民法の勉強をする際にも活用してもらえれば幸いである。

　平成19年5月

　　　　　　　　　　　　　　　　　　　　　　　　　　松　野　民　雄

# 三訂版の序

　本書の改訂版を執筆してから4年が経過した。この間に，民法分野における大きな改正として，新たな法人制度の実施があり，それに伴う民法典の条文の大幅な削除と新たな特別法の制定がなされた。その他の箇所においても，特別法の改正や新設がなされてきた。本書においても，これらのことを反映させるため，一部の修正・加筆により，三訂版を刊行することにした。

　本書の執筆姿勢および特色については，初版のはしがきに示してあるが，三訂版においてもそれらを維持している。さらに，改訂版のはしがきに示してあるように，宅建試験・行政書士試験等の国家試験や公務員試験の合格をめざし

て民法の勉強をする際にも，本書を活用してもらえれば幸いである。

　　平成23年4月

松　野　民　雄

# 四訂版の序

　本書の三訂版を刊行してから4年近くが経過した。この間に，親族法分野では，家事審判法が廃止され，新たに，家事事件手続法が制定・施行された。相続法分野では，非嫡出子の相続分を嫡出子の相続分の2分の1とする民法900条4号ただし書前段の規定を違憲とする最高裁判所大法廷の決定があり，これを受けて，平成25年12月の民法改正により，当該規定が廃止された。さらに，平成26年8月には，法制審議会において，「民法（債権関係）の改正に関する要綱仮案」が決定され，その後，「民法（債権関係）の改正に関する要綱原案（その1）」および「民法（債権関係）の改正に関する要綱原案（その2）」の公表を経て，平成27年2月に，「民法（債権関係）の改正に関する要綱案」がまとめられて法務大臣への答申がなされた。その他の箇所においても，最高裁判所の重要判例が出されている。本書においても，これらのことを反映させるため，一部の修正・加筆により，四訂版を刊行することにした。民法（債権関係）改正に関しては，主要な部分について，「民法（債権関係）改正の動向」として，関係するそれぞれの箇所に追加した。また，近時の親子法分野における重要課題である「生殖補助医療によって生まれた子の法律上の親子関係」について，新たに項目（第7章V）を設けて追加した。

　　平成27年3月

松　野　民　雄

# 目　　次

はしがき ——————————————————————————— i

改訂版の序 ————————————————————————— ii

三訂版の序 ————————————————————————— ii

四訂版の序 ————————————————————————— iii

## 第1章　民法全体の概要 —————————————————— 1

　Ⅰ　民法とはどのような法か ————————————————— 1

　Ⅱ　民法典の構造はどうなっているのか ——————————— 4

　Ⅲ　民法の法源は何か ———————————————————— 5

　Ⅳ　民法の指導原理は何か ————————————————— 8

　Ⅴ　私権制限の基本原則は何か ——————————————— 10

## 第2章　民法総則の概要 —————————————————— 12

　Ⅰ　民法総則の内容はどのようなものか ——————————— 12

　Ⅱ　自　然　人 ——————————————————————— 13

　Ⅲ　制限行為能力者制度 ——————————————————— 21

　Ⅳ　法　　　人 ——————————————————————— 30

　Ⅴ　法　律　行　為 ————————————————————— 39

　Ⅵ　意　思　表　示 ————————————————————— 44

　Ⅶ　代　　　理 ——————————————————————— 63

　Ⅷ　時　　　効 ——————————————————————— 81

## 第3章　物権法の概要 ——————————————————— 102

　Ⅰ　物権とは何か —————————————————————— 102

　Ⅱ　物権変動（1） ————————————————————— 114

Ⅲ　物権変動（2）——————————————————130

Ⅳ　所　有　権——————————————————136

Ⅴ　地　上　権——————————————————143

# 第4章　担保物権法の概要————————————————148

Ⅰ　担保物権とは何か————————————————148

Ⅱ　留　置　権——————————————————151

Ⅲ　先　取　特　権————————————————160

Ⅳ　質　　　権——————————————————166

Ⅴ　抵　当　権——————————————————173

# 第5章　債権法総論の概要————————————————203

Ⅰ　債権とは何か——————————————————203

Ⅱ　債　権　の　目　的————————————————205

Ⅲ　債　権　の　効　力————————————————208

Ⅳ　債務者の責任財産の保全－債権の対外的効力－——————217

Ⅴ　多数当事者の債権債務関係————————————232

Ⅵ　債　権　譲　渡————————————————247

Ⅶ　弁　　　済——————————————————258

Ⅷ　相　　　殺——————————————————265

# 第6章　債権法各論の概要————————————————271

Ⅰ　契約とは何か——————————————————271

Ⅱ　契　約　の　成　立————————————————275

Ⅲ　双務契約の効力————————————————279

Ⅳ　契　約　の　解　除————————————————283

Ⅴ　売　買　契　約————————————————291

Ⅵ　賃　貸　借　契　約————————————————302

Ⅶ　不　当　利　得 ——————————————— 315

Ⅷ　不　法　行　為 ——————————————— 319

## 第7章　親族法の概要 ——————————————— 331

Ⅰ　親族とは何か ———————————————— 331

Ⅱ　婚　　　姻 —————————————————— 335

Ⅲ　親子（1）－実親子関係－ —————————— 350

Ⅳ　親子（2）－養親子関係－ —————————— 357

Ⅴ　親子（3）―生殖補助医療によって

　　　　　　生まれた子の親子関係― ——————— 365

## 第8章　相続法の概要 ——————————————— 375

Ⅰ　相続とは何か ———————————————— 375

Ⅱ　相　　続　　人 —————————————————— 376

Ⅲ　相　　続　　分 —————————————————— 382

Ⅳ　遺　産　分　割 ————————————————— 388

Ⅴ　相続の承認・放棄 —————————————— 392

Ⅵ　遺　　　言 —————————————————— 396

Ⅶ　遺　留　分 —————————————————— 409

索　　引 ————————————————————— 413

## 主要参考文献および引用文献略語表

### Ⅰ. 基本書

幾代・民法総則　　→幾代　通『民法総則〔第2版〕』（昭和59年，青林書院新社）

幾代・不法行為　　→幾代　通『不法行為』（昭和52年，筑摩書房）

石田・民法Ⅴ　　　→石田　穣『民法Ⅴ（契約法）』（昭和57年，青林書院新社）

石田・民法総則　　→石田　穣『民法総則』（平成4年，悠々社）

稲本・民法Ⅱ　　　→稲本洋之助『民法Ⅱ（物権）』（昭和58年，青林書院新社）

内田・民法Ⅰ　　　→内田　貴『民法Ⅰ〔第4版〕』（平成20年，東京大学出版会）

内田・民法Ⅱ　　　→内田　貴『民法Ⅱ〔第2版〕』（平成19年，東京大学出版会）

内田・民法Ⅲ　　　→内田　貴『民法Ⅲ〔第3版〕』（平成17年，東京大学出版会）

内田・民法Ⅳ　　　→内田　貴『民法Ⅳ』（平成14年，東京大学出版会）

近江・民法Ⅰ　　　→近江幸治『民法講義Ⅰ〔第6版〕』（平成20年，成文堂）

近江・民法Ⅱ　　　→近江幸治『民法講義Ⅱ〔第3版〕』（平成18年，成文堂）

近江・民法Ⅲ　　　→近江幸治『民法講義Ⅲ〔第2版〕』（平成17年，成文堂）

近江・民法Ⅳ　　　→近江幸治『民法講義Ⅳ』〔第3版補訂〕（平成21年，成文堂）

近江・民法Ⅴ　　　→近江幸治『民法講義Ⅴ〔第3版〕』（平成18年，成文堂）

近江・民法Ⅵ　　　→近江幸治『民法講義Ⅵ』（平成16年，成文堂）

奥田・債権（上）　→奥田昌道『債権総論（上）』（昭和57年，筑摩書房）

奥田・債権（下）　→奥田昌道『債権総論（下）』（昭和62年，筑摩書房）

於保・債権総論　　→於保不二雄『債権総論〔新版〕』（昭和47年，有斐閣）

川島・民法総則　　→川島武宜『民法総則』（昭和40年，有斐閣）

四宮＝能見・民法総則

　　　　　　　　　→四宮和夫＝能見善久『民法総則〔第8版〕』（平成22年，弘文堂）

高木・担保物権法　→高木多喜男『担保物権法〔新版〕』（平成5年，有斐閣）

舟橋・物権法　　　→舟橋諄一『物権法』（昭和35年，有斐閣）

*viii*

前田・不法行為法 →前田達明『民法Ⅳ₂（不法行為法)』（昭和55年，青林書院新社）

我妻・講義Ⅰ →我妻 栄『新訂 民法総則（民法講義Ⅰ)』（昭和40年，岩波書店）

我妻＝有泉・講義Ⅱ→我妻 栄(有泉亨補訂)『新訂 物権法(民法講義Ⅱ)』(昭和58年，岩波書店）

我妻・講義Ⅲ →我妻 栄『新訂 担保物権法（民法講義Ⅲ)』（昭和43年，岩波書店）

我妻・講義Ⅳ →我妻 栄『新訂 債権総論（民法講義Ⅳ)』（昭和39年，岩波書店）

我妻・講義Ⅴ₁ →我妻 栄『債権各論 上巻（民法講義Ⅴ₁)』（昭和29年，岩波書店）

我妻・講義Ⅴ₂ →我妻 栄『債権各論 中巻一（民法講義Ⅴ₂)』（昭和32年，岩波書店）

我妻・講義Ⅴ₃ →我妻 栄『債権各論 中巻二（民法講義Ⅴ₃)』（昭和37年，岩波書店）

我妻・講義Ⅴ₄ →我妻 栄『債権各論 下巻一（民法講義Ⅴ₄)』（昭和47年，岩波書店）

我妻＝有泉＝川井・民法①→
　　　　　　　我妻栄＝有泉亨＝川井健『民法①』（平成15年，勁草書房）

我妻＝有泉＝川井・民法②→
　　　　　　　我妻栄＝有泉亨＝川井健『民法②』（平成15年，勁草書房）

我妻＝有泉＝遠藤・民法③→
　　　　　　　我妻栄＝有泉亨＝遠藤浩『民法③』（平成15年，勁草書房）


Ⅱ．法令名・条文

⑴ 条文数のみ表示してあるものは，民法の条文をあらわす。

⑵ 民法以外の法令名については，有斐閣『六法全書』巻末の「法令名略語」による。

Ⅲ．判例（裁判所名・判例集）

- 最判（最決） ⟶ 最高裁判所判決（最高裁判所決定）
- 最大判 ⟶ 最高裁判所大法廷判決
- 大判（大決・大宣） ⟶ 大審院判決（大審院決定・大審院宣告）
- 大連判 ⟶ 大審院連合部判決
- 民集 ⟶ 最高裁判所民事判例集，大審院民事判例集
- 民録 ⟶ 大審院民事判決録
- 刑録 ⟶ 大審院刑事判決録
- 家裁月報 ⟶ 家庭裁判月報
- 判時 ⟶ 判例時報
- 判タ ⟶ 判例タイムズ
- 金商 ⟶ 金融・商事判例
- 金法 ⟶ 旬刊　金融法務事情
- 裁時 ⟶ 裁判所時報

〔例〕「最大判昭45・10・21民集24・11・1560」

⇨昭和45年10月21日の最高裁判所大法廷判決であり，最高裁判所民事判例集24巻11号1560頁に判決文が登載されていることをあらわす。

Ⅳ．民法（債権関係）改正関係

- 改正要綱仮案 →法務省法制審議会民法（債権関係）部会「民法（債権関係）の改正に関する要綱仮案」（平成26年8月26日決定）

　法務省ホームページ　http://www.moj.go.jp/content/001127038.pdf

- 改正要綱案原案（その1）→法務省法制審議会民法（債権関係）部会「民法（債権関係）の改正に関する要綱案の原案（その1）」（平成26年12月16日決定）

　法務省ホームページ　http://www.moj.go.jp/content/001130015.pdf

*x*

・改正要綱案原案（その2）→法務省法制審議会民法（債権関係）部会「民法（債権関係）の改正に関する要綱案の原案（その2）」（平成27年1月20日決定）

　　　　　　　　　　　　法務省ホームページ　http://www.moj.go.jp/content/001131466.pdf

・改正要綱案　　　　　→法務省法制審議会民法（債権関係）部会「民法（債権関係）の改正に関する要綱案」（平成27年2月10日決定）

　　　　　　　　　　　　法務省ホームページ　http://www.moj.go.jp/content/001136445.pdf

# 第1章
## 民法全体の概要

## I 民法とはどのような法か

　通常，民法とは，**私法**の**一般法**であるといわれる。民法は，私法分野に属する法であり，私法分野の一般法であると説明される。

### 1 公法と私法と社会法

　わが国の法を大別すると，まず，公法と私法に分類することができる。**公法**は，公的生活関係を規律する法であり，**私法**は，私的生活関係を規律する法である。さらに，資本主義社会の発展に伴い，私的生活関係に対して，国家の干渉が必要となる場面が生ずるようになってきた。たとえば，雇用関係における労使の立場の差，富の偏在による貧富の差，放任的な資本主義経済の進展による社会経済の混乱，などである。そこで，私的生活関係について，国家が一定の制限を加える法が登場してきた。このような法を**社会法**という。

　(1)　**公法**　　公法とは，国家・地方公共団体と国民・住民との生活関係（公的生活関係）を規律する法をいう。たとえば，われわれ国民・住民の代表者を選ぶための選挙をすること（選挙権），税金を納めること（納税の義務），犯罪者を処罰すること（国家の刑罰権），などのように，国家・地方公共団体の組織や維持にかかわる生活関係を規律する法である。公法の例としては，憲法，行政法，刑法などがある。

公　法

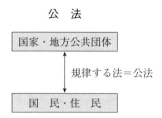

(2)　**私法**　　私法とは，私人(しじん)（国家・地方公共団体等という公の立場から離れた一個人。公人に対する語）と私人との間（市民相互間・国民相互間）の財産関係・家族関係（身分関係）を規律する法をいう。たとえば，土地の売り買い（売買契約），建物の貸し借り（賃貸借契約），結婚（婚姻），相続などのように，人と人とのつながりの中で生ずる生活関係を規律する法である。私法においては，人と人とが，平等な立場にあることを前提としている。私法の例としては，民法，商法などがある。

私　法

(3)　**社会法**　　社会法とは，私人と私人との間の法律関係につき，国家が一定の制限を加える法をいう。社会法は，私人と私人との間の法律関係（特に，契約）において，著しく弱い立場にある者の地位を強化し，当事者間の実質的平等を図っている。たとえば，雇用関係において，労働者に一定の権利（団結権，団体交渉権など）をあらかじめ与えていること，などにあらわれている。社会法の例としては，労働法（労働基準法，労働組合法，労働関係調整法など），経済法（独占禁止法，不正競争防止法，食糧管理法など）がある。

社 会 法

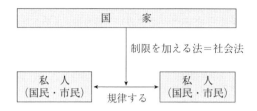

2 一般法と特別法

　公法・私法・社会法のそれぞれは，さらに，一般法と特別法に分類することができる。
　(1) **一般法**　一般法とは，特定の人・物・事項・地域に限定せずに，広く一般的に適用される法をいう。私法分野の一般法は，民法である。この意味での民法というのは，**民法典**をさす。なお，民法典とは，民法の内容を成文化したもの（文章化したもの）をいい，六法全書の中で，民法として掲載されている文章をさす（法の内容を文章化したものを，法典という）。
　(2) **特別法**　特別法とは，特定の人・物・事項・地域に限定して，特別に適用される法をいう。私法分野に属する特別法のうち，直接に，民法典の内容を修正したり，補充したりする特別法の例としては，借地借家法，利息制限法，区分所有法（建物の区分所有等に関する法律。一般に，マンション法といわれる），一般法人法（一般社団法人及び一般財団法人に関する法律），不動産登記法などがある。
　【**特別法は一般法に優先する**】　特別法は，一般法を基礎として成立しており，特定の領域に限定して適用するために特別に制定された法である。したがって，特別法が前提としている領域については，一般法の規定は適用されず，特別法の規定が優先して適用される。たとえば，建物の所有を目的とする土地の賃貸借契約において，当事者が，賃借権（借地権）の存続期間を定める場合，一般法である民法典の規定では，最長20年とされており，これより長い期間の

*4*

定めがなされても，その存続期間は，20年に短縮されるとしている（604条1項）。しかし，特別法である借地借家法によれば，このような場合には，30年以上の期間を定めなければならないとされており（借地借家3条ただし書），30年未満の期間を定めたときは，その定めは無効となり（借地借家9条），存続期間は一律に30年となる（借地借家3条本文）。このような場合には，民法典の規定は適用されず，借地借家法の規定のみが適用されることになる。

### ③ 実質的意義の民法

形式的意義においては，民法とは，私法の一般法であると説明される。この場合の民法とは，民法典をさす。しかし，実質的には，私的生活関係（財産関係・家族関係）を規律する法を意味し，民法典のみならず，民法典の特別法を含めて（商法分野の法を除く），民法という。一般的には（講学上・実務上），民法という語は，実質的意義で使われることが多い。

## II　民法典の構造はどうなっているのか

**民法典**は，第1条から第1044条までの膨大な条文によって構成されている。そこで，民法典においては，この膨大な条文を5つのグループ（5つの編）に分けて，共通する事柄ごとに，条文が配列されている。

第1編（**総則編**）においては，物権と債権に共通する事柄を取り上げて規定している。第2編（**物権編**）においては，物権（物に対する権利）の種類・内容・効力などについて規定している。第3編（**債権編**）においては，債権（人に対する権利）の種類・内容・効力などについて規定している。第4編（**親族編**）においては，親族の範囲・婚姻・親子などについて規定している。第5編（**相続編**）においては，相続人の範囲・相続分，遺言などについて規定している。

第1編から第3編までは，主に，人と人との間の財産関係について規定しており，これらをまとめて，**財産法**という。また，第4編と第5編では，人と人との家族関係について規定しており，これらをまとめて，**家族法**（または身分法）

という。

## Ⅲ　民法の法源は何か

　**法源**（法の淵源）とは，法の存在形式を意味しており，法の具体的内容を表現しているものをさす。法源は，裁判官が，裁判をするにあたって，その拠るべき基準となるものをも意味する。

　民法の法源としては，民法典，民法典の特別法，慣習法，判例法をあげることができる。

### 1　民　法　典

　現行の民法典は，財産法（第1編～第3編）については，明治29年に公布され（明治29・4・27法律89号），明治31年から施行されたものである。また，家族法（第4編，第5編）については，明治31年に公布（明治31・6・21法律9号）・施行されたが，昭和22年に全面的な改正がなされ（昭和22・12・22法律222号），昭和23年から現行の家族法が施行された。なお，その後，現在に至るまでに，いくつかの箇所において，修正・追加がなされている。最近の主な改正としては，平成11年に，成年後見制度に関する改正がなされ（平成12年4月1日から施行），平成15年に，担保物権に関する改正がなされ（平成16年4月1日から施行），平成16年に現代語化がなされ（平成17年4月1日から施行），平成18年に，法人に関する改正がなされ（平成20年12月1日から施行），平成25年に，非嫡出子の相続分に関する規定が削除された（平成25年12月11日から施行）。

## ② 民法典の特別法

　民法典の内容を修正したり，補充するために，幾多の特別法が制定されている。たとえば，借地借家法（平成3・10・4法律90号），利息制限法（昭和29・5・15法律100号），建物の区分所有等に関する法律（区分所有法，マンション法。昭和37・4・4法律69号），一般社団法人及び一般財団法人に関する法律（一般法人法。平成18・8・2法律48号），不動産登記法（平成16・6・28法律123号），任意後見契約に関する法律（平成11・12・8法律150号），家事事件手続法（平成23・5・25法律52号）などである。

## ③ 慣　習　法

　**慣習**とは，一定の社会において，長期間にわたって反復して行われているならわしをいう。公の秩序または善良の風俗に反しない慣習は，「法令の規定により認められたもの」または「法令に規定されていない事項に関するもの」に限り，法律と同一の効力を有する（法の適用に関する通則法3条）。前者の例としては，入会権（263条・294条）があり，後者の例としては，譲渡担保がある。

## ④ 判　例　法

　**判例**とは，最上級裁判所（最高裁判所）の下した法的判断（裁判）のことをいい，将来における同種の事件についての先例となるものをいう。最上級裁判所（最高裁判所）の判断は，事実上，下級裁判所を拘束することになる（裁4条参照）。また，判例においては，具体的事件に関して，具体的な判断基準が示されるのであるから，そこに，民法の内容があらわされることになる。この意味において，判例は，法源となる。したがって，判例とは，基本的には，**最高裁判所**の判断をさす（ただし，最高裁判所の判断が示されていない事柄については，大審院《昭和22年までの最上級裁判所》の判断をさすことがある）。これに対して，下級裁判所（高等裁判所，地方裁判所，簡易裁判所，家庭裁判所）の判断は，**裁判例**といわれる。

### 裁判所の構成と三審制

　裁判所は，最高裁判所および下級裁判所（高等裁判所，地方裁判所，簡易裁判所，家庭裁判所）によって構成されている（憲76条1項，裁2条1項）。最高裁判所での裁判は，大法廷または小法廷で行われる（裁9条1項）。法令等が憲法に適合するか否かを判断する場合または判例変更をする場合には，必ず，大法廷で裁判をしなければならない（裁10条）。

　一般の民事事件に関する訴えは，通常，地方裁判所（第一審）に提起する（裁24条1号）。地方裁判所の判決に不服がある場合には，高等裁判所（第二審）に控訴することができる（民訴281条1項，裁16条1号）。高等裁判所の判決に不服がある場合には，最高裁判所（第三審）に上告することができる（民訴311条1項，裁7条）。このように，当事者は，同一の事件について，レベル（審級）の異なる3つの裁判所での裁判を受けることができる。これを，三審制という。

　なお，訴訟の目的の価額が，140万円以下の請求の場合には（平成15・7・25裁改正，平成16・4・1施行），簡易裁判所（第一審）に，訴えを提起する（裁33条1項1号）。この場合には，地方裁判所が控訴審（第二審）となり（裁24条3号），高等裁判所が上告審（第三審）となる（裁16条3号）。

　また，家庭裁判所は，家事事件手続法（平成23・5・25公布，平成25・1・1施行）で定める家庭に関する事件および人事訴訟法（平成15・7・16公布，平成16・4・1施行）で定める人事訴訟（婚姻の無効・取消しの訴え，離婚の訴え，認知の訴え，養子縁組の無効・取消しの訴えなど）を取り扱う。家庭裁判所は，家庭に関する事件については，審判（通常の裁判とは異なり，非公開で行われ《家事33条》，職権での調査ができる《家事56条》）および調停を行い（裁31条の3第1項1号），人事訴訟に関しては，第一審の裁判所として裁判を行う（裁31条の3第1項2号）。なお，家庭裁判所の審判に対しては，即時抗告をすることができる（家事85条）。

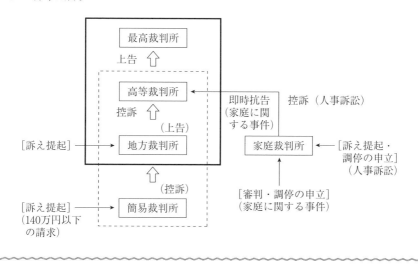

# Ⅳ　民法の指導原理は何か

　私法は，自由と平等とを，その基礎としている。したがって，民法が，自由と平等とを基本理念として成り立っていることは当然であるが，このことから，特に財産法においては，以下の3つの原則（指導原理）が導き出される。

## 1　所有権絶対の原則（私的所有の尊重）

　近代法のもとでは，物に対する私的所有が認められ，それが尊重されている。そこで，所有権（206条参照）は，なんらの人為的拘束を受けない絶対的な支配権であり，神聖不可侵であるとするのが，**所有権絶対の原則**である。この原則のもとでは，誰であろうとも（たとえ国家といえども），みだりに他人の所有権を侵害してはならず，これを尊重しなければならないということになる。憲法に定められている**財産権不可侵の原則**（憲29条参照）に照応する。この原則に対する例外として，土地収用法をあげることができる。

## 2　私的自治の原則

　私的生活関係（私法の前提となる法律関係）においては，人は，誰でも，自己の自由な意思決定にもとづいて，自由に活動（法律関係を形成）することができる，とするのが，**私的自治の原則**である。したがって，人は，自己の活動については，他人から（たとえ国家からでも），干渉・強制されるいわれはないのであり，法律関係形成の基礎は，人の自由な意思決定にあることになる。

　人の自由な意思決定にもとづく自由な活動の対象が契約であるときは，私的自治の原則から，**契約自由の原則**が導き出されることになる。契約自由の原則とは，次のような原則をいう。すなわち，契約は，人の自由意思にもとづかなければならない。したがって，人は誰でも，その自由意思によらずに，権利を取得したり，義務を負担させられることはない，ということである。なお，契約自由の原則は，具体的には，次の4つの自由としてあらわすことができる。

①契約締結の自由（契約を締結するか否かの自由），②相手方選択の自由（誰を契約締結の相手方にするかの自由），③内容決定の自由（どのような内容で契約を締結するかの自由），④方式の自由（どのような方式で契約を締結するかの自由）である。契約自由の原則に対する例外として，電気・ガス・水道の供給契約や鉄道・バスの輸送契約をあげることができる。

### ③ 過失責任の原則

　私的自治の原則にもとづいて，人が，自己の自由な意思決定により，自由な活動をした結果，他人に損害を与えてしまうことがある。このような場合，どこまでが自由な活動として許されるのか，また，どこから違法な行為としての責任が生ずるのかが問題となる。そこで，人が，故意または過失によって，他人に損害を与えた場合には，自己の行為の結果に対して責任（損害賠償責任）を負わなければならないが，故意も過失もないときは，なんらの責任も負わないとするのが，**過失責任の原則**である。したがって，他人に損害を与えないように十分に注意をして活動するならば，その活動は，どこまでも自由な活動として許されることになる。たとえ，自己の行為によって他人に損害が生じても，無過失であるならば，損害賠償責任は生じないことになり，私的自治の原則にもとづく自由な活動を裏側から保障していることになる。

　簡単にいうならば，過失責任の原則とは，「過失なければ責任なし」ということであり，債務不履行責任（415条参照），不法行為責任（709条参照）などにおいて，この原則があらわれている。この原則に対する例外として，金銭債務の不履行の場合の債務者の損害賠償責任（419条3項），製造業者等の製造物責任（製造3条本文），原子力事業者の原子力損害賠償責任（原賠3条）をあげることができる。

## V　私権制限の基本原則は何か

　民法典は，権利中心主義（権利本位システム）に拠って構成されており，その冒頭（1条）においては，権利の内容および行使に関する制限規定が置かれている（ただし，1条および2条の規定は，昭和22年に追加されたものである）。

　なお，本条（1条）は，権利の内容および行使についての具体的な規準を規定しているわけではない。本条を適用するか否かは，もっぱら，裁判官の裁量に委ねられていることになる。このような条項を，**一般条項**という。一般条項は，本来，それ自体が，単独で適用されるものではない。

### ① 　公共の福祉への適合

　「私権は，公共の福祉に適合しなければならない」（1条1項）と規定されており，私権（私法において認められている権利）の内容および行使は，社会全体の利益に反するものであってはならない（私権の社会性），ということを宣明している。私権は，社会共同生活の維持・発展を目的として認められたものであることから導かれる制約である（そもそも，社会全体の利益に反するような権利は，成立させることができないとする内在的制約である）。憲法上，「財産権の内容は，公共の福祉に適合するやうに，法律でこれを定める」（憲29条2項）とされていることに照応する。

　ただし，国家対国民という縦の関係（公的生活関係）を別枠におき，対等な当事者間（私人と私人との間）の私的生活関係を規律する私法（民法）においては，本条項が直接に適用されることは，ほとんどない。国家・社会全体の利益ということを過度に強調すると，個人の尊重や人と人との平等ということを損なうことになるからである。したがって，私権の行使が，社会全体の利益に反すると認められるような場合であっても，本条項を直接に適用するのではなく，本条3項が適用され，権利の濫用として処理されることが多い（最判昭40・3・9民集19・2・233）。

## ② 信義誠実の原則（信義則）

「権利の行使及び義務の履行は，信義に従い誠実に行わなければならない」（1条2項），という原則である。つまり，権利を有する者または義務を負担している者は，相手方の信頼を裏切らないように，十分に注意して，誠意をもって，権利を行使したり，または，義務を履行しなければならないということである。通常，信義則と略称される。

権利の行使が，信義則に反すると認められる場合には，権利の発生そのものが，または，権利の行使が否定されることになる。また，義務の履行が，信義則に反すると認められる場合には，義務の不履行にもとづく責任が生ずることになる。信義則は，民法上，多くの場面において登場する。

## ③ 権利濫用の禁止

「権利の濫用は，これを許さない」（1条3項）と規定されており，権利を有する者が，正当な利益なく，みだりに権利を振りかざすかたちでの権利行使を禁止している。どのような場合に権利の濫用に該当するかは，次の2つの基準によって判断される。まず，①権利を行使する者に，他人を害する意思があるか否か（主観的要件），そして，②権利行使について，それが認められるときと認められないときとのそれぞれにおいて，権利者側に生ずるであろう利益・不利益と相手方に生ずるであろう利益・不利益との比較考量（客観的要件），である（大判昭10・10・5民集14・1965。宇奈月温泉事件）。権利の行使が，権利の濫用に該当すると判断されたときは，権利行使そのものが否定されることになり，その権利行使としての法律上の効果は認められないことになる。また，権利を濫用して行使した結果，他人に損害を与えた場合には，権利を行使した者は，不法行為（709条参照）にもとづいて，その他人（被害者）に対して，損害賠償義務を負うことになる（最判昭43・9・3民集22・9・1767，最判昭47・6・27民集26・5・1067）。

# 第2章
# 民法総則の概要

## I　民法総則の内容はどのようなものか

　民法典の第1編（総則編）においては，民法（財産法）の前提となる2つの大きな柱となる権利（物権と債権）に共通する事柄を取り上げて，物権編や債権編の前に，あらかじめ規定している。物権と債権とに共通する事柄として，**権利の主体**，**権利の客体**，**権利の変動**があげられる。

### ［1］　権利の主体

　**権利の主体**とは，権利を有するもの・権利の帰属先という意味である。権利の主体は，人であるとされており，人以外のものが権利を有することはない。人は，自然人と法人とに分けられる。**自然人**とは，なまみの肉体を持っているわれわれ個人（人間）のことをいう。法人に対して用いられる用語である。また，**法人**とは，自然人以外のもので，法律によって，権利・義務の主体と認められているものをいう。法人には，社団法人と財団法人とがあり，**社団法人**では，人の集合体そのものを権利・義務の主体と認めており，**財団法人**では，財産の集合体そのものを権利・義務の主体と認めている。

### ［2］　権利の客体

　**権利の客体**とは，権利の対象となるものという意味であり，何に対して権利

が成立するのかということである。物権の客体は，**物**であるが，債権の客体は，**人の行為**である。しかし，債権は，間接的に，物を権利の対象とすることがある（賃借権など）。そこで，権利の客体に関して，物権・債権に共通する事柄として，物に関する定義規定が，総則編に置かれている（85条以下）。

### ③ 権利の変動

**権利の変動**とは，権利の発生（取得），変更，消滅（喪失）のことである。物権・債権に共通する権利の変動原因として，**法律行為**（90条以下）と**時効**（144条以下）に関する規定が，総則編に置かれている。

## Ⅱ　自　然　人

### ① 権　利　能　力

**権利能力**とは，権利・義務の主体となりうる地位または資格のことをさし（我妻・講義Ⅰ・43頁参照），権利を取得したり，義務を負担するために必要とされる能力である。

(1) **権利能力の始期**　自然人は，生まれた時に権利能力を取得する。権利能力の始期は，**出生時**である。民法上，**出生**とは，胎児が母体から全部露出することをいうと解されている（通説。我妻・講義Ⅰ・51頁）。

民法上，「私権の享有は，出生に始まる」（3条1項）と規定しているが，この条文は，次の2つの意味を有する。つまり，①自然人であれば，誰でも，差別なく，出生によって，権利能力を取得するということと（権利能力の平等），②自然人は，出生によって，権利・義務の主体としての地位を取得する（生まれないうちは，権利能力を有さない），ということである。

(2) **胎児に関する例外**　権利能力の始期は，出生時であるから，胎児は，生まれないうちは，独立した人ではなく（胎児は母体の一部），権利・義務の主体となることはできない。しかし，例外的に，胎児については，特定の場合においてのみ，すでに生まれたものとみなして，権利能力が認められる。ただし，

生きて生まれることが条件（停止条件）であり，死産の場合には，このような扱いはされない。胎児が生きて生まれたときに，過去のある時点にさかのぼって，その時点から権利能力を有していたとされる（大判昭7・10・6民集11・2023）。したがって，具体的な権利行使は，出生後になる（胎児が生きて生まれる前に，母親が胎児を代理して，胎児のための法律行為をすることはできない）。

　胎児について，例外的に，権利能力が認められるのは，次の3つの場合である。

　(a)　**不法行為にもとづく損害賠償請求権**　　胎児は，不法行為にもとづく損害賠償請求権については，すでに生まれたものとみなされる（721条）。胎児自身が不法行為の被害者となった場合（母体とともに自動車事故に遭い，身体障害・機能障害を受けて生まれた場合など）の損害賠償請求権（709条）や，父親が不法行為の被害者として死亡した場合（父親が自動車事故で死亡した場合など）の損害賠償請求権（711条。固有の慰藉料請求権）などについては，胎児に権利能力が認められ，胎児は損害賠償請求権を取得する。

　(b)　**相続権**　　胎児は，相続については，すでに生まれたものとみなされる（886条1項）。相続の場合には，胎児に権利能力が認められ，胎児は相続権を取得する。たとえば，胎児が生まれる前に，胎児の父親が死亡した場合，胎児は，父親の遺産についての相続権を取得する（887条1項）。

　(c)　**遺贈**（遺言による贈与）**を受ける権利**　　胎児が受遺者（遺言によって遺産の贈与を受ける者）となっている遺贈については，胎児は，すでに生まれたものとみなされる（965条→886条1項）。たとえば，遺言者が，ある胎児に遺産を贈与する旨の遺言を作成した後，胎児が生まれる前に死亡した場合，その胎児は，遺贈を受ける権利を取得する（985条）。

　(3)　**権利能力の終期**　　自然人は，死亡した時に権利能力を喪失する。権利能力の終期は，**死亡時**である。

　死亡には，肉体的死亡（事実上の死亡）と失踪宣告による死亡（法律上の死亡）とがある。さらに，肉体的死亡（事実上の死亡）には，遺体の確認ができる場合（死亡診断書・死体検案書の作成ができる場合）と，遺体の確認ができない場合（死

亡の認定）とがある。

　肉体的死亡（老衰・病気・ケガなど）の時期は，医学的見地から判断される。死亡時期は，原則として，**心臓が停止した時**であり，これは，呼吸停止・心拍停止・瞳孔拡散の３徴候によって判断される。例外的に，臓器移植の場合において，本人が生前に臓器提供の意思を書面で表示しており，かつ，臓器摘出を家族が拒絶しないとき（もしくは家族がいないとき），または，本人の意思表示がない場合に家族の書面による承諾があるときは（臓器移植６条３項），**脳死**（脳幹を含む全脳の不可逆的停止。臓器移植６条２項）した時が死亡時期と判断される。

　**(4)　認定死亡**　　水難・火災その他の事変（震災・航空機事故・炭鉱事故など）によって，死亡したことは確実であるが，遺体が発見されない場合，その取り調べをした官庁または公署が，本人の死亡を認定する。これを，**認定死亡**という。取り調べをした官庁または公署（都道府県など）は，死亡地の市町村長に死亡の報告をし，これにもとづいて，本人の戸籍に死亡が記載される（戸89条）。

　**(5)　失踪宣告**　　(a)　**失踪宣告の意義**　　家庭裁判所は，不在者（従来の住所・居所を去った者。25条１項参照）の生死が一定期間不明である場合に，法律上の利害関係人（配偶者・推定相続人・債権者など）からの請求にもとづいて（事実上の利害関係人や検察官からの請求はできない），その不在者を，法律上，死亡したものとみなす旨の判断（宣告）をすることができる（30条，家事39条・別表第一56項）。これを，**失踪宣告**という。失踪宣告を受けた者を，**失踪者**という。

　**失踪**（不在者の生死が不明であること）には，普通失踪と特別失踪（危難失踪）とがある。**普通失踪**とは，死亡の原因となるような危難（戦争・船舶沈没など）に遭遇してはいないが，生死不明となっている状態をいい，**特別失踪**（危難失踪）とは，死亡の原因となるような危難（戦争・船舶沈没など）に遭遇し，その後，生死不明となった状態をいう。

　　(b)　**失踪宣告の要件**
　　①　不在者の生死が不明であること。
　　②　生死不明の状態が一定期間継続していること。
　普通失踪の場合は，不在者の生死不明の状態が，**７年間**（失踪期間）継続して

いることが必要であり（30条1項），特別失踪（危難失踪）の場合には，危難が去った時から**1年間**（失踪期間）継続していることが必要となる（30条2項）。

③　利害関係人からの請求があること。

④　公示催告がされたこと。

家庭裁判所は，失踪宣告をする前に，公示催告をしなければならない（家事148条3項前段）。公示催告の期間は，普通失踪の場合は，3ヵ月以上であり，特別失踪の場合は，1ヵ月以上である（家事148条3項後段）。

(c)　失踪宣告の効果　　失踪宣告がされた場合，その失踪者は，普通失踪のときは，**7年間の失踪期間が満了した時**に死亡したものとみなされ，特別失踪のときは，**危難が去った時**に死亡したものとみなされる（31条）。ただし，このことは，失踪者の従来の住所を中心とした法律関係において，その者を死亡したと扱うだけであるから，失踪者が生存している場合には，その者の権利能力・行為能力までも喪失させるものではない。

(d)　失踪宣告の取消し　　失踪者が生存していることが証明された場合，または，失踪宣告によって死亡したものとみなされた時期と異なる時期に死亡したことが証明された場合，家庭裁判所は，本人または利害関係人からの請求によって，失踪宣告を取り消さなければならない（32条1項本文）。失踪宣告が取り消されると，失踪宣告がなかったのと同様となる。したがって，失踪宣告によって消滅した家族関係・身分関係（婚姻の解消など）は復活し，失踪宣告を原因として取得した財産については（相続など），返還義務（不当利得返還義務）が発生する。ただし，次の2つの例外がある。

(ｲ)　善意でされた行為の効力

失踪宣告後，その取消し前に，善意（失踪者が生存していることを知らない，または，失踪宣告によって死亡したものとみなされた時期と異なる時期に死亡したことを知らない）でした行為の効力には影響がない（32条1項後段）。たとえば，失踪者の

---

**善意・悪意**

一定の事実を知らないことを**善意**といい，一定の事実を知っていることを**悪意**という。「善意・悪意」という用語には，道徳的な意味での，「良い・悪い」という意味はなく，たんに，一定の事実に対する「知・不知」の意味で使われる。

相続人が，相続財産を第三者に売却していたような場合は，当事者双方（相続人・第三者）が善意であるときは（大判昭13・2・7民集17・59），当該売却行為は有効であり，失踪宣告取消後でも，生存していた失踪者は，その財産の返還を請求できない。さらに，失踪者の配偶者が，失踪宣告後に再婚していた場合，当事者双方が善意であれば，失踪宣告の取消しがあっても，旧婚姻は復活せず，新婚姻は有効となる（通説，我妻・講義Ⅰ・111頁。実務上の取扱い，昭和25・2・21甲520号法務省民事局長回答）。

　　　(ロ)　返還義務の範囲　　失踪宣告を原因として取得した財産の返還義務の範囲は，**現に利益を受ける限度**である（32条2項ただし書）。したがって，取得した財産が現存する限度で返還すればよいのであり（現物が残っていればそのまま返還し，売却等によって形を変えているときは，残存する代金相当額を返還すればよい。**現存利益の返還**），現存する利益がなければ返還義務を免れる。

　ただし，これは，善意で財産を取得した者についてのみ適用され，悪意で財産を取得した者には適用されない（通説，我妻・講義Ⅰ・112頁）。したがって，悪意で財産を取得した者は，取得した財産の全部に利息をつけて返還すべき義務を負う（704条）。

　(6)　**同時死亡の推定**　　複数の者が死亡した場合において，それぞれの死亡の先後が不明であるときは，これらの者は，同時に死亡したものと推定される（32条の2）。たとえば，父と子が，航空機の墜落事故で死亡した場合において，死亡の先後が不明であるときは，父と子は同時に死亡したものと推定される。

---

### みなす・推定する

　「みなす」も「推定する」も，ともに，ある事柄に対する一定の法律上の判断を示す用語である。つまり，ある事柄について，事実はどうであっても，法律上は，このように判断するというものである。「みなす」の例としては，31条・121条本文・189条2項・438条・527条2項・528条・721条・753条・886条1項などがあり，「推定する」の例としては，32条の2・186条・188条・250条・420条3項・449条・573条などがある。

　「みなす」とされている場合には，反証（反対の証拠）をあげて，そのような法律上の判断を覆すことはできないが（法律上の判断を覆すための制度が用意されている場合は，その制度にもとづく手続きがされたときのみ，法律上の判断を覆すことができる《32条1項本文》），「推定する」とされている場合には，反証（反対の証拠）をあげて，そのような法律上の判断を覆すことができる。

*18*

同時死亡者相互間では，相続は生じない。したがって，父と子が同時に死亡したと判断されると，相互の相続権は認められない。ただし，その子に子（父からみた孫）がいる場合には，孫は，祖父の遺産を相続することができる（代襲相続。887条2項。本書377頁参照）。

### 2 意 思 能 力

**意思能力**とは，自己の行為の結果を認識しうる精神能力をいう（我妻・講義I・60頁）。つまり，意思能力は，物事に対する正常な判断力をさし，人（自然人）が，自由に意思決定をすることができる能力を意味する。

法律行為（契約など。本書39頁参照）を有効に成立させるためには，人（自然人）は，まず，意思能力を備えていなければならない。なぜならば，法律行為が有効に成立したときは，そこに，一定の法律効果が生ずるのであり（たとえば，権利の取得・義務の負担など），それは，人（自然人）の自由な意思決定にもとづくものでなければならないからである（私的自治の原則）。法律行為は，当事者の意思どおりの効果を発生させるものであり，当事者の自由な意思決定が前提とされている。

意思能力は，通常，7～9歳程度（個人差がある）で備わるとされている（大判昭12・10・13民集16・1510参照）。ただし，年齢に関係なく，強度の精神病患者や一時的に精神錯乱状態にある者も（薬物投与・泥酔など），意思能力を備えていないことになる。意思能力を備えていない者（意思無能力者）がした行為は，**無効**である（大判明38・5・11民録11・706）。

### 3 行 為 能 力

**行為能力**とは，単独で有効に法律行為をなしうる能力をいう。私的自治の原則のもとでは，個人の意思に，法律効果発生の基礎を求めており，また，他方において，意思能力を備えていない者を個別的に保護している（意思無能力者の行為を無効とし，その者の有する財産を現状の形で保護する）。しかし，法律行為（とくに，契約）においては，高度の打算が働くため，意思能力制度だけでは，

法律効果発生の基礎とするには不十分であり，人の財産保護としては不十分である。法律行為の当事者は，平等な立場にあることが前提とされているのであるから，有効に法律行為を成立させるためには，意思能力よりも高い能力が要求される。したがって，行為能力が必要とされる。

意思能力は，具体的な法律行為の時において要求されるのであり，意思能力の有無は，個別的・具体的に判断される。人が，ある法律行為をした時に，意思無能力状態であったことを事後的に証明することは，非常に困難であり，煩雑でもある。したがって，実際には，意思無能力者であっても，事後的に意思無能力を証明することができず，法的保護を受けることができないことが生ずる。また，かりに，意思無能力を証明することができた場合には，相手方に不測の損害を被らせることにもなる。このような不都合を避けるためには，法的に保護する者を，画一的に決定することが必要となる。

そこで，民法は，行為能力を備えていない者（**制限行為能力者**）を画一的に決定し，制限行為能力者の保護を図るとともに，法律行為の相手方の保護も図っている。**制限行為能力者**とは，①未成年者，②成年被後見人，③被保佐人，④被補助人，の４者のみである。これら４者のいずれにも該当しない者が，行為能力者ということになる。制限行為能力者がした法律行為は，**取り消すことができる**法律行為となる。

---

**成年後見制度**
　判断能力の不十分な成年者（認知症高齢者・知的障害者・精神障害者等）を法的に保護する制度を，成年後見制度という。成年後見制度には，法定後見制度と任意後見制度がある。**法定後見制度**は，法律の規定にもとづく，成年被後見人・被保佐人・被補助人に対する保護の制度をいう（本書23頁以下参照）。これに対して，**任意後見制度**とは，公的機関の監督をともなう任意代理制度を法制化し，本人（認知症高齢者・知的障害者・精神障害者等）が，十分な判断能力を備えている間に，あらかじめ，特定の人に代理権を付与する旨の委任契約を締結して，本人の意思で，後見人（任意後見人）を選任できるようにするものである（任意後見法参照）。

---

## ４　無効と取消しの差異

**(1)　無効・取消しの効果**　　(a)　**無効の効果**　　その法律行為にもとづくな

んらの法律効果も，はじめから，発生しない。このことは，原則として，誰からみても同じである（絶対的無効）。

　(b)　取消しの効果　　一応有効に成立した法律行為が，取り消されることによって，はじめにさかのぼって，無効となる（取消しの遡及効。121条本文）。

【無効・取消しと原状回復義務】　　無効な法律行為，または，取り消された法律行為にもとづいて，物または金銭を受領した者は，その物または金銭を，不当利得として（703条・704条），相手方に返還しなければならない（不当利得返還義務を負う。大宣大3・5・16刑録20・903）。したがって，物を受領していた者は，現物があれば現物を返還しなければならないが，現物を売却していたような場合には，代金相当額を返還しなければならない。

　ただし，原状回復義務を負うべき者が制限行為能力者である場合には，その制限行為能力者は，**現に利益を受ける限度**（現存利益）において返還の義務を負うだけである（121条ただし書）。したがって，現存利益がない部分については，制限行為能力者は，返還義務を負わない。たとえば，受領した金銭を遊興費に使ってしまった場合などである。ただし，受領した金銭を，自己が負担する債務の弁済に充てたり，自己の生活費に充てた場合には，本来，支出すべき額の出費を免れたという利益（消極的利益）が残るので，その部分に関する返還義務はある（大判昭7・10・26民集11・1920）。

　(2)　**無効・取消しの主張者**　　(a)　無効の主張者　　無効は，**絶対的無効**を原則としている。したがって，原則として，利害関係を有する者であれば，誰からでも，無効を主張することができる。

　(b)　取消しの主張者　　取消権を有する者（取消権者）が法定されており（120条），取消権者からのみ，取消しを主張することができる。

　(3)　**無効・取消しの主張の相手方**　　(a)　無効の主張の相手方　　無効は，**絶対的無効**を原則としている。したがって，原則として，誰に対しても，無効の効果を主張することができる（絶対的効力）。しかし，例外的に，善意の第三者に対しては，無効の効果を主張することができない場合がある（相対的効力。94条2項参照）。つまり，第三者に対して無効の効果を主張できないという例外的な

場については，その旨の規定が置かれている。したがって，例外規定の置かれていない場面では，誰に対しても無効の効果を主張できる。

(b) 取消しの主張の相手方　　取消しがされた場合，取消しをした者は，原則として，誰に対しても，取消しの効果を主張することができる(絶対的効力)。しかし，例外的に，善意の第三者に対しては，取消しの効果を主張することができない場合がある (相対的効力。96条3項参照)。つまり，第三者に対して取消しの効果を主張できないという例外的な場合については，その旨の規定が置かれている。したがって，例外規定の置かれていない場面では，誰に対しても取消しの効果を主張できる (大判明38・6・5民録11・869，大判昭12・3・18民集16・281)。

(4)　**無効・取消しの主張ができる時期**　　(a)　**無効の主張ができる時期**　無効であるということは(なんらの法律効果も発生していないということは)，いつまでたっても変わらない。したがって，無効は，いつまでも，主張することができる。

(b)　取消しの主張ができる時期　　取消権者は，一定の期間内においてのみ，取消しの主張をすることができる (126条)。つまり，取消権の行使については，期間制限がされている。取消権は，追認をすることができる時 (124条参照)から5年間経過した時，または，その法律行為がなされた時から20年間経過した時に消滅する。


## Ⅲ　制限行為能力者制度

**制限行為能力者**とは，行為能力を備えていない者をいう。制限行為能力者は，①未成年者，②成年被後見人，③被保佐人，④被補助人，の4者のみである。

### 1　未　成　年　者

(1)　**未成年者の意義**　　満20歳未満の者を未成年者という (4条)。ただし，満20歳未満の者 (未成年者) であっても，婚姻をしたときは，これによって，成年に達したもの (成年者) とみなされる (753条)。これを，**成年擬制**という (本

書342頁参照)。したがって，婚姻をした未成年者には，行為能力が認められ，その者は，制限行為能力者ではなくなる。

(2) **未成年者の保護者**　　未成年者の保護者は，**親権者または未成年後見人**である。親権者・未成年後見人は，未成年者の**法定代理人**となる（824条本文・859条1項）。なお，未成年後見人がいる場合に，家庭裁判所が必要と認めたときは，未成年後見監督人を選任することができる（849条）。

(3) **未成年者のした法律行為の効力**　　(a) 原則　　未成年者が，有効に法律行為をするためには，法定代理人の同意を得なければならない（5条1項本文）。法定代理人の同意を得ずに，単独でした法律行為は，取り消すことができる（5条2項）。

(b) 例外　　次の行為については，未成年者は，単独で有効に法律行為をすることができる。

(イ) **単に権利を得るだけ，または，単に義務を免れるだけの行為**（5条1項ただし書）　　たとえば，未成年者が贈与を受ける契約（大判大9・1・21民録26・9），未成年者が債務免除を受ける契約などである。ただし，未成年者が弁済を受領することは，債権を失うことになるので，単独で有効に弁済を受領することはできない。

(ロ) **処分を許された財産を処分する行為**（5条3項）　　法定代理人が，処分を許した財産については，未成年者が，単独で有効に処分することができる。たとえば，小遣い，学費，旅費などである。ただし，法定代理人が，目的を定めて処分を許した財産については，その目的の範囲内においてのみ，未成年者は，単独

---

**取消し・撤回**

　取消しとは，意思表示・法律行為の効力を，はじめにさかのぼって無効にすることを意味する（121条本文）。つまり，取消しには，遡及効がある。これに対して，撤回とは，意思表示・法律行為等の効力を，ある時点から将来に向かって消滅させることを意味する。つまり，撤回には遡及効はなく，将来効が認められるだけである。さらに，取消しは，法律上の特別な理由（取消原因）がなければ，これをすることはできないが，撤回は，法律上の特別な理由があるか否かにかかわらず，これをすることが認められる。

　民法典上，取消しと撤回について，厳格な区別がされずに，撤回の意味で，取消しという用語が使われている箇所がある（6条2項・115条・823条2項など）。

で有効に処分することができる。

(ハ) **営業を許された未成年者の営業に関する行為**（6条）　未成年者が営業をするには，法定代理人の許可が必要となる（823条・857条）。1種または数種の営業を許可された未成年者は，その営業に関しては，成年者として扱われる（6条1項）。したがって，その営業に関する法律行為については，すべて，単独で有効にすることができる。

ただし，営業を許可された未成年者が，その営業に堪えることができない事由があるときは，法定代理人は，営業許可を撤回（取消し）または制限することができる（6条2項・823条2項・857条）。営業許可の撤回（取消し）は，将来に向かって，その効力を生ずる（遡及効はない）。条文上は，「取消し」と規定されているが，「撤回」の意味である。なお，営業許可の制限とは，数種の営業許可が与えられていた場合に，そのうちの1種または数種のうちの一部の種類の営業許可を撤回する（取消し）ことである。1種の営業の中身を制限することはできない（たとえば，仕入れ契約だけは単独で有効にすることはできない，とすることは許されない）。

### 2　成年被後見人

(1)　**成年被後見人の意義**　成年被後見人とは，精神上の障害により，**事理を弁識する能力**（判断能力）**を欠く常況にある者**（強度の精神病患者，植物状態にある者など）であって，家庭裁判所から，**後見開始の審判を受けた者**をいう（7条・8条）。

後見開始の審判は，本人，配偶者，4親等内の親族，未成年後見人，未成年後見監督人，保佐人，保佐監督人，補助人，補助監督人または検察官からの請求にもとづいてされる（7条）。

(2)　**成年被後見人の保護者**　成年被後見人の保護者は，**成年後見人**である（8条）。成年後見人は，成年被後見人の**法定代理人**となる（859条1項）。なお，家庭裁判所が必要と認めたときは，成年後見監督人を選任することができる（849条）。

(3) **成年被後見人のした法律行為の効力**　(a)　原則　成年被後見人のした法律行為は，原則として，取り消すことができる（9条本文）。成年被後見人は，成年後見人から事実上の同意を得たとしても，有効な法律行為をすることはできない。そのような法律行為は，取り消すことのできる法律行為となる。成年後見人には，法律上の同意権はない。

　(b)　例外　成年被後見人は，日用品の購入，その他，日常生活に関する契約（電気・ガス・水道の供給契約，鉄道・バス等の輸送契約など）については，単独で有効にすることができる（9条ただし書）。

## ③　被　保　佐　人

(1) **被保佐人の意義**　被保佐人とは，精神上の障害により，**事理を弁識する能力**（判断能力）**が著しく不十分な者**（簡単な買い物程度はできるが，重要な財産上の行為については適切に行うことができない者，重度のまだら呆け《一定のことはわかるが他のことは全くわからない，日によって痴呆状態が生じたり生じなかったりなど》の者など）であって，家庭裁判所によって，**保佐開始の審判を受けた者**をいう（11条本文・12条）。

　保佐開始の審判は，本人，配偶者，4親等内の親族，後見人，後見監督人，補助人，補助監督人または検察官からの請求にもとづいてされる（11条本文）。

(2) **被保佐人の保護者**　被保佐人の保護者は，**保佐人**である（12条）。家庭裁判所は，被保佐人のために，特定の法律行為について，保佐人に代理権を付与する旨の審判をすることができる（876条の4第1項）。この**代理権付与の審判**がされると，保佐人に代理権が認められ，その代理権の範囲に応じて，被保佐人の財産を管理する権限も有することになる。代理権が付与された保佐人は，被保佐人の**法定代理人**となる。なお，家庭裁判所が必要と認めたときは，保佐監督人を選任することができる（876条の3第1項）。

(3) **被保佐人のした法律行為の効力**　(a)　原則　被保佐人は，原則として，単独で有効に法律行為をすることができる（13条4項参照）。

　(b)　例外　被保佐人は，一定の重要な法律行為をする場合には，保佐人

第2章　民法総則の概要　*25*

の同意を得なければならない（13条1項）。保佐人の同意を必要とする法律行為について，保佐人が，被保佐人の利益を害するおそれがないにもかかわらず，同意をしないときは，家庭裁判所は，被保佐人の請求により，保佐人の同意に代わる許可を与えることができる（13条3項）。

　被保佐人が，保佐人の同意を必要とする法律行為を，保佐人の同意またはこれに代わる家庭裁判所の許可を得ずに，単独でした場合には，その法律行為を取り消すことができる（13条4項）。

　【保佐人の同意を必要とする行為】（13条1項）

　　① 元本を領収し，または，これを利用すること。元本とは，法定果実（利息，家賃など）を生み出す基礎となる財産をいう（貸金，賃貸建物など）。法定果実の領収・利用は，単独で有効にすることができる。

　　② 借財（借金）または保証をすること。

　　③ 不動産その他，重要な財産に関する権利の得喪を目的とする行為をすること。たとえば，不動産売買契約，抵当権設定契約などである。

　　④ 訴訟行為をすること。ただし，相手方の提起した訴えについては，単独で有効に訴訟行為をすることができる（民訴32条1項）。

　　⑤ 贈与，和解または仲裁合意をすること。

　　⑥ 相続の承認・放棄または遺産分割をすること。

　　⑦ 贈与・遺贈を拒絶し，または，負担付き贈与・遺贈を受諾すること。

　　⑧ 新築，改築，増築または大修繕をすること。これらのことを目的とした請負契約の締結を意味する。

　　⑨ 短期賃貸借の期間（602条）を超える賃貸借をすること。

### 4　被　補　助　人

　(1)　**被補助人の意義**　　被補助人とは，精神上の障害により，**事理を弁識する能力**（判断能力）が**不十分な者**（軽度の認知症高齢者・知的障害者・精神障害者など）であって，家庭裁判所から，**補助開始の審判を受けた者**をいう（15条1項本文・16条）。

補助開始の審判は，本人，配偶者，4親等内の親族，後見人，後見監督人，保佐人，保佐監督人または検察官からの請求にもとづいてされる（15条1項本文）。ただし，本人以外の者からの請求による場合には，本人の同意を得なければならない（15条2項）。

> **市町村長の請求権**
> 　法定後見制度では，後見類型，保佐類型および補助類型のいずれの制度においても，精神障害者・知的障害者・65歳以上の者について，本人の福祉を図るために特に必要があると認めるときは，市町村長も，後見開始の審判，保佐開始の審判または補助開始の審判を請求することができる（精神保健及び精神障害者福祉法51条の11の2，知的障害者福祉法27条の3，老人福祉法32条）。

(2)　**被補助人の保護者**　　被補助人の保護者は，**補助人**である（16条）。家庭裁判所は，被補助人が特定の法律行為をなすには，その補助人の同意を得ることを要する旨の審判をすることができる（17条1項本文）。ただし，本人以外の者からの請求による場合には，本人の同意を得なければならない（17条2項）。**同意権付与の審判**がなされたときに，補助人に同意権が認められる。補助人の同意を得ることを必要とする特定の法律行為は，13条1項に規定されている法律行為の一部に限られる（17条1項ただし書）。また，家庭裁判所は，被補助人のために，特定の法律行為について，補助人に代理権を付与する旨の審判をすることができる（876条の9第1項）。この**代理権付与の審判**がされると，補助人に代理権が認められ，その代理権の範囲に応じて，被補助人の財産を管理する権限も有することになる。代理権が付与された補助人は，被補助人の**法定代理人**となる。なお，家庭裁判所が必要と認めたときは，補助監督人を選任することができる（876条の8第1項）。

(3)　**被補助人のした法律行為の効力**　　(a)　原則　　被補助人は，原則として，単独で有効に法律行為をすることができる（17条4項参照）。

> **後見，保佐または補助の登記**
> 　家庭裁判所によって，後見開始の審判，保佐開始の審判または補助開始の審判がなされたときは，所定の事項を，磁気ディスクをもって調整する**後見登記等ファイル**に登記することになっている（後見登記法4条）。
> 　後見登記等ファイルに登記されている事項については，本人（成年被後見人，被保佐人ま

たは被補助人），保護者（成年後見人，保佐人または補助人），保護者に対する監督人（成年後見監督人，保佐監督人または補助監督人），配偶者または4親等内の親族等に限り，登記事項証明書の交付を請求することができる（後見登記法10条）。

(b)　例外　　家庭裁判所の審判により，補助人の同意を必要とするとされた特定の法律行為をするには，補助人の同意を得なければならない（17条1項）。補助人の同意を必要とする法律行為について，補助人が，被補助人の利益を害するおそれがないにもかかわらず，同意をしないときは，家庭裁判所は，被補助人の請求により，補助人の同意に代わる許可を与えることができる（17条3項）。

被補助人が，補助人の同意を必要とする法律行為を，補助人の同意またはこれに代わる家庭裁判所の許可を得ずに，単独でした場合には，その法律行為を取り消すことができる（17条4項）。

### ⑤　制限行為能力者本人の取消権・追認権

(1)　**制限行為能力者本人の取消権**　　制限行為能力者本人は，取消権を有しており，行為能力回復前であっても，意思能力さえ備えていれば，自己のした法律行為を，単独で有効に取り消すことができる（120条1項）。

(2)　**制限行為能力者本人の追認権**　　制限行為能力者本人は，行為能力を回復した後でなければ，自己のした法律行為を，単独で有効に追認することはできない（124条1項）。成年被後見人が，行為能力者となった後に，自己のした行為を了知したときは，その者は，了知した後でなければ追認をすることができない（124条2項）。制限行為能力者が，行為能力回復前にした追認は，無効となる（取り消すことができる追認となるわけではない）。

しかし，行為能力回復前であっても，未成年者は，その法定代理人の同意を得れば，有効に追認することができる。被保佐人は，保佐人の同意を得れば，有効に追認をすることができる。被補助人は，補助人の同意を得れば（補助人に同意権がある場合），有効に追認することができる。しかし，成年被後見人は，成年後見人の同意を得ても，有効な追認をすることはできない。

6　制限行為能力者の保護者の権限

| 制限行為能力者 | 保護者 | 同意権 | 代理権 | 取消権 | 追認権 |
|---|---|---|---|---|---|
| 未成年者 | 親権者／未成年後見人（法定代理人） | ○<br>5条1項本文 | ○<br>824条本文 | ○<br>120条1項 | ○<br>122条本文 |
| 成年被後見人 | 成年後見人（法定代理人） | ×<br> | ○<br>859条1項 | ○<br>120条1項 | ○<br>122条本文 |
| 被保佐人 | 保佐人 | ○<br>13条1項本文 | △<br>特定の法律行為を指定<br>家庭裁判所の審判<br>876条の4 | ○<br>120条1項 | ○<br>122条本文 |
| 被補助人 | 補助人 | △<br>特定の法律行為を指定<br>家庭裁判所の審判<br>17条1項 | △<br>特定の法律行為を指定<br>家庭裁判所の審判<br>876条の9 | △<br>同意権がある場合<br>120条1項 | △<br>同意権がある場合<br>120条1項 |

7　制限行為能力者の相手方の保護

(1)　**相手方の催告権**　(a)　制限行為能力者に対する催告　　制限行為能力者の相手方は，その制限行為能力者が，行為能力者となった後，その者（本人）に対して，1ヵ月以上の期間内に，その取り消すことができる法律行為を，追認するか否かを確答すべき旨を催告することができる（20条1項前段）。本人が，その期間内に確答を発しないときは，その行為を追認したものとみなされる（20条1項後段）。

確答がない場合の効果（原則）

| | 行為能力回復後 | | 行為能力回復前 | |
|---|---|---|---|---|
| | 催告の相手方 | 確答がない場合の効果 | 催告の相手方 | 確答がない場合の効果 |
| 未成年者 | 本人 | 追認（20条1項） | 法定代理人 | 追認（20条2項） |
| 成年被後見人 | 本人 | 追認（20条1項） | 法定代理人 | 追認（20条2項） |
| 被保佐人 | 本人 | 追認（20条1項） | 保佐人 | 追認（20条2項） |
| | | | 本人 | 取消（20条4項） |
| 被補助人 | 本人 | 追認（20条1項） | 補助人 | 追認（20条2項） |
| | | | 本人 | 取消（20条4項） |

また，制限行為能力者の相手方は，被保佐人または同意権付与の審判がされた被補助人に対しては（行為能力回復前であっても），1ヵ月以上の期間内に，その保佐人または補助人の追認を得るように催告することができる(20条4項前段)。被保佐人または被補助人が，その期間内に追認を得た旨の通知を発しないときは，その行為を取り消したものとみなされる（20条4項後段）。

　(b)　保護者に対する催告　　制限行為能力者の相手方は，その制限行為能力者が，行為能力を回復する前に，その制限行為能力者の法定代理人，保佐人または補助人に対して，1ヵ月以上の期間内に，その権限内の行為について，追認するか否かを確答すべき旨を催告することができる。その法定代理人，保佐人または補助人が，その期間内に確答を発しないときは，その行為を追認したものとみなされる（20条2項後段）。

(2)　**制限行為能力者の詐術と取消権の喪失**　　制限行為能力者が，法律行為をする際に，自己を行為能力者であると相手方に信じさせるために，**詐術**を用いたときは，その法律行為を取り消すことはできない(21条)。この場合，制限行為能力者側（本人および保護者）の取消権は，喪失する（取消権の排除・取消権の剥奪）。

　ここにいう詐術とは，広く相手方を欺く行為を意味する。したがって，何かを用いて積極的に相手方を欺く場合（偽造した身分証明書・戸籍謄本等を提示した場合など）だけでなく，自己は行為能力者であるとの偽りを告げて目的を達した場合も，詐術にあたる（大判昭5・4・18新聞3147・13，大判昭8・1・31民集12・24）。さらに，制限行為能力者であることの黙秘も，相手方を誤信させ，または，誤信を強めたと認められるときは，詐術に該当する（最判昭44・2・13民集23・2・291）。

　制限行為能力者が，自己を行為能力者であると相手方に信じさせようとした場合だけでなく，自己は制限行為能力者であるが，保護者の同意を得ていると偽った場合（偽造した保護者の同意書を提示した場合など）にも，ここにいう詐術にあたる（大判明37・6・16民録10・940，大判大12・8・2民集2・577）。

　なお，詐術が用いられた場合でも，それによって，相手方が誤信をしなけれ

ば，取消権は喪失しない（大判昭2・5・24民集6・283）。

　◈　民法21条（旧20条）にいう「詐術を用いたとき」とは，無能力者（制限行為能力者）
　が能力者（行為能力者）であることを誤信させるために，相手方に対し積極的術策を用い
　た場合にかぎるものではなく，無能力者（制限行為能力者）が，ふつうに人を欺くに足り
　る言動を用いて相手方の誤信を誘起し，または誤信を強めた場合をも包含すると解すべ
　きである。したがって，無能力者（制限行為能力者）であることを黙秘していた場合でも，
　それが，無能力者（制限行為能力者）の他の言動などと相まって，相手方を誤信させ，ま
　たは誤信を強めたものと認められるときは，なお詐術に当たるというべきであるが，単
　に無能力者（制限行為能力者）であることを黙秘していたことの一事をもって，詐術に当
　たるとするのは相当ではない（最判昭44・2・13民集23・2・291）。

# Ⅳ　法　　人

## ①　法人の意義

　**法人**とは，自然人以外のもので，法律により，法人格を与えられ，権利・義
務の主体として扱われるものをいう（我妻・講義Ⅰ・45頁参照）。法人は，法令の
規定に従い，定款その他の基本約款で定められた目的の範囲内において，権利
を有し，義務を負う（34条）。法人は，民法その他の法律の規定によらなければ，
成立しない（33条1項）。

　法人には，社団法人と財団法人とがある。これは，どのような存在に対して
法人格が与えられているかによる区別である。人の集合体(団体)を**社団**といい，
財産の集合体を**財団**という。一定の目的のために結合した人の集合体（団体＝
社団）そのものに対して（構成員から独立した存在として），法人格が与えられて
いるものを**社団法人**という。また，一定の目的のために集められた財産の集合
体（財団）そのものに対して，法人格が与えられているものを**財団法人**という。

## ②　法人の目的による分類

　(1)　**公益法人**　　**公益法人**とは，積極的に公益を目的とし，営利を目的とし
ない法人をいう。ここに**公益**とは，祭祀，宗教，慈善，学術，技芸その他社会

全体の利益を意味する。また，**営利**とは，構成員の利益を目的とし，構成員が，事業利益の分配を受けることを意味する。したがって，公益法人は，構成員の利益を目的とはせず，構成員が，事業利益の分配を受けないものであるから，法人の事業運営資金を得るための収益事業を行うことはできる（我妻・講義Ⅰ・136頁。私学26条1項，宗法6条2項，社福26条1項など参照）。

公益法人は，社団法人である場合と（公益社団法人），財団法人である場合がある（公益財団法人）。

なお，祭祀・宗教を目的とする法人は，**宗教法人**として，宗教法人法に準拠し，慈善を目的とする法人は，**社会福祉法人**として，社会福祉法に準拠し，学術・技芸を目的とする法人は，**学校法人**として，私立学校法に準拠する。

(2)　**営利法人**　**営利法人**とは，営利を目的とする法人をいう。営利法人は，構成員の存在を前提とするものであるから（構成員の利益を目的とし，構成員に利益を分配する），営利法人は，社団法人に限られる（営利社団法人）。財団法人には，構成員が存在しないので，理論上，営利を目的とすることはできないからである（営利財団法人は存在しない）。

営利法人（営利社団法人）は，これを**会社**という。会社には，商法，会社法の規定が適用される。

(3)　**一般法人**　社団・財団で，その事業の公益性の有無にかかわらず設立された法人を，一般法人（一般社団法人・一般財団法人）という。新しい法人制度として，特別法によって認められた法人である。詳しくは，後述 **4** を参照のこと。

(4)　**中間特別法人**　**中間特別法人**とは，積極的に公益を目的とするわけではなく，かつ，営利も目的としない法人で，個別的な特別法にもとづいて設立されたものをいう。たとえば，同業者間・同一地域内の人々の利益の増進・経済的地位の改善向上や，同一の職場の労働者の地位の向上などを目的とする法人である。

個々の特別法にもとづく法人（中間特別法人）としては，農業協同組合（農協5条），消費生活協同組合（生協4条），労働組合（労組11条1項）などがある。

(5) ＮＰＯ法人（特定非営利活動法人）　特定非営利活動を行う団体に法人格を付与すること等により，ボランティア活動をはじめとする市民が行う自由な社会貢献活動としての特定非営利活動の健全な発展を促進し，もって公益の増進に寄与することを目的として，特定非営利活動促進法（ＮＰＯ法）が制定されている（同1条）。この法律によって，ＮＰＯ（Non Profit Organization《非営利組織》），ＮＧＯ（Non Governmental Organization《非政府組織》）などの市民団体・ボランティア団体の法人化が図られている。

　特定非営利活動とは，同法［別表］に掲げる活動（20の活動）に該当する活動であって，不特定かつ多数のものの利益の増進に寄与することを目的とするものをいう（同2条1項）。ＮＰＯ法人（特定非営利活動法人）とは，特定非営利活動を行うことを主たる目的とし，同法にもとづいて設立された法人をいう（同2条2項）。ＮＰＯ法人（特定非営利活動法人）は，簡易型の公益法人である（同10条・12条参照）。

---

**特定非営利活動**
　特定非営利活動促進法（ＮＰＯ法）別表に定められている特定非営利活動は，次の20の活動である。
　　1．保健，医療または福祉の増進を図る活動
　　2．社会教育の推進を図る活動
　　3．まちづくりの推進を図る活動
　　4．観光の振興を図る活動
　　5．農山漁村または中山間地域の振興を図る活動
　　6．学術，文化，芸術またはスポーツの振興を図る活動
　　7．環境の保全を図る活動
　　8．災害救援活動
　　9．地域安全活動
　　10．人権の擁護または平和の推進を図る活動
　　11．国際協力の活動
　　12．男女共同参画社会の形成の促進を図る活動
　　13．子どもの健全育成を図る活動
　　14．情報化社会の発展を図る活動
　　15．科学技術の振興を図る活動
　　16．経済活動の活性化を図る活動
　　17．職業能力の開発または雇用機会の拡充を支援する活動
　　18．消費者の保護を図る活動
　　19．前各号に掲げる活動を行う団体の運営または活動に関する連絡，助言または援

助の活動
20. 前各号に掲げる活動に準ずる活動として都道府県または指定都市の条例で定める活動

## ③ 法人の設立

　法人は，民法その他の法律によらなければ，これを設立することはできない（33条1項。**法人法定主義**）。

### (1) 法人設立の方式　　法人設立の方式としては，次のような方式がある。

　(a)　**特許主義**　　**特許主義**とは，法人を設立するためには，その法人を設立するための特別法の制定を必要とするものをいう。たとえば，日本銀行（日本銀行法），国民生活金融公庫（国民生活金融公庫法），国際協力銀行（国際協力銀行法）などである。これらは，一般に，特殊法人といわれる。さらに，各種の独立行政法人の設立も，特許主義による。

---

**独立行政法人**

　独立行政法人とは，国民生活および社会経済の安定等の公共上の見地から確実に実施されることが必要な事務および事業であって，国がみずから主体となって直接に実施する必要のないもののうち，民間の主体にゆだねた場合にはかならずしも実施されないおそれがあるもの，または，1つの主体に独占して行わせることが必要であるものを効率的かつ効果的に行わせることを目的として，独立行政法人通則法および個別法の定めるところにより設立される法人をいう（独行法2条1項）。独立行政法人は，設立の登記をした時に成立する（同17条）。たとえば，日本学術振興会（独立行政法人日本学術振興会法），日本芸術文化振興会（独立行政法人日本芸術文化振興会法），大学入試センター（独立行政法人大学入試センター法）などである。

---

　(b)　**許可主義**　　**許可主義**とは，法人の設立については，主務官庁（所管官庁《内閣府・各省庁・都道府県知事・都道府県教育委員会など》）の**許可**を必要とするものをいう。民法上の法人が，これに該当する(34条)。たとえば，社団法人の例としては，日本医師会，日本プロ野球選手会，日本プロサッカーリーグ（Jリーグ），日本レコード協会，発明協会などがあり，財団法人の例としては，日本相撲協会，講道館，日本オリンピック協会（JOC），日本体育協会，日本フィルハーモニー交響楽団などがある。許可主義のもとでは，主務官庁（所管官庁）

の許可がされた時に，法人が成立する。

(c) **認可主義** 認可主義とは，法人の設立については，所轄庁の**認可**を必要とするものをいう。たとえば，学校法人(私学30条)，社会福祉法人(社福31条)，医療法人(医療44条)，消費生活協同組合(生協57条)，農業協同組合(農協59条)などである。認可主義のもとでは，所轄庁の認可を受けた後に設立の登記をした時に，法人が成立する(私学33条，社福34条，医療46条，生協61条，農協63条1項)。

(d) **認証主義** 認証主義とは，法人の設立について，所轄庁の**認証**を必要とするものをいう。たとえば，ＮＰＯ法人(非営利活動10条)，宗教法人(宗法12条)などである。認証主義のもとでは，所轄庁の認証を得た後に設立の登記をした時に，法人が成立する(非営利活動13条，宗法15条)。

(e) **準則主義** 準則主義とは，法律の定める要件を具備した場合に，当然に法人の設立が認められるものをいう。この場合，所轄庁の判断(許可・認可・認証)は不要である。たとえば，会社，労働組合，一般法人などである。準則主義のもとでは，設立の登記をした時に，法人が成立する(会社49条，労組11条1項，一般法人22条・163条)。

(f) **強制主義** 強制主義とは，国家が，法人の設立・加入を強制するものをいう。たとえば，日本弁護士連合会(弁護45条1項・3項・47条)，健康保険組

---

**許　可**

許可とは，法律の定める要件を具備して法人設立の申請がされた場合でも，その法人の設立を許すか否かについては，主務官庁(所管官庁)の自由裁量にまかされているものをいう。したがって，主務官庁(所管官庁)は，その申請が，法律の定める要件を具備したものであると判断した場合でも，その法人の設立を許さないとすることができる。

---

**認　可**

認可とは，法律の定める要件を具備して法人設立の申請がされた場合には，所轄庁は，かならず，これを認めなければならないとするものをいう。したがって，所轄庁は，その申請が，法律の定める要件を具備したものであるか否かについての審査権のみを有する。認可の場合には，所轄庁に自由裁量権がない点で，許可と異なる。

---

**認　証**

認証とは，法律の定める要件を具備した文書が提出された場合，所轄庁が，これを確認・証明することをいう。所轄庁は，法人設立の申請書・添付書類(規則・事業計画書など)が提出された場合，それが法令に適合するものであると判断したときは，かならず，そのことを確認・証明しなければならない。

合（健保26条・31条・35条）などである。強制主義のもとでは，法人によって，成立時期が異なる。日本弁護士連合会は，設立の登記をした時に成立し（弁護50条→34条1項），健康保険組合は，厚生労働大臣の設立認可を受けた時に成立する（健保34条）。

なお，上記のほかに，何らの設立手続も必要とせず，法律上，当然に，法人とされるものがある。国（憲17条・40条参照）・地方公共団体（自治2条1項），相続財産法人（951条）である。

## ④ 一般法人制度

従来の民法上の公益法人制度は，平成18年の民法改正により廃止され，平成20年12月1日から，一般社団法人及び一般財団法人に関する法律（一般法人法）にもとづく新たな法人制度（一般法人制度）が実施された。

**(1) 一般社団法人・一般財団法人の設立**　　新たな法人制度のもとでは，社団または財団は，その事業の公益性の有無にかかわらず，一般社団法人または一般財団法人として，準則主義により，法人格を取得することができる。一般社団法人または一般財団法人は，定款を作成して（一般法人10条・152条），公証人の認証を受けたうえで（一般法人13条・155条），その主たる事務所の所在地において設立の登記をすることによって成立する（一般法人22条・163条）。

ただし，一般財団法人を設立するためには，300万円以上の財産を拠出しなければならない（一般法人153条2項参照）。これに対して，一般社団法人の設立については，一定額以上の財産の拠出は要求されていない（一般法人11条1項参照）。しかし，一般社団法人の社員に対しては，定款の定めにより，経費支出義務を課すことができる（一般法人27条）。また，一般社団法人は，定款の定めにより，基金制度を採用することができる（一般法人131条）。

一般社団法人または一般財団法人は，その種類に従い，その名称中に一般社団法人または一般財団法人という文字を用いなければならない（一般法人5条1項）。

　**(a) 一般社団法人の定款の記載事項**　　一般社団法人の定款には，次の事

項を記載し，または，記録しなければならない（一般法人11条1項）。①目的，②名称，③主たる事務所の所在地，④設立時社員の氏名または名称および住所，⑤社員の資格の得喪に関する規定，⑥公告方法，⑦事業年度。

　なお，一般社団法人においては，社員に剰余金または残余財産の分配をすることはできないので，このような定款の定めは無効となる（一般法人11条2項）。

　(b)　**一般財団法人の定款の記載事項**　　一般財団法人の定款には，次の事項を記載し，または，記録しなければならない（一般法人153条1項）。①目的，②名称，③主たる事務所の所在地，④設立者の氏名または名称および住所，⑤設立に際して設立者が拠出する財産およびその価額，⑥設立時評議員，設立時理事および設立時監事の選任に関する事項，⑦設立しようとする一般財団法人が会計監査人設置一般財団法人であるときは，設立時会計監査人の選任に関する事項，⑧評議員の選任および解任の方法，⑨公告方法，⑩事業年度。

　なお，一般財団法人においては，設立者に剰余金または残余財産の分配をすることはできないので，このような定款の定めは無効となる（一般法人153条3項2号）。また，上記⑧の方法として，理事または理事会が評議員を選任し，または，解任する旨の定めも無効となる（一般法人153条3項1号）。

　(2)　**公益性の認定**　　公益目的事業を行う一般社団法人または一般財団法人は，行政庁（内閣総理大臣または都道府県知事）による公益性の認定を受けて，公益社団法人または公益財団法人となることができる（公益法人2条1号・2号，4条）。公益性の認定は，民間有識者によって構成される公益認定等委員会（内閣府）または審議会その他の合議制の機関（都道府県）に諮問して行われる。公益目的事業とは，学術，技芸，慈善その他の公益に関する種類の事業であって，不特定かつ多数の利益の増進に寄与するものをいう（公益法人2条4号）。

　公益社団法人または公益財団法人は，その種類に従い，その名称中に公益社団法人または公益財団法人という文字を用いなければならない（公益法人9条3項）。

　公益性の認定を行った行政庁（内閣総理大臣または都道府県知事）は，公益法人（公益社団法人または公益財団法人）の事業の適正な運営を確保するために必要

な限度において，公益法人に対して，適切な監督（組織運営・事業活動の状況に関する報告を求めたり，事務所へ立ち入り帳簿等を検査したり，必要な措置をとるべき旨の勧告・命令をすることなど）を行うことができる（公益法人27条・28条）。公益法人が法定の欠格事由に該当するに至ったときや，正当な理由なく行政庁の命令にしたがわないときなどは，行政庁は，公益認定を取り消さなければならない（公益法人29条）。

**(3) 従来の法人の取扱い**　新しい法人制度が施行されたことにより，従来の民法上の公益法人は，一般社団法人または一般財団法人として存続することになった（一般法人整備法40条）。また，従来の中間法人法は，廃止され（一般法人整備法1条），従来の有限責任中間法人または無限責任中間法人は，一般社団法人として存続することになった（一般法人整備法2条・24条）。

5　**権利能力なき社団**

**(1) 権利能力なき社団の意義**　**権利能力なき社団**とは，実質的には，社団法人と同様の組織を有する団体（社団）であるが，法人格（権利能力）の認められない団体（社団）をいう（我妻・講義Ⅰ・132頁参照）。たとえば，同窓会，町内会，自治会，商店連合会などである（中間的目的を有する社団であって，中間特別法人《本書31頁参照》として設立されていないものが，これに該当する）。さらに，設立中の法人や，公益目的を有するが，許可を受けない（申請しない）団体なども，これに該当する。権利能力なき社団というためには，団体としての組織を備え，多数決の原則が行われ，構成員が変更しても団体は存続し，代表の方法・総会の運営・財産の管理等の主要な点が確定していなければならない（最判昭39・10・15民集18・8・1671）。

　　　　権利能力のない社団といいうるためには，団体としての組織をそなえ，そこには多数決の原則が行なわれ，構成員の変更にもかかわらず団体そのものが存続し，しかしてその組織によって代表の方法，総会の運営，財産の管理その他団体としての主要な点が確定しているものでなければならない（最判昭39・10・15民集18・8・1671）。

**(2) 権利・義務の帰属**　権利能力なき社団の財産は，その構成員全員に総

有的に帰属し（1個の財産を構成員全員で所有する），その財産上の権利・義務は，構成員全員に総有的に帰属する（1個の権利を構成員全員でもち，1個の義務を構成員全員で負担する）。権利能力なき社団は，権利能力を有していないのであるから，権利能力なき社団そのものが，権利・義務の帰属者となることはできない（前出・最判昭39・10・15，最判昭47・6・2民集26・5・957）。権利能力なき社団は，その代表者によって，その権利能力なき社団の名において，構成員全員のために権利を取得し，義務を負担するが，権利能力なき社団の名においてこれをするのは，いちいち，すべての構成員の氏名を列挙することのわずらわしさを避けるためである（前出・最判昭39・10・15）。

> ### 共有・合有・総有
>
> 物の共同所有（1個の物を複数の人が全員で所有すること・1個の所有権を複数の人が全員でもつこと）の形態としては，共有，合有，総有の3つの形態がある。共有が，共同所有の原則形態である。
>
> 共有の場合には，各自が，持分割合に応じた持分権（実質的所有権）を有しており，各自は，自由に，自己の有する持分権を処分できる。さらに，各自は，原則として，いつでも共有物の分割を請求することができる（256条1項本文）。
>
> 合有（組合財産の所有形態）の場合には，各自は持分権を有しているが，持分権の自由な処分は制限される（676条1項）。さらに，合有財産の分割を請求することはできない（676条2項）。
>
> 総有の場合には，1個の財産を全員で所有するというだけであり，各自は，持分権を有さない。さらに，総有財産の分割を請求することもできない。

　(3)　**不動産**についての公示方法　　不動産登記法上，登記名義人となるためには，権利能力を有していることが必要であり，権利能力なき社団そのものを，所有権の登記名義人として登記することはできない。不動産登記法上，権利能力なき社団についての規定がなく，権利能力なき社団には，登記申請人としての資格が認められていないからである。また，権利能力なき社団については，団体の存在または代表者の代表権限の制限の有無などを公証する書面が存在しないため，虚偽の登記を阻止できないからでもある。

　権利能力なき社団の所有する不動産についての所有権の登記は，代表者の個人名義で登記するか，権利能力なき社団の構成員全員の共有名義で登記する。権利能力なき社団の代表者である旨の肩書を付しての個人名義の登記は認められない（前出・最判昭47・6・2）。これを認めると，実質的に，権利能力なき社

団そのものを権利者とする登記を認めることになるからである。

権利能力なき社団の所有する不動産については，通常，代表者の個人名義で登記される。本来，構成員の総有に属する不動産は，構成員全員のために信託的に代表者個人の所有とされるものであり，代表者は，この趣旨における受託者としての地位において，当該不動産について，自己の個人名義をもって登記することができると解される（前出・最判昭47・6・2）。

**(4) 各構成員の責任**　権利能力なき社団の債務は，構成員全員に総有的に帰属し，権利能力なき社団の総有財産のみが責任財産となり，各構成員は，個人責任を負わない（最判昭48・10・9民集27・9・1129）。

> ✎　権利能力なき社団の代表者が社団の名においてした取引上の債務は，その社団の構成員全員に，1個の義務として総有的に帰属するとともに，社団の総有財産だけがその責任財産となり，構成員各自は，取引の相手方に対し，直接には個人的債務ないし責任を負わないと解するのが，相当である（最判昭48・10・9民集27・9・1129）。

**(5) 訴訟当事者能力**　権利能力なき社団であっても，訴訟上の当事者能力（原告または被告となる資格）が認められる（民訴29条）。

# V　法　律　行　為

## 1　法律行為の意義・種類

**法律行為**とは，一定の法律効果（権利・義務の発生など）を発生させようとする人の行為をいう。法律行為は，**意思表示**を，その基本的要素としている。

法律行為は，その基本的要素である意思表示を基準にすると，**単独行為，双方行為，合同行為**の3つに分類することができる。

**(1) 単独行為**　当事者の一方的な意思表示によって，一定の法律効果が発生する法律行為を，**単独行為**という。相手方のある単独行為（取消し，解除など）と，相手方のない単独行為（遺言など）とがある。

**(2) 双方行為（契約）**　相対立する複数の当事者間において，複数の意思表示が合致（申込みと承諾の合致）することによって，一定の法律効果が発生する

法律行為を，双方行為といい，契約のことをさす。法律行為の中で，最も重要なものは，契約であり，契約は，法律行為の典型例である。

(3)　合同行為　　複数の当事者間において，同一方向に向けられた複数の意思表示が合致することによって，一定の法律効果が発生する法律行為を，合同行為という。社団法人の設立行為が，その例である。

## ②　法律行為の成立要件・有効要件

(1)　法律行為の成否と有効性の判断基準　　法律行為が成立するか否かの判断基準となるのが，成立要件であり，成立した法律行為が有効か否かの判断基準となるのが，有効要件である。

　法律行為の**成立要件**は，①**当事者**がいること，②**目的**があること，③**意思表示**がなされたこと，の３つである（我妻・講義Ⅰ・243頁）。

　法律行為を有効なものにするためには，上記３つの成立要件のそれぞれにおいて，次の有効要件を備えることが必要となる。

　(a)　**当事者**に関する有効要件は，法律行為の当事者が，①**権利能力**を有していること，②**意思能力**を有していること，③**行為能力**を有していること，である。

　(b)　**目的**に関する有効要件は，その目的が，①**確定**できること，②**実現可能**なものであること，③**適法**であること，④**社会的妥当性**を有していること，である。

　(c)　**意思表示**に関する有効要件は，意思表示をした者の**意思**と**表示**とが合致していること，である。

| 成立要件 | 有効要件 |
|---|---|
| (a)当事者 | ①権利能力，②意思能力，③行為能力 |
| (b)目的 | ①確定，②可能，③適法，④妥当 |
| (c)意思表示 | 意思と表示の合致 |

(2)　法律行為の「目的」に関する有効要件　　(a)　確定性（法律行為の解釈）
　法律行為が有効であるためには，まず，その目的（内容）が確定できるも

のでなければならない。当事者の主観的な意図が不明瞭であったり，相対立する当事者の主観的な意図がくいちがっていたような場合には，その法律行為の客観的な目的（内容）が，合理的に判断されることになる（法律行為の解釈）。法律行為の客観的な目的（内容）を判断する基準（解釈の基準）としては，慣習（92条参照），任意規定（91条参照），信義則（条理）がある。

　法律行為の目的が確定できないときは，その法律行為は，**無効**となる。

　(b)　**実現可能性**　　法律行為が有効であるためには，その目的としたことの実現が可能なものでなくてはならない。実現不可能（不能）なことを目的とする法律行為については，何らの法律効果も与えられない。

　法律行為の目的としたことが実現可能であるのか否かは，法律行為の成立した時を基準に判断される。つまり，法律行為の成立時において，実現可能性が認められればよいということである。法律行為の成立時において，目的としたことの実現が不可能（**原始的不能**）なときは，その法律行為は，**無効**となる。

　なお，法律行為の成立時において，その目的としたことの実現可能性が認められ，その法律行為が有効であると判断されたときは，その後に，目的としたことの実現が不可能（**後発的不能**）となったとしても，その法律行為が無効となるわけではない。このようなときは，その法律行為の有効性が維持されつつ，事後処理の問題（債務不履行または危険負担の問題）を生ずることになる。

　(c)　**適法性**　　法律行為が有効であるためには，その目的としたことが，法の内容に適ったものでなければならない。

　法の規定は，強行規定（強行法規）と任意規定（任意法規）に分けることができる。**強行規定（強行法規）**とは，公の秩序に関する規定であって，当事者の意思にかかわらず適用される規定をいう。強行規定（強行法規）に反する特約がなされたときは，その特約は，**無効**となる。強行規定（強行法規）の置かれている事柄に関しては，私的自治が排除される。

　これに対して，**任意規定（任意法規）**とは，公の秩序に関しない規定であって，当事者が，その規定と異なる意思を表示しないとき（当事者の意思の不明確・不存在を含む）に適用される規定をいう。任意規定（任意法規）に反する特約がな

されたときは，特約が優先し，任意規定（任意法規）は適用されない（91条参照）。任意規定（任意法規）の置かれている事柄に関しては，私的自治の原則があらわれてくる。任意規定（任意法規）は，私的自治を補完する機能を営んでいる。

法律行為の目的が，任意規定（任意法規）に反していたとしても，その法律行為は，有効である。

(d) **社会的妥当性**　法律行為が有効であるためには，その目的としたことが，社会的妥当性を有していなければならない。法律行為の目的としたことが，個々の強行規定に違反していなくとも，社会的にみて，妥当性を欠くときは，その法律行為に，一定の法律効果を与えることはできない。社会的妥当性を欠く事柄の実現は許されないのであり，法の承認は得られない。

したがって，**公の秩序または善良の風俗に反する事項**を目的とする法律行為は，**無効**となる（90条）。ここに，公の秩序（**公序**）とは，国家社会の一般的利益をさし，善良の風俗（**良俗**）とは，社会の一般的道徳観念をさす（我妻・講義Ⅰ・271頁）。しかし，両者は，明確に区別できるものではないので，両者を合わせて，**公序良俗**と称して，社会的妥当性を意味するものとされている。公序良俗に反するか否かは，法律行為がされた時点の公序良俗に照らして判断される（最判平15・4・18民集57・4・366参照）。

(イ) **公序良俗違反の法律行為の例**　(i) **正義に反する行為**　たとえば，犯罪をなす契約などである（大判大5・6・29民録22・1294，大宣大8・11・19刑録25・1133，など）。

(ii) **人倫（人間倫理）に反する行為**　たとえば，売春契約（大判昭12・5・26民集16・881）・妾契約・愛人契約などである。

(iii) **差別行為**　たとえば，男女間で定年年齢に差をもうけた就業契約（最判昭56・3・24民集35・2・300）などである（現在は，男女雇用機会均等法6条4号により，定年・解雇についての男女差別が禁止されている）。

(iv) **自由を制限する行為**　たとえば，芸娼妓契約（親の借金の返済方法として，娘が芸娼妓《芸妓・娼妓》として住み込みで働き，その給料の一部を返済に充てるという内容の契約）・競業制限契約（使用者と被用者との間で，被用者は，

退職後一定地域において同種の営業をしてはならないとする契約）などである。芸娼妓契約においては，芸娼妓としての稼働契約の部分だけでなく，金銭消費貸借契約の部分も含めた契約全体が無効となる（最判昭30・10・7民集9・11・1616）。

(v) 暴利行為　　暴利行為とは，他人の無思慮・軽率・窮迫等を利用して，不当な利益を得る行為をいう。たとえば，過大・過少な損害賠償額の予定・違約金の約定（大判昭7・4・8民集11・582），債権額の数倍の価値を有する保険の解約返戻金・動産・不動産等を代物弁済とする契約などである（大判昭9・5・1民集13・875，最判昭27・11・20民集6・10・1015参照。不動産についての代物弁済の予約の場合には，仮登記担保法3条により，清算義務があるので，暴利行為とはならない）。

(vi) 射倖性の強い行為　　たとえば，賭博契約のように，偶然の事柄によって利益を得るような行為（射倖行為）である（大判昭13・3・30民集17・578）。

(ロ) 公序良俗違反の法律行為の効力　　公序良俗違反の法律行為は**無効**であり(90条)，その法律行為にもとづく法律効果は，何も発生しない。したがって，公序良俗違反の契約からは，何らの権利・義務（物の引渡しや金銭の支払いに関する権利・義務）も発生しないのであるから，公序良俗違反の契約にもとづいて，物の引渡しや金銭の支払いを請求することはできない。物の引渡しや金銭の支払いをしなくても，損害賠償責任等の法的責任は，何も発生しない。

公序良俗違反を理由とする無効は，**絶対的な無効**であって，当事者の追認によって，これを有効とすることはできない。この無効は，だれからでも，だれに対しても主張することができる。

公序良俗違反の契約にもとづいて，物の引渡しや金銭の支払いを受けた者は，法律上の原因なくして利益（利得）を得たことになる。そうすると，本来であれば，法律上の原因なくして，物の引渡しや金銭の支払いをした者（損失者）は，それによって利益を得た者（利得者）に対して，その利益を不当利得として返還するよう請求できるはずである（703条参照）。しかし，公序良俗違反の契約にもとづいて，物の引渡しや金銭の支払いをした者には，不当利得返還請求権の行使は認められない（⇒**不法原因給付**）。

㈥　**不法原因給付**　　不法な原因（公序良俗違反の行為）にもとづいてなされた給付を，**不法原因給付**という。不法原因給付をした者は，自己の給付した物や金銭の返還を，相手方に請求（不当利得返還請求）することはできない（708条。本書318頁参照）。みずから社会的に非難されるべき行為（反社会的な行為＝公序良俗違反の行為）をした者が，自己の損失を取り戻すために，法の救済を求めることは許されない（最大判昭45・10・21民集24・11・1560）。

　ここにいう，**給付**とは，相手方に終局的な利益を与えることを意味する。動産・金銭については，引渡し・払渡しによって給付がされたことになる。未登記不動産については，引渡しによって給付がされたことになるが（前出・最大判昭45・10・21），既登記不動産については，引渡しと登記移転がされたことによって給付がされたことになる（最判昭46・10・28民集25・7・1069）。

　自己のした給付が不法原因給付に該当し，不当利得返還請求が許されないときは，不法原因給付をした者は，給付した物の所有権を主張して，その物の所有権にもとづいて，目的物の返還を請求することも許されない（前出・最大判昭45・10・21）。これを許したのでは，708条の趣旨が失われるからである。

　不法原因給付をした者が，給付した物の返還を請求することができないときは，その反射的効果として，目的物の所有権は，相手方に帰属する（前出・最大判昭45・10・21）。

# Ⅵ　意　思　表　示

## ①　意思表示の意義

　**意思表示**とは，人が，一定の法律効果を発生させようと意欲し（内心的意思），その意思を外部に表明（表示）する行為をいう。

　意思表示は，［動機⇒内心的効果意思⇒内心的表示意思⇒表示行為］という過程を経て形成される。たとえば，不動産売買契約の締結に際して，売主の意思表示（申し込み）は，①事業資金を調達したいから（動機），②自己所有の不動産を売りたいと思い（内心的効果意思），③そのことを相手方に伝えようと思っ

て（内心的表示意思），④不動産を買って欲しいと伝えた（表示行為），というように形成される。また，相手方である買主の意思表示（承諾）は，①環境のよいところに住みたいから（動機），②その不動産を買いたいと思い（内心的効果意思），③そのことを相手方に伝えようと思って（内心的表示意思），④その不動産を買いますと伝えた（表示行為），というように形成される。

　動機は，内心的効果意思を形成する際に，その内心的な原因（縁由）となるものをさすが，意思決定について，重要な要因となるものではない。内心的効果意思とは，一定の法律効果を発生させようと意欲する意思（真意，本心）をさし，内心的表示意思とは，自己が決定した効果意思を，外部に表明しようとする意思（相手方に伝えようとする意思）をさす。そして，実際に，効果意思を外部に表明する行為を，表示行為（言語，文字など）という。

　意思表示とは，内心的効果意思から，表示行為までの行為をいう。**動機**は，意思表示の構成要素ではない。

## ② 意思主義・表示主義

　意思表示の効力を判断するに際して，内心的効果意思に重点を置く立場を**意思主義**といい，表示行為に重点を置く立場を**表示主義**という。

　意思主義においては，意思表示をした本人（表意者）の意思（内心的効果意思）を最大限に尊重し，表意者の保護が図られる。他方，表示主義においては，表意者は，自己の表示したことに拘束されることになり，相手方の保護が図られる。民法は，意思主義を基礎としつつ，個別的な場面において，表示主義を採り入れており，両者の調和が図られている。

## ③ 意思表示の効力

　(1)　**効果意思と表示行為の一致**　　内心的効果意思と表示行為とが一致している場合は，その意思表示は，有効な意思表示となる。したがって，このような意思表示にもとづいて成立した法律行為は（当事者および目的に関する有効要件を充たしていれば），有効な法律行為となる。

(2) **効果意思と表示行為の不一致**　内心的効果意思と表示行為とが一致していない場合は，その意思表示は，有効とはならない。内心的効果意思と，表示行為とが一致しない場合としては，次の2つの場合がある。

(a) **意思の不存在**　意思の不存在とは，表示行為はなされているが，表示行為に対応するだけの内心的効果意思（表示行為から推断される効果意思）がないとき（効果意思の不存在のとき）のことをいう。私的自治の原則のもとでは，意思のないところに，法律効果の発生は認められない。効果意思を欠く意思表示は**無効**とするのが基本である。意思の不存在の場合として，①**心裡留保**（93条），②**虚偽表示**（94条），③**錯誤**（95条），の3つがある。

(b) **瑕疵ある意思表示**　瑕疵(かし)ある意思表示とは，表示行為に対応する内心的効果意思（表示行為から推断される効果意思）は存在するが，内心的効果意思の形成過程において，他人の不当な干渉がなされていたときの意思表示をいう。このときは，内心的効果意思が存在するのであるから，その意思表示を無効とする必要はない。しかし，完全に自己の自由な意思決定にもとづく意思とはいえないのであるから，完全に有効な意思表示とすることもできない。そこで，瑕疵ある意思表示は，**取り消すことができる**意思表示となる。瑕疵ある意思表示の場合として，①**詐欺**（96条）と②**強迫**（96条）の2つがある。

4 **心　裡　留　保**

(1) **心裡留保の意義**　心裡留保(しんりりゅうほ)とは，内心的効果意思（真意・本心）と表示行為とが一致しておらず，かつ，その不一致を，表意者自身が知っている意思表示をいう（93条。単独虚偽表示ともいう。我妻・講義Ⅰ・287頁参照）。つまり，効果意思（真意・本心）を，心の内に留保し，効果意思（真意・本心）とは異なる表示行為をなすことをさし，**嘘**や**冗談**での意思表示のことをいう。

(2) **心裡留保の要件**

　① 表示行為が存在すること。
　② 表示された効果意思と内心の意思とが不一致であること。
　③ 表意者が不一致を知っていること。

第2章　民法総則の概要　*47*

⑶　**心裡留保による意思表示の効力**　　心裡留保にもとづいてなされた意思表示は，原則として，**有効**である（93条本文）。表意者の真意であると信頼した（**善意・無過失の**）相手方を保護するためである。また，内心的効果意思（真意・本心）と表示行為との不一致を知っている表意者については，表示行為どおりの効果を与えても，不測の損害を被ることはない。心裡留保にもとづいてなされた意思表示が有効であるときは（当事者と目的に関する有効要件を充たしていれば），その意思表示によって成立した法律行為は，有効な法律行為となる。

これに対して，相手方が，表意者の内心的効果意思（真意・本心）と表示行為との不一致を知っている場合にまで，相手方を保護する必要はない。そこで，相手方が，表意者の真意を知っていたり（**悪意**），または，容易に知ることができたようなときは（**善意・有過失**），心裡留保にもとづいてなされた意思表示は，**無効**となる（93条ただし書）。心裡留保にもとづいてなされた意思表示が無効であるときは（当事者と目的に関する有効要件を充たしていたとしても），その意思表示によって成立した法律行為は，無効な法律行為となる。

心裡留保による意思表示の効力

| | 効力 | 目的・趣旨 | 相手方 |
|---|---|---|---|
| 原則 | 有効 | 相手方保護・表示主義 | 善意・無過失 |
| 例外 | 無効 | 表意者保護・意思主義 | 悪意，善意・有過失 |

## ⑤　虚　偽　表　示

⑴　**虚偽表示の意義**　　**虚偽表示**とは，内心的効果意思（真意・本心）と表示行為とが一致していない意思表示であって，相手方と**通謀**してなされたものをいう（94条。通謀虚偽表示ともいう）。虚偽表示は，相手方と通謀してなされた虚偽の意思表示であり，内心的効果意思（真意，本心）と表示行為との不一致を，当事者双方（表意者と相手方）が知っている点で，心裡留保とは異なる（我妻・講義Ⅰ・289頁以下参照）。

⑵　**虚偽表示の要件**

①　虚偽の外形（虚偽の法律行為）が作出されていること。

② 虚偽の外形に対応する効果意思がないこと。

③ 相手方との間に通謀があること。

**(3) 虚偽表示による意思表示の効力**　(a) 当事者間　虚偽表示は，当事者間（表意者・相手方間）においては，**無効である**(94条1項)。虚偽表示によって成立した法律行為は，無効な法律行為となる。

(b) 対第三者　虚偽表示の無効（意思表示の無効・法律行為の無効）は，これをもって，**善意の第三者に対抗することができない**(94条2項)。虚偽の外形を信頼して（善意で）取引関係に入った第三者を保護し，取引の安全が図られている（最判昭44・5・27民集23・6・998）。第三者の善意・悪意は，第三者が利害関係を有するにいたった時期を基準として判断される（最判昭55・9・11民集34・5・683）。

**(4) 善意の第三者の保護**

---

**設例①**

　Aは，Bと通謀して，自己所有の土地の売買契約を仮装し，当該土地について，AからBへの所有権移転登記をした。その後，Bは，当該土地をCに売却した。

　この場合，Aは，Cに対して，当該土地の所有権を主張することができるか。

---

(a) 第三者の意義　94条2項にいう第三者とは，虚偽表示の当事者およびその包括承継人（相続人など）以外の者であって，虚偽表示の外形について，**別個の法律原因にもとづいて，新たな利害関係を有するにいたった者**をいう（最判昭45・7・24民集24・7・1116，最判昭51・6・18金法798・34，最判昭62・1・20訟務月報33・9・2234）。

たとえば，①不動産の仮装譲受人から当該不動産を譲り受けた者（大判大15・9・9新聞2630・11，最判昭28・10・1民集7・10・1019），②不動産の仮装譲受人から当該不動産につき抵当権の設定を受けた者（大判大4・12・17民録21・2124，大判昭6・10・24新聞3334・4），③不動産の仮装譲受人に対する債権者で当該不動産を差し押さえた者＝差押債権者（大判明32・10・6民録5・9・48）や，④競売によって当該不動産を買い受けた者（最判昭48・6・21民集27・6・712），⑤仮装の預金債

権の譲受人（大判昭13・12・17民集17・2651）などである。さらに，⑥不動産の仮
装譲受人から当該不動産を譲り受けた者（第一次的第三者）から当該不動産を譲
り受けた者（転得者）も，94条2項の第三者に該当する（最判昭45・7・24民集24・
7・1116，最判昭50・4・25判時781・67）。

　　(b)　善意の第三者の無過失の要否　　94条2項によって保護される第三者
は，善意であれば足り，善意であることについて，過失の有無を問わない（前
出・最判昭62・1・20）。なぜならば，条文上は，善意とのみ規定されており，善
意であることにつき無過失であることまでは要求されていないこと，および，
本人に重大な帰責性があるので，第三者が保護されるべき要件を厳格にすべき
ではないという利益衡量（利益調整）をすべきだからである。

　　(c)　善意の第三者の対抗要件（登記など）の要否　　94条2項によって保護
される善意の第三者は，権利取得について，対抗要件（登記など）を備えている
必要はない（前出・最判昭44・5・27）。なぜならば，①条文上，対抗要件の具備
は要求されていない，②本人に重大な帰責性があるので，第三者が保護される
べき要件を厳格にすべきではないという利益衡量（利益調整）をすべきであるこ
と，③本人と第三者の関係は，対抗関係（177条）にはないから（対抗問題ではな
く，第三者保護の問題），である。

　（設例①）において，A・B間の売買契約が仮装されたもの（虚偽表示によるも
の）であることを，Cが知らなかったときは（善意），過失の有無・登記取得の
有無にかかわらず，Cは，善意の第三者として，94条2項によって保護される。
したがって，Cが善意のときは，Aは，Cに対して，当該土地の所有権を主張
することができない。このとき，Cは，当該土地所有権が，AからBへ，Bか
らCへと有効に移転し，自己が当該所有権を有効に取得した旨をAに主張でき
る（Aは，これを否定できない）。しかし，Cが悪意のときは，Aは，Cに対して，
当該土地の所有権を主張することができる。このときCは，当該土地所有権の
取得を主張することはできない。

(d) 転得者の善意・悪意の判断

**設例②**

Aは，Bと通謀して，自己所有の土地の売買契約を仮装し，当該土地について，AからBへの所有権移転登記をした。その後，Bは，当該土地をCに売却した。さらにその後，Cは，当該土地をDに売却した。

(1) A・B間の売買契約が仮装されたものであることを，Cは知っていたが，Dは知らなかった場合，Aは，Dに対して，当該土地の所有権を主張することができるか。

(2) A・B間の売買契約が仮装されたものであることを，Cは知らなかったが，Dは知っていた場合，Aは，Dに対して，当該土地の所有権を主張することができるか。

　不動産の仮装譲受人(B)から当該不動産を譲り受けた者(C)から，さらに，当該不動産を譲り受けた者(転得者・D)も，虚偽表示の目的につき，新たな法律上の利害関係を取得した者であり，94条2項の第三者に該当する（前出・最判昭45・7・24，前出・最判昭50・4・25）。転得者(D)が，94条2項によって保護されるためには，善意であると判断されなければならない。転得者の善意・悪意を判断する際に，前主(C)の善意・悪意が影響するのか否かについては，絶対的構成と相対的構成の2つの考え方がある。

　**絶対的構成**では，転得者(D)は，前主(C)の善意・悪意を承継することになる。つまり，前主(C)が善意であれば，転得者(D)自身は悪意であったとしても，法律上は善意であると判断され，前主(C)が悪意であれば，転得者(D)自身は善意であったとしても，法律上は悪意であると判断される。これに対して，**相対的構成**では，前主(C)の善意・悪意に関係なく，転得者(D)自身について，個別相対的に，善意・悪意が判断される。判例は，相対的構成を採用している（前出・最判昭45・7・24，前出・最判昭50・4・25）。なぜならば，①94条2項は，相対的な解決（相対的効力）を前提としている，②相対的構成を採用することによって，適正・公平な解決を図ることができる（転得者は善意であれば保護され，悪意であれば保護されない），③絶対的構成を採用すると，悪意の転得者が，善意者をダミーとして（自己の前主として）介在させることによって，実質的に悪意者が保護を受けることになり，不当な結果となるからである。

**設例②** では，転得者Dの善意・悪意は，D自身について個別相対的に判断され，前主Cの善意・悪意は，Dの善意・悪意の判断には，何ら影響しない。したがって，Cの善意・悪意に関係なく，D自身が善意であるときは，Aは，Dに対して，当該土地の所有権を主張することができない。このとき，Dは，Aに対して，当該土地所有権の取得を主張することができる（Aは，これを否定できない）。しかし，D自身が悪意であるときは，Aは，Dに対して，当該土地の所有権を主張することができる。このとき，Dは，Aに対して，当該土地所有権の取得を主張することはできない。

(5) **94条2項の類推適用**　当事者間（表意者・相手方間）に通謀がなくても，虚偽の外形を信頼して取引関係に入った第三者を保護することが必要となる。このような場合には，94条2項の趣旨を類推して，同条項によって，善意の第三者が保護される。取引安全の保護のためである。

94条2項が類推適用されるための要件としては，①虚偽の外形が作出されていること，②真実の権利者に帰責性が認められること，③第三者が，虚偽の外形を信頼したこと（善意），が必要となる。

94条2項が類推適用される例としては，次のようなものがある。

(a) **真実の権利者の意思にもとづいて虚偽の外形が作出されていた場合**

---

**設例③**

　Aは，第三者から買い受けた土地について，Bに無断で勝手に，B名義への所有権移転登記をしていた。その後，当該土地が自己名義になっていることを知ったBは，当該土地をCに売却した。

　この場合，Aは，Cに対して，当該土地の所有権を主張することができるか。

---

　真実の権利者(A)が，みずからの意思で，積極的に虚偽の外形（B名義の不実の登記）を作出している場合には，登記名義人(B)の承諾がない（A・B間に通謀がない）ときでも，真実の権利者(A)に帰責性があるといえるので，虚偽の外形（B名義の不実の登記）を信頼して取引関係に入った第三者は，94条2項の類推適用によって保護される（前出・最判昭45・7・24）。登記名義人の承諾の有無により，

真実の所有者の意思にもとづいて作出された外形を信頼した第三者の保護の程度に差をもうける理由はないからである。

したがって，Cが善意であるときは，Aは，Cに対して，当該土地の所有権を主張することはできない。このとき，Cは，Aに対して，当該土地所有権の取得を主張することができる。しかし，Cが悪意であるときは，Aは，Cに対して，当該土地所有権が自己にあること（第三者からBへの所有権移転がなかったこと，したがって，BからCへの所有権移転もないこと）を主張することができる。

(b) 虚偽の外形が作出されていることを真実の権利者が放置していた場合

---

**設例④**

A所有の土地について，Bが，勝手に書類を偽造して，AからBへの所有権移転登記をした。Aは，その事実を知ったが，そのまま放置していた。その後，Bは，当該土地をCに売却した。

この場合，Aは，Cに対して，当該土地の所有権を主張することができるか。

---

真実の権利者(A)が，不実の登記(B名義の登記)がされていることを知りながら，これを放置していた場合には，不実の登記（虚偽の外形）を，明示または黙示に承認していたことになり，真実の権利者(A)に帰責性があるといえるので，虚偽の外形（B名義の不実の登記）を信頼して取引関係に入った第三者は，94条2項の類推適用によって保護される（最判昭45・9・22民集24・10・1424）。不実の登記が，真実の所有者の承認のもとに存続している以上，その承認が，不実の登記の事前に与えられたか事後に与えられたかによって，虚偽の外形を信頼した第三者の保護の程度に差をもうける理由はないからである。

したがって，Cが善意であるときは，Aは，Cに対して，当該土地の所有権を主張することはできない。このとき，Cは，Aに対して，当該土地所有権の取得を主張することができる。しかし，Cが悪意であるときは，Aは，Cに対して，当該土地所有権が自己にあること(AからBへの所有権移転がなかったこと，したがって，BからCへの所有権移転もないこと）を主張することができる。

第2章　民法総則の概要　　53

### (c)　真実の権利者が，虚偽の外形の基礎を作出していた場合

**設例⑤**

　Aは，Bと通謀して，自己所有の土地について，B名義で，虚偽の仮登記（所有権移転の仮登記または所有権移転請求権保全の仮登記）をしていた。その後，Bは，勝手に書類を偽造して，当該仮登記を本登記にあらため，当該土地をCに売却した。
　この場合，Aは，Cに対して，当該土地の所有権を主張することができるか。

　真実の権利者(A)が，虚偽の外形（B名義の本登記）の基礎（B名義の仮登記）を作出していたという点で，真実の権利者(A)に帰責性があるといえるので，虚偽の外形（B名義の不実の本登記）を信頼して取引関係に入った第三者は，94条2項の類推適用によって保護される（最判昭43・10・17民集22・10・2188）。ただし，真実の権利者(A)は，虚偽の外形（B名義の不実の本登記）そのものを作出したのではなく，虚偽の外形の基礎（B名義の仮登記）を作出しただけであり，真実の権利者(A)の帰責性は小さい。このような場合には，真実の権利者の権利保護と第三者の保護との利益衡量（利益調整）から，善意の第三者が保護されるべき要件は厳しくなる。そこで，第三者(C)が保護されるためには，善意であることについて，無過失が要求される（前出・最判昭43・10・17）。

　したがって，Cが善意・無過失であるときは，Aは，Cに対して，当該土地の所有権を主張することはできない。このとき，Cは，Aに対して，当該土地所有権の取得を主張することができる。しかし，Cが悪意または善意・有過失であるときは，Aは，Cに対して，当該土地所有権が自己にあること（AからBへの所有権移転がなかったこと，したがって，BからCへの所有権移転もないこと）を主張することができる。

### ⑥　錯　　誤

**(1)　錯誤の意義**　　錯誤とは，表示行為から推断される意思と表意者の真に意図するところ（真意）とが一致しない意思表示であって，そのことを表意者自身が知らないことをいう（我妻・講義Ⅰ・296頁参照）。表意者自身が知らないと

いうことが，心裡留保・虚偽表示と大きく異なる。

(2) **錯誤の態様** (a) **表示上の錯誤**（書き間違い・言い間違い） 表示行為自体が，誤ってなされたものをいう。表意者の内心的効果意思と異なる形で表示行為がなされたものであって，内心的効果意思と表示行為との不一致を生ずる。たとえば，1,000万円と書くつもりで，100万円と書いてしまったり，3,200万円というつもりで，2,300万円といってしまったり，100万円と書くつもりで，壱百円と書いてしまったりした場合などである。

(b) **内容の錯誤**（人の同一性・物の同一性・同価値と勘違い） 表意者が，自己のする表示行為について，その内容を誤解しているものをいう（思い違い，勘違い）。表意者の内心的効果意思と異なる内容を有する表示行為（誤った表示意思の形成にもとづく表示行為）がなされたものであって，内心的効果意思と表示行為との不一致を生ずる。たとえば，1 m²と1坪とは同じ広さだと勘違いし，1 m²につき80万円で売るつもりでいたのに，1坪につき80万円で売るといったり，1ドルと1ユーロとは同価値だと勘違いし，100ドル分の価値を意図していながら，100ユーロで買うといったり，A氏に対して契約の申込みをするつもりでいたのに，人違いで，B氏に対して申込みをした場合などである。

(3) **錯誤による意思表示の効力** 錯誤（表示上の錯誤・内容の錯誤）によって意思表示がなされた場合において，その錯誤が，法律行為の**要素の錯誤**に該当するときは，その意思表示は，**無効**となる（95条本文）。錯誤による意思表示をした表意者本人を保護するためである。**要素の錯誤**とは，意思表示の内容の重要な部分に錯誤があるという意味であり，その錯誤がなければ，その意思表示をしなかったであろうと認められるものをいう（大判大3・12・15民録20・1101）。たとえば，売買契約における目的物の価格・数量についての錯誤（前出・大判大3・12・15，大判昭9・12・26全集2・13・633），契約の相手方についての人違い（最判昭29・2・12民集8・2・465），契約内容の勘違い（最判平14・7・11判時1805・56。空クレジット契約であると知らずに連帯保証契約を締結した事例）などがあげられるが，要素の錯誤に該当するか否かは，具体的事例に則して総合的に判断される。

錯誤による意思表示が，要素の錯誤に該当し，無効となるときは，その意思

表示によって成立した法律行為は，無効な法律行為となる。

---

**インターネット等を利用した契約と錯誤**
　インターネット等を利用した契約において，パソコンやスマートフォン等の操作ミス（誤ってクリックしてしまったなど）その他（ワンクリック詐欺等）により電子消費者契約（本書275頁参照）を締結してしまった消費者は（表示上の錯誤による契約），その契約の要素に錯誤があった場合には，原則として，重大な過失があったか否かにかかわらず，錯誤による無効を主張することができる。つまり，①送信した時に申込みの意思表示もしくは承諾の意思表示をする意思がなかった場合，または，②送信した時に申込みの意思表示もしくは承諾の意思表示と異なる内容の意思表示をする意思があった場合には，民法95条ただし書の規定は適用されないことになる（電子契約特3条本文）。ただし，①事業者が，消費者の申込みの意思表示もしくは承諾の意思表示をする意思の有無について確認を求める措置を講じていたとき（送信前の最終画面に確認画面を設けていたときなど），または，②消費者から事業者に対して，確認を求める措置を講ずる必要がない旨の意思の表明があったとき（消費者が確認画面をスキップしたときなど）は，民法95条ただし書の規定が適用され，消費者は，錯誤による無効を主張することができなくなる（電子契約特3条ただし書）。

---

**(4)　錯誤無効の主張者**　　錯誤無効の制度は，要素の錯誤に陥って意思表示をした表意者本人を保護する制度であるから（最判昭40・6・4民集19・4・924），表意者本人が錯誤無効による法的保護をのぞまない場合や，法的保護に値しない場合にまで，当該意思表示を無効として処理する必要はない。要素の錯誤による意思表示によって成立した法律行為は，一定の者からの錯誤無効の主張がない限り，有効な法律行為として処理される。錯誤無効は，絶対的な無効ではなく，取消しに近い無効である（取消的無効ともいわれる）。

　(a)　表意者本人からの無効主張　　(イ)　錯誤無効の制度は，表意者本人を保護するための制度であるから，原則として，表意者本人から，無効を主張することができる。

　　　(ロ)　ただし，表意者本人に**重大な過失**があるときは，表意者本人は，無効を主張することができない（95条ただし書）。重大な過失のある表意者本人は，法的保護に値しないからである。

　ここに，**重大な過失**とは，表意者本人の職業，社会的地位，年齢，経験，法律行為の目的などから総合的に判断して，普通にはらうべき注意を著しく欠いていることを意味する。

(b) 相手方からの無効主張　(イ)　相手方は，表意者本人の意思に反して
まで，無効を主張することはできない。表意者本人の意思を無視して，法的保
護をおしつけることになり，不当だからである。

(ロ)　表意者本人に重大な過失があって，表意者本人から無効を主張する
ことができないときは (95条ただし書)，相手方からも無効主張することはできな
い（前出・最判昭40・6・4）。相手方からの無効主張を認めてしまうと，結果的
に，表意者本人が保護されることになり，95条ただし書の趣旨が失われてしま
うからである。

(c) 第三者からの無効主張　(イ)　第三者は，法律上の利害関係人に限ら
れる。

(ロ)　第三者は，表意者本人の意思に反してまで，無効を主張することは
できない。表意者本人の意思を無視して，法的保護をおしつけることになり，
不当だからである（最判昭40・9・10民集19・6・1512，最判昭45・3・26民集24・3・
151）。

(ハ)　表意者本人に重大な過失があって，表意者本人から無効を主張する
ことができないときは，第三者からも無効主張することはできない。第三者か
らの無効主張を認めてしまうと，結果的に，表意者本人が保護されることにな
り，95条ただし書の趣旨が失われてしまうからである（前出・最判昭40・6・4）。

(ニ)　第三者において，表意者本人に対する債権を保全する必要がある場
合において（本人の無資力），本人が意思表示の瑕疵（錯誤があったこと）を認め
ているときは，本人みずから無効主張する意思がなくとも，第三者たる債権者
は，無効主張することができる（前出・最判昭45・3・26）。

**(5)　動機の錯誤**　(a)　動機の錯誤の意義　　内心的効果意思と表示行為と
は一致しているが，内心的効果意思を形成する動機（縁由）が誤っているもの
を，**動機の錯誤**という。動機の錯誤は，内心的効果意思を形成する際に，その
前提となる事柄を誤解しているもの（前提とした事柄が，事実と異なっているも
の）であり，本来の意味での錯誤（内心的効果意思と表示行為との不一致を前提と
する）とは異なり，動機を含めた表意者の**真意**（動機＋効果意思）と表示との不

一致の場合である。

　たとえば，新しく鉄道の新駅や高速道路のインターチェンジが近くにできるものと誤信して，その予定のない土地を買うといった場合や，性能の良い中古車だと誤信して，性能の悪い中古車を買うといった場合などである。

　　(b)　動機の錯誤による意思表示の効力　　動機は，意思表示の構成要素ではない。したがって，原則として，動機の錯誤は，意思表示の錯誤ではないのであり（動機の錯誤においては，内心的効果意思と表示行為とは一致している），意思表示の効力には何ら影響しない（動機の錯誤にもとづく意思表示は有効な意思表示である）。

　しかし，動機が表示されて（明示的・黙示的），動機が法律行為の内容となったときは，動機の錯誤は，意思表示の内容の錯誤となる（最判昭29・11・26民集8・11・2087，最判昭37・12・25訟務月報9・1・38）。

　したがって，このときの動機の錯誤が，要素の錯誤に該当すれば，その意思表示は，無効となり（95条の適用），動機の錯誤にもとづく法律行為は，無効な法律行為となる。表意者本人の保護と取引安全の保護との利益調整が図られている。

## 7　詐　欺　・　強　迫

⑴　**詐欺・強迫による意思表示の意義・要件**　　(a)　**詐欺による意思表示**
　**詐欺**とは，欺罔行為によって，人を錯誤に陥らせることをいう（我妻・講義Ⅰ・308頁参照）。簡単にいえば，詐欺とは，人をだますことである。

　詐欺による意思表示というためには，①欺罔行為がなされたこと（相手方または第三者からだまされたこと），②欺罔行為によって，表意者が，錯誤に陥ったこと，③その錯誤にもとづいて，意思表示がなされたこと，が必要となる。

　　(b)　**強迫による意思表示**　　**強迫**とは，人に害意を示して，その人に恐怖を与えることをいう（我妻・講義Ⅰ・313頁参照）。簡単にいえば，強迫とは，人を脅かすことである。

　強迫による意思表示というためには，①強迫行為がなされたこと（人に害意を

示したこと，人を脅かしたこと），②強迫行為によって，恐怖心を生じたこと，③その恐怖心にもとづいて，意思表示がなされたこと，が必要となる。

(2) **詐欺・強迫による意思表示の効力**　詐欺・強迫にもとづいて意思表示がなされた場合には，表意者は，自己のなした意思表示を**取り消すことができる** (96条1項)。つまり，詐欺・強迫にもとづく意思表示は，取り消すことができる意思表示となる。したがって，詐欺・強迫にもとづく意思表示によって成立した法律行為は，取り消すことができる法律行為となる。ただし，第三者の詐欺による意思表示については，例外がある。

【詐欺と錯誤の関係】　詐欺にもとづいてなされた意思表示は，錯誤にもとづく意思表示でもある。そこで，このような場合には，表意者は，詐欺を理由とする意思表示の取消しと錯誤を理由とする意思表示の無効との，いずれを主張しうるかが問題となる。

判例は，その意思表示が，要素の錯誤に該当するときは無効であり，要素の錯誤に該当しないときは，取り消すことができるとする (大判大5・7・5民録22・1325)。これに対して，通説は，その意思表示が，要素の錯誤に該当するときは，詐欺による取消しと錯誤による無効との二重効を認め，表意者は，自己の選択にしたがって，いずれの主張をもなしうるとする (我妻・講義I・311頁)。

【強迫にもとづく意思表示の無効】　強迫の程度が非常に強く，表意者が，意思決定の自由を全く失った状態で意思表示がなされた場合には，その意思表示は，意思無能力者のなした意思表示として，当然に，無効となり，取り消す余地はなくなる (最判昭33・7・1民集12・11・1601)。

(3) **第三者の詐欺・強迫による意思表示**　(a) 第三者の詐欺の場合　第三者の詐欺にもとづいて意思表示がなされた場合には，意思表示の相手方が，その事実を知っているときに限り (悪意)，表意者は，意思表示を取り消すことができる (96条2項)。意思表示の相手方が，その事実を知らなかったときは (善意)，表意者は，意思表示を取り消すことはできない。

たとえば，債務者が，人をだまして，自己の債務の保証人とするために，債権者との間で，保証契約を締結させた場合などである。

第2章　民法総則の概要　**59**

(b)　**第三者の強迫の場合**　　**第三者の強迫**にもとづいて意思表示がなされた場合には，表意者は，相手方の善意・悪意にかかわらず，**つねに**，その意思表示を取り消すことができる（96条2項の反対解釈）。

たとえば，債務者が，人を脅かして，自己の債務の保証人とするために，債権者との間で，保証契約を締結させた場合などである。

(4)　**詐欺・強迫による取消しと第三者**　　(a)　詐欺による取消しの場合
詐欺を理由として，自己のした意思表示を取り消した者は，意思表示の取消しの効果を，**善意の第三者に対抗することはできない**（96条3項）。しかし，悪意の第三者に対しては，取消しの効果を対抗することができる。

---

**設例⑥**

Aは，Bから詐欺を受け，自己所有の土地をBに売却し，AからBへの所有権移転登記をした。そして，Bは，当該土地をCに売却した。その後，Aは，Bの詐欺を理由として，A・B間の売買契約を取り消した。

この場合，Aは，Cに対して，当該土地の所有権を主張することができるか。

---

(イ)　**第三者の意義**　　96条3項にいう第三者とは，当事者およびその包括承継人以外の者であって，詐欺による意思表示によって生じた法律関係について，**別個の法律原因にもとづいて，新たな利害関係を有するに至った者**をいう（大判明33・5・7民録6・5・15，最判昭49・9・26民集28・6・1213参照）。

したがって，詐欺による意思表示の結果，反射的に利益を取得した者は，96条3項にいう第三者には該当しない。たとえば，同一不動産に関する1番抵当権が，詐欺を受けて放棄された場合，2番抵当権者は，法律上当然に1番抵当権者となるが（抵当権の順位上昇の原則による），これは反射的利益にすぎず，もとの1番抵当権放棄の意思表示が取り消されたときは，もとの2番抵当権者は，96条3項の第三者には該当せず，同条項による保護を受けることはできない（前出・大判明33・5・7）。

また，96条3項にいう第三者は，取消し前に利害関係を取得した者に限られる（大判昭17・9・30民集21・911）。本条項は，取消しの遡及効によって影響を受

ける者の利益を保護するための規定だからである。

　㈹　善意の第三者の無過失の要否　　96条3項によって保護される第三者は，善意であれば足り，善意であることについて，過失の有無を問わないと解される（この点を正面から扱った判例は見当たらないが，前出・最判昭49・9・26は，「善意の第三者」といっているのみで，無過失までは要求していない）。なぜならば，条文上は，善意とのみ規定されており，善意であることにつき無過失であることまでは要求されていないこと，および，本人に落ち度（帰責性）があるので，第三者が保護されるべき要件を厳格にすべきではないという利益衡量（利益調整）をすべきだからである。

　㈻　善意の第三者の対抗要件（登記等）の要否　　96条3項によって保護される善意の第三者は，権利取得について，対抗要件（登記など）を備えている必要はない（前出・最判昭49・9・26《ただし，この判例は，仮登記の事案であり，評価が分かれる》）。なぜならば，①条文上，対抗要件の具備は要求されていない，②本人に落ち度（帰責性）があるので，第三者が保護されるべき要件を厳格にすべきではないという利益衡量（利益調整）をすべきであること，③本人と第三者の関係は，対抗関係（177条）にはないから（対抗問題ではなく，第三者保護の問題），である。

　**設例⑥**において，AがBから詐欺を受けていたということを，Cが知らなかったときは（善意），Aは，A・B間の売買契約の取消しの効果を，Cに対抗することができない。このとき，Cは，当該土地所有権が，AからBへ，BからCへと有効に移転し，自己が有効に当該所有権を取得した旨を，Aに主張することができる。しかし，AがBから詐欺を受けていたということを，Cが知っていたときは（悪意），Aは，A・B間の売買契約の取消しの効果（取消しによって，A・B間の売買契約は遡及的に無効となり，AからBへの所有権移転は，はじめからなかったことになる。したがって，BからCへの所有権移転もなかったことになり，当該所有権は，はじめからAに帰属していたことになる）を，Cに対抗することができる。このとき，Cは，当該土地所有権の取得を，Aに主張することはできない。

第2章 民法総則の概要　*61*

　◈　民法96条1項・3項は，詐欺による意思表示をした者に対し，その意思表示の取消
権を与えることによって詐欺被害者の救済をはかるとともに，他方その取消しの効果を
「善意の第三者」との関係において制限することにより，当該意思表示の有効なことを信
頼して新たに利害関係を有するに至った者の地位を保護しようとする趣旨の規定である
から，この第三者の範囲は，このような立法趣旨に照らして合理的に画定されるべきで
あって，かならずしも，所有権その他の物権の転得者で，かつ，これにつき対抗要件を
備えた者に限定しなければならない理由は，見出し難い（最判昭49・9・26民集28・6・
1213）。

　(b)　**強迫による取消しの場合**　　強迫を理由として，自己のした意思表示
を取り消した者は，意思表示の取消しの効果を，善意の第三者にも対抗するこ
とができる(96条3項の反対解釈)。つまり，強迫を理由とする意思表示の取消し
の場合には，第三者の善意・悪意にかかわらず，取消しをした者は，つねに，
取消しの効果を，**第三者に対抗する**ことができる。第三者が，対抗要件（登記
等）を備えているか否かもかかわりがない。

┌─────────────────────────────────┐
│　**設例⑦**
│　　Aは，Bから強迫を受け，自己所有の土地をBに売却し，AからBへの所有権移転登記
│　をした。そして，Bは，当該土地をCに売却した。その後，Aは，Bの強迫を理由とし
│　て，A・B間の売買契約を取り消した。
│　　この場合，Aは，Cに対して，当該土地の所有権を主張することができるか。
└─────────────────────────────────┘

　**設例⑦**において，AがBから強迫を受けていたということを，Cが知らな
かったときでも（善意），知っていたときでも（悪意），Aは，つねに，A・B間
の売買契約の取消しの効果（取消しによって，A・B間の売買契約は遡及的に無効
となり，AからBへの所有権移転は，はじめからなかったことになる。したがって，
BからCへの所有権移転もなかったことになり，当該所有権は，はじめからAに帰属
していたことになる）を，Cに対抗することができる。この場合，Cは，当該土
地所有権の取得を，Aに主張することはできない。

8 意思表示の到達（伝達）と効力の発生

(1) **意思表示の到達過程**　相手方のある意思表示は，まず，表意者が，①自己の意思を表白し（たとえば，意思表示の内容を手紙に書くこと），ついで，②それを発信し（たとえば，手紙を投函すること），③それが相手方に到達し（たとえば，手紙が配達されること），そして，④相手方が，それを了知する（たとえば，手紙の内容を了解すること），の4つの過程を経てなされる。

　ここにいう**到達**とは，意思表示の書面等が，相手方の勢力圏内（支配圏内＝相手方が，意思表示の内容を了知することができる範囲内）に入ったことをさす（最判昭36・4・20民集15・4・774）。たとえば，相手方の家の郵便受けに手紙が投函された場合，相手方の家族に文書等が渡された場合などである（大判明45・3・13民録18・193，大判昭17・11・28新聞4819・7）。

(2) **意思表示の効力発生時期**　(a) **到達主義**〔原則〕　意思表示の効力発生時期については，原則として，**到達主義**が採用されている（97条1項）。相手方のある意思表示は，それが，相手方に到達した時に，その効力を生ずる。

　したがって，表意者は，相手方に対して意思表示を発信した後であっても，それが相手方に到達する前であれば，その意思表示を撤回することができる（我妻・講義Ⅰ・319頁参照）。

　(b) **発信主義**〔例外〕　特別な場合については，例外的に，発信主義が採用されている。たとえば，契約の成立に関する承諾の意思表示（526条1項）やクーリング・オフ（本書284頁参照）による契約の申込みの撤回または解除の意思表示の通知（特商9条2項・24条2項・40条2項・48条3項・58条2項・58条の14第2項など）などである（ただし，電子消費者契約上の承諾については，到達主義による。本書276頁参照）。

(3) **通知到達前の表意者の死亡・能力喪失**　表意者が，通知を発信した後，その到達前に，死亡または能力喪失した（意思能力喪失・行為能力喪失）場合でも，その意思表示は，到達によって効力を生ずる（97条2項）。

(4) **公示による意思表示**　意思表示の相手方が誰であるかを知ることがで

きず，または相手方の所在を知ることができないときは，公示の方法によって意思表示をすることができる（98条1項）。公示による意思表示は，裁判所の掲示板に掲載し，かつ，その掲示のあったことを1回以上官報に掲載して行う（98条2項本文）。ただし，裁判所は，相当と認めるときは，官報への掲載に代えて，市区町村役場等の掲示板に掲示すべきことを命ずることができる（98条2項ただし書）。公示による意思表示は，最後に官報に掲載した日またはそれに代わる掲示を始めた日から2週間を経過した時に，相手方に到達したものとみなされる（98条3項本文）。ただし，相手方を知らないこと，または相手方の所在を知らないことについて表意者に過失があったときは，到達の効力は生じない（98条3項ただし書）。

---

**民法改正の動向（意思表示）**

意思表示の効力に関しては，以下の方向で検討されている。
① 心裡留保による意思表示の無効は，善意の第三者に対抗できないとする旨の規定（第三者保護規定）を新設すること（93条2項の新設）。
② 錯誤による意思表示の効力を，取り消すことができるものとすること（95条改正）。
③ 錯誤による意思表示の取消しは，善意・無過失の第三者に対抗できないとする旨の規定（第三者保護規定）を新設すること（95条改正）。
④ 詐欺による意思表示の取消しは，善意・無過失の第三者に対抗できないとする旨の規定（第三者保護規定）に改めること（96条3項改正）。
⑤ 意思表示の通知の到達妨害があったときは，通常到達すべきであった時に到達したものとみなす旨の規定を新設すること（97条2項を新設し，現行第2項を第3項とする）。
▲改正要綱仮案1頁，改正要綱案原案（その1）1頁，要綱案1頁

---

# Ⅶ　代　　理

## ① 代理の意義

　**代理**とは，他人（代理人）の独立の行為（意思表示）によって，本人が，直接に，その法律効果を取得する制度をいう（我妻・講義Ⅰ・322頁）。たとえば，本人Aの代理人Bが，相手方Cに対して，A所有の不動産を売りたいといい（申し込み），相手方Cが買いますといった場合（承諾），申し込みと承諾の合致という契約成立のための行為は，代理人Bによってされているが，売買契約の成立という効果は，直接，本人Aに帰属する（売買契約は，直接に，A・C間で成立した

ことになる）。つまり，**代理**は，本人以外の者（代理人＝行為者）の行為により，直接，本人（効果の帰属者）に，法律行為（代理行為）の効果を帰属させるものである。

代理においては，本人が法律行為をするのではなく，代理人が法律行為（代理行為）をするのであり（行為主体），本人には，その行為の効果が帰属するだけである（帰属主体），と解されている（代理人行為説《通説。我妻・講義Ⅰ・329頁参照》）。

### ② 代 理 の 種 類

(1) **法定代理・任意代理** 代理権付与の根拠を基準に分類すると，代理は，法定代理と任意代理とに分類することができる。

**法定代理**とは，一定の地位にある者について，法律の規定にもとづいて，代理権が付与される代理のことをいう。**任意代理**とは，本人と代理人になる者との契約によって，代理権が付与される代理のことをいう。

(2) **能働代理・受働代理** 代理行為における意思表示のされ方を基準に分類すると，代理は，能働代理と受働代理とに分類することができる。

**能働代理**とは，代理行為において，代理人が，相手方に対して，積極的に意思表示をする代理をいい，**受働代理**とは，代理人が，相手方から，消極的に意思表示を受ける代理をいう。

### ③ 代理の要件・効果

(1) **代理の要件** 代理の要件としては，①代理人に代理権が存在すること，②代理権の範囲内において代理行為がなされたこと，が必要となる。

---

> ### ｜使 者｜
>
> **使者**とは，単に，本人の意思表示を相手方に伝えるだけの者をいう（伝達機関・表示機関）。たとえば，単に，本人が作成した手紙等を相手方に届けるだけの者や，本人の伝言を相手方に伝えるだけの者などである。使者は，独立した意思表示（意思決定）をするのではなく，本人が意思表示（意思決定）をする。この点において，代理とは大きく異なる（代理においては，代理人が，独立した意思表示《意思決定》をする）。したがって，使者による意思表示が有効であるためには，使者は，意思能力を備えていなくてもよいが，本人は，意思能力・行為能力を備えていなければならない（代理においては，本人は，意思能力・行為能力を備えていなくてもよいが，代理人は，意思能力を備えていなければならない）。

(2) **代理の効果**　代理行為の効果は，直接，本人に帰属する。代理人には，代理行為の効果は，何ら帰属しない。

**【代理の認められない行為】**　代理は，法律行為に関する制度である（大判大9・6・24民録26・1083）。事実行為や不法行為（709条参照）についての代理は認められず，このような行為に関する代理はありえない。また，本人自身の意思決定が必要とされる身分行為についても，代理は認められない（婚姻，認知，養子縁組，遺言など）。

## ④　代　理　権

(1) **代理権の発生原因**　(a) 法定代理　法定代理における代理権（法定代理権）は，**法の規定**にもとづいて発生する。たとえば，親権者（824条），後見人（859条），財産管理人（25条1項），相続財産管理人（952条），遺言執行者（1015条）などである。

　(b) 任意代理　任意代理における代理権（任意代理権）は，本人と代理人になろうとする者との間の，**代理権授与行為（授権行為）**にもとづいて発生する。この代理権授与行為（授権行為）は，代理権の発生を目的とした，本人と代理人になろうとする者との間の**契約**である（我妻・講義Ⅰ・334頁）。

　代理権授与行為（授権行為）は，通常，その基礎となる何らかの契約に随伴してなされる。代理権授与行為（授権行為）の基礎となる契約としては，委任契約（643条），請負契約（632条），雇用契約（623条）などがある。

(2) **代理権の範囲**　(a) 法定代理　法定代理権の範囲は，**法の規定**によって定まる。たとえば，親権者（824条以下），後見人（859条以下），財産管理人（28条），相続財産管理人（953条→28条），遺言執行者（1012条）などである。

　(b) 任意代理　任意代理権の範囲は，本人・代理人間の契約である**代理権授与行為（授権行為）**によって定まる。

**【代理権の範囲につき定めのない場合】**　代理権の範囲が定められていない場合や，代理権の範囲が不明確な場合には，代理人は，**保存行為**と，代理の目的たる物または権利の性質を変えない範囲内において，**利用行為**および**改良行**

為をすることができる (103条)。保存行為，利用行為，改良行為を合わせて，**管理行為**という。つまり，代理権の範囲につき定めのない代理人は，管理行為のみすることができる。

　　(イ)　**保存行為**　　保存行為とは，本人の財産の現状（財産価値）を維持するために必要な行為（法律行為）をいう。たとえば，家屋の修繕を目的とする請負契約，消滅時効の中断，未登記不動産の登記などである。

　　(ロ)　**利用行為**　　利用行為とは，本人の財産について収益を図る行為（法律行為）をいう。たとえば，物の賃貸（賃貸借契約），現金を銀行預金にすること，金銭を利息付で貸し付けることなどである。

　　(ハ)　**改良行為**　　改良行為とは，本人の有する物または権利の利用価値・交換価値を増加させる行為（法律行為）をいう。たとえば，家屋に造作を施すこと（請負契約），無利息の貸金を利息付に改めることなどである。

**(3)　復任権**（復代理人の選任）　　(a)　復代理の意義　　代理人（原代理人）が，自己の権限内に属する代理行為を，他の者（復代理人）に行わせ，その行為の効果を，直接，本人に帰属させる制度を**復代理**という。代理人によって選任された代理人を**復代理人**といい，復代理人を選任した，もともとの代理人を**原代理人**という。

　復代理人を選任すること（および解任すること）は，原代理人が，自己の代理権にもとづいて，自己の名において行う。原代理人と復代理人になろうとする者との間の契約，すなわち，代理権授与行為（授権行為）にもとづいて，復代理人に代理権が発生する。復代理人は，つねに，任意代理人である。

　　(b)　復任権の意義・所在　　復代理人を選任する権限（および解任する権限）を，**復任権**という。原代理人が，復任権を有するか否かは，法定代理と任意代理とで異なる。

　　(イ)　**法定代理**　　法定代理人は，つねに，復任権を有する (106条本文)。つまり，法定代理人は，いつでも，自由に，復代理人を選任することができる。法定代理人の権限は，一般に広範なものであり，しかも，容易に辞任することができないこと，さらに，法定代理人は，本人の信任を受けて代理人になった

わけではないので，復任権を制限することは妥当ではないこと，などの理由にもとづく。

復代理人の故意または過失によって，本人に損害が生じた場合には，原則として，原代理人は，本人に対して，その損害を賠償する責任を負う。この責任は，原代理人が，復代理人の選任・監督について，自己に過失がなくても負わなければならない（**無過失責任**。106条本文）。

　　（ロ）任意代理　　任意代理人は，原則として，復代理人を選任することはできないが，例外的に，**本人の許諾**を得た場合，または，**やむを得ない事由**がある場合に限って，復代理人を選任することができる（104条。条文上は，「委任による代理人」と規定されているが，これは，「任意代理人」の意味である）。

任意代理人は，復代理人の選任および監督についてのみ，本人に対して，責任を負う（**過失責任**。105条1項）。選任についての責任とは，たとえば，不適任な者を復代理人に選任したことによって，本人に損害を被らせた場合の賠償責任をさし，監督についての責任とは，たとえば，復代理人に必要な指示を与えなかったことによって，本人に損害を被らせた場合の賠償責任をさす。

　　（c）復代理人の地位　　復代理人は，原代理人が，自己の名をもって選任する**本人の代理人**である。復代理人は，その権限内の行為について，直接に，本人を代理する（107条1項）。復代理人のなした代理行為の効果は，直接，本人に帰属する（99条1項）。

　　（d）原代理人の地位　　復代理人を選任しても，原代理人の代理権が消滅するわけではない（大判大10・12・6民集27・2121）。原代理人は，復代理人を選任した後でも，みずから有効に代理行為を行うことができる。復代理人の選任は，原代理人の代理権にもとづく行為であり，代理権の譲渡ではないからである。

**(4)　自己契約・双方代理の禁止**　　（a）自己契約・双方代理の意義　　同一の法律行為に関して，一方の当事者が，相手方の代理人となることを**自己契約**という。また，同一の法律行為に関して，同一人が，当事者双方の代理人となることを**双方代理**という。

(b) 自己契約・双方代理による代理行為の効力　(イ) 原則　自己契約・双方代理は，禁止される（108条本文）。本人に不利益をおよぼすおそれがあるからである。この禁止に反して，自己契約・双方代理に該当する代理行為がなされたときは，その行為に関する代理権が否定される。つまり，自己契約・双方代理の禁止に反する代理行為は，無権代理行為となる。

　　　(ロ) 例外　債務の履行および本人があらかじめ許諾した行為については，自己契約・双方代理は，ともに許される（108条ただし書）。このような場合には，本人の利益を害するおそれがないからである。たとえば，登記申請行為（大判昭19・2・4民集23・42, 最判昭43・3・8民集22・3・540），公正証書の作成（最判昭26・6・1民集5・7・367）などである。

　　(c) 法定代理に関する特則　法定代理に関して，利益相反行為（自己契約・双方代理に該当する場合）については，**特別代理人**を選任すべきことが規定されている（826条・860条。なお，851条4項参照）。

　**(5) 代理権の消滅**　(a) 法定代理・任意代理に共通の消滅原因　法定代理と任意代理に共通する代理権の消滅原因は，①**本人の死亡**，②**代理人の死亡**，③**代理人に対する破産手続開始の決定**，④**代理人に対する後見開始の審判**，の4つである（111条1項）。

　**本人が死亡**した場合，法定代理のときは，代理の必要性がなくなるのであり，任意代理のときは，本人と代理人との間の信頼関係が消滅するのであるから，代理権が消滅する。ただし，代理権授与行為において，別段の定めをした場合には，代理権を存続させることができる（最判昭31・6・1民集10・6・612, 最判平4・9・22金法1358・55）。**代理人が死亡**した場合，代理権が消滅するのであって，代理人たる地位が，相続人に相続されるわけではない。代理人としての資格を判断するに際しては，代理人自身の個性が重視されるからである。**代理人が破産手続開始の決定を受けた**場合には，代理人の財産管理能力に対する信頼を失わせることになるので，代理権が消滅する。**代理人が後見開始の審判を受けた**場合には，代理人は，意思能力を喪失していることになるので，有効な代理行為（有効な意思表示）をすることができず，代理権が消滅する。

| 当事者 | 共通の代理権消滅原因 |
|---|---|
| 本　人 | 死亡 |
| 代理人 | 死亡，破産手続開始の決定，後見開始の審判 |

　(b)　**任意代理特有の消滅原因**　　代理権授与行為 (授権行為) の基礎となる本人・代理人間における内部的法律関係 (委任契約その他の契約関係) が終了すると，原則として，任意代理権も消滅する (111条 2 項)。

　(c)　**法定代理特有の消滅原因**　　法の規定によって，法定代理権が消滅する (25条 2 項・26条・834条・835条・837条・844条・846条・956条・1019条など)。

## 5　代　理　行　為

　(1)　**顕名主義**　　(a)　**顕名の意義**　　代理行為の効果を，直接，本人に帰属させるためには，本人のためにすること (本人に代理行為の効果を帰属させようとする意思) を示して，代理行為がなされなければならない。本人のためにすることを示すことを，**顕名**という。

　代理人が (能働代理の場合において)，自己のなす代理行為の効果を，直接に，本人に帰属させるためには，代理人は，代理行為をなすに際して，相手方に対して，本人のためにすることを示さなければならない (99条 1 項)。

　代理人が，相手方に対して，本人のためにすることを示す方法としては，通常，「本人〔A〕・代理人〔B〕」との表示がなされる。

　なお，受働代理の場合であっても，顕名主義が採られているが，受働代理においては，相手方が，本人のためにすることを示さなければならない (99条 2 項)。

　(b)　**顕名がない場合の代理行為の効力**　　代理人が，代理行為をなすに際して (能働代理において)，本人のためにすることを示さなかった場合には，その代理行為の効果は，本人には帰属しない (99条 1 項)。この場合には，原則として，その代理行為は，代理人が，代理人自身のためになしたものとみなされる (100条本文)。つまり，代理人のなした意思表示の効果は，代理人自身に帰属し，代理人と相手方との間で締結された契約は，代理人と相手方との契約となる。

ただし，代理人が，代理行為をなすに際して（能働代理において），本人のためにすることを示さなかった場合であっても，相手方において，代理人の行為が，本人のためにするものであることを知っていたとき（悪意），または，そのことを，容易に知ることができたときには（善意・有過失），例外的に，その代理行為の効果が，直接，本人に帰属する（100条ただし書）。

なお，商行為の代理人が，本人のためにすることを示さないで代理行為をした場合であっても，代理行為の効果は，本人に帰属する（商504条本文）。

**顕名がない場合の代理行為の効力**

|  | 代理行為の効力 | 相手方 |
|---|---|---|
| 原則 | 代理人自身の行為とみなされる。 | 善意・無過失 |
| 例外 | 本人に効果が帰属する。 | 悪意，善意・有過失 |

(2) **代理人の能力**　　代理人は，意思能力さえ備えていれば，行為能力まで備えている必要はない（102条）。

代理行為は法律行為であり，有効な代理行為（法律行為）をなすためには，有効な意思表示がされなければならない。代理行為においては，代理人によって，意思表示がされるのであるから，有効な意思表示をするためには，代理人は意思能力を備えていることが必要となる。意思能力を欠いた状態の者によって代理行為がなされたときは，その代理行為は，絶対的に無効となる。この点において，意思無能力者は，代理人となることはできない。

しかし，意思能力さえ備えているならば，制限行為能力者（未成年者・被保佐人・被補助人など）であっても，代理人となることができる。代理行為の効果は，すべて，直接に，本人に帰属するのであり，制限行為能力者である代理人には，何らの不利益も生じないので，制限行為能力者の保護という問題は生じないからである。また，本人は，制限行為能力者であることを承知の上で代理権を与えるのであるから，本人の保護も不要と判断されるからでもある。

代理人となった制限行為能力者は，単独で，有効な代理行為をすることができる。制限行為能力者である代理人のした代理行為は，完全に有効な代理行為

（法律行為）となるのであって，本人および代理人ともに，代理人の制限行為能力を理由として，その代理行為（法律行為）を取り消すことはできない。

**(3) 代理行為の瑕疵** 　(a) 代理行為の瑕疵の意義　　意思表示の効力が，意思の不存在，詐欺，強迫，または，ある事情を知っていたか否かなどによって影響を受けるような場合において，その事実の有無は，代理人について，これを決する（101条1項）。つまり，代理行為について，瑕疵があるか否かは，原則として，代理行為をした代理人自身について，決定される。

代理行為の瑕疵とは，①意思の不存在（心裡留保，虚偽表示，錯誤），②瑕疵ある意思表示（詐欺，強迫），③ある事情を知っているか否か（善意，悪意），または，知らないことについて過失があるか否か（有過失，無過失）によって，代理行為の効力が影響を受けるような場合（たとえば，93条ただし書・117条2項前段・561条後段・570条など）である。

これらの事情があるか否かは，代理人を基準として決定されるのであり，本人を基準として決定されるわけではない。代理行為においては，代理人によって，意思表示がなされるからである。

　(b) 代理行為の効力　　代理行為における意思表示について，意思の不存在が認められ，その意思表示が無効であるときは，代理行為（法律行為）が無効となり，代理行為の効果は，本人には帰属しない。

代理行為において，瑕疵ある意思表示がなされたときは，その代理行為は，取り消すことができる代理行為（法律行為）となる。このとき，代理行為（法律行為）の取消権は，代理行為の効果として，直接，本人に帰属する。そして，代理人が法定代理人であるならば，法定代理人もまた，その代理行為（法律行為）につき，固有の取消権を有する（120条2項参照）。これに対して，任意代理人が，その代理行為（法律行為）につき，固有の取消権を有するか否かは，代理権授与行為の内容によって決定される。

(4) 代理権の濫用

**設例⑧**

A所有の土地について，Bは，Aから，その売却に関する代理権を与えられた。そして，Bは，Cとの間で，Aのためにすることを示して，A所有の土地の売買契約を締結した。しかし，Bは，内心では，自己の利益を図ることを目的として，当該契約を締結しており，自己が消費する意図で，Cから売買代金を受領し着服した。

この場合，Cは，Aに対して，売買契約にもとづいて，土地の引渡し・登記移転を請求できるか。

(a) 代理権濫用の意義 　代理人が，自己の有する代理権の範囲内において，本人のためにすることを示して，代理行為をしているが，内心では，自己または第三者の利益を図るために代理行為をしていることを，代理権の濫用（代理人の権限濫用）という。

本人のためにすることを示すというのは，外形上，代理行為の効果を本人に帰属させようとしていることを相手方に伝えることを意味しており，代理人の内心において，本人の利益を図る意思を有していることまでは要求していない。したがって，代理権の範囲内の行為について，形式的には，本人のためにすることを示して，代理行為がなされているが，実質的には，本人の利益を図る意思はなく，代理人が，自己または第三者の利益を図るために，代理行為をしていることがある。このようにしてなされた代理行為の効力を，どのように判断するべきかが，代理権濫用の問題である。

(b) 代理行為の効力 　代理人が，代理権を濫用してなした代理行為は，代理権の範囲内の行為であり，かつ，本人のためにすることを示してなされている。したがって，代理行為の相手方が，代理人の内心の意図を知らず，かつ，知らないことについて過失がなかったときは（善意・無過失），その代理行為は，有効な代理行為であると判断される。そして，その代理行為の効果は，直接，本人に帰属する（99条1項参照）。

しかし，代理人の内心において，自己または第三者の利益を図るために代理行為がなされていた場合には，本人の利益が害され，不当な結果を生ずる。そ

こで，代理行為の相手方が，代理人の内心の意図を知っていたとき（悪意），または，容易に知ることができたときは（善意・有過失），その代理行為は，無効な代理行為であると判断される（93条ただし書の類推適用。最判昭42・4・20民集21・3・697，最判平4・12・10民集46・9・2727）。このとき，代理行為の効果は，本人には帰属しない。

**設例⑧** において，Cが，Bの真意につき善意・無過失であるときは，Bのした代理行為は有効であり，その効果は，直接，Aに帰属する。つまり，このとき，C・A間に土地の売買契約が成立したことになるのであり，Cは，Aに対して，土地の引渡し・登記移転を請求できる（Aは，Cからの請求を拒絶できない）。しかし，Cが，Bの真意につき悪意または善意・有過失であるときは，Bのした代理行為は無効であり，その効果はAに帰属しない。つまり，このとき，C・A間に土地の売買契約は成立していないことになり，Cは，Aに対して，土地の引渡し・登記移転を請求できない（Aは，Cからの請求を拒絶できる）。

### 代理権濫用の場合の代理行為の効力

| | 代理行為の効力 | 相手方 | 根拠条文 |
|---|---|---|---|
| 原則 | 有効な代理行為<br>（代理行為の効果が本人に帰属する） | 善意・無過失 | 99条1項 |
| 例外 | 無効な代理行為<br>（代理行為の効果は本人に帰属しない） | 悪意，善意・有過失 | 93条ただし書<br>類推適用 |

   親権者が子を代理して子の所有する不動産を第三者の債務の担保に供する行為は，利益相反行為にあたらないものであるから，それが子の利益を無視して自己または第三者の利益を図ることのみを目的としてされるなど，親権者に子を代理する権限を授与した法の趣旨に著しく反すると認められる特段の事情が存しない限り，親権者による代理権の濫用にあたると解することはできない（最判平4・12・10民集46・9・2727）。

## 6　無権代理（広義の無権代理）

　代理人として代理行為をする者に代理権がない場合の全般を，広く無権代理（広義の無権代理）という。広義の無権代理には，**表見代理**と**狭義の無権代理**の2種類のものがある。

(1) **表見代理** (a) **表見代理の意義** **表見代理**とは，代理権を有していない者が代理行為をなした場合において，外形上は，その者に，その代理行為についての代理権があるかのように見えるものをいう（「表見~」とは，「~らしくみえる」という意味である）。

(b) **表見代理の種類** (イ) **代理権授与の表示による表見代理** 本人が，実際には，代理権を与えていないにもかかわらず，第三者に対して，自己が，ある人に代理権を与えた旨の表示をしていた場合である（109条）。表示の相手方は，特定の人だけでなく，不特定の人であってもよい。また，表示の方法は，どのようなものでもよい（文書，口頭など）。

たとえば，Aが，Bに土地売却の代理権を与えた旨の表示をCに対してしたが，実際には，AはBに代理権を与えていなかった場合に，Bが，Aの代理人として，Cとの間で，A所有の土地の売買契約を締結した場合などである。

本人が，他人に対して，自己の名称の使用を許諾している場合には（支店名義・商号の使用など），代理権授与の表示がされていると判断される（大判昭4・5・3民集8・447，大判昭5・5・6新聞3126・14，大判昭15・4・24民集19・749）。また，本人が，第三者に対して（代理権を与えていない），委任状（白紙委任状）を交付しており，その第三者が，本人から交付された委任状を呈示した場合や，第三者が，本人の所有する不動産の登記済証（権利証）・印鑑を呈示した場合などにおいても，代理権授与の表示がなされていると判断される場合がある（最判昭39・5・23民集18・4・621，最判昭42・11・10民集21・9・2417）。さらに，代理行為と判断されるような行為を第三者がしていることを知っていながら，これを放置（黙認）していたような場合には，代理権授与の表示がされたものと判断される（最判昭35・10・21民集14・12・2661。裁判所職員の福利厚生を図るための任意団体が，「東京地方裁判所厚生部」という名称を使用して第三者と取り引きをしていることを黙認していた事例）。

代理権授与の表示による表見代理は，任意代理についてのみ成立し，法定代理については成立しない（大判明39・5・17民録12・758）。

(ロ) **権限外の行為による表見代理**（越権代理） 実際に，何らかの代理

権（基本代理権）を有する代理人が，自己の有する代理権の範囲を越えて，権限外の代理行為をなした場合である（110条）。たとえば，Ａから，土地賃貸の代理権を与えられたＢが，Ｃとの間で，Ａの代理人として，Ａ所有の土地の売買契約を締結した場合などである。

権限外の行為による表見代理における基本代理権は，純粋に公法上の行為のみに関するものであってはならないが（権限外の行為による表見代理は成立しない），公法上の行為が，私法上の取引行為の一環として，契約による義務履行のためのものであるときは，公法上の行為に関する権限は，権限外の行為による表見代理における基本代理権となる。たとえば，登記申請行為（公法上の行為）に関する代理権を有する者が，その権限を越えて，第三者との間で取引行為をした場合，その登記申請行為が私法上の契約による義務の履行のためにされるものであるときは，登記申請に関する代理権は基本代理権となる（最判昭46・6・3民集25・4・455）。

権限外の行為による表見代理における基本代理権は，任意代理権でも，法定代理権でもよい（大連判昭17・5・20民集21・571）。

㈧　**代理権消滅後の表見代理**（滅権代理）　代理権を有していた者が，代理権消滅後に，代理行為をした場合である（112条）。たとえば，Ａから土地売却の代理権を与えられていたＢが，代理権消滅後に，Ａの代理人として，Ｃとの間で，Ａ所有の土地の売買契約を締結した場合などである。

代理権消滅後の表見代理は，任意代理でも，法定代理でも成立する（大判昭2・12・24民集6・754）。

㈡　109条と110条の類推適用（重畳適用）の場合　本人が，実際には，代理権を与えていないにもかかわらず，第三者に対して，自己が，ある人に代理権を与えた旨の表示をしていた場合において，本人の表示した代理権の範囲を越えて，代理行為がなされた場合である。この場合には，代理権授与の表示による表見代理（109条）と，権限外の行為による表見代理（110条）との，複合型の表見代理が成立する（最判昭45・7・28民集24・7・1203）。

㈭　110条と112条の類推適用（重畳適用）の場合　代理権を有していた

者が，代理権消滅後に，かつて有していた代理権の範囲を越えて，代理行為を
した場合である。この場合には，権限外の行為による表見代理（110条）と，代
理権消滅後の表見代理（112条）との，複合型の表見代理が成立する（最判昭32・
11・29民集11・12・1994，最判昭45・12・24民集24・13・2230）。

　（c）　表見代理行為の効力　　いずれの類型における表見代理であっても，
代理行為をした者に，その代理行為に関する代理権がないことを，相手方が知
らず，かつ，知らないことに過失がなかったときには（**善意・無過失**），その代
理行為は，**有効**な代理行為であると判断される。このとき，その代理行為の効
果は，直接，本人に帰属する。つまり，善意・無過失の相手方は，本人に対し
て，代理行為が有効であり，したがって，その代理行為の効果が，直接に，本
人に帰属しているとの主張をすることができる。善意・無過失の相手方を保護
し，取引の安全が図られている。

　これに対して，代理行為をした者に，その代理行為に関する代理権がないこ
とを，相手方が知っていたとき（**悪意**），または，容易にこれを知ることができ
たときには（**善意・有過失**），その代理行為は，**無効**な代理行為であると判断さ
れる（狭義の無権代理行為と同様の処理がなされる）。このとき，本人の追認がな
い限り，その代理行為の効果は，本人には帰属しない。

　なお，110条においては，「正当の理由」と規定されているが，ここにいう正
当の理由とは，相手方の善意・無過失を意味する（最判昭35・10・18民集14・12・
2764，最判昭42・11・30民集21・9・2497）。

**表見代理行為の効力**

| 相手方 | 代理行為の効力 |
|---|---|
| 善意・無過失 | 有効な代理行為<br>（代理行為の効果が，本人に帰属する） |
| 悪意，善意・有過失 | 無効な代理行為→狭義の無権代理行為と同様<br>（代理行為の効果は，本人に帰属しない） |

　(2)　**狭義の無権代理**　　代理人として代理行為をする者に，代理権がない場
合であって，表見代理に該当しないものを，**狭義の無権代理**という。

狭義の無権代理行為は無効（**不確定的無効**）であり（113条1項），原則として，その代理行為の効果は，本人には帰属しない。しかし，本人は，その無権代理行為を追認することによって，その代理行為を有効な代理行為とし，その効果を，直接に，自己（本人）に帰属させることができる（113条1項）。このような場合の無効を，**不確定的無効**という。狭義の無権代理行為の効力は，不確定的無効である。

　(a)　**本人と相手方の関係**　　(イ)　**追認権・追認拒絶権**　　本人は，相手方に対して，無権代理行為についての，追認権および追認拒絶権を有する(113条)。

　本人が，追認権を行使したときは，原則として，無権代理行為がなされた時から，その代理行為は，有効な代理行為であったことになる（追認の遡及効。116条本文）。

　本人が，追認拒絶権を行使したときは，無権代理行為は，無効に確定する。

　　(ロ)　**催告権**　　無権代理行為の相手方は，本人に対して，催告権を有し，相当の期間を定めて，その期間内に追認をするか否かを確答すべき旨を，本人に催告することができる（114条前段）。もし，その期間内に，本人からの確答がないときは，本人は，無権代理行為の追認を拒絶したものとみなされる（114条後段）。本人が，相当期間内に確答しないことが，本人の責に帰すべき事由によるか否かを問わず，また，詐欺・強迫・錯誤などによって，確答をしなかったとしても，これらとは無関係に，追認拒絶の効果が生ずる。

　この催告権は，相手方が，無権代理行為であることについて，**善意**であるか，**悪意**であるかにかかわりなく認められる。

　(b)　**相手方と無権代理人の関係**　　(イ)　**取消権**　　無権代理行為の相手方は，本人の追認がない間は，無権代理人との間の契約（代理行為）を取り消すことができる（115条本文）。ここにいう，取消しとは，撤回の意味である。これによって，本人からの追認の余地をなくすことができる。

　相手方において，この取消権（撤回権）を行使することができるのは，本人からの追認がなされる前であり，しかも，相手方において，代理行為をした者に代理権がないことを知らなかった(**善意**)場合でなければならない(115条ただし書)。

㈡　**無権代理人の責任**　　無権代理人は，相手方の選択にしたがって，相手方に対して，**履行の責任**または**損害賠償責任**を負う（117条1項）。ただし，相手方が，代理権のないことを知っていたとき（悪意），もしくは，過失によってこれを知らなかったとき（善意・有過失），または，代理人として契約（代理行為）をなした者が制限行為能力者であったときは，相手方は，無権代理人に対して，その責任を追及することはできない（117条2項）。

　つまり，相手方は，無権代理人に対して，その責任を追及するためには，無権代理行為であることについて，**善意・無過失**であり，かつ，無権代理人が，**行為能力者**でなければならない。

## (3)　無権代理と相続

> ### 設例⑨
>
> 　Aの子Bは，代理権がないにもかかわらず，Aの代理人として，Cとの間で，A所有の土地をCに売却する旨の契約を締結した（狭義の無権代理行為）。
> ⑴　その後，Aが死亡し，BがAを単独で相続した場合，Bは，Aの地位にもとづいて，自己のした無権代理行為の追認を拒絶できるか。
> ⑵　その後，Bが死亡し，AがBを単独で相続した場合，Aは，本人としての地位にもとづいて，Bのした無権代理行為の追認を拒絶できるか。また，これが認められたとき，Cは，Aに対して，Bの地位にもとづく無権代理人の責任を追及できるか。

　(a)　**無権代理人が本人を単独相続した場合**（ 設例⑨ 小問⑴）　　相続によって，相続人(B)は，被相続人(A)の有していた一切の権利・義務を，包括的に承継する（896条本文）。したがって，無権代理人(B)（相続人）は，自己のした無権代理行為について，本人(A)の有していた追認拒絶権（113条2項参照）をも承継することになるから，これを行使して，自己のした無権代理行為の追認を拒絶することができるかのように思える。しかし，このようなことを許すことは妥当ではない（信義則に反する）。

　そこで，無権代理人(B)が本人(A)を単独で相続した場合には，本人がみずから法律行為をしたのと同様な法律上の地位を生じたものと解すべきであり，相続によって，無権代理行為は，当然に有効になる（最判昭37・4・20民集16・4・986，

最判昭40・6・18民集19・4・986）。

**設例⑨** 小問(1)においては，Bのした代理行為は，相続によって，当然に有効な代理行為であったことになり，無権代理の問題ではなくなる（追認するか追認を拒絶するかの問題は生じない）。この場合，有効な代理行為の効果として，A・C間に当該土地の売買契約が成立していたことになり，Bは，売主Aの地位を相続したことになる。つまり，Bは，Cに対して，当該土地の引渡義務・登記移転義務を負い，代金請求権を有する。Cは，Bに対して，当該土地の引渡請求権・登記移転請求権を有し，代金支払義務を負う。したがって，無権代理の問題ではなくなるので，Bは，Aの地位にもとづいて，自己のした無権代理行為の追認を拒絶することはできない。

(b) **本人が無権代理人を単独相続した場合**（**設例⑨** 小問(2)）　本人(A)が無権代理人(B)を単独で相続した場合には，本人(A)は，みずからが法律行為をしたのではないから，本人の地位にもとづいて，無権代理行為の追認を拒絶しても，信義則に反するわけではない。被相続人(B)のした無権代理行為は，本人(A)の相続により，当然に有効となるものではない。本人(A)は，被相続人(B)のした無権代理行為について，その追認を拒絶することができる（前出・最判昭37・4・20）。相続という偶然の事実によって，本人(A)に不利益を及ぼすことは妥当ではないからである。

**設例⑨** 小問(2)においては，Bのした代理行為は，狭義の無権代理行為として不確定的無効であり，AがBを相続しても，このことに変わりはない。Aは，本人の地位にもとづいて，追認権・追認拒絶権を有しており，Bのした無権代理行為の追認を拒絶できる（Aは，無権代理行為の追認を拒絶して，Cからの土地の引渡請求・登記移転請求を拒絶できる）。

ただし，117条の無権代理人の債務（履行債務または損害賠償債務）は相続の対象となる。本人(A)は，相続により，本来であれば無権代理人(B)が履行すべきである117条の債務も承継するのであり，本人(A)として，無権代理行為の追認を拒絶できる地位にあったからといって，この債務を免れることはできない（最判昭48・7・3民集27・7・751）。相続人(A)は，被相続人(B)の権利・義務を包括的に承

継するのであるから (896条本文)，117条の債務も承継するのであり，相続の承認をしておきながら，この債務のみを免れることは許されない。

　AがBを相続した後に，Bのした無権代理行為の追認を拒絶した場合でも，Cが善意・無過失であり，かつ，Bが行為能力者であったときは (117条2項)，Cは，Aに対して，Bの地位にもとづく無権代理人の責任を追及することができる。このとき，Cは，Aに対して，損害賠償を請求することはできるが，履行請求（当該土地の引渡し・登記移転請求）をすることは許されない。履行請求を許してしまうと，追認拒絶権の行使を認めた意味がなくなるからである。つまり，履行請求の内容が，特定物の引渡しを目的とするときは，相手方(C)は，履行請求を選択することは許されない。

　　　無権代理人が本人を相続した場合においては，みずからした無権代理行為につき本人の資格において追認を拒絶する余地を認めるのは信義則に反するから，無権代理行為は相続とともに当然に有効となると解するのが相当であるけれども，本人が無権代理人を相続した場合は，これと同様に論ずることはできない。後者の場合においては，相続人たる本人が被相続人の無権代理行為の追認を拒絶しても，何ら信義に反するところはないから，被相続人の無権代理行為は一般に本人の相続により当然有効となるものではないと解するのが相当である (最判昭37・4・20民集16・4・986)。

　　　無権代理人が本人を相続し，本人と代理人との資格が同一人に帰するにいたった場合においては，本人が，みずから法律行為をしたのと同様な法律上の地位を生じたものと解するのが相当であり，この理は，無権代理人が本人の共同相続人の1人であって他の共同相続人の相続放棄により単独で本人を相続した場合においても妥当すると解すべきである (最判昭40・6・18民集19・4・986)。

　　　民法117条による無権代理人の債務が相続の対象となることは明らかであって，このことは本人が無権代理人を相続した場合でも異ならないから，本人は相続により無権代理人の右債務を承継するのであり，本人として無権代理行為の追認を拒絶できる地位にあったからといって右債務を免れることはできないと解すべきである (最判昭48・7・3民集27・7・751)。

　(4)　**表見代理と117条の責任の選択的主張**　　表見代理の相手方が，善意・無過失であるときは，相手方は，本人に対して，その代理行為が有効であることを主張することができる。しかし，このような場合に，相手方は，本人に対し

て，代理行為の有効性を主張せず，無権代理人に対して，その責任を追及し，損害賠償を請求することができるか否かが問題となる。

　表見代理の制度と無権代理人の責任の制度とは，別個独立の制度であり，いずれも相手方を保護するための制度である。したがって，いずれの保護を受けるかは，相手方の選択にまかされるべきである。相手方は，自己の選択にしたがって，本人に対して，その代理行為が有効であることを主張することもできるし，それを主張せず，無権代理人に対して，その責任を追及し，損害賠償を請求することもできる（最判昭62・7・7民集41・5・1133）。

> ✎　表見代理の成立が認められ，代理行為の法律効果が本人におよぶことが裁判上確定された場合には，無権代理人の責任を認める余地がないことは明らかであるが，無権代理人の責任をもって表見代理が成立しない場合における補充的な責任，すなわち，表見代理によっては保護を受けることができない相手方を救済するための制度であると解すべき根拠はなく，両者はお互いに独立した制度であると解するのが相当である。したがって，無権代理人の責任の要件と表見代理の要件がともに存在する場合においても，表見代理の主張をすると否とは相手方の自由であると解すべきであるから，相手方は，表見代理の主張をしないで，ただちに，無権代理人に対して，民法117条の責任を問うことができるものと解するのが相当である（最判昭62・7・7民集41・5・1133）。

# Ⅷ　時　　　効

## 1　時 効 の 意 義

　**時効**とは，一定の事実状態（他人の物の占有または権利者の権利不行使）が長期間継続している場合に，それが真実の権利関係に合致するか否かを問わず，その事実状態を尊重し，現在の事実状態を，そのまま権利関係として認める制度をいう（我妻・講義Ⅰ・430頁参照）。つまり，時効制度は，時の経過によって，権利の取得または権利の喪失という権利変動を生じさせる制度である。民法上の時効には，**取得時効**と**消滅時効**の2種類のものがある。

　(1)　取得時効　　**取得時効**とは，無権利者であっても，他人の物（たとえば，他人の土地など）を，一定期間占有することにより，その物に対する権利（所有

権など）を取得しうるものをいう（162条・163条）。たとえば，A所有の土地に対して，無権利者Bが占有を開始し，Bの占有が長期間（10年・20年）継続した場合には，Bは，当該土地の所有権を取得しうる，などである。

（2）**消滅時効**　消滅時効とは，ある権利（たとえば，債権など）を有している者が，自己の権利を一定期間行使しないことにより，その権利が消滅する（権利者のもとから権利が喪失する）ものをいう（167条）。たとえば，AがBに対して100万円の金銭債権を有しているが，支払い期限が経過したにもかかわらずAが当該債権を行使しない場合（AからBへの請求がされない場合），Aの権利不行使が長期間（たとえば，10年）継続したときは，Aの当該金銭債権は消滅する（AはBに対して100万円の支払請求ができなくなる），などである。

## ② 時効制度の存在理由

時効制度は，権利者でない者に権利を与え（取得時効の場合），権利者のもとから権利を失わせるものである（消滅時効の場合）。このような時効制度の趣旨・目的を，明確に説明することは非常に困難なことであり，一般的には，それは，次のような理由から，総合的に説明されている。

（1）**社会秩序の維持・安定**（永続した事実状態の尊重）　一定の事実状態が長期間にわたって継続している場合には，その事実状態の上に築かれた第三者の信頼を保護する必要がある。このようにすることによって，永続した事実状態を真実の権利関係に合致するものと信頼して築かれた取引関係・取引社会の秩序を維持・安定させることができる。取引の安全を保護するためには，永続した事実状態を基礎として成立している法律関係を覆すことは，妥当ではないとする（最大判昭41・4・20民集20・4・702参照）。

（2）**採証の困難からの救済**　長期間の時の経過によって，真実の権利関係を証明するための証拠を提出することが非常に困難になる。そこで，一定の事実状態が長期間にわたって継続している場合には，現在の事実状態が真実の権利関係と合致している蓋然性が高いのであるから，現在の事実状態を真実の権利関係と認めて，証拠提出の困難から当事者を救済しようとする。

（3）**権利の上に眠る者は保護しない**　権利を有する者は，自己の有する権利の保護・権利の行使については，積極的な努力をすべきである。権利を有していることで安心してしまい，権利保護や権利行使についての努力を怠っている者は，法的保護には値しない，とする。

3　**時効の法的構成**（時効学説）

　時効制度を，いかなる制度として理解すべきかについては，次のように，その基本的な考え方が分かれている。

（1）**実体法説**　時効制度は，実体法（民法）上の制度であるとする。そして，時効は，権利の取得や権利の消滅という効果を生じさせるための，権利の変動原因の１つであるとする。つまり，時効完成の効果として，実体法（民法）上の権利の得喪（取得・喪失）を生ずるとする。判例・通説の見解である。

　（a）**確定効果説**　時効の完成によって，権利得喪の効果が，当事者の援用を待つまでもなく，確定的に発生するというものである（従来の判例《大判明38・11・25民録11・1581，大判大8・7・4民録25・1215，大判昭9・10・3新聞3757・10》）。

　（b）**不確定効果説**　時効の完成によって生ずる権利得喪の効果は，不確定的であって，当事者の援用や放棄によって，時効完成に伴う実体法上の効果が確定的になるとするものである。

　（イ）**解除条件説**　時効の完成によって，権利得喪の効果は不確定的に発生するが，放棄があれば，権利得喪の効果は消滅し，援用があれば，権利得喪の効果がそのまま確定する，というもの（鳩山秀夫『日本民法総論（増訂改版）』（大正14年，岩波書店）583頁以下）。

　（ロ）**停止条件説**　時効の完成によっては，権利得喪の効果は発生せず，援用によって，権利得喪の効果が確定的に発生する。放棄は，権利得喪の効果を発生させないようにする行為である，というもの（通説《我妻・講義Ⅰ・444頁》）。

　近時の最高裁は，やや特殊な事例（農地売買における知事の許可を申請するための協力請求権の消滅時効が問題となった事例）においてではあるが，消滅時効の効果に関して，「時効による債権消滅の効果は，時効期間の経過とともに確定的に

*84*

生ずるものではなく，時効が援用されたときにはじめて確定的に生ずるものと解するのが相当である」として，停止条件説に立つ判決をしている。しかし，従来の判例との関係については，まったく触れておらず，評価が分かれる（最判昭61・3・17民集40・2・420，最判平6・9・8判時1511・66）。

　(2)　**訴訟法説**　　時効制度は，もっぱら，訴訟法上の証拠に関する制度であるとする。そして，時効は，権利の得喪を主張する際の法定証拠（時の経過そのものが，権利の有無を判断するための1つの証拠）である，とするものである（川島武宣『民法総則』（昭和40年，有斐閣）450頁以下）。

### 4　時効完成の効果

　時効が完成したときの基本的効果は，ある権利の取得（取得時効の場合），または，ある権利の消滅（消滅時効の場合）である。

　なお，取得時効完成による基本的効果としての権利の取得は，**原始取得**である。つまり，時効によって権利を取得する者は，時効完成によって発生した全く新しい権利（何らの負担の付かない権利）を，最初の権利者として取得する（大判大7・3・2民録24・423）。そして，その**反射的効果**として，原権利者の権利が消滅する（消滅時効によって権利が消滅するのとは意味が異なる）。ただし，取得時効における権利の取得は原始取得ではあるが，登記手続については，**移転登記**の形式による（大判昭2・10・10民集6・558）。

　(1)　**遡及効**　　時効の効果は，その起算日にさかのぼるものとされており（144条），時効完成の効果については，**遡及効**が認められている。つまり，時効によって利益を受ける者が，時効完成の効果としての権利の得喪を現実に主張できるのは時効完成後であるが，権利の得喪という効果は，時効の起算日（時効期間開始の時）から生じていたものとして扱われる。

---

**原始取得と承継取得**

　新しく発生した権利を一番目の権利者として取得することを，**原始取得**という。たとえば，建物を新築した場合，法律上，その建物の所有権が新たに発生し，最初の所有者となる者が，その建物の所有権を取得することなど。これに対して，すでに誰かが有している権利を，その権利者から取得することを**承継取得**という。たとえば，売買契約にもとづいて，他人から権利を取得する場合など。

第 2 章　民法総則の概要　　85

　　(a)　取得時効の場合　　　取得時効が完成したときは，時効による権利取得
者は，時効の起算日（原則として，占有開始日の翌日が起算日となる。**初日不算入
の原則**による。140条本文）に権利を取得していたものとみなされる。したがって，
具体的には，次のような結果を生ずる。

　　(イ)　時効期間中の占有は，不法占有とはならず，その間の目的物の利用
利益を返還する必要はない。

　　(ロ)　時効期間中の果実の取得は，正当な権原にもとづくものであり，そ
の間に取得した果実を返還する必要はない。

　　(ハ)　時効期間中にした目的物に対する処分行為は，当該目的物の権利者
のした処分行為であって，有効な処分行為となる。

　　(b)　消滅時効の場合　　　消滅時効が完成したときは，時効による権利喪失
者（消滅時効が完成した権利を有していた者）は，時効の起算日（権利行使ができ
る日の翌日が起算日となる。166条1項参照。初日不算入の原則による。140条本文）に
権利を喪失（権利が消滅）していたものとみなされる。したがって，具体的には，
次のような結果を生ずる。

　　(イ)　債務者は，時効の起算日に債務を免れたことになるのであるから，
時効期間中の利息を払う必要はない。

　　(ロ)　債務者は，時効の起算日に債務を免れたことになるのであるから，
起算日以後の債務不履行による損害賠償金を支払う必要はない。

　**(2)　時効の援用**　　　時効の援用とは，概括的にいえば，時効によって利益を
受ける者が，時効の利益を受けようとする行為をいう。

　裁判所は，当事者が，時効の援用をしなければ，時効にもとづいて裁判をす
ることができない（145条）。民事訴訟法における**弁論主義**（私的自治の原則の表
れとして，民事訴訟においては，当事者が主張しない事柄について裁判することはで
きない）から導かれる結論でもある。

　　(a)　援用の法的意味・法的性質　　　時効の援用とは，具体的には，いかな
る意味を有する行為であるのかについては，前述の時効学説のそれぞれの立場
によって，その理解が異なる。

㈥　確定効果説　　時効の完成に
よって，実体法（民法）上，権利得喪の
効果は確定的に生ずるのであるから，援
用は，訴訟における**攻撃防禦方法**にすぎ
ないとする（前出・大判明38・11・25，前出・
大判大8・7・4，前出・大判昭9・10・3）。
したがって，援用は，**訴訟行為**となる。

㈢　不確定効果説　　時効の完成
によって生ずる実体法（民法）上の権利得
喪の効果は不確定的であるから，援用は，
その不確定な効果を確定させる実体法
（民法）上の行為（**意思表示**）であるとす
る。この立場では，時効の援用権は，**形
成権**であるということになる。

すなわち，解除条件説においては，時
効の完成によって不確定的に発生してい
る権利得喪の効果を確定させる行為（意

> **攻撃防禦方法**
>
> **攻撃防禦方法**とは，民事訴訟における原告または被告が，自己の申立てに理由ありとするためにする一切の陳述（事実上の陳述・法律上の陳述）および証拠の提出をいう（民訴156条参照）。原告からされるものが攻撃方法であり，被告からされるものが防禦方法である。

> **形成権**
>
> **形成権**とは，権利を有する者の一方的な意思表示のみによって法律効果が発生する権利をいう。形成権の権利行使に際して，相手方の承諾は不要である。形成権が行使されると（一方的意思表示がされると），相手方の協力を必要とせずに，当然に，法律効果が発生する。形成権の権利行使について，相手方は，これを拒絶することはできない。たとえば，取消権（123条），追認権（123条），解除権（540条1項）などである。

思表示）が援用であるとし（鳩山・前掲書583頁以下），停止条件説においては，いまだ発生していない権利得喪の効果を確定的に発生させる行為（意思表示）が援用である，ということになる（前出・最判昭61・3・17，我妻・講義Ⅰ・444頁）。

㈣　訴訟法説　　時効によって，訴訟法上，当事者には，権利の得喪という法定証拠が与えられるのであるから，援用とは，権利の得喪という**法定証拠**を裁判所に提出する**訴訟行為**であるとする（川島・前掲書450頁以下）。

(b)　援用の場所　　確定効果説および訴訟法説においては，時効の援用は，訴訟行為であることになるから，時効の援用をなすべき場所は，裁判所に限られることになる。

しかし，不確定効果説においては，時効の援用は，実体法（民法）上の形成権の行使であり，一方的な意思表示によって，その効果を生ずるものであるか

ら，時効の援用をすべき場所は，裁判上であっても，裁判外であってもよいことになる。

(c) 援用権者　誰が時効を援用することができるのかについて，条文上は，「**当事者**」と規定している (145条)。条文上の「当事者」には，時効の完成によって，直接に，権利を取得する者，または，直接に，義務を免れる者が含まれることは間違いがない。その他，いかなる者が，条文上の「当事者」に含まれるのか，時効の援用権者の範囲はどこまでであるのかが問題となる。

判例は，時効の援用権者は，「時効によって，**直接に利益を受ける者**」に限られるとしているが，具体的な援用権者の範囲については，あまり厳格ではなく，ある程度緩やかに理解されている。

(イ) 取得時効の場合　(i) 土地所有権を時効取得する者から地上権・抵当権の設定を受けた者は，当該土地所有権の取得時効を援用することができる (大判昭10・12・24民集14・2096)。

(ii) 土地所有権を時効取得する者が当該土地上に建てた建物の賃借人は，当該土地所有権の取得時効を援用することはできない (最判昭44・7・15民集23・8・1520)。

(ロ) 消滅時効の場合　(i) 保証人，連帯保証人は，被担保債権の消滅時効を援用することができる (大判大4・7・13民録21・1387，大判昭7・6・21民集11・1186，大判昭8・10・13民集12・2520)。

(ii) 物上保証人は，被担保債権の消滅時効を援用することができる (最判昭42・10・27民集21・8・2110，最判昭43・9・26民集22・9・2002など)。

(iii) 抵当不動産の第三取得者は，被担保債権の消滅時効を援用することができる (最判昭48・12・14民集27・11・1586)。

(d) 時効援用の効果　時効が完成した場合，その時効について，数人の援用権者がいるとき，時効を援用するか否かは，各援用権者の自由な意思にもとづいて決定することができる。したがって，時効援用の効果は，援用をした者と原権利者との間でのみ認められ，1人がした時効の援用は，他の援用権者には何らの影響もおよぼさない (**相対的効力**。大判大8・6・24民録25・1095)。

たとえば，①土地所有権を時効取得する者から地上権・抵当権の設定を受けていた者が，当該土地所有権の取得時効を援用したときは，その者についてのみ，援用の効果が生ずる（土地所有権を時効取得する者は，時効利益を放棄することができる）。②物上保証人が，被担保債権の消滅時効を援用したときは，その者についてのみ，援用の効果が生ずる（債務者は，時効利益を放棄することができる）。

**(3) 時効利益の放棄**　　時効が完成した場合，時効の利益を受けるか否かは，当事者の自由な意思にもとづいて決定されるべきである。したがって，時効利益の享受を望まない者は，**時効の完成後**において，時効の利益を**放棄**することができる。

しかし，時効が完成する前に，あらかじめ，時効の利益を放棄しておくことは許されない (146条)。時効は，時の経過によって，権利の得喪という法律上の効果を生じさせる公益上の制度であり（社会秩序の維持・安定），私人が，あらかじめ，これを排除することは許されない。また，事前の放棄を認めてしまうと，権利者（経済的強者）が，自己の怠慢による権利の不行使にもとづく不利益を免れようとして，義務者（経済的弱者）に，放棄の特約を強制するおそれが生ずるからでもある（事前放棄の特約は無効である）。

つまり，時効完成前にあらかじめ時効の利益を放棄することはできないが，時効完成後に時効の利益を放棄することはできる。

なお，時効完成前の放棄が許されないことと同様の趣旨から，時効完成を困難にする旨の特約（時効期間の延長，新たな時効中断事由・時効停止事由の創設など）は無効であると解されている。

　(a) 時効利益の放棄の意義・方法　　放棄は，相手方のある単独行為であり，一方的な意思表示によって，その効果を生ずる。したがって，時効利益の放棄は，時効によって利益を受けることのできる者（時効の援用権者）が，相手方（原権利者）に対して，一方的な意思表示（時効利益を享受しない旨の意思表示）をなすことによって，時効の利益を受け得なくすることである（時効援用権の消滅）。時効利益の放棄は，裁判上のみならず，裁判外でも，これをすることができる。

　(b) **時効完成後の債務の承認**　　債権の消滅時効の利益を受けることがで

きる者（時効の援用権者＝債務者など）が，債権の消滅時効完成後に自己の債務を承認した場合（債務の一部弁済，支払猶予の懇請など），当該援用権者（当該債務者）は，その後あらためて債権の消滅時効を援用して，自己の債務を免れることができるのか否かが問題となる。この点については，当該援用権者（当該債務者）が，消滅時効の完成を知っていながら債務を承認したのか，または，消滅時効の完成を知らずに債務を承認したのかを区別して検討しなければならない。

(イ) 消滅時効の完成を知っていた場合〔**時効利益の放棄**〕　債権の消滅時効の完成を知っていながら，時効完成後に債務の承認をした者は，**時効利益を放棄**したことになり，あらためて，時効を援用することはできない。

> ### 放棄と喪失
>
> **放棄**とは，自己の有する一定の権利や利益などを，自己の意思にもとづいて消滅させることをいう（136条2項本文・146条・268条・398条・938条など）。放棄は，一定の権利・利益を有する者からの一方的意思表示によってされる法律行為（単独行為）であり，意思表示が有効でなければ，放棄の効果（権利・利益の消滅）は生じない。意思表示が有効であるためには，内心的効果意思（権利・利益を消滅させようとする意思）と表示行為（権利・利益を消滅させようとする表示）とが合致していなければならない。
>
> **喪失**とは，自己の有する一定の権利や利益などが，特定の事実の発生によって，当然に消滅してしまうことをいう（137条・834条・835条など）。喪失の場合には，一定の権利・利益を有する者が，これらの権利・利益を消滅させようとする意思を有していたか否かは問題にしない。一定の権利・利益を有する者の意思に関係なく，権利・利益の消滅という結果を生ずる。

(ロ) 消滅時効の完成を知らなかった場合〔**時効利益の喪失**〕　債権の消滅時効の完成を知らずに，時効完成後に債務の承認をしたとしても，これによって，時効利益を放棄したことにはならない。なぜならば，時効利益の放棄は意思表示によってなすものであり，時効完成を知らなかったときは，内心的効果意思（時効利益を享受する意思，時効援用権を消滅させる意思）が存在せず，意思表示とはいえないからである。

しかし，債権の消滅時効完成後，債務者が自己の債務を承認することは，時効による債務消滅の主張と相いれない行為であり，相手方においても，当該債務者は消滅時効の援用をしないと考えるであろうから，その後の消滅時効の援用を認めることは，信義則に反して許されない。したがって，消滅時効の完成

を知らずに，時効完成後に債務の承認をした者は，あらためて，消滅時効を援用することはできない（最大判昭41・4・20民集20・4・702）。この場合，**時効利益が喪失**する。ただし，債務承認の時から新たな時効が進行を開始し，再度，時効が完成したときは，債務者は時効を援用することができる（最判昭45・5・21民集24・5・393）。

　　　◈　債務者は，消滅時効が完成した後に債務の承認をする場合には，その時効完成の事実を知っているのはむしろ異例で，知らないのが通常であるといえるから，債務者が商人の場合でも，消滅時効完成後に，当該債務の承認をした事実から，その承認は，時効が完成したことを知ってされたものであると推定することは許されない（最大判昭41・4・20民集20・4・702）。
　　　◈　債務者が，自己の負担する債務について時効が完成した後に，債権者に対し債務の承認をした以上，時効完成の事実を知らなかったときでも，その後，その債務について完成した消滅時効を援用することは許されない。なぜならば，時効の完成後，債務者が債務を承認することは，時効による債務消滅の主張と相いれない行為であり，相手方においても，債務者はもはや時効の援用をしない趣旨であると考えるであろうから，その後においては，債務者に時効の援用を認めないものと解するのが，信義則に照らして相当だからである。このように解しても，永続した社会秩序の維持を目的とする時効制度の存在理由に反するものではない（最大判昭41・4・20民集20・4・702）。

　(c)　**時効利益の放棄・喪失の効果**　　時効が完成した場合，その時効について，時効利益を受けることのできる者が数人いるとき，時効利益を放棄するか否かは，各自の自由な意思にもとづいて決定することができる。したがって，時効利益の放棄・喪失の効果は，時効利益を放棄・喪失した者と原権利者との間でのみ認められ，1人がした時効利益の放棄・喪失の効果は，他の者には影響しない（**相対的効力**。前出・最判昭42・10・27）。

　たとえば，①土地所有権を時効取得する者から地上権・抵当権の設定を受けていた者がいる場合において，当該土地所有権を取得しうる者が，時効の利益を放棄したときは，その者についてのみ，放棄の効果が生ずる（地上権・抵当権の設定を受けていた者は，取得時効を援用することができる）。②債務者が，債権の消滅時効について，時効利益を放棄したときは，その債務者についてのみ放棄

の効果が生じ，保証人や物上保証人には影響しない（保証人・物上保証人は，債権の消滅時効を援用することができる）。

## ⑤ 時 効 の 中 断

時効の完成前において，そのまま時効の進行を容認することができない一定の事由（中断事由）が発生したことによって，それまで進行してきた時効期間を全く無意味なものにしてしまうことを，**時効の中断**という。一定の事由（中断事由）の発生によって，時効完成による権利の得喪という効果を認めることが，真実の権利関係とは異なるものであると判断される蓋然性が高くなるからである。

(1) **法定中断事由**（取得時効・消滅時効に共通）　取得時効・消滅時効に共通の中断（法定中断）事由は，①**請求**，②**差押え・仮差押え・仮処分**，③**承認**，である（147条）。

(a) **請求**　請求とは，権利者が，時効の利益を受けようとする者に対して，自己の権利を主張する行為をいう。具体的には，次の行為が含まれる。

(イ) **裁判上の請求**（訴えの提起）　**裁判上の請求**とは，時効の目的となっている権利を，民事訴訟手続によって主張（訴えを提起）することをいう（大判大5・2・8民録22・387）。裁判上の請求（訴えの提起）がされたときは，訴えの提起の時に，時効中断の効力を生ずる（民訴147条）。ただし，裁判上の請求は，訴えの却下（訴え却下判決）または取り下げの場合には，時効中断の効力は生じない（149条）。ここにいう却下には，棄却も含まれる（大判明42・4・30民録15・439，最判平1・3・28判タ765・178）。

1個の債権の数量的な一部についてのみ判決を求める旨を明示して訴えを提起した場合には，時効中断の効力は，その一部についてのみ生じ，残部にはおよばない。そして，訴訟提起後，時効完成前に，残部について請求を拡張したときは，残部についての時効は，拡張の書面を裁判所に提出した時に中断する（最判昭34・2・20民集13・2・209）。

(ロ) **支払督促**　支払督促は，債権者が，仮執行の申立てをすることができる時から30日以内に仮執行の宣言の申立てをしないことによりその効力を

失うときは（民訴392条参照），時効中断の効力を生じない（150条）。

(ハ) 和解の申立て・調停の申立て

和解の申立て，または，民事調停法もしくは家事事件手続法による調停の申立ては，相手方が出頭せず，または，和解もしくは調停が調わないときは，1ヵ月以内に訴えを提起しなければ，時効中断の効力を生じない（151条）。

(ニ) 破産手続参加，再生手続参加，更生手続参加　破産手続参加・再生手続参加・更正手続参加は，債権者が，その届出を取り下げ，または，その届出が却下されたときは，時効中断の効力を生じない（152条）。

**却下と棄却**

**却下**（訴えの却下）とは，原告が訴えを提起して，裁判所に対して，訴訟上の請求の当否について判決を求めた場合において，一定の訴訟要件を欠いているときには，裁判所は，原告の請求の内容・当否について判断することなく，その訴えを不適法として退けることをいう（訴え却下判決）。

これに対して，**棄却**（請求の棄却）とは，原告からの訴訟上の請求の内容・当否について，裁判所が審理をした結果，原告の請求を不当として退けることをいう（請求棄却判決）。

(ホ) 裁判外の請求（**催告**）　**催告**は，催告後，6ヵ月以内に，裁判上の請求，支払督促の申立て，和解の申立て，調停の申立て，破産手続参加，再生手続参加，更生手続参加，差押え，仮差押えまたは仮処分をしなければ，時効中断の効力は生じない（153条）。裁判外の請求（催告）は，確定的な時効中断事由とはならず，暫定的な時効中断事由となるだけである。催告は，時効完成の直前において，その意義を強く発揮する。

(b) **差押え・仮差押え・仮処分**　差押え，仮差押えおよび仮処分は，原則として，時効によって利益を受ける者に対して，これをしなければならない（155条参照）。ただし，差押え，仮差押えおよび仮処分は，権利者の請求によって，または，法律の規定にしたがわなかったことによって，それが取り消されたときは，時効中断の効力は生じない（154条）。

(c) **承認**　**承認**とは，時効の利益を受けることのできる者が，権利者に対して，その権利の存在することを知っている旨を表示すること（他人の権利の存在についての認識を表示する観念の通知《ある事実の通知》）をさす（我妻・講義Ⅰ・470頁）。時効を中断させようとする効果意思は不要である（大判大8・4・1

民録25・643）。たとえば，債務の一部弁済（大判大8・12・26民録25・2429，最判昭36・8・31民集15・7・2029），利息の支払い（大判昭3・3・24新聞2873・13），支払い猶予の懇請（大判大10・3・4民録27・407），などである。

　　(イ)　承認をなしうる者　　時効中断事由としての承認をすることができるのは，時効によって，直接に利益を受けることができる者であるが，それは，時効の完成によって，何らかの権利を取得する者（取得時効の場合），または，時効の完成によって，自己が負担している何らかの義務を免れる者（消滅時効の場合）に限られる。

　したがって，債務者，代理人，保証人（ただし，主たる債務者が承認したことにはならない）は，時効中断事由としての承認をすることができるが，物上保証人（他人の債務を担保するために自己所有の財産《不動産など》を提供《抵当権設定・質権設定など》した者）は，時効中断事由としての承認をすることはできない（最判昭62・9・3判時1316・91）。物上保証人は，責任は負担しているが，何らの債務も負担していないのであるから，時効中断事由としての債務承認をなしうる立場にないからである。

　　(ロ)　承認をなしうる者の能力・権限　　相手方の有している権利を，自己が有するものと仮定した場合に，その権利について，管理能力または管理権限を有していれば，処分能力または処分権限を有していなくとも，有効に承認をなしうる（156条。我妻・講義Ⅰ・472頁参照）。したがって，被保佐人・被補助人は，単独で有効な承認をなしうるが（大判大7・10・

---

**債務と責任**

　**債務**とは，債権に対応して発生する義務であり，債権者に対して，一定の給付をすべきことを内容とする。債務においては，債務者が，自発的に何かをしなければならない。

　これに対して，**責任**とは，債務が履行されない場合に，債権者からの強制執行等（自己の財産に対する差押え・競売等）を免れることができないことをいう。責任とは，自己に生ずる不利益・制裁等を甘受しなければならない法律上の地位を意味する。責任においては，責任を負う者の自発的な行為は要求されない。自己に生ずる不利益・制裁等に対して，受け身の立場に立つことが内容となる。

　通常，債務者は，債務とともに責任も負担している。ただし，債権者・債務者間において，強制執行をしない特約がされているときは，債務者は，債務を負担するが，責任は負担しない。また，物上保証人や抵当不動産の第三取得者等は，債務は負担せず，責任のみ負担する。

9民録24・1886, 大判大13・3・25新聞2251・17), 未成年者・成年被後見人は, 単独で有効な承認をすることができない (これらの者が単独でした承認は, 取り消すことができる承認となる《大判昭13・2・4民集17・87》)。

(2) **自然中断事由** (取得時効のみ)　　取得時効が完成するためには, 一定期間の占有の継続が必要であるから, 占有の継続が切断される事由が発生したときには, 取得時効が中断される。取得時効についてのみ認められる中断 (自然中断) である。

自然中断事由は, ①任意に占有を中止した場合, または, ②他人によって占有を奪われた場合, である (164条・165条)。

(3) **時効中断の効果**　　(a)　すでに経過してきた時効期間は, すべて, 無意味なものとなる。

時効中断事由が終了した後, 新たな時効が進行を開始する場合であっても, すでに経過してきた時効期間を, 新たな時効期間に加算することはできない。

(b)　中断事由が終了した時から, 再び, 新たな時効が進行する。

時効中断事由が発生し, 時効中断の効果 (上記(a)) が発生した場合でも, その後, 権利者が, 自己の権利を実現せず, ふたたび, 一定の事実状態 (占有または権利の不行使) が発生したときには, **中断事由が終了した時**から, 新たな時効が, その進行を開始する (157条1項)。

裁判上の請求によって時効が中断した場合には, その**裁判が確定した時**から, 新たな時効が進行することになる (157条2項)。

(c)　時効の中断は, 原則として, 当事者およびその包括承継人においてのみ, その効力を有する。

時効中断の効力は相対的であって (**相対的効力**), 中断行為に関与した当事者またはその承継人についてだけ, 時効中断の効力が認められる (148条)。

たとえば, ①A・B・C3人が共有する土地をDが占有していた場合において, Aだけが, Dに対して, 裁判上の請求をして, Dの取得時効を中断したときは, Aとの関係においてのみ, 時効中断の効力が認められ, B・Cとの関係においては, 時効中断の効力は生じない。したがって, Dのための取得時効は,

B・Cに対する関係においてのみ，その後も，そのまま進行を続け，B・Cの持分についてのみ，Dの取得時効が完成する。その結果，A・Dが，当該土地の共有者となる。②AがBに対して債権を有している場合において，債権者Aが死亡して，C・DがAを相続した後に，債務者Bが，Cに対してのみ，自己の債務を承認したときは，時効中断の効力は，C・B間においてのみ生じ，D・B間においては，時効中断の効力は生じない。したがって，D・B間においては，Dの有する債権の消滅時効は，その後も，そのまま進行を続け，Dの有する債権についてのみ消滅時効が完成する。その結果，Bは，Dに対する債務を免れる。

### 6 取得時効完成の要件

**(1) 所有権の取得時効**　所有権の取得時効が完成するためには，**占有が継続**されていること，および，**時効期間が満了したこと**，が必要となる (162条)。

**(a) 占有の継続　(イ) 自主占有**(所有の意思をもった占有)　所有権を時効取得するためには，占有は，所有の意思をもってする占有（自主占有）でなくてはならない。所有の意思をもってする占有とは，当該目的物に対して，事実上，所有者としての排他的支配をなそうとする意思を有してなす占有をさす。

占有は，自主占有であるとの推定を受けるが (186条1項)，具体的に，自主占有であるか否かは，占有者の内心の意思によって決まるのではなく，占有の根拠となった客観的事実の性質によって決まる。たとえば，売買契約にもとづいて（相手方が無権利者であったり，当該契約が無効であった場合でも），目的物の引渡しを受け，これを占有した場合には，自主占有となるが，賃貸借契約にもとづいて（相手方が無権利者であったり，当該契約が無効であった場合でも），目的物の引渡しを受け，これを占有した場合には，自主占有ではなく，他主占有（所有の意思のない占有，すなわち，他人に所有権があることを前提としたうえでの占有）となる。

**(ロ) 平穏・公然の占有**　取得時効が完成するためには，占有は，平穏かつ公然の占有でなくてはならない。**平穏**とは，目的物に対する占有の取得・

保持について，法律上，許されないような乱暴な行為をしないことをさす（「強暴」の反対）。**公然**とは，目的物に対する占有の取得・保持について，秘匿・隠蔽しないことをさす（「隠秘」の反対）。

占有は，平穏かつ公然であるとの推定を受ける（186条1項）。

　　(ハ)　**他人の物の占有**　　取得時効の対象となる物（不動産・動産）は，通常は，他人の物である。自己の所有物であることが明らかである物について，取得時効の成立を考慮する必要はないからである。しかし，取得時効の対象となる物（不動産・動産）は，かならず，他人の物でなければならないということではない。自己の物についてであっても，その証明が困難である場合などは，取得時効の成立が認められる（最判昭42・7・21集21・6・1643，最判昭44・12・18民集23・12・2467）。162条は，自己の物についての取得時効を許さない趣旨ではない。

　　(b)　**時効期間の満了**（経過）　　(イ)　**時効期間**　　取得時効が完成するために必要となる占有の継続期間（時効期間）は，占有開始時において，占有者が**善意・無過失**であったときは，**10年間**であり（162条2項），占有者が**悪意または善意・有過失**であったときは，**20年間**である（162条1項）。

ここに，善意とは，当該目的物の所有権が自己に属すると信ずることである（大判大8・10・13民録25・1863）。また，過失の有無は，具体的な場合について判断される。たとえば，登記名義人を真実の所有者であると信じて，その者から不動産を買い受けたときは，原則として，無過失であるとされるが（大判大15・12・25民集5・897），売主と登記名義人とが異なる場合に，登記の真否を確認しないときは，過失があるとされる（大判大5・3・24民録22・657）。

占有者の善意は推定されるが（186条1項），無過失は推定されない（前出・大判大8・10・13）。

また，短期取得時効における善意・無過失は，占有の開始時において存在すればよく，その後に悪意となったとしても，善意・無過失の占有であることには変わりがない（大判明44・4・7民録17・187）。

第2章　民法総則の概要　97

所有権の短期取得時効と長期取得時効の比較

| | 時効期間 | 占有の態様 | | 占有開始時 | 目的物 |
|---|---|---|---|---|---|
| 短期取得時効<br>(162条2項) | 10年 | 自主占有 | 平穏・公然<br>の占有 | 善意・無過失 | 不動産,<br>または,動産 |
| 長期取得時効<br>(162条1項) | 20年 | 自主占有 | 平穏・公然<br>の占有 | 悪意,または,<br>善意・有過失 | 不動産,<br>または,動産 |

　（ロ）　占有の承継　　占有者の承継人は，取得時効の完成に必要な占有の継続期間について，自己の占有期間のみを主張してもよいし，また，自己の占有期間に前主の占有期間をあわせて主張してもよい（187条1項）。前主とは，直前の占有者に限らず，現在の占有に先立つすべての占有者をさし，前主が数人いる場合には，それら全員の占有または特定の者以降の占有をあわせて主張することができる。ただし，前主の占有期間をあわせて主張する場合は，前主の占有の瑕疵（所有の意思の欠缺，悪意，過失，強暴，隠秘など）をも承継する（187条2項）。

　なお，前主の占有期間をあわせて主張する場合において，占有開始時の善意・無過失は，前主（最初の占有者）の占有開始時点において，判定される（最判昭53・3・6民集32・2・135）。したがって，前主（最初の占有者）が，その占有開始時において，善意・無過失であったときは，10年間の時効期間の経過によって，取得時効が完成する。

**(2)　所有権以外の財産権の取得時効**　　所有権以外の財産権（地上権，永小作権，地役権，不動産賃借権など）も，取得時効の対象となる。所有権以外の財産権について取得時効が完成するためには，所有権以外の財産権を**自己のためにする意思で行使すること**，および，**時効期間が満了したこと**，が必要になる（163条）。

　（a）　所有権以外の財産権を自己のためにする意思で行使すること（占有の継続）

　①　他主占有（所有の意思のない占有）

　②　平穏・公然の占有

　③　他人の物の占有

④　所有権以外の財産権の行使

　不動産賃借権を時効取得するためには，不動産の継続的な用益という外形的な事実が存在し，かつ，賃借意思が客観的に表現（賃料の支払いなど）されていなければならない（最判昭43・10・8民集22・10・2145，最判昭45・12・15民集24・13・2051）。

　(b)　時効期間の満了（経過）　　取得時効が完成するために必要となる時効期間は，所有権以外の財産権の行使時（占有開始時）において，占有者が**善意・無過失**であったときは，**10年間**であり（163条→162条2項），占有者が**悪意**または**善意・有過失**であったときは，**20年間**である（163条→162条1項）。

[7]　消滅時効完成の要件

　(1)　**権利不行使という事実状態の継続**　　権利を有する者が，その権利を行使することができるのに権利を行使していないという状態が継続していることが必要となる。

　(2)　**時効期間の満了**（経過）　　(a)　**時効期間**　　(イ)　**債権**　　消滅時効が完成するために必要となる権利不行使状態の継続期間（時効期間）は，債権については，原則として，**10年間**である（167条1項）。ただし，特殊な債権については，例外的に，10年よりも短い時効期間が定められている（169条～174条参照）。

　なお，10年よりも短い時効期間が定められている債権であっても，確定判決によって確定した債権については（裁判上の請求によって時効が中断された後に，新たな時効が進行する場合。157条2項参照），その時効期間は**10年間**となる（174条の2第1項）。

　　(ロ)　**所有権以外の財産権**　　所有権以外の財産権（地上権，永小作権など）については，その時効期間は，**20年間**である（167条2項）。

　なお，所有権は，消滅時効の対象とはならない。所有権は，たとえ長期間にわたって，積極的にこれを行使しなくても，消滅時効によって消滅することはない（167条2項参照）。所有権絶対の原則のあらわれである。したがって，所有権に附随する権利も，独立して消滅時効によって消滅することはない（最判昭51・

第2章　民法総則の概要　99

## 短期消滅時効の期間と債権の種類

| 期間 | 債権の種類 |
|---|---|
| 5年 | ① 商事債権（商法522条）<br>② 年金，恩給，給料，扶養料，扶助料，地代，小作料，利息，賃料等の支払いを目的とする債権（169条） |
| 3年 | ① 医師，助産師，薬剤師の診療，助産，調剤に関する債権（170条1号）<br>② 工事の設計，施工，監理を業とする者の工事に関する債権（170条2号）<br>③ 弁護士，弁護士法人，公証人が職務に関して受け取った書類に関する返還請求権（171条） |
| 2年 | ① 弁護士，弁護士法人，公証人の職務に関する債権（172条）<br>② 生産者，卸売商人，小売商人が売却した産物，商品の代価（173条1号）<br>③ 自己の技能を用い，注文を受けて物を製作することを業とする者（建具屋，靴屋，家具職人等），または，自己の仕事場で他人のために仕事をすることを業とする者（理髪師，裁縫師等）の仕事に関する債権（173条2号）<br>④ 学芸または技能の教育を行う者が，生徒の教育，衣食，寄宿の代価について有する債権（173条3号） |
| 1年 | ① 月またはこれより短い期間で定められた使用人の給料債権（174条1号）<br>② 自己の労力の提供を業とする者（大工，左官，植木職人等）または演芸を業とする者（俳優，落語家，手品師，音楽家等）の報酬，または，その供給した物（大工が供給した釘，植木職人が供給した縄等）の代価に係る債権（174条2号）<br>③ 運送賃に係る債権（174条3号）<br>④ 旅館，料理店，飲食店，貸席（客に飲食物等を供給することを業とするすべての施設を含む。喫茶店も含まれる），娯楽場（寄席，劇場，映画館，野球場，ボーリング場等）の宿泊料，飲食料，席料，入場料，消費物の代価または立替金に係る債権（174条4号）<br>⑤ 動産の賃料債権（貸本，貸ふとん，貸衣装，貸自転車，貸自動車等の賃料債権）＝動産の損料に係る債権（174条5号） |

11・5判時842・75《所有権にもとづく移転登記請求権の例》）。

　ただし，他人の取得時効が完成することによって，原所有者は，所有権を失うことがある。これは，消滅時効によって所有権が消滅するのではなく，取得時効による所有権取得の反射的効果として，原所有者の所有権が消滅するのである。消滅時効によって権利が消滅するのとは意味が異なる。

　(b)　消滅時効の起算点　　消滅時効は，**権利を行使しうる時**から進行する（166条1項）。権利を行使しうる時とは，権利を行使することについて，法律上の障害がなくなった時という意味である。法律上の障害の典型例としては，弁

済期の未到来などがある。これに対して，債権者の一身上の都合などで権利を行使できない場合や，債権者が不在であったり，病気であった場合などの事実上の障害は，消滅時効の進行には，何らの影響も与えない。これらの事実とは無関係に，消滅時効は進行する。また，権利者が，権利の存在や権利行使の可能性を知っていたか否かも，原則としては，消滅時効の進行とは無関係である。

（イ）　確定期限付債権　　**確定期限**とは，期限としての事実（時期）がいつ到来するのかが確定しているものをいう。確定期限は，暦日をもって定められる場合と（たとえば，「平成28年6月1日に支払う」など），期間をもって定められる場合とがある（たとえば，「5年後に支払う」など）。確定期限付債権（135条1項）は，その期限が到来した時から権利行使することができる。したがって，確定期限付債権は，**期限到来の時**から消滅時効が進行する。

（ロ）　不確定期限付債権　　**不確定期限**とは，期限としての事実（時期）が到来することは確実であるが，それがいつ到来するのかが不明であるものをいう（たとえば，「自己の父親が死亡した時に支払う」など）。不確定期限付債権（135条1項）は，その期限が到来した時から権利行使することができる。したがって，不確定期限付債権は，**期限到来の時**から消滅時効が進行する。消滅時効の進行については，その期限の到来を債権者・債務者が知ったか否かは問題にならない。

（ハ）　期限の定めのない債権　　**期限の定めのない債権**は，債権成立の時から，いつでも権利を行使することができ

---

### 民法改正の動向（消滅時効）

消滅時効に関しては，以下の方向で検討されている。

① 債権の原則的な消滅時効期間および起算点について，民事債権と商事債権の区別をなくし，債権者が権利を行使することができることを知った時から5年間行使しないとき，または，権利を行使することができる時から10年間行使しないときに消滅するものとする（166条1項・167条1項改正，商法522条削除）。

② 定期金債権の消滅時効期間および起算点について，債権者が定期金の債権から生ずる金銭その他の物の給付を目的とする各債権を行使することができることを知った時から10年間行使しないとき，または，各債権を行使することができる時から20年間行使しないときに消滅するものとする（168条1項前段改正，168条1項後段・169条削除）。

③ 職業別の短期消滅時効の廃止（170条～174条削除）。

▲改正要綱仮案6頁，改正要綱案原案（その1）6頁，改正要綱案6頁

る（135条1項の反対解釈）。したがって，期限の定めのない債権は，原則として，**債権成立の時**から消滅時効が進行する。ただし，期限の定めのない債権であっても，返還時期の定めのない消費貸借契約上の返還請求権を行使するためには，貸主（債権者）は，まず，相当期間を定めて催告をしなければならない（591条1項）。したがって，返還時期の定めのない消費貸借契約上の返還請求権の消滅時効は，債権成立後（契約成立後），相当期間が経過した時から進行する。

(二) 停止条件付債権　**停止条件**とは，法律行為の効力の発生を，将来の不確実な事実の成否にかからしめているものをいう（たとえば，「公務員試験に合格した時に支払う」など）。条件とすることができる事実は，将来の事実であって，かつ，その事実が発生するか否かが未定でなければならない。停止条件付債権（127条1項）は，その条件成就の時から権利行使することができる。したがって，停止条件付債権は，原則として，**条件成就の時**から消滅時効が進行する。

# 第3章

# 物権法の概要

## I 物権とは何か

### 1 物権の意義

**物権**とは，一定の物を，直接，排他的に支配しうる権利（物に対する支配権）をいう。物を支配するというのは，目的物を使用すること，目的物から生ずる利益を得ること（収益），目的物を処分することを意味する。

物権の対象となる物は，特定の物であって，かつ，独立の物でなければならない（一物一権主義）。

### 2 物権の性質

**(1) 絶対性** 物権は，誰に対しても主張することができる権利である（物権は，絶対的効力を有する）。

**(2) 直接性** 物権は，他人の行為を必要とせずに，直接に，目的物を支配することができる権利である。

---

**一物一権主義**

民法上の物（特定の人の所有権の対象となるもの）は，社会通念上，独立したものでなければならない。独立した1個の物に対しては，1個の所有権しか成立しない。1個の所有権は，独立した1個の物だけに成立する。1個の所有権は，独立した1個の物全体に成立する。これを，**一物一権主義**という。

したがって，原則として，独立した1個の物の一部についてのみ所有権を成立させることはできないし，また，複数の物をまとめて，これに1個の所有権を成立させることもできない。

ただし，例外的に，複数の物を1個の物として扱い，そこに1個の物権（所有権・抵当権など）の成立を認める場合がある。一定の目的によって集合されており，取引上，一体的に扱われる複数の物を**集合物**という。たとえば，工場財団（工抵8条）などである。

（3）**排他性**　物権は，同一の目的物に対して，同一内容の物権が重ねて成立することはないという性質を有する。このことから，具体的には，次のような効力を生ずる。

（a）物権を有する者は，同一の目的物に対して，両立しえない同一内容の権利を主張する者に対して，その主張を排斥（否定）することができる。

（b）物権を有する者は，自己の有する物権の実現が，他人の行為によって妨げられているときは，その他人の妨害行為を排除することができる（**物権的請求権**）。

物権は，絶対性・排他性を有しており，第三者に対して，強い効力を有する権利であるから，第三者に与える影響が非常に大きい。そこで，物権の種類・内容をあらかじめ法律で決めておく必要があり（**物権法定主義**），かつ，特定の物に対して，現在，誰がどのような物権を有しているのかを，客観的に判断できるようにしておく必要が生ずる（**物権公示の原則**）。

3　**物権の種類（物権法定主義）**

物権は，民法その他の法律に定めるもの以外，これを創設することはできないとされており（175条），物権の種類が限定され，その内容が定型化されている。このことを，**物権法定主義**という。したがって，法律が定めている種類以外の物権を創設したり，法律が定めている種類の物権に，法律の規定と異なる内容を与えることはできない。これに反して，当事者間において，新たな種類の物権を創設する契約を締結した場合や，法定の物権に，法定の内容と異なる内容を与える旨の契約を締結した場合には，それらの契約は無効となる。

物権法定主義を採用する理由としては，①所有権を中心とする簡単な物権関係を作出すること，②取引の安全に配慮し，登記によって物権を公示するためには，なるべく，種類・内容を限定し，明確にしておく必要があること，などである。

物権には，民法典上の物権のほか，特別法上の物権，慣習法上の物権がある。

(1)　民法典上の物権（10種類）

　　(a)　**占有権**（180条）　　自己のためにする意思をもって，ある物を事実上支配（所持）することによって認められる権利をいう。

　　(b)　**所有権**（206条）　　法令の制限内において，自由に，その所有物の使用，収益および処分をなすことのできる権利をいう。

　　(c)　**地上権**（265条）　　他人の土地において，工作物または竹木を所有するために，他人の土地を使用することのできる権利をいう。

　　(d)　**永小作権**（270条）　　小作料を払って，他人の土地に耕作または牧畜をすることのできる権利をいう。

　　(e)　**地役権**（280条）　　一定の目的にしたがって，他人の土地を自己の土地の便益に供することのできる権利をいう。

　　(f)　**入会権**（263条・294条参照）　　一定地域の住民が，一定の山林・原野等において，家畜飼料・薪炭用雑木などを，共同で採取・収益することのできる権利をいう。

　　(g)　**留置権**（295条）　　他人の物の占有者が，その物に関して生じた債権の弁済を受けるまで，その物を留置することのできる権利をいう。

　　(h)　**先取特権**（303条）　　法律の認める特殊の債権を有する者が，債務者の総財産または特定の動産・不動産から，一般債権者に優先して，弁済を受けることのできる権利をいう。

　　(i)　**質権**（342条）　　債権者が，その債権の担保として，債務者または第三者（物上保証人）から受け取った物を，債務の弁済を受けるまで留置することができ，弁済のない場合には，その物から優先弁済を受けることができる権利をいう。

　　(j)　**抵当権**（369条）　　債権者が，その債権の担保として，債務者または第三者（物上保証人）から提供された不動産等を，担保提供者の使用・収益にまかせておきながら，債務の弁済のない場合には，その物から優先弁済を受けることができる権利をいう。

第 3 章　物権法の概要　　*105*

　物に対する支配権能のうち，**使用・収益・処分**のすべての権能を有するのは，所有権のみである。このことから，所有権は，**全面的支配権**であるといわれる。

　上記の物権のうち，(c)から(f)までの物権は，他人の土地を利用することによって，一定の利益を得ることができる物権であり，これらを総称して，**用益物権**という。

　上記の物権のうち，(g)から(j)までの物権は，債権を担保する（債権の実現を確実にする）ために認められる物権であり，これらを総称して，**担保物権**という。担保物権のうち，(g)と(h)の物権は，一定の要件を備えることによって，法律上，当然に成立する担保物権であり，**法定担保物権**といわれる。これに対して，(i)と(j)の物権は，当事者間の契約によって成立させる担保物権であり，**約定担保物権**といわれる。

　用益物権と担保物権は，ともに，所有権の有する使用権能・収益権能・処分権能の一部を制限する物権であり，用益物権と担保物権を併せて，**制限物権**という。

　また，**占有権**は，物の所持という事実状態を尊重し，そこに一定の法的保護を与えるために認められた物権である。占有権は，物の所持（事実上の支配）を正当化する(基礎づける)法律上の権利・原因があるか否かにかかわらず認められる物権であり，一定の法的効果が与えられている。占有権の制度は，物に対する事実上の支配を基礎とする社会秩序の安定と取引の安全を，その目的としている。物に対する事実上の支配（占有）が，法律上の権利・原因にもとづいてなされている場合には，その占有は，正当なものとされる（法律上の権利・原因にもとづかない占有が，不法占有となる）。占有を正当化する権利(所有権，地上権，留置権などの物権のほか，賃借権などの債権も含まれる）を，総称して，**本権**という。

　(2)　**商法上の物権**　　商法上の物権としては，商事留置権(商521条など)，商事質権（商515条），船舶先取特権（商842条），船舶抵当権（商848条），などがある。

　(3)　**特別法上の物権**　　特別法上の物権としては，仮登記担保権（仮登記担保13条），工場財団抵当権（工抵14条2項），農業用動産抵当権（農動産12条），自動車

民法典上の物権の種類

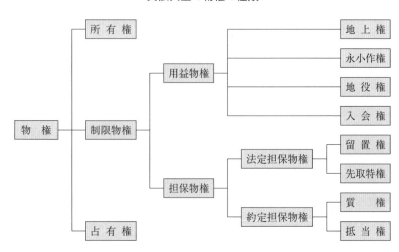

抵当権（自抵3条），建設機械抵当権（建機抵5条），採石権（採石4条3項），漁業権・入漁権（漁業23条1項・43条1項），などがある。

(4) **慣習法上の物権**　慣習法上の物権として，水利権（流水利用権。大判明38・10・11民録11・1326，最判昭25・12・1民集4・12・625），温泉権（湯口権。大判昭15・9・18民集19・1611），譲渡担保権（大判大3・11・2民録20・865，大判大8・7・9民録25・1373，大判昭8・4・26民集12・767）などが，判例によって認められている。

4 **物権の一般的効力**

(1) **優先的効力**　同一の目的物に対して，複数の物権が成立している場合，または，物権と債権とが併存する場合，いずれの権利が優先することになるのかが問題となる。

物権は，絶対的・排他的権利であるから，先に成立した物権の絶対性・排他性によって，先に成立した物権が，その後に成立した物権・債権に優先するはずである。また，債権は，相対的権利であって，特定の人に対してのみ主張しうるにすぎないのであるから，同一目的物に対して物権を有する第三者に対し

ては，債権を主張しえず，つねに，物権が優先するはずである。しかし，これ
らの点については，次のような修正がなされている。

　　(a)　物権相互間　　【原則】先に成立した物権が優先する（留置権，入会権）。
【例外】(イ)　対抗要件(登記・引渡し)を先に備えた物権が優先する(177条・178条)。

　　　　(ロ)　占有権を有する者は，物の事実上の支配のみによって，一定の効力
を主張することができる。また，数個の占有権が優劣なしに併存する場合があ
る（代理占有の場合など。181条参照）。

　　　　(ハ)　先取特権については，先取特権相互間や他の担保物権との関係にお
いて，その優先順位が法定されている（329条〜331条・334条・339条)。

　　(b)　物権・債権間　　【原則】物権が優先する。
【例外】(イ)　不動産賃借権は，債権ではあるが，例外的に，対抗要件を備える
ことによって，物権と同様の効力が与えられる（**賃借権の物権化**。605条)。対抗
要件を備えた不動産賃借権は，同一目的物について，その後に成立した物権に
対して，優先的効力が認められる。

　　不動産賃借権の対抗要件は，原則として，賃借権の登記（605条）であるが，
例外的に，借地権の場合には，借地上建物の所有権の登記（借地借家10条１項）が，
借家権の場合には，建物の引渡し（借地借家31条１項）が，賃借権の登記に代わる
対抗要件として認められている。

　　　　(ロ)　不動産物権変動の請求権(債権)を仮登記によって保全した場合には，
同一目的物について，その後に成立した物権に対して，優先的効力が認められ
る（不登105条２号・106条)。

　　**(2)　物権的請求権（物上請求権）**　　物権を有する者は，目的物に対する物権
の実現を妨げられたり，目的物の占有を喪失した場合には，第三者に対して，
その回復を請求することができる。このような場合に認められる権利を**物権的
請求権（物上請求権）**という。物権の絶対性・直接性・排他性から，当然に認め
られる権利である。

　　物権的請求権は，物権から派生する請求権であるが，その基礎となる物権と
一体的に扱われる。したがって，物権的請求権のみをその基礎となる物権と切

り離して，第三者に譲渡することはできない。物権的請求権の基礎となる物権が第三者に譲渡されたときは，当然に，物権的請求権も，当該第三者に移転する。

また，物権的請求権は，その基礎となる物権と切り離して，消滅時効の対象とすることもできない（物権的請求権のみが，消滅時効によって消滅することはない。大判大5・6・23民録22・1161）。物権的請求権の基礎となる物権が消滅すれば，当然に，物権的請求権も消滅する。

物権的請求権には，妨害排除請求権，妨害予防請求権，目的物返還請求権の3種のものがある。

(a) **妨害排除請求権**　物権を有する者の目的物に対する物権の実現（目的物に対する円滑な支配の実現）が，占有喪失以外の形で，現実に**妨げられている**場合に，第三者に対して，その妨害の除去を請求することができる権利である。客観的に妨害の事実があれば認められる権利であり，第三者の故意・過失は問題にされない（大判昭11・3・13民集15・471）。

妨害排除請求権が行使されたときは，相手方は，自己の費用負担において，その妨害を排除すべき義務を負う（大判昭5・10・31民集9・1009）。

(b) **妨害予防請求権**　物権を有する者の目的物に対する物権の実現（目的物に対する円滑な支配の実現）が，**妨げられるおそれがある**場合に，第三者に対して，その妨害の発生を予防すべきことを請求することができる権利である。第三者の故意・過失は問題にされない（大判昭12・11・19民集16・1881）。

妨害予防請求権が行使されたときは，相手方は，自己の費用負担において，その妨害を予防すべき義務を負う（前出・大判昭12・11・19）。

(c) **目的物返還請求権**　物権を有する者が，自己が占有すべき目的物の**占有を喪失**した場合，または，目的物の占有がいまだになされていない場合に，当該目的物を正当な理由なく占有している第三者に対して，当該目的物の返還または引渡しを請求することができる権利である。第三者の故意・過失は問題にされない。

目的物返還請求権が行使されたときは，相手方は，自己の費用負担において，

目的物を返還すべき（引き渡すべき）義務を負う。

**【物権的請求権と損害賠償請求権】**　物権的請求権を行使しうることと，損害賠償を請求しうることとは別問題である。物権的請求権行使の相手方の故意または過失によって，現実に損害を受けた場合には，相手方に対して，損害賠償を請求することができるが(不法行為にもとづく損害賠償請求権を有する。709条参照)，相手方に故意または過失がないときや，現実に損害が発生していないときは，相手方に対して，損害賠償を請求することはできない。

**【土地所有権にもとづく物権的請求権行使の相手方】**　無権原で他人の土地を占有し，当該土地上に建物を所有している者がいる場合，土地所有権にもとづく物権的請求権（目的物返還請求権）を行使して，建物収去・土地明渡しを請求する相手方は，**現実に建物を所有することによって，当該土地を占有し，土地所有権を侵害している者**である（最判昭35・6・17民集14・8・1396）。

①　未登記建物の所有者が，未登記のまま建物を第三者に譲渡した場合には，これにより確定的に所有権を失うことになるから，その後，その意思にもとづかずに譲渡人名義に所有権取得の登記がされても，その譲渡人は，土地所有者による建物収去・土地明渡しの請求につき，建物の所有権の喪失により，当該土地を占有していないことを主張することができる（前出・最判昭35・6・17）。

②　建物の登記名義人が，実際には，建物を所有したことがなく，たんに，自己名義の所有権取得の登記（虚偽の登記）を有するにすぎない場合は，土地所有者による建物収去・土地明渡しの請求につき，当該土地を占有していないことを主張することができる（最判昭47・12・7民集26・10・1829）。

③　他人の土地上の建物の所有権を取得した者が，みずからの意思にもとづいて，所有権取得の登記をなした場合には，当該建物を第三者に譲渡したとしても，登記名義を保有する限り，土地所有者に対して，建物所有権の喪失を主張して，建物収去・土地明渡しの義務を免れることはできない（最判平6・2・8民集48・2・373）。なぜならば，登記に関係なく，建物の実質的所有者のみが，建物収去・土地明渡しの義務を負うものと解すると，土地所有者は，その探求の困難を強制されることになり，また，相手方は，建物所有権の移転を主張し

て明渡し義務を免れることが可能となり，不合理だからである。建物所有者は，みずからの意思で所有権の登記をなし，これを保有しているのであるから，所有権喪失の登記をしない限り，所有権の喪失を，第三者に主張することはできない（177条）。

　　◆　他人の土地上の建物の所有権を取得した者が，みずからの意思にもとづいて所有権取得の登記を経由した場合には，たとい建物を他に譲渡したとしても，引き続き右登記名義を保有する限り，土地所有者に対し，右譲渡による建物所有権の喪失を主張して建物収去・土地明渡しの義務を免れることはできないものと解するのが相当である。土地所有者が建物譲渡人に対して所有権にもとづき建物収去・土地明渡しを請求する場合の両者の関係は，土地所有者が地上建物の譲渡による所有権の喪失を否定してその帰属を争う点で，あたかも建物についての物権変動における対抗関係にも似た関係というべく，建物所有者は，みずからの意思にもとづいて自己所有の登記を経由し，これを保有する以上，右土地所有者との関係においては，建物所有権の喪失を主張できないというべきであるからである。もし，これを，登記に関わりなく建物の「実質的所有者」をもって建物収去・土地明渡しの義務者を決すべきものとするならば，土地所有者は，その探求の困難を強いられることになり，また，相手方において，たやすく建物の所有権の移転を主張して明渡しの義務を免れることが可能になるという不合理を生ずるおそれがある（最判平6・2・8民集48・2・373）。

　(3)　**占有の訴え（占有訴権）**　　占有権を有する者は，目的物に対する占有権の実現を妨げられたり，目的物を奪われた場合には，第三者に対して，その回復を請求することができる(197条)。このような場合に認められる権利を**占有の訴え（占有訴権）**という。

　　占有権は，占有を基礎づける権原（本権）の有無にかかわらず，物の所持という現実の事実状態を尊重するために認められた物権であり，現実の事実状態を基礎とした社会秩序の安定が念頭に置かれている。そこで，正当な手続によらず，現実の事実状態を崩す者に対しては，あるがままの状態を回復すべきことを請求できなければならない。これが認められなければ，実力行使による紛争の解決がなされてしまう。そこで，このような場合に認められるのが，占有訴権であり，**自力救済禁止の原則**（最判昭40・12・7民集19・9・2101）に対応して

第3章　物権法の概要　*111*

認められる。

 ✎ 私力の行使は，原則として法の禁止するところであるが，法律に定める手続きに
よったのでは，権利に対する違法な侵害に対抗して現状を維持することが不可能または
著しく困難であると認められる緊急やむを得ない特別の事情が存する場合においてのみ，
その必要の限度を超えない範囲内で，例外的に許されるものと解することを妨げない（最
判昭40・12・7民集19・9・2101）。

　なお，占有の訴えは，訴えという表現が使われているが，占有権にもとづい
て認められる実体法（民法）上の請求権（物権的請求権）である。占有訴権には，
占有保持の訴え，占有保全の訴え，占有回収の訴えの3種のものがある。

　(a)　**占有保持の訴え**　　占有者が，その**占有を妨害された**ときは，第三者
に対して，その妨害の停止および損害賠償を請求することができる（198条）。

　客観的に妨害の事実があれば，第三者の故意・過失を問題とせずに（大判大
5・7・22民録22・1585），妨害を受けた占有者は，現在の妨害者に対して（大決昭
5・8・6民集9・772），妨害の停止を請求することができる。しかし，損害賠償
を請求するためには，第三者に故意・過失がなければならない（大判昭9・10・
19民集13・1940）。占有保持の訴えにもとづく妨害停止請求権が行使されたときは，
相手方は，自己の費用負担において，その妨害を排除すべき義務を負う（前出・
大判大5・7・22）。

　占有保持の訴えにもとづく訴訟は，妨害が存在する間（妨害の停止および損害
賠償の請求）または妨害が消滅した後1年以内（損害賠償の請求）に提起しなけ
ればならない（201条1項本文）。

　(b)　**占有保全の訴え**　　占有者が，その**占有を妨害されるおそれがある**と
きは，第三者に対して，その妨害の予防または損害賠償の担保を請求すること
ができる（199条）。占有妨害のおそれは，客観的に存在していなければならない
（大判大10・1・24民録27・221）。妨害のおそれを生じたことについて，第三者の故
意・過失は問題とされない。

　また，占有を妨害されるおそれのある占有者は，妨害の予防請求（予防工事
の請求，など）または損害賠償の担保請求（金銭の供託請求，担保権の設定請求な

ど）のいずれか一方のみを請求しうるのであり，両者をともに請求することはできない。占有保全の訴えにもとづく妨害予防請求権が行使されたときは，相手方は，自己の費用負担において，その妨害を予防すべき義務を負う。

占有保全の訴えにもとづく訴訟は，妨害の危険が存在する間に提起しなければならない（201条2項本文）。

(c) **占有回収の訴え** 占有者が，その**占有を奪われた**ときは，その物の返還および損害賠償を請求することができる（200条）。

占有の侵奪（占有者の意思によらずに占有を喪失したこと）がなければ，占有回収の訴えを主張することはできない。したがって，占有者がだまされて任意に目的物を第三者に引き渡した場合や（大判大11・11・27民集1・692），目的物を遺失した場合には，侵奪には該当せず，占有回収の訴えを主張することはできない。占有者が，任意に目的物を第三者に引き渡した後に，当該第三者（受領者）が，占有者の意思に反する行為をしても，占有の侵奪には該当しない。たとえば，賃借人（転貸人）が，自己の占有する建物を，任意に転借人に引き渡した後に，当該転借人が，賃借人（転貸人）の入室を実力で拒絶した場合でも，占有の侵奪には該当しない（最判昭34・1・8民集13・1・17）。また，強制執行によって物の占有を強制的に解かれた場合には，占有回収の訴えによって，物の返還を請求することは許されない（最判昭38・1・25民集17・1・41）。占有回収の訴えにもとづく目的物返還請求権が行使されたときは，相手方は，自己の費用負担において，その目的物を返還すべき義務を負う。

占有回収の訴えにもとづく訴訟は，占有を奪われた時から1年以内に提起しなければならない（201条3項）。占有回収の訴えにもとづいて，目的物の占有を回復した者は，占有を喪失しなかったものとみなされる（203条ただし書）。

【占有回収の訴えの相手方】 占有回収の訴えの相手方は，原則として，占有の侵奪者である。侵奪者の善意の特定承継人に対しては，占有回収の訴えを提起することはできない（200条2項本文）。ただし，例外的に，侵奪者の悪意の特定承継人に対しては，占有回収の訴えを提起することができる（200条2項ただし書）。

善意の特定承継人に占有が移転した後，さらに，悪意の特定承継人に占有が

移転した場合には，特別の事情（侵奪者または悪意の特定承継人が善意の第三者を
ダミーとして介在させたときや，侵奪物が転輾して侵奪者または悪意の特定承継人に
占有が移転したときなど）のないかぎり，当該特定承継人に対して，占有回収の
訴えを提起することはできない（大判昭13・12・26民集17・2835）。なぜならば，善
意の特定承継人の占有によって，占有侵奪の瑕疵が消滅し，新たに完全なる支
配状態を生じたものとして，これを保護する必要があるからとされている。

　なお，侵奪者または侵奪者の悪意の特定承継人に代わって占有をなす者（占有
代理人。たとえば，侵奪者からの賃借人や受寄者など）も，占有の特定承継人であ
る（大判昭19・2・18民集23・64）。したがって，占有代理人が悪意である場合に限
り，占有代理人に対して，占有回収の訴えを提起できる（200条2項ただし書）。占
有代理人が善意である場合（占有代理人に対して占有回収の訴えを提起できない場
合）でも悪意である場合でも，侵奪者または侵奪者の悪意の特定承継人に対し
て（侵奪物を間接占有している），占有回収の訴えを提起することはできる（大判
昭5・5・3民集9・437）。

(4)　**占有の訴えと本権の訴えとの関係**　　占有の訴え（占有訴権の主張）と本
権の訴え（物権的請求権の主張）とは，互いに妨げ合うことはない（202条1項）。
つまり，両者は，別個の訴えであるから，お互いに何らの影響も与えない。し
たがって，同一の事実について，占有の訴えと本権の訴えとを同時に，または，
別々に提起することができる。また，一方で敗訴しても，他方を提起すること
もできる。

　占有の訴えにおいて，裁判所は，本権（たとえば，所有権）に関する理由にも
とづいて裁判をすることはできない（202条2項）。したがって，占有の訴えに対
して，攻撃防禦方法として，本権の主張をすることは許されない。しかし，占
有の訴えに対して，本権にもとづく反訴（民訴146条）を提起することは許される
（最判昭40・3・4民集19・2・197）。

## II 物権変動（1）

**物権変動**とは，物権の**発生**（取得），**変更**，**消滅**（喪失）をさす。物権変動に関しては，物権変動の時期，物権変動の対抗要件，物権の消滅原因（とくに，混同）が問題となる。

### 1 物権変動の時期

**(1) 物権の成立・移転の時期**　物権の**設定**（当事者間の契約によって権利を成立させること）および**移転**（当事者間の契約にもとづく物権の移転の場合）は，当事者の意思表示のみによって，その効力を生ずる（**意思主義**。176条）。ここにいう当事者の意思表示とは，物権の設定・移転の基礎となる法律行為（契約）についての意思表示をさす。物権の成立・移転は，その基礎となる法律行為（契約）の効果として生ずるものであり，原則として，法律行為（契約）の効力発生と同時に，物権の成立・移転の効果が生ずる（大判大2・10・25民録19・857，最判昭33・6・20民集12・10・1585）。

**(2) 譲渡契約（売買，贈与，代物弁済など）にもとづく所有権移転時期**　物権の譲渡契約（売買契約，贈与契約，代物弁済契約など）にもとづく目的物の所有権移転時期は，原則として，**譲渡契約成立時**である（前出・大判大2・10・25，前出・最判昭33・6・20）。たとえば，売買契約にもとづく特定物の所有権移転時期は，売買契約成立時である。

しかし，例外として，契約成立時に所有権移転の効果を認めることができない法律上の客観的障害がある場合には，その障害がなくなった時に，所有権が移転する。たとえば，不特定物の売買においては，目的物が特定した時に，売主から買主に所有権が移転し（最判昭35・6・24民集14・8・1528），他人の物の売買においては，売主が目的物の所有権を取得した時に，同時に，売主から買主に所有権が移転する（最判昭40・11・19民集19・8・2003）。また，所有権移転時期に関して当事者間に特約があるときは，当該特約によって定められた時期に，

売主から買主に所有権が移転する（最判昭38・5・31民集17・4・588）。

(3) **設定契約にもとづく物権の成立時期**　物権の設定契約にもとづく物権の成立時期は，**設定契約成立時**である。たとえば，抵当権の成立時期は，抵当権設定契約成立時であり，地上権の成立時期は，地上権設定契約成立時である。その他，永小作権，地役権，質権などについても同様である。

### ② 不動産物権変動の対抗要件

　不動産に関する物権の得喪および変更は，登記法の定めるところにしたがい，その登記をしなければ，これをもって，第三者に対抗することはできない（177条）。つまり，不動産物権変動（得喪および変更）を第三者に対抗するためには，一定の要件（**対抗要件**）を備えていることが必要であり，その要件（対抗要件）が，**登記**である。

(1) **対抗問題（対抗関係）**　同一の目的物に対して，両立しえない物権を主張する者が複数いる場合においては，いずれの物権が優先するのかが問題となる。このように，「両立しえない物権相互間における優劣に関する問題」を**対抗問題**という（於保不二雄「公示なき物権の本質」法学論叢58・3・19）。また，両立しえない物権を主張する者相互の関係を，**対抗関係**という。対抗関係とは，同一の目的物に対する「物権的支配ないし物的支配を相争う関係」（舟橋・物権法・156頁）であるとか，「食うか食われるかの関係」（我妻栄『連合部判決巡歴Ⅰ』（昭和33年，有斐閣）137頁）であるともいわれる。

【「対抗」という用語の意味】　「対抗する」というのは，一般的には，自己の権利や法律上の地位を，第三者に主張することをさすが，登記を備えることによって，物権の変動を第三者に対抗することができるというのは，法律上，一定の主張を承認することによって，不利益を受ける地位にある者（たとえば，同一の不動産を二重に買い受けた者同士。このような場合，相手方の所有権の主張を承認することによって，自己の所有権が認められないという不利益を受けることになる）に対して，その者の意思に反しても，一定の主張を認めさせることができる，という意味で使われる。

## ⑵ 二重譲渡の法律関係

> **設例①**
>
> Aは、Bとの間で、自己所有の不動産をBに売却する旨の契約を締結したが、AからBへの所有権移転登記はいまだなされていない。その後、Aは、同一の不動産を、Cに二重に売却する旨の契約を締結し、AからCへの所有権移転登記がなされた。
>
> この場合、BはCに対して（CはBに対して）、当該不動産の所有権の取得を対抗することができるか。

　(a)　B・C間の法律関係　　B・C間は対抗関係であり（B・C間に対抗問題が生じており）、いずれか先に登記（対抗要件）を備えた者が優先する。つまり、登記（対抗要件）による早い者勝ちとなる（**対抗要件主義**。177条）。B・Cともに登記を備えていない間は、お互いに、当該不動産の所有権の取得を対抗できない。しかし、Cが先に登記を備えたときは（契約成立の先後に関係なく）、CはBに対して、当該不動産の所有権の取得を対抗することができる（Bは、Cに対して、当該不動産の所有権の取得を対抗することはできない）。

　(b)　A・C間の契約の有効性　　A・B間の売買契約成立によって、当該契約成立時に、当事者間（A・B間）では、AからBに当該不動産の所有権が移転していることになるが（176条）、Bの所有権取得が、絶対的効力（対抗力）を有するためには、登記（対抗要件）が必要となる（177条）。

　当該不動産について、AからBへの所有権移転登記がなされていない間は、第三者Cからみれば、当該不動産の所有者はいまだAであることになる。したがって、Cは、当該不動産の所有者であるAから、当該不動産を有効に買い受けることができる。A・C間の売買契約は有効であり、当該契約成立時に、当該不動産の所有権が、当事者間（A・C間）においては、AからCに移転する（最判昭46・11・5民集25・8・1087）。したがって、Cもまた、当該不動産の所有権を有効に取得することができる（「物の上の権利の相対的移転ないし帰属の可能性が立法によって創設されている」ともいわれている。我妻＝有泉＝川井・民法①・281頁参照）。

第3章　物権法の概要　*117*

> **不動産物権変動における公示の原則**
> 　(1)　公示の原則とは，物権の変動には，外部から認識しうる一定の形式（登記）が伴う
> ことを必要とするという原則をいう（我妻＝有泉・講義Ⅱ・35頁参照）。つまり，不動産に関す
> る物権の変動が生じたときには，速やかに，それを登記簿上にあらわすようにとの要請
> である。
> 　これは，当該の物権変動の成立を，その当事者以外の者で，その目的たる権利について
> 利害関係を有する第三者に認めさせるためであり，かならず，登記をしなければならな
> いわけではない。登記をしておかないと，不利益を受けてしまうことになるということ
> である。
> 　不動産物権変動に関する公示の原則においては，第三者からみれば，登記されたこと
> と矛盾する利害関係に立つことをあらかじめ回避することができ，また，登記されたこ
> とと矛盾しないかぎり，自己が関与しない物権変動によって不利益を受けないという保
> 障が与えられる（稲本・民法Ⅱ・106頁参照）。
> 　(2)　第三者からみれば，登記簿上あらわされていない物権変動はないものと扱うこと
> ができる。つまり，第三者は，登記簿上あらわされていない物権変動の存在を否定する
> ことができ，消極的信頼が保護される（舟橋・物権法・63頁参照）。

　(c)　**第三者(C)の善意・悪意**　　ＢとＣとは，対抗関係に立ち，いずれか先
に登記を備えた者が優先する。したがって，第2の譲受人であるＣは，Ｂより
も先に登記を備えることによって，当該不動産の所有権の取得を，第1の譲受
人であるＢに対抗することができる。この場合，Ｃの善意・悪意は問題にされ
ない（大判明45・6・1民録18・569，大判大10・12・10民録27・2103，最判昭30・5・31民
集9・6・774，最判昭40・12・21民集19・9・2221など）。単純な悪意者もまた，自由
競争の枠内にあると認められるからである。

　ただし，**背信的悪意者**は除外される（前出・最判昭40・12・21，最判昭43・8・2
民集22・8・1571）。背信的悪意者とは，ある事実を知っているだけにとどまらず，
悪質である者，害意を有する者などをいい，信義則に反する悪意者をさす（前出・
最判昭43・8・2，最判昭43・11・15民集22・12・2671など）。つまり，Ｃが背信的悪意
者であるときは，Ｂは，登記なくして，当該不動産の所有権の取得を，Ｃに対
抗することができる（背信的悪意者に対しては，177条の適用はない）。背信的悪意
者は，たとえ，登記を備えていても，当該不動産の所有権の取得を第三者に対
抗することはできない。

　**(3)　登記がなければ対抗できない第三者の範囲**　　登記がなければ不動産物

権変動を対抗できない第三者（177条）とは，「当事者およびその包括承継人以外の者であって，登記の欠缺を主張するにつき，正当な利益を有する者」をさす（大連判明41・12・15民録14・1276）。たとえば，同一目的物について，物権を取得した者（所有権，地上権，抵当権を取得した者など）や，同一目的物について，支配をおよぼした債権者（差押債権者，賃借人など）などである。さらに，同一目的物について，所有権を取得した者から当該所有権を取得した者（転得者）も，登記がなければ対抗できない第三者に該当する（最判平8・10・29民集50・9・2506）。

【177条の第三者から除外される者】　次の者は，登記の欠缺を主張するにつき，正当な利益を有する者とはいえないので，177条の第三者から除外される。つまり，次の者に対しては，177条は適用されないので，登記なくして不動産物権変動を対抗することができる。

　(a)　**背信的悪意者**　(イ)　先行する不動産物権変動の存在を，たんに知っているだけでなく，悪質である者，害意を有する者など，信義則に反する悪意者（前出・最判昭40・12・21，前出・最判昭43・8・2）。

　たとえば，二重譲渡（二重売買）における第2の買主が，第1の売買にもとづく所有権移転登記がなされていないことに乗じて，第1の買主に高値で売りつけて利益を得る目的をもって，目的不動産を買い受けて登記をしたような場合でも（前出・最判昭43・8・2），第1の買主は，登記なくして所有権の取得を第2の買主に対抗できる。

　(ロ)　詐欺または強迫によって，登記の申請を妨害した者（不登5条1項）

　たとえば，二重譲渡（二重売買）における第2の買主が，第1の売買にもとづく所有権移転登記をしようとする第1の買主に対して，詐欺または強迫によって登記申請を妨害し，自己が登記を備えた場合でも，第1の買主は，登記なくして所有権の取得を第2の買主に対抗できる。

　(ハ)　他人のために登記を申請する義務のある者（不登5条2項）　たとえば，二重譲渡（二重売買）における第2の買主が，第1の売買にもとづく所有権移転登記をすべき義務がある者（第1の買主の法定代理人・任意代理人など）でありながら，その義務を履行せず，自己が先に登記を備えた場合，第1の買主は，

登記なくして所有権の取得を第２の買主に対抗できる。

　(b)　**実質的無権利者**　　目的不動産につき有効に所有権を取得した者は，偽造登記の名義人など，形式的には権利者であるとされているが，実質的には無権利である者（最判昭24・9・27民集3・10・424）や，無権利者から目的不動産についての権利の譲渡または権利の設定を受けて登記をした者（最判昭42・6・30判時492・53）に対して，登記なくして所有権の取得を対抗できる。

　(c)　**不法行為者**　　目的不動産につき有効に所有権を取得した者は，不動産の不法占有者（大判明43・2・24民録16・131，最判昭25・12・19民集4・12・660），建物に対する放火者・倒壊者，山林上の立木の不法伐採者などの不法行為者（大判昭6・6・13新聞3303・10）に対して，登記なくして所有権の取得を対抗できる。

**(4)　転得者の善意・悪意・背信的悪意の判断**

> ［設例②］
>
> 　Aは，Bとの間で，自己所有の不動産をBに売却する旨の契約を締結したが，AからBへの所有権移転登記はいまだなされていない。その後，Aは，同一の不動産を，Cに二重に売却する旨の契約を締結し，AからCへの所有権移転登記がなされた。さらに，Cは，当該不動産をDに売却し，CからDへの所有権移転登記がなされた。Cは，背信的悪意であったが，Dは，善意であったものとする。
>
> 　この場合，BはDに対して（DはBに対して），当該不動産の所有権の取得を対抗することができるか。

　(a)　A・C間の売買契約は有効であり，A・C間においては，Cは，有効に当該不動産の所有権を取得している（Cは，背信的悪意であるがゆえに，当該不動産の所有権の取得をBに対抗できないだけであり，A・C間の売買契約そのものが無効となるわけではない）。したがって，転得者Dは，C・D間の売買契約にもとづいて，有効に当該不動産の所有権を取得していることになる。つまり，BとDとは，同一不動産について，両立しえない物権の取得を相争う関係に立っており，対抗関係に立つことになる。

　(b)　転得者D自身が，善意であると判断されるならば，Dは，Bの登記の欠缺を主張するについて正当な利益を有する者となり，177条の第三者に該当

する。そこで，Dが善意であると判断されるか否かについて，前主Cの背信的悪意が影響するか否かを検討しなければならない。

(c) Bに対する関係において，D自身が，善意か悪意か背信的悪意かを個別・相対的に判断すればよいのであって，Dは，前主Cの背信的悪意を承継するものではない（**相対的構成**。前出・最判平8・10・29）。なぜならば，① 二重譲渡の法律関係は，相対的効力を前提としており，転得者については，相対的構成を採用することによって，適正・公平な解決を図ることができるからである。さらに，②Dが，前主Cの善意・悪意・背信的悪意を当然に承継するものとすると（絶対的構成），善意または単純悪意の第三者をダミーとして介在させることによって，背信的悪意者である転得者が保護されることになってしまい，不当な結果となるからでもある。

(d) Dが善意（または単純悪意）であるときは，前主Cの背信的悪意にかかわらず，Dは，177条の第三者に該当する。したがって，Bは，登記なくして，当該不動産の所有権の取得をDに対抗することはできない。

    所有者甲から乙が不動産を買い受け，その登記が未了の間に，丙が当該不動産を甲から二重に買い受け，さらに丙から転得者丁が買い受けて登記を完了した場合に，たとえ丙が背信的悪意者にあたるとしても，丁は，乙に対する関係で丁自身が背信的悪意者と評価されるのでないかぎり，当該不動産の所有権取得をもって乙に対抗することができるものと解するのが相当である。けだし，(イ)丙が背信的悪意であるがゆえに登記の欠缺を主張する正当な利益を有する第三者にあたらないとされる場合であっても，乙は，丙が登記を経由した権利を乙に対抗することができないことの反面として，登記なくして所有権取得を丙に対抗することができるというにとどまり，甲丙間の売買自体の無効をきたすものではなく，したがって，丁は無権利者から当該不動産を買い受けたことにはならないのであって，また，(ロ)背信的悪意者が正当な利益を有する第三者にあたらないとして，民法177条の「第三者」から除外されるゆえんは，第一譲受人の売買等に遅れて不動産を取得し登記を経由した者が，登記を経ていない第一譲受人に対してその登記の欠缺を主張することが，その取得の経緯等に照らし信義則に反して許されないということにあるのであって，登記を経由した者がこの法理によって「第三者」から排除されるかどうかは，その者と第一譲受人との間で相対的に判断されるべき事柄であるからである（最判平8・10・29民集50・9・2506）。

⑸　**登記を必要とする物権変動**（対抗問題・対抗関係）　　⒜　**契約による物権変動**　　売買契約・贈与契約などによる所有権の移転（取得）や，地上権設定契約・抵当権設定契約などによる地上権・抵当権の成立（取得）など，契約による物権変動を主張する者と，同一不動産について正当に権利を取得した者との関係は，対抗関係（対抗問題）となる。たとえば，同一不動産の二重譲渡の場合における二重譲受人相互の関係，同一不動産に対する地上権・抵当権などの二重設定の場合における二重設定を受けた者相互の関係，同一不動産に対して所有権を取得した者と地上権を取得した者との関係，同一不動産に対して所有権を取得した者と抵当権を取得した者との関係，同一不動産に対して地上権を取得した者と抵当権を取得した者との関係などは，いずれも，対抗関係（対抗問題）となる。さらに，二重譲渡における第1譲受人と第2譲受人からの転得者との関係や，第1譲受人からの転得者と第2譲受人からの転得者との関係も，対抗関係（対抗問題）となる（前出・最判平8・10・29）。

⒝　**取消しと第三者**

---

**設例③**

　Aは，自己所有の不動産をBに売却し，当該不動産について，AからBへの所有権移転登記をなした。その後，Aは，A・B間の売買契約を取り消した。
　⑴　Aが，A・B間の売買契約を取り消す前に，Bは，当該不動産を，Cに売却していた。
　　この場合，Aは，Cに対して，当該不動産の所有権を主張することができるか。
　⑵　Aが，A・B間の売買契約を取り消した後，B名義の登記を抹消する前に，Bは，当該不動産を，Cに売却した。
　　この場合，Aは，Cに対して，当該不動産の所有権を主張することができるか。

---

　㋑　**取消し前の第三者**　　Aが，制限行為能力，強迫を理由として，A・B間の売買契約を取り消したときには，取消しをした本人Aは，つねに，取消の効果を第三者Cに対抗（主張）することができる（121条本文）。

　Aが，詐欺を理由として，A・B間の売買契約を取り消したときには，取消しをした本人Aは，取消しの効果を，善意の第三者Cに対抗（主張）すること

はできないが，悪意の第三者Cには対抗（主張）することができる（96条3項）。詳しくは，本書59頁参照。

　　　㈹　**取消し後の第三者**　　時の経過に即して考察してみると，次のようになる。A・B間の売買契約（一応有効な契約）にもとづいて，AからBに当該不動産の所有権が移転していた。しかし，Aの取消しによって，Bが，一応有効に取得していた当該不動産の所有権が，Bのもとから消滅し，Aに復帰する。つまり，B・A間において，復帰的物権変動を生ずることになる（これは，BからAに対する新たな所有権移転があるというわけではない。復帰的物権変動という用語は，Aのもとから喪失したはずの所有権がAのもとに遡及的に復帰するということ《所有権の取得》と，Bのもとにあった所有権がBのもとから遡及的に消滅するということ《所有権の喪失》を総合した用語と理解すべきである）。したがって，Aは，物権変動（復帰的物権変動）の効果を第三者Cに主張するためには，登記（抹消登記）が必要となる（177条）。

　他方，B名義の登記が抹消されていない間は，第三者Cからみれば，A・B間の売買契約の取消しはなく，当該不動産の所有権は，いまだBにあるものと判断することができる（公示の原則により，登記簿上あらわされていない物権変動は，ないものと判断することができる）。そこで，B・C間の売買契約によって，B・C間においては，BからCへの物権変動（当該不動産の所有権移転）を生ずる。この場合には，同一不動産について，Bを起点として，BからAへの物権変動（復帰的物権変動）と，BからCへの物権変動とが生じていることになる。したがって，取消原因を区別せず，取り消した本人Aと第三者Cとの関係は，対抗関係（二重譲渡と同様の対抗問題）となり，いずれか先に登記（Aについては抹消登記，Cについては所有権移転登記）を備えた者が優先する（大判昭17・9・30民集21・911，最判昭32・6・7民集11・6・999。判例・通説とされている）。

**【94条2項類推適用説】**　　取消しをした者と取消し後の第三者との関係については，判例理論と異なり，次のような考え方もある。すなわち，取消しの遡及効により，Bは，はじめから無権利者となるのであるから，B名義の登記は，はじめから無効な登記となる。Aは，無権利者B名義の無効な登記（虚偽の外

形）を放置していたことになる（Aに帰責性がある）。そこで，虚偽の外形を信頼して利害関係を取得した第三者を保護するため，Cが善意であるときは，94条2項が類推適用される。したがって，取消し後に出現した第三者と取消しをした本人との関係は，94条2項の類推適用によって処理されるべきであるとする（四宮＝能見・民法総則・239頁）。

判例理論（通説ともいわれる）と94条2項類推適用説との違いは，理論構成の出発点の違いにある。判例理論では，A・B間の売買契約の効果（Bの所有権取得）から理論構成するのに対して，94条2項類推適用説は，取消しの効果（B名義の登記の無効）から理論構成するものである。

(c) 解除と第三者

> **設例④**
>
> 　Aは，自己所有の不動産をBに売却し，当該不動産について，AからBへの所有権移転登記をなした。その後，Aは，A・B間の売買契約を解除した。
> (1) Aが，A・B間の売買契約を解除する前に，Bは，当該不動産を，Cに売却していた。
> 　　この場合，Aは，Cに対して，当該不動産の所有権を主張することができるか。
> (2) Aが，A・B間の売買契約を解除した後，B名義の登記を抹消する前に，Bは，当該不動産を，Cに売却した。
> 　　この場合，Aは，Cに対して，当該不動産の所有権を主張することができるか。

(ｲ) **解除前の第三者**　　契約の解除には遡及効があり，解除の直接の効果として，当該契約の効力は，遡及的に消滅する（大判明44・10・10民録17・563,大判大7・12・23民録24・2396）。その結果として，当事者は，はじめから契約を締結しなかったのと同じことになる（大判大6・12・27民録23・2262）。したがって，AからBへの所有権移転，BからCへの所有権移転もはじめからなかったことになる（当該不動産の所有権は，はじめからAにあることになる）。しかし，第三者Cを保護するため，解除の遡及効が制限されており，Aは，対抗要件を備えた第三者Cに，解除の効果を対抗（主張）することはできない（545条1項ただし書）。

したがって，Cが対抗要件（登記）を備えているときは，Aは，Cに対して，

当該不動産の所有権を主張することはできない。Cが対抗要件（登記）を備えていないときは、Aは、Cに対して、当該不動産の所有権を主張することができる。なお、詳しくは、本書288頁参照。

　　㋺　**解除後の第三者**　　時の経過に即して考察してみると、次のようになる。A・B間の売買契約（完全に有効な契約）にもとづいて、AからBに当該不動産の所有権が移転していた。しかし、Aの解除によって、Bが、有効に取得していた当該不動産の所有権が、Bのもとから消滅し、Aに復帰する。つまり、B・A間において、復帰的物権変動を生ずることになる（これは、BからAに対する新たな所有権移転があるというわけではない。取消し後の第三者に関して前述したとおりである）。Aは、物権変動（復帰的物権変動）の効果を第三者Cに主張するためには、登記（抹消登記）が必要となる（177条）。

　　他方、B名義の登記が抹消されていない間は、第三者Cからみれば、A・B間の売買契約の解除はなく、当該不動産の所有権は、いまだBにあるものと判断することができる（公示の原則により、登記簿上あらわされていない物権変動は、ないものと判断することができる）。そこで、B・C間の売買契約によって、B・C間においては、BからCへの物権変動（当該不動産の所有権移転）を生ずる。

　　この場合には、同一不動産について、Bを起点として、BからAへの物権変動（復帰的物権変動）と、BからCへの物権変動とが生じていることになる。したがって、解除をした本人Aと第三者Cとの関係は、対抗関係（二重譲渡と同様の対抗問題）となり、いずれか先に登記（Aについては抹消登記、Cについては所有権移転登記）を備えた者が優先する（大判昭14・7・7民集8・748、最判昭35・11・29民集14・13・2869。判例・通説といわれている）。

　　(d)　**相続と第三者**

　　　**設例⑤**

　　Aは、自己所有の不動産をBに売却したが、当該不動産について、AからBへの所有権移転登記はいまだなされていない。その後、Aが死亡し、CがAを相続した。
　　(1)　Cは、相続により、自己が当該不動産の所有権を取得したと主張している。
　　　この場合、Bは、Cに対して、当該不動産の所有権の取得を対抗することができるか。

第3章　物権法の概要　*125*

> ⑵　Cが，当該不動産を自己が相続したものとして，これを，Dに売却した。
>
> 　　この場合，Bは，Dに対して，当該不動産の所有権の取得を対抗することができるか。

　㈄　**被相続人から権利を取得した者⒝と相続人⒞との関係**　　相続人C
は，被相続人Aの財産法上の地位（権利・義務）を，包括的に承継する（896条本
文）。被相続人Aと相続人C（包括承継人）とは，同一人とみなされる。したがっ
て，CとBとの関係は，当事者関係に立ち，Bは，登記なくして，当該不動産
の所有権の取得をCに対抗することができる（当事者間においては，177条は適用
されない）。

　㈇　**被相続人から権利を取得した者⒝と相続人から権利を取得した者⒟**
**との関係**　　A・B間の売買契約にもとづいて，当該不動産の所有権が，Aか
らBに移転する。しかし，B名義の登記がなされていない間は，第三者Dから
みれば，AからBへの当該不動産の所有権の移転はないものと判断できる（公示
の原則により，登記簿上あらわされていない物権変動は，ないものと判断すること
ができる）。

　被相続人Aと相続人C（包括承継人）とは，同一人とみなされるのであるから，
第三者Dからみれば，当該不動産の所有権は，相続によって，Cが取得したも
のと判断することができる。そして，C・D間の売買契約にもとづいて，C・
D間においては，当該不動産の所有権が，CからDに移転する。この場合には，
同一人（被相続人A＝相続人C）が，同一不動産を二重に譲渡した場合と同様で
あり，BとDとの関係は対抗関係（対抗問題）となり，いずれか先に登記を備え
た者が優先する（最判昭33・10・14民集12・14・3111）。

　㈈　**共同相続人の一人から権利を取得した者と他の共同相続人との関係**
　共同相続人の一人が，相続財産である不動産を第三者に売却した場合であっ
ても，買主は，売主である相続人の持分のみを取得し，他の共同相続人の持分
を取得することはできない。買主は，他の共同相続人の持分については，無権
利者であり，他の共同相続人は，登記なくして，自己の持分を対抗することが
できる（最判昭38・2・22民集17・1・235）。

(e) 取得時効と第三者

**設例⑥**

A所有の不動産を，Bが，所有の意思をもって，平穏かつ公然に占有している。そして，当該不動産について，Bのための取得時効が完成した。

(1) この場合，Bは，Aに対して，登記なくして，当該土地所有権の取得を対抗することができるか。

(2) Bの取得時効完成前に，Aは，当該不動産をCに売却し，当該不動産について，AからCへの所有権移転登記をしていた。

　　この場合，Bは，Cに対して，登記なくして，当該土地所有権の取得を対抗することができるか。

(3) Bの取得時効完成後，当該不動産の登記がいまだA名義である間に，Aは，当該不動産をCに売却した。

　　この場合，Bは，Cに対して，登記なくして，当該土地所有権の取得を対抗することができるか。

　　(イ)　**原所有者(A)と時効取得者(B)との関係**　　時効による権利の取得者Bと原権利者Aとは，取得時効にもとづく物権変動（Bの所有権の取得およびその反射的効果としてAの所有権の喪失）の当事者である（大判大7・3・2民録24・423）。時効取得者Bは，原権利者Aに対して，登記なくして，当該不動産の所有権の取得を主張することができ（当事者間においては，177条は適用されない），移転登記を請求することができる（取得時効による所有権取得の登記手続きは，移転登記の形式による。詳しくは，本書84頁参照）。

　　(ロ)　**時効完成前の第三者(C)と時効取得者(B)との関係**　　時効完成前に出現した第三者Cは，時効完成時点における当該不動産の所有者であり，取得時効にもとづく物権変動（Bの所有権の取得およびその反射的効果としてCの所有権の喪失）の当事者となる（177条の第三者ではない）。したがって，時効取得者Bから現在の所有者Cに対する当該不動産の所有権取得の主張については，177条は適用されない。

　　時効取得者Bは，時効完成時の所有者であるCに対して，登記なくして，当該不動産の所有権の取得を主張することができ，移転登記を請求することがで

きる（最判昭35・7・27民集14・10・1871，最判昭36・7・20民集15・7・1903，最判昭41・11・22民集20・9・1901）。

(ハ)　**時効完成後の第三者(C)と時効取得者(B)との関係**　時効完成時点での当該不動産の所有者はＡであり，取得時効にもとづく物権変動の当事者は，ＡとＢである。取得時効の完成によって，当該不動産の所有権は，Ｂが原始取得し，その反射的効果として，Ａの所有権は喪失したことになる。しかし，Ｂ名義の登記がなされていない間は，第三者Ｃからみれば，当該物権変動はないものと判断することができる（公示の原則により，登記簿上あらわされていない物権変動は，ないものと判断することができる）。そこで，Ａ・Ｃ間の売買契約によって，当該不動産の所有権は，Ａ・Ｃ間においては，ＡからＣに移転することになる。

この場合には，時効完成時点での所有者Ａを起点とする二重譲渡がなされたのと同様となり，ＢとＣとは，対抗関係に立つことになる（177条）。したがって，いずれか先に登記を備えた者が優先する（最判昭33・8・28民集12・12・1936，前出・最判昭35・7・27，前出・最判昭36・7・20，前出・最判昭41・11・22）。

**【時効の起算点の任意選択の可否】**　時効の起算点（起算日）は，占有開始時であり，時効取得者は，時効の起算点を任意に選択する（繰り下げる）ことはできない（前出・最判昭35・7・27）。なぜならば，時効の起算点（起算日）は，客観的に定まるものであり，また，取得時効の制度は，起算日から将来に向かって一定期間（時効期間）の占有が継続したことによって，権利の取得を認める制度だからである。取得時効の制度は，現在から過去にさかのぼって一定期間の占有継続が認められることによって，権利の取得を認める制度ではない。

**【新たな取得時効進行の可否】**　第三者が登記した後，さらに時効取得に必要な期間，占有を継続すれば，新たな取得時効が完成する（前出・最判昭36・7・20）。つまり，第三者が登記した時点から，新たな取得時効が進行を開始することになる。

たとえば，**設例⑥**(3)において，目的不動産について，Ｃが先に所有権取得の登記をした場合，Ｂは，取得時効による所有権の取得をＣに対抗することは

できない。しかし，Cの登記後もなお，Bの占有が継続しているときは，Bの
ための新たな取得時効が進行を開始する。そして，Cの登記時から起算して，
取得時効完成に必要な期間の占有を継続すれば，Bのための新たな時効が完成
する。この場合，BとCとの関係は，当事者の関係に立つ（ **設例⑥**(1)と同様と
なる）。

　(f)　**不動産賃借人と目的不動産の譲受人**

---
**設例⑦**

　Aは，自己所有の不動産をBに賃貸し，AからBへ当該不動産の引渡しがなされた。
その後，Aは，当該不動産をCに売却した。
(1)　Cは，登記なくして，当該不動産の所有権にもとづいて，Bに対して，当該不動
　産の明渡しを請求することができるか。
(2)　Cは，当該不動産に対するBの賃借権を認めたうえで，Bに対して，登記なくして，
　当該不動産の賃料を自己に支払うように請求することができるか。

---

　(イ)　**目的不動産の新所有者(C)から賃借人(B)に対する明渡し請求**　　不動
産賃借権は債権ではあるが，例外的に，対抗要件を備えることによって，物権
同様の効力が与えられる（605条）。賃借人Bは，当該不動産の賃借権（間接的な
支配権）にもとづいて，当該不動産に対する物権的支配権を主張しうる地位にあ
る。したがって，当該不動産の新所有者Cと賃借人Bとは，同一目的物につい
ての物権的支配を相争う関係に立つ。BとCとは，対抗関係に立つことになる。
　賃借人Bは，Cの登記の欠缺を主張し，Cの所有権取得を否定することに
よって，Aとの間の賃貸借関係にもとづく当該不動産の利用を継続することが
できる（Bは，対抗要件を備えていなくとも，Aに対して，賃借権を主張することが
できる）。つまり，賃借人Bは，新所有者Cの登記の欠缺を主張するにつき，正
当な利益を有する者に該当し，177条の第三者に該当する（大連判明41・12・15民
録14・1276）。したがって，BとCとは，対抗関係に立ち，いずれか先に登記（対
抗要件）を備えた者が優先する（177条）。Cは，所有権取得の登記を備えていな
ければ，Bに対して，当該不動産の所有権の取得を対抗することができない。
したがって，Cは，登記がなければ，Bに対して，当該不動産の明渡しを請求

することはできない（Bは，賃借権の対抗要件を備えていなくても，Cからの明渡し請求を拒絶することができる）。

**【不動産賃借権の対抗要件】**　　不動産賃借権の対抗要件は，原則として，賃借権の登記（605条）であるが，例外的に，借地権の場合には，借地上建物の所有権の登記（借地借家10条1項）が，借家権の場合には，建物の引渡し（借地借家31条1項）が，賃借権の登記に代わる対抗要件として認められている。詳しくは，本書307頁参照。

　　㋺　**目的不動産の新所有者(C)から賃借人(B)に対する賃料請求**（賃貸借契約の解約申入れ，賃料不払にもとづく契約解除など）　　不動産の賃借人が，賃借権の対抗要件を備えていた場合には，その後，目的不動産が，第三者に譲渡されたときは，目的不動産の所有権とともに，賃貸人たる地位（賃貸借関係）も，当然に，当該第三者（譲受人）に移転することになる（賃貸借関係の移転。最判昭39・8・28民集18・7・1354）。

　賃借人Bは，新所有者Cの登記の欠缺を主張するにつき，正当な利益を有する者であり，また，譲受人CがBに対して賃貸人たる地位の移転を主張することは，その基礎として，目的不動産の所有権取得の主張が存在する。したがって，Cは，登記なくして，Bに対して，賃貸人たる地位の移転を主張することはできない（最判昭49・3・19民集28・2・325）。Bの賃借権の存在を認めたうえでの賃料請求（その他，賃貸借契約の解約申入れ，賃料不払にもとづく契約解除など）に関しても，B・C間は，対抗関係となる（177条）。Cは，登記なくして，Bに対して，賃料の支払いを請求することはできない（登記なくして，賃貸借契約の解約申入れや，賃料不払にもとづく契約解除等を主張することはできない）。

　このような場合，登記を必要としないと，Aが，当該不動産を二重に譲渡した場合に（たとえば，AからCへと，AからDへの二重譲渡），二重譲受人双方ともに，未登記のままで，賃借人Bに対して賃料を請求できることになってしまう（大判昭8・5・9民集12・1123）。そうすると，賃借人Bは，誰を正当な所有者（賃貸人）として判断すればよいのか，誰に賃料を払ってよいのか判別できないという不都合を生ずるからでもある。

## Ⅲ 物権変動（２）

### 1 動産物権変動の対抗要件

　動産に関する物権の譲渡は，その動産の引渡しをしなければ，これをもって，第三者に対抗することはできない（178条）。つまり，動産物権の譲渡（動産の物権変動）を第三者に対抗するためには，一定の要件（**対抗要件**）を備えていることが必要であり，その要件（対抗要件）が，**引渡し**である。

#### (1) 対抗問題

**設例⑧**

　Aは，Bとの間で，自己所有の動産をBに売却する旨の契約を締結したが，当該動産は，AからBへいまだ引き渡されておらず，Aが依然として占有している。その後，Aは，同一の動産を，Cに二重に売却する旨の契約を締結した。

　この場合，BはCに対して（CはBに対して），当該動産の所有権の取得を対抗することができるか。

　同一の動産が，二重に譲渡された場合には，二重譲受人相互間の関係は，対抗関係となる。このような場合に，二重譲受人相互間に対抗問題が生ずることは，不動産の二重譲渡の場合と同様である。

　動産物権変動の対抗要件は引渡しであるから，二重譲受人のいずれか先に目的動産の引渡しを受けた者が優先する（178条）。つまり，動産の物権変動については，引渡し（対抗要件）を受けていないと，これをもって，第三者に対抗することができない。動産物権変動においては，引渡しについての早い者勝ちとなる。なお，第三者の善意・悪意は問題とされないが，背信的悪意者は除外されることについては，不動産物権変動の場合（177条参照）と同様である。

#### (2) 引渡し（占有権の譲渡）の方法

引渡しの方法としては，現実の引渡し，簡易の引渡し，指図による引渡し，占有改定による引渡しの４つの方法がある。**引渡し**とは，占有の移転・占有権の譲渡を意味する。

　(a) **現実の引渡し**　　目的物を現実に（物理的に）移転させることをさし，

第3章 物権法の概要 *131*

一般的な意味での引渡しである（182条1項）。

　(b)　**簡易の引渡し**　　現実に目的物を所持している者（目的物の賃借人，受寄者など）が，目的物の所有者から，当該目的物の所有権を譲り受けた場合には，目的物の現実の移転を必要とせず，当事者間の合意のみで引渡しをなすことができる（182条2項）。

　(c)　**指図による引渡し**　　占有代理人（目的物の賃借人，受寄者など）によって占有をなす場合において，本人が，その占有代理人に対して，以後は第三者のために目的物を占有すべき旨を命令し，当該第三者が，これを承諾したときは，当該第三者は，目的物の占有権を取得する（引渡しを受けたことになる。184条）。

　(d)　**占有改定**による引渡し　　自己の所有物を第三者に譲渡した者が，以後は，目的物の賃借人または受寄者として，引き続き，目的物の占有をなす場合においては，占有代理人（目的物の賃借人，受寄者など）となる者が，相手方（本人）に対して，以後は相手方（本人）のために占有をなす旨の意思表示をしたときは，相手方は，目的物の占有権を取得する（間接占有・代理占有）。相手方は，これによって，目的物の引渡しを受けたことになる（183条）。

**(3)　対抗要件としての引渡し**　　動産物権変動の対抗要件としての引渡しは，上記(2)(a)～(d)のいずれの引渡しでもかまわない。**設例⑧**におけるB・Cのうち，いずれか先に，上記(2)(a)～(d)のいずれかの引渡しを受けた者が優先し，当該動産の所有権の取得を対抗することができる。

---

**動産譲渡の対抗要件に関する特例法**（動産及び債権の譲渡の対抗要件に関する民法の特例等に関する法律）
　法人が動産を譲渡した場合において，当該動産の譲渡について，**動産譲渡登記ファイル**（同法7条参照）に譲渡の登記がされたときは，当該動産について，民法178条の引渡しがあったものとみなされる（同法3条1項）。また，占有代理人によって占有されている動産の譲渡について動産譲渡登記がされ，その譲受人として登記されている者が，当該占有代理人に対して当該動産の引渡しを請求した場合において，当該占有代理人が本人に対して，当該請求につき異議があれば相当の期間内にこれを述べるべき旨を遅滞なく催告し，本人が，その期間内に異議を述べなかったときは，当該占有代理人は，その譲受人として登記されている者に当該動産を引き渡し，それによって本人に損害が生じたときでも，その賠償の責任を負わない（同法3条2項）。

動産の譲渡について，動産譲渡登記ファイルに譲渡の登記がされたときは，だれでも，指定法務局等の登記官に対して，動産譲渡登記ファイルに記録されている登記事項の概要を証明した書面(登記事項概要証明書)の交付を請求することができる(同法11条1項)。また，譲渡にかかる動産の譲渡人または譲受人や，譲渡にかかる動産を差し押さえた債権者その他の利害関係人等は，指定法務局等の登記官に対して，動産譲渡登記ファイルに記録されている事項を証明した書面 (登記事項証明書) の交付を請求することができる (同法11条2項)。

## ② 即時取得 (善意取得)

**(1) 即時取得の意義**　**即時取得 (善意取得)** とは，動産を占有している無権利者を，真実の権利者であると誤信して，その者との間で，動産の取引をした者に，当該動産についての完全な権利を取得させる制度である (192条)。

　即時取得 (善意取得) の制度は，動産取引における**公信の原則**のあらわれであり，動産取引の安全を保護するための制度である。

**公信の原則**
　公信の原則とは，物権の存在の公示 (占有) を信頼して (善意・無過失)，取引関係に入った者は，たとえ，それが，真実の権利関係と一致していなくとも，法律上保護されるべきであるという考え方をいう (我妻・講義Ⅱ・38頁参照)。
　公信の原則においては，**善意・無過失**で一定の公示 (占有) を信頼した者に，真実の権利関係が存在していたのと同じ法律上の効力 (保護) が与えられる。この場合，公示された形式 (占有) に与えられる効力を，**公信力**という。

**(2) 即時取得の要件**　(a) 動産であること　即時取得 (善意取得) の制度は，動産取引の安全を保護するための制度であるから，目的物は，**動産**に限られる(192条)。不動産については，即時取得は成立しない。また，動産であっても，権利の公示方法・対抗要件として，登記・登録の制度があるものは，即時取得の対象とはならない。

　船舶 (商686条・687条)・建設機械 (建抵3条・7条) は，登記が公示方法であり対抗要件とされており，自動車 (道路車両4条・5条)・航空機 (航空3条・3条の2) は，登録が公示方法であり対抗要件とされており，これらは，即時取得の対象とはならない (登録済自動車について。最判昭62・4・24判時1243・24)。

　しかし，未登録の自動車や登録を抹消された自動車は，普通の動産として，

即時取得の対象となる（最判昭45・12・4民集24・13・1987）。また，工場財団を組成する工場備付動産であっても，即時取得の対象となる（最判昭36・9・15民集15・8・2172）。

(b) 前主（取引の相手方）が無権利であること　　目的物を占有している前主が，目的物に対する処分権限を有していないことが必要である。たとえば，前主が，目的動産の賃借人である場合，目的動産の受寄者である場合（大判昭7・12・22新聞3517・13）などである。

前主に目的動産を処分する代理権があると誤信しても，即時取得は成立しない。このような場合には，無権代理の問題となる。

(c) 有効な取引行為があること　　即時取得の制度は，動産取引の安全を図る制度であるから，占有の承継が，**有効な取引行為**によってなされることが必要となる。

取引行為の内容は，売買契約，贈与契約，代物弁済契約，質権設定契約などのように，所有権または質権の取得を目的とするものでなければならない。そして，取引行為自体が有効に成立していなければならない。取引行為が，制限行為能力，詐欺，強迫，錯誤，無権代理などにより取消しまたは無効とされる場合には，即時取得の対象とはならない。

(d) 前主の占有を承継したこと(引渡し)　　即時取得が成立するためには，外観上，従来の占有状態に変更を生ずるような形で占有を取得することが必要となる。したがって，引渡し方法は，現実の引渡し，簡易の引渡し，指図による引渡しのいずれかの方法であればよい（最判昭57・9・7民集36・8・1527）。

しかし，占有改定による引渡しは即時取得の対象とはならない（最判昭35・2・11民集14・2・168）。占有改定では，外観上，従来の占有状態に変更を生じないからである。

(e) 平穏・公然・善意・無過失　　**平穏**かつ**公然**に動産の占有をはじめた者が，**善意・無過失**であったときに，即時取得が成立する（192条）。

**平穏**とは，目的物に対する占有の取得・保持について，法律上許されないような乱暴な行為をしないことをさす(強暴の反対)。また，**公然**とは，目的物に対

する占有の取得・保持について，秘匿・隠蔽しないことをさす（隠秘の反対）。占有者については，186条によって，平穏・公然・善意が推定される。また，即時取得成否の判断においては，188条によって，無過失も推定される（最判昭41・6・9民集20・5・1011）。

　善意・無過失は，占有開始時において判断される。占有開始時に善意・無過失であれば，その後に，悪意となっても，上記判断には何ら影響しない。

　**(3)　即時取得の効果**　(a)　即時に，当該動産上の権利（所有権・質権）を取得（原始取得）する。

　　(イ)　取得される権利は，所有権または質権である（前出・最判昭45・12・4）。即時取得によって，賃借権や留置権を取得することはできない（前出・最判昭62・4・24）。

　　(ロ)　所有権の即時取得が認められる場合，何らの負担の付かない完全な所有権を取得（原始取得）する。したがって，目的物上に存在していた他物権は消滅する。そして，原権利者は反射的効果として，所有権を喪失する。

　　(ハ)　質権の即時取得が認められる場合，他人（原権利者）の物の上に質権を取得する。したがって，原権利者（真正な所有者）は，自己の所有物の上に，質権の負担を受け，質権設定者（物上保証人）の立場に置かれる。

　(b)　目的物が**盗品**または**遺失物**であるときは，被害者または遺失主は，盗難または遺失の時から**2年間**，占有者に対して目的物の回復を請求することができる（193条）。

　本条は，目的動産が盗品または遺失物の場合についてのみ適用され，目的動産が，詐欺・横領の目的物である場合には適用されない（大宣明41・10・8刑録14・827）。盗難の被害者または遺失主は，盗難または遺失の時から2年間は目的物の回復を請求することができるのであるから，現在の占有者は，2年の期間経過後に，はじめて目的物の権利を取得する（大判大10・7・8民録27・1373，大判昭4・12・11民集8・923）。

　原権利者（被害者または遺失主）は，原則として，占有者に対して無償で回復請求できるが，例外的に，代価の弁償が必要となる（194条）。これは，占有者に

対して，代価の弁償がないかぎり占有物の回復請求に応じないことのできる抗弁権を認めたにとどまり，代価弁償の請求権を与えたものではない（大判昭4・12・11民集8・923）。また，被害者からの盗品回復請求前に目的物が滅失したときは，被害者は，回復に代わる賠償をも請求することはできない（最判昭26・11・27民集5・13・775）。

## ③ 物権の消滅

(1) **目的物の滅失**　物権は，物に対する権利であるから，目的物の物理的滅失によって消滅する。

(2) **消滅時効**　所有権は，消滅時効の対象とはならないが，所有権以外の物権は，消滅時効によって消滅することがある（167条2項）。詳しくは，本書98頁参照。

(3) **放棄**　物権を有する者は，自己の有する物権を放棄することができる。放棄がなされると，物権は消滅する。ただし，放棄によって，第三者の権利を害することはできない（398条参照。大判大11・11・24民集1・738）。

(4) **混同**　物権の混同とは，同一の目的物に対する所有権と他の物権（制限物権）とが，同一人に帰属することをいう。

　同一の目的物に対する所有権と他の物権（制限物権）とが，同一人に帰属した場合には，原則として，その制限物権は消滅する（179条1項本文）。つまり，制限物権は，全面的支配権である所有権から，一定の権能を流出させたものであり，所有権と制限物権とが同一人に帰属したときは，制限物権は，所有権に吸収されて消滅することになる。このような場合，制限物権を存続させる価値はなく，存続の必要性は認められないからである。

　しかし，例外として，目的物または制限物権が，第三者の権利の目的であるときは，その制限物権は消滅しない（179条1項ただし書）。混同によって，第三者が，不当に有利な地位を獲得し，所有者の利益を害することを防止するため（混同によって，不公平な結果が生じないようにするため）である（目的物が，第三者の権利の目的であるとき）。または，混同消滅を認めてしまうと，その制限物権を基礎

として成立している第三者の権利は，すべて覆滅せられてしまい，第三者が，不当に不利益を受けることになるから（混同によって，第三者が不利益を受けることがないようにするため）である（制限物権が，第三者の権利の目的であるとき）。

　　◈　特定の土地につき所有権と賃借権とが同一人に帰属するに至った場合であっても，その賃借権が対抗要件を具備したものであり，かつ，その対抗要件を具備した後に，その土地に抵当権が設定されていたときは，民法179条１項ただし書の準用により，賃借権は消滅しないものと解すべきである（最判昭46・10・14民集25・7・933）。

## Ⅳ　所　有　権

### 1　総　　説

（1）　**所有権の意義**　　**所有権**とは，人が，ある特定の物を，**全面的に支配**することができる権利をいう。所有権は，目的物に対する現実的・物理的支配とは無関係に存在する観念的な権利である。

（2）　**所有権の性質**　　(a)　**全面性**　　物に対する支配は，使用・収益・処分のいずれかによってなされる。所有権は，目的物に対する**使用・収益・処分**のすべての支配権能を有する（206条）。このことから，所有権は**全面的支配権**であるといわれる。所有権以外の物権は，目的物に対する使用・収益・処分のうちの，いずれかの支配権能を有するのみである。

**使用**とは，目的物を物理的に使用することを意味する。**収益**とは，目的物から生ずる利益を得ること（果実の取得）を意味する。**処分**には，目的物に対する事実上の処分（目的物の物質的変形，毀損，破棄など）と法律上の処分（所有権の譲渡，担保権の設定など）とが含まれる。

　　(b)　**渾一性**　　所有権は，目的物についての各種の権能の単なる複合体ではなく，使用権能・収益権能・処分権能が渾然一体となっているものであり，あらゆる権能を流出させる源泉としての性質を有する。

所有権にもとづいて，用益物権や担保物権を設定することは，渾一性の具体化である。また，物権の混同が生じた場合に，制限物権が消滅するのは，所有

権の渾一性にもとづくものである（179条参照）。

(c) **弾力性** 制限物権（用益物権，担保物権）が成立しているときは，所有権の全面的支配権能が，その範囲で制限され，所有権は，使用権能・収益権能・処分権能の一部を欠くことになる。しかし，制限物権（用益物権，担保物権）が消滅すれば，これによって制限されていた支配権能が復元され，所有権は，本来の全面的支配権としての権能を回復することになる。

(d) **恒久性** 所有権は，目的物が存在するかぎり，永久に存続するものである（所有権絶対の原則）。所有権は，たとえ長期間にわたって，積極的にこれを行使しなくとも，消滅時効によって消滅することはない（167条2項参照）。

(3) **所有権の内容** 所有権は，法令（たとえば，土地収用法，建築基準法，農地法など）の制限内において，自由に目的物の使用・収益・処分をなすことができる権利である（206条）。

(4) **土地所有権のおよぶ範囲** 土地所有権は，地表だけでなく，法令の制限内において，地下および地上の空間にまで，その効力が及ぶ（207条）。ただし，特別な法令の制限がない場合でも，地下および地上の空間に無限に所有権の効力が及ぶのではなく，土地利用のために相当な範囲内において，土地所有権の効力が及ぶということである。

---

**大深度地下利用法**（大深度地下の公共的使用に関する特別措置法）

　この法律は，土地利用の高度化が進んでいる三大都市圏（首都圏，近畿圏，中部圏）において，土地所有者等による通常の利用が行われていない大深度地下の適正かつ合理的な利用を図ることを目的として，公共の利益となる事業のために大深度地下を使用できる特別の要件・手続きを定めている（大深度地下1条，大深度地下施行令3条・別表第一）。ここに，**大深度地下**とは，①地下室の建設のための利用が通常行われない深さ（地下40m以深）または②建築物の基礎の設置のための利用が通常行われない深さ（支持地盤上面から10m以深）のうちいずれか深いほうの深さの地下をいう（大深度地下2条1項，大深度地下施行令1条・2条3項）。

　事業者（道路事業者・河川事業者・鉄道事業者・電気事業者・ガス事業者・水道事業者など）は，国土交通大臣または都道府県知事から使用の認可を受けて，対象地域において，その事業者が施行する事業のために大深度地下を使用することができる（大深度地下4条・10条）。この場合，その大深度地下には，その土地の所有者・地上権者等が有する権利（所有権・地上権等）の行使が制限される（大深度地下25条）。

## ② 共　　有

(1) **共有の意義**　物の所有形態の原則は，単独所有であるが，例外的に，複数の人が，1個の物の上に，均質な支配権（実質的所有権）をおよぼす場合がある。1個の物を複数の人が所有する形態（共同所有形態）を共有という。

(2) **共有の成立**　共有関係は，当事者の意思にもとづいて生ずる場合（たとえば，1個の物の共同購入など）と，当事者の意思にもとづかないで生ずる場合（たとえば，1個の物の共同相続など）とがある。

(3) **持分権**　各共有者が，目的物に対して有する権利の割合を，**持分**という。そして，各共有者が，目的物に対して，持分にもとづいて有する権利（実質的には所有権）を**持分権**という。

　持分の割合は，法律の規定によって定まる場合（241条ただし書・244条・245条など）と，当事者間の合意によって定める場合とがある。持分の割合が決まらないときは，相等しいものと推定される（250条）。

　(a) **目的物の使用・収益**　持分権は，実質的には，独立の所有権であり，所有権としての全面的支配権能（使用・収益・処分権能）を有している。したがって，各共有者は，共有物の全部について，その持分に応じた使用をすることができる（249条）。また，各共有者は，共有物の全部について，その持分に応じた収益権能を有する。したがって，共有者の一部の者から共有物の占有使用を許された第三者に対して，他の共有者は，その共有物の明渡しを請求することはできない（最判昭63・5・20家裁月報40・9・57）。

　(b) **持分権の処分**　各共有者は，自己の持分権を，自由に処分（持分権の譲渡，持分権の上に抵当権を設定すること，など）することができる。自己の持分権を処分するに際して，他の共有者の承諾は不要である。

　(c) **持分権の主張**　各共有者は，自己の持分権を，単独で，他の共有者や第三者に主張することができる。たとえば，他の共有者・第三者に対する持分権の確認請求（最判昭40・5・20民集19・4・859），他の共有者・第三者に対する登記請求（最判昭31・5・10民集10・5・487，最判昭33・7・22民集12・12・1805，最判

昭38・2・22民集17・1・235)，他の共有者・第三者に対する持分権にもとづく物
権的請求権の行使（大判大7・4・19民録24・731，大判大8・9・27民録25・1664)，時
効中断事由としての請求（大判大8・5・31民録25・946)，などである。

　(d)　持分権の放棄・相続人なくして死亡　　共有者の一人が，持分権を放
棄したり，または，相続人なくして死亡したときは，その持分権は，他の共有
者に帰属する（255条)。ただし，共有者の一人が相続人なくして死亡した場合で
も，特別縁故者がいるときは，その持分権は，特別縁故者に対する財産分与（958
条の3）の対象となる（最判平1・11・24民集43・10・1220)。詳しくは，本書381頁参照。

　**(4)　共有物の管理・変更・処分**　　共有物の管理（保存・利用・改良)・変更
は，共有者全員の利益に関することであるので，本来であれば，共有者全員で
決定すべきものである。しかし，実際上の便宜を考慮して，次のそれぞれの場
合について，決定要件が規定されている。

　(a)　**保存行為**　　保存行為とは，共有物の価値の現状を維持する行為をさ
す。たとえば，家屋の修繕，未登記不動産の登記などである。保存行為につい
ては，各共有者が，**単独**ですることができる（252条ただし書)。

　共有目的物の不法占有者に対して，妨害排除・目的物返還を請求することは，
共有物の保存行為に該当し，各共有者が，単独で，これをすることができる。
しかし，各共有者は，単独で，共有物の所有権（共有権）自体にもとづいて訴
えを提起することはできない（大判大5・6・13民録22・1200，大判大6・12・28民録
23・2273)。訴えの提起は，保存行為には該当しない。

　(b)　**利用行為**　　利用行為とは，共有物を変更しない範囲で，共有物を利
用し，収益を図る行為をさす。たとえば，共有物の賃貸，共有物の利用方法の
決定などである。利用行為については，各共有者の**持分価格（割合）の過半数**
で決定することができる（252条本文)。

　(c)　**改良行為**　　改良行為とは，共有物の使用価値・交換価値を増加させ
る行為をさす。たとえば，家屋に造作を施すこと，宅地の地ならしなどである。
改良行為については，各共有者の**持分価格（割合）の過半数**で決定することが
できる（252条本文)。

(d) **変更行為**　　変更行為とは，共有物の性質もしくは形状またはその両者を変えることをさす。たとえば，農地を宅地にすること，物置を住宅にすることなどである。変更行為については，**共有者全員の合意が必要となる**(251条)。

(e) **処分行為**　　処分行為とは，共有物の所有権（共有権）の喪失を目的とする法律行為をさす。たとえば，共有物の売却，担保権の設定などである。処分行為については，**共有者全員の合意が必要となる**（共有物全体の処分は，他の共有者の持分権を処分することになるのであるから，全員の合意が必要となるのは当然である）。

【共有物に関する費用負担】　　各共有者は，その持分割合に応じて，共有物に関する費用を支払わなければならない(253条1項)。

【共有物に関する契約の解除】　　共有物に関する契約の解除が，共有物に関するいかなる行為に該当するのかは，その基礎となっている契約が，いかなる行為（管理，変更，処分）に該当するのかによって，判断されることになる。

共有物に関する賃貸借契約は，利用行為に該当するから，当該契約の解除もまた，利用行為に該当する（最判昭29・3・12民集8・3・696，最判昭39・2・25民集18・2・329）。したがって，共有物に関する賃貸借契約の解除は，各共有者の持分割合の過半数で決定することができる（252条本文）。そして，解除を決定した過半数の共有者のみで，有効に，解除の意思表示をすることができる。この場合には，解除権の不可分性を定めた規定（544条1項）

---

**必要的共同訴訟**

共同訴訟とは，民事訴訟において，原告または被告が複数いる場合をいう（民訴38条・39条参照）。共同訴訟において，その訴訟の目的が，複数の原告または被告の全員（共同訴訟人の全員）について，合一にのみ確定しなければならないものを，**必要的共同訴訟**という（民訴40条参照）。そして，つねに，複数の者が原告または被告となることが必要とされている訴訟を，**固有必要的共同訴訟**という。

---

**既判力**

判決が確定した場合の効果として，後日，別の訴訟において，同一の当事者間で同一の事項が問題となったときでも，その当事者は，前に確定した判決で示された判断に反する主張をすることは許されず，また，裁判所も，前に確定した判決と抵触する判決をすることができなくなる。このような判決の拘束力（実体的確定力）を，**既判力**という（民訴114条・115条参照）。

の適用はない。つまり，解除を決定した過半数の共有者が，解除権を行使する権限を取得するのであり，これを認めなければ，持分割合の過半数で決定することができるとした意味がなくなるからである。

これに対して，共有物に関する売買契約は，共有物の処分行為に該当するから，当該契約の解除もまた，共有物の処分行為に該当する。したがって，共有物に関する売買契約を解除するためには，共有者全員の合意が必要となる。

【共有物に対する所有権（共有権）の主張と訴えの提起】　共有物について，所有権（共有権）の確認を求めて，第三者に対して訴えを提起することは，共有物に関する処分行為に該当する（前出・大判大5・6・13，前出・大判大6・12・28）。したがって，この場合には，固有必要的共同訴訟（民訴40条参照）として，共有者全員が原告になる必要がある（最判昭46・10・7民集25・7・885）。なぜならば，一部の共有者だけで訴えを提起した場合でも，他の共有者に対して，判決の既判力が及ぶことになるのであり（民訴115条参照），かりに，敗訴した場合には，所有権（共有権）が消滅し，他の共有者が不利益を受けることになるからである。

(5)　**共有物に関する債権**　共有者の一人が，共有物につき，他の共有者に対して有する債権は，その特定承継人に対しても，これを行使することができる（254条）。他の共有者に対して有する債権とは，たとえば，共有物の管理費用の立て替え債権，分割禁止特約にもとづく不分割請求債権，共有物の使用方法を定めた契約にもとづく債権などである。このような債権を有する共有者を保護するために，他の共有者の特定承継人に対しても，当該債権を行使することが認められている。

(6)　**共有物の分割**　(a)　分割の自由　各共有者は，原則として，いつでも，他の共有者に対して，共有物の分割を請求することができる（256条1項本文）。原則的な所有形態は，単独所有であるから，各共有者には分割の自由が認められ，いつでも，単独所有にすることができる。

分割請求を受けた他の共有者は，共有物の分割を拒絶することはできない。各共有者の有する共有物分割請求権は形成権であり，分割請求権が行使された

ときは，共有者全員は，分割のための協議をしなければならない。

(b) **分割禁止特約**　共有者間の特約によって，一定期間内は共有物の分割をしない旨を定めておくことができる。共有物の分割禁止は，5年以内の期間に限って定めることができる（256条1項ただし書）。分割禁止特約は，更新することができるが，更新の時から5年を超える期間を定めることはできない（256条2項）。

(c) **分割の方法**　(イ) **協議分割**　共有物の分割は，原則として，共有者間の協議によってする（258条1項参照）。一部の共有者から分割請求がなされた場合には，他の共有者は，分割の協議に応じなければならない。分割の協議は，共有者全員でしなければならない（大判大12・12・17民集2・684，大判大13・11・20民集3・516）。

具体的な分割方法としては，**現物分割**（共有物を物理的に分割し，各自の単独所有とする），**代金分割**（共有物を売却し，その代金を分配する），**価格賠償**（共有者の一人が共有物の所有権を取得して単独所有とし，他の共有者に，その持分割合に相当する価額を支払う）などの方法がある。

共有者が多数である場合において，分割請求者の持分の限度で現物を分割し，その余は分割請求者の共有として残す方法も許される（最大判昭62・4・22民集41・3・408，最判平4・1・24判時1424・54）。また，現物分割において，持分の価格に応じた分割をしたとしても，共有者の取得する現物の価格に過不足を生じた場合には，持分の価格以上の現物を取得する共有者に超過分の対価を支払わせ，過不足の調整をすることも許される（前出・最大判昭62・4・22）。

　　　分割の対象となる共有物が多数の不動産である場合には，これらの不動産が外形上一団とみられるときはもとより，数カ所に分かれて存在するときでも，これらの不動産を一括して分割の対象とし，分割後のそれぞれの部分を各共有者の単独所有とすることも，現物分割の方法として許される。この場合，持分価格以上の現物を取得する共有者に超過分の対価を支払わせ，過不足の調整をすることが許される（最大判昭62・4・22民集41・3・408）。

(ロ) **裁判分割**　共有者の協議が調わないときは，共有物の分割を裁判所に請求することができる（258条1項）。共有者の協議が調わないときというの

は，協議をしたが分割方法が一致しないときと，共有者の一部に共有物分割の協議に応じる意思がないため共有者全員において協議することができないときが含まれる（最判昭46・6・18民集25・4・550）。裁判所は，現物分割ができないとき，または，現物分割によると著しくその価格を損なうおそれがあるときは，共有物の競売を命ずることができる（258条2項）。共有物が競売によって売却されたときは，その売却代金を各共有者に分配することになる。

　　※　258条2項の規定は，すべての場合に，その分割方法を現物分割または競売による分割のみに限定し，他の分割方法を一切否定した趣旨のものとは解されない。共有物分割の申立てを受けた裁判所としては，現物分割をするにあたって，持分の価格以上の現物を取得する共有者に当該超過分の対価を支払わせ，過不足の調整をすることができるのみならず，共有物を共有者のうちの一人の単独所有または数人の共有とし，これらの者から他の共有者に対して，持分の価格を賠償させる方法，すなわち全面的価格賠償の方法による分割をすることも許される（最判平8・10・31民集50・9・2563）。

# V　地　上　権

## 1　地上権の意義

　地上権とは，他人の土地において，**工作物または竹木を所有**するために，その土地を使用することのできる権利をいう（265条）。

　地上権の目的は，工作物または竹木の所有に限られる。**工作物**とは，地上，空中，地下に建設されるすべての施設，建造物をさす。たとえば，建物，道路，橋梁，モノレール，高架線，トンネル，地下鉄，地下街などである。また，**竹木**とは，植林の目的であるすべての植物をさす（農業耕作の目的である，稲，麦，桑，野菜，茶などを除く。これらは，永小作権の対象となる）。

　なお，建物所有を目的とする地上権は，**借地権**といわれる（借地借家2条1号）。建物所有を目的とする地上権については，借地借家法が適用される。

## ② 地上権の成立

(1) **地上権設定契約**　地上権は，土地全体の使用・収益を目的として，土地所有者と土地利用者との間の設定契約によって成立する。地上権設定契約は諾成契約であり，当事者間の合意のみによって成立する。地上権設定契約が成立した時に，地上権が成立する（176条）。

(2) **地上権の時効取得**　地上権は，所有権以外の財産権として，取得時効の対象となる（163条）。したがって，取得時効によって，地上権を取得することもできる。

(3) **法定地上権**　土地と建物とが同一の所有者に属する場合において，土地または建物に設定された抵当権が実行され，その結果，土地と建物の所有者が異なるに至ったときは，建物所有者のために，法律上，当然に，地上権が成立する（388条）。

## ③ 地上権の効力

(1) **土地の使用・収益権**　地上権は，その目的となる土地に対する使用権能および収益権能を有する（大判明37・11・2民録10・1389）。したがって，地上権者は，土地所有者（地主）の承諾なくして，自由に，目的たる土地を第三者に賃貸することができる。また，土地の使用・収益を妨害する者に対しては，地上権者は，地上権にもとづく物権的請求権を行使することができる。

(2) **地上権の処分権**　地上権者は，土地所有者（地主）の承諾なくして，自由に，地上権を第三者に譲渡したり，これに第三者のための抵当権を設定することができる（大判明37・6・24民録10・880）。

(3) **対抗要件**　地上権は，不動産に関する物権であるから，登記が対抗要件となる（177条）。ただし，建物所有を目的とする地上権（借地権）の場合には，借地上建物の所有権の登記も対抗要件となる（借地借家10条1項）。

(4) **地代支払義務**　地上権者は，地上権設定契約において，地代支払いの特約がある場合にのみ，地代支払義務を負う（266条1項参照）。地代は，地上権の

要素ではなく，当事者間の契約によって，無償の地上権も，有償の地上権も成立させることができる。地代支払いの特約がなければ，無償の地上権を設定したものと推定される（大判大6・9・19民録23・1352）。

(5) **存続期間**　地上権の存続期間は，原則として，当事者間の設定契約において自由に定めることができ，最長・最短の制限はない。永久の地上権の設定も（大判明36・11・16民録9・1244），短期間の地上権の設定も有効である（大判明34・4・17民録7・4・45）。

当事者が，設定契約において存続期間を定めなかった場合には，その後において，当事者間の協議で存続期間を定めることができるが，当事者間の協議がないときは，慣習によって存続期間が定まる（268条1項本文参照）。慣習がないときは，期間の定めのない地上権となり，当事者は，裁判所に対して，存続期間

**地上権と土地賃借権の異同**

|  | 地 上 権 | 土 地 賃 借 権 |
|---|---|---|
| 権利の性質 | 物　　権 | 債　　権 |
| 第三者への対抗力 | 対抗力あり（対抗要件は登記。177条） | 原則として，対抗力なし。例外的に，対抗力あり（対抗要件は登記。605条） |
| 土地の利用目的 | 工作物または竹木所有に限られる | 利用目的の制限なし |
| 権利の譲渡 | 自由に譲渡できる（地主の承諾は不要） | 貸主の承諾なしに譲渡することはできない（無断譲渡の禁止。612条） |
| 目的物の転貸 | 自由に転貸できる（地主の承諾は不要） | 貸主の承諾なしに転貸することはできない（無断転貸の禁止。612条） |
| 土地使用料の支払い | 原則としては，地代の支払いは不要（無償）。当事者間の特約によって，地代支払義務が発生する | 必ず，賃料を支払わなければならない（601条） |
| 存続期間 | 最長・最短の制限なし | 最長20年（604条） |
| 建物所有を目的とする場合 | いずれの権利についても，借地権として，借地借家法が適用される（借地借家1条，2条1号）。①存続期間は，最短30年となる（借地借家3条）。②借地上に建てた建物の登記が対抗要件となる（借地借家10条1項）。 | |

を定めることを請求することができる。この場合，裁判所は，地上権の設定時から20年以上50年以下の範囲内で，工作物または竹木の種類・状況・その他地上権設定当時の事情を考慮して，存続期間を定めることになる（268条2項）。

## 4 区分地上権（地下権・空中権）

地下または空間において，工作物を所有するために，上下の範囲を定めて地上権を設定することもできる（269条の2第1項前段）。地下・空中の地上権，区分地上権，地下権・空中権などといわれる。たとえば，他人の土地の下に，地下鉄，地下商店街，地下駐車場などを作る場合や，他人の土地の上に，モノレール，空中廊下，高速道路などを設ける場合に利用される。

区分地上権（地下権・空中権）の設定にあたっては，区分地上権の対象となる範囲外の土地の使用（地表の使用など）が，区分地上権者の地下または空間の利用を妨げることを防止するため，設定契約において，土地の使用に制限を加えることができる（269条の2第1項後段）。たとえば，「土地所有者は地表に重さ10t以上の工作物を設置してはならない」などである。このような使用制限は，区分地上権を登記する際に，空間の上下の範囲とともに登記しなければならない（不登78条5号）。登記があれば，当該土地について権利を取得する第三者に対して，その使用制限を対抗することができる。

区分地上権（地下権・空中権）の設定に際して，目的たる土地に対して，すでに第三者の用益権（地上権，地役権，賃借権など）が存在する場合には，土地所有者は，それらの用益権者すべての承諾を得なければ，区分地上権を設定することはできない（269条の2第2項前段）。

---

**空中権**

空中権という用語は，その内容によって，次の2つのうちのいずれかの意味で使われている。

(a) 民法上の物権として，工作物の所有のために，他人の土地上の空間を水平面で区分した一定範囲の空間（地上〇m～〇mまでの間）を自由に使用・収益できる地上権（区分地上権。269条の2第1項本文。高架鉄道・モノレール・空中廊下等の設置の場合に使われる権利），または，他人の土地上の一定範囲の空間を日照・眺望・景観等のために利用したり（土地所有者は地上〇m以上の空間に建造物を設置してはならないとするなど），他人の土地上の空

間に送電線・ケーブル等を通したりする場合に設定される地役権（280条）をいう。区分地上権は，他人の土地上の空間の水平面全体に対して設定しなければならないが，地役権は，他人の土地上の空間の水平面の一部に対してのみ設定することもできる。

　(b)　特例容積率適用地区（都市計画法8条1項2号の3・9条15項）において，容積率の上限までの使用がされていない土地の未使用分の容積率を，特定行政庁の審査・指定を受けて，同地区内の他の建物の敷地の容積率に上乗せして（容積率の譲渡）使用できる権利（余剰容積利用権・未使用容積率支配権）をさして（建築基準法57条の2参照），一般に，空中権といわれている。特例容積率適用地区の適用例として，「大手町・丸の内・有楽町地区特例容積率適用区域」があり，ＪＲ東日本は，東京駅丸の内駅舎（赤レンガ駅舎）の残余容積率を周辺の複数のビルに移転した（空中権を売却した）。一般に，空中権取引・空中権売買・空中権ビジネス等といわれるときは，(b)の意味で空中権という用語が使われている。法律上の明確な定義規定は置かれていない。

　上記(a)の意味で使われる空中権は，他人の土地上の一定範囲の空間を直接に使用・収益することができる権利であって，民法上の用益物権の一種である。他人の土地上の一定範囲の空間が権利の客体となる。しかし，上記(b)の意味で使われる空中権は，他人の土地上の一定範囲の空間を直接に使用・収益すること（空間の支配）を目的としているものではなく，民法上の用益物権ではない。この場合の空中権は，余剰容積率を支配している権利である。同じ空中権という用語であっても，両者は，全く異なる権利である。民法上の空中権と行政法上の空中権とを区別する必要がある。

# 第4章 担保物権法の概要

## I 担保物権とは何か

### 1 担保物権の意義

債権者が，自己の債権の満足（弁済）を受けるためには，債務者の債務の履行が必要となる。しかし，債務者がその債務を履行しない場合には，債権者は，自己の債権の満足を受けることができない。このような場合，債権者は自己の債権を実現するためには（債権の満足を受けるためには），債務の履行を強制するための法的手続（強制執行手続）を採らなければならず不便である。そこで，債権者は，債務の不履行の場合を想定して，あらかじめ，自己の債権の実現を確保する手段（債務の履行を確保する手段）を講じておくことが必要となる。このように，あらかじめ，自己の債権の実現を確保しておく手段（債務の履行を確保しておく手段）を，**担保**という。

担保には，物的担保と人的担保とがある。特定の財産（物または権利）をもって担保（債務の引き当て）とすることを，**物的担保**という。債権担保のために，特定の財産（物または権利）を支配することを目的とする物権を，**担保物権**という。これに対して，特定の人の信用（その人の一般財産）をもって担保（債務の引き当て）とすることを，**人的担保**という。保証債務（446条以下），連帯債務（432条以下）などがその例である。

第4章　担保物権法の概要　*149*

## ② 民法典上の担保物権の種類

**(1) 法定担保物権**　　法律上の一定の要件を備えることによって，当然に成立する担保物権を，**法定担保物権**という。民法典上の法定担保物権として，留置権と先取特権がある。

　(a) **留置権**（295条）　　他人の物の占有者が，その物に関して生じた債権の弁済を受けるまで，その物を留置することのできる権利を，留置権という。

　(b) **先取特権**（303条）　　法律の認める特殊の債権を有する者が，債務者の総財産または特定の動産・不動産から，一般債権者に優先して，弁済を受けることのできる権利を，先取特権という。

**(2) 約定担保物権**　　当事者間（債権者と債務者または第三者間）の契約（担保権設定契約）にもとづいて成立する担保物権を，**約定担保物権**という。民法典上の約定担保物権として，質権と抵当権とがある。

　(a) **質権**（342条）　　債権者が，その債権の担保として，債務者または第三者（物上保証人）から受け取った物を，債務の弁済を受けるまで留置することができ，弁済のない場合には，その物から優先弁済を受けることができる権利を，質権という。

　(b) **抵当権**（369条）　　債権者が，その債権の担保として，債務者または第三者（物上保証人）から提供された不動産等を，担保提供者の使用・収益にまかせておきながら，債務の弁済のない場合には，その物から優先弁済を受けることができる権利を，抵当権という。

## ③ 担保物権の一般的効力

**(1) 優先弁済的効力**　　債務者が，任意に，その債務の履行をしない場合には，債権者（担保物権者）は，担保物権の目的物を換価処分（競売による売却）して，その売却代金の中から，他の債権者に先立って，自己の債権額に相当する金額を受領することができる。目的物の換価処分は，原則として，民事執行法にもとづく競売手続によってなされる。

民法典上の担保物権のうち，先取特権，質権，抵当権には，優先弁済的効力が認められているが，留置権には，優先弁済的効力は認められていない。

(2) **留置的効力**　債務者が，債務を完済するまでは，債権者（担保物権者）は，担保物権の目的物を留置することができる。目的物を留置することによって，債権者は，債務者に対して，間接的に，債務の履行を強制することができる。

民法典上の担保物権のうち，留置権と質権について，留置的効力が認められている。これらの担保物権には，目的物を占有する権限が含まれているからである。

## 4 担保物権の性質

(1) **附従性**　担保物権は，債権（被担保債権）の存在を前提としており，債権（被担保債権）と運命を共にするという性質を有する。したがって，債権（被担保債権）が存在しなければ，担保物権は成立しない（成立に関する附従性）。また，債権（被担保債権）が存在する限り，担保物権も存在するのであり（存続に関する附従性），債権（被担保債権）が消滅すれば，当然に，担保物権も消滅する（消滅に関する附従性）。つまり，債権のないところに担保は存在しないのである（債権なければ担保なし）。

(2) **随伴性**　債権（被担保債権）が第三者に移転すると，担保物権もそれに伴って，第三者に移転する。

(3) **不可分性**　債権者（担保物権者）は，債権（被担保債権）全額の弁済を受けるまでは，目的物の全部について，担保物権を行使することができる（296条→305条・350条・372条）。債権（被担保債権）の一部の弁済がなされたとしても，目的物の一部が，担保物権の負担から解放されるわけではない。

> ◈　民法296条は，留置権者は債権の全額の弁済を受けるまで留置物の全部につきその権利を行使しうる旨を規定しているが，留置権者が留置物の一部の占有を喪失した場合にもなお当該規定の適用があるのであって，この場合，留置権者は，占有喪失部分につき留置権を失うのは格別として，その債権の全部の弁済を受けるまで留置物の残部につき留置権を行使し得るものと解するのが相当である（最判平3・7・16民集45・6・1101）。

**(4) 物上代位性**　　債権者（担保物権者）は，目的物の売却，賃貸，滅失または損傷によって，債務者が受けるべき金銭その他の物に対しても，権利を行使することができる（304条→350条・372条）。

民法典上の担保物権のうち，先取特権，質権，抵当権には，物上代位性が認められているが，留置権には，物上代位性は認められていない。

## Ⅱ　留　置　権

### ① 留置権の意義

他人の物の占有者が，その物に関して生じた債権の弁済を受けるまで，その物を留置することのできる権利を，**留置権**という(295条)。留置権者(債権者)は，目的物を留置することによって，間接的に，債務者の弁済を強制し，債権を担保することができる。留置権は，次の要件を備えることによって，法律上，当然に成立する担保物権であり，公平の原則から認められる法定担保物権である。

### ② 留置権の成立要件

**(1) 他人の物を占有していること**（295条1項）　　他人の物とは，占有者以外の者に属する物を指し，債務者の所有に属する物であるか否かを問わない。また，動産でも不動産でもよい。

**(2) 債権と物との牽連性があること**（295条1項）　　他人の物の占有者が，その物に関して生じた債権を有するときに，留置権が成立する。その物に関して生じた債権とは，債権と物とに牽連性があることを意味する。次の場合に，債権と物との牽連性があると判断される。

（a）　物自体に費用を掛けたことによって債権が発生した場合　　たとえば，他人の物の占有者や賃借人が，占有物に費した必要費・有益費の償還請求権（196条・608条）を有する場合などである（大判昭10・5・13民集14・876，大判昭14・4・28民集18・484）。

（b）　物の引渡義務・返還義務と同一の法律関係・生活関係から債権が発生

した場合　　(イ)　同一の法律関係　　たとえば，売買契約上の目的物引渡義務と代金債権，物の修理委託契約（請負契約）上の目的物返還義務と修理代金債権などは，物の引渡義務・返還義務と同一の法律関係から債権が発生していることになる。

　　　　(ロ)　同一の生活関係　　たとえば，傘等を取り違えて持ち帰った者相互間の，目的物返還請求権（不当利得返還請求権＝債権）と目的物返還義務（不当利得返還義務＝債務）は，物の引渡義務・返還義務と同一の生活関係から債権が発生していることになる。

**(3)　適法行為によって占有が開始されたこと**（295条2項）　　他人の物の占有は，適法行為によって開始されたものでなければならない。他人の物の占有が，不法行為（不法占有）によって開始された場合には，留置権は成立しない。公平の原則からの当然の制限である。

　また，適法行為による占有開始後に占有権原が消滅した場合，そのことについて，占有者が，悪意または善意・有過失のときは，不法占有となり（709条），法的保護に値しない。このときは，295条2項の類推適用により，留置権の成立は認められない（最判昭51・6・17民集30・6・616）。なぜならば，295条2項の趣旨は，不法行為者に対しては，留置権による保護を与えないことにあるからである。たとえば，建物賃借人が，賃貸借契約終了後に，建物に必要費を支出した場合などである。

**(4)　債権の弁済期が到来していること**（295条1項ただし書）　　留置権が成立するためには，被担保債権の弁済期が到来していることが必要である。弁済期到来前の債権について，留置権の成立を認めてしまうと，債務者に対して，弁済期前に，債務の履行を間接的に強制することになってしまい，不当な結果となるからである（公平の原則に反する）。

　なお，法律上，当然に成立する債権・債務は，期限の定めのないものであり，原則として，債権・債務の成立と同時に，弁済期が到来したことになる。しかし，一定の場合に，裁判所は，債務者に対して，債務の履行についての期限を許与することができる（196条2項ただし書・299条2項ただし書・608条2項ただし書，

借地借家13条2項など）。裁判所が，期限許与を認めたときは，被担保債権の弁済
期は未到来となる。

## 【建物買取請求権の行使と敷地に対する留置権の成否】

> **設例①**
>
> 　Aは，自己所有の土地を，建物所有を目的としてBに賃貸した。Bは，当該土地上に建物を建てて居住している。その後，A・B間の土地賃貸借契約が期間の満了により適法に終了した。そこで，Bは，Aに対して，当該建物の買取を請求した。
>
> 　この場合，Bは，**建物買取代金債権を被担保債権として**，当該土地について留置権を主張できるか。

　借地権の存続期間が満了した場合において，契約の更新がないときは，借地権者(B)は，借地権設定者（土地所有者A）に対して，建物その他借地権者が権原により土地に付属させた物を時価で買い取るべきことを請求することができる（借地借家13条1項）。**建物買取請求権**は，**形成権**であり，借地権者からの一方的意思表示により，その建物等の売買契約が成立したのと同様の効果を生ずる。したがって，建物買取請求権が行使された時に，その建物等の所有権は，借地権設定者（土地所有者A）に移転し，その後，借地権者(B)は，他人の物を占有していることになる。この場合，借地権者(B)は，借地権設定者（土地所有者A）に対して，建物買取代金債権を取得し，建物引渡義務・登記移転義務を負う。

　建物買取代金債権は，建物に関して生じた債権であり（建物引渡義務と同一の法律関係から債権が発生），適法行為によって占有が開始されており，建物買取代金債権の弁済期も到来している。したがって，建物については，留置権が成立する（295条）。そして，敷地なくして建物は存在しえないので，建物について留置権が認められることの結果（反射的効果）として，敷地についても，留置権が認められる（大判昭14・8・24民集18・877，大判昭18・2・18民集22・91）。

## 【造作買取請求権の行使と建物に対する留置権の成否】

> ### 設例②
>
> 　Aは，自己所有の建物をBに賃貸し，Bは，当該建物の引渡しを受けて，これに居住している。Bは，Aの承諾を得て，当該建物に造作を付加していた。その後，A・B間の建物賃貸借契約が期間の満了により適法に終了した。そこで，Bは，Aに対して，当該造作の買取を請求した。
>
> 　この場合，Bは，**造作買取代金債権を被担保債権**として，当該建物について留置権を主張できるか。

　建物の賃貸人(A)の同意を得て建物に付加した畳，建具その他の造作がある場合には，建物の賃借人(B)は，建物の賃貸借が期間の満了または解約の申入れによって終了するときに，建物の賃貸人(A)に対して，その造作を時価で買い取るべきことを請求することができる（借地借家33条1項）。**造作買取請求権は，形成権**であり，建物の賃借人(B)からの一方的意思表示により，その造作の売買契約が成立したのと同様の効果を生ずる。したがって，造作買取請求権が行使された時に，その造作の所有権は，建物の賃貸人(A)に移転し，その後，建物の賃借人(B)は，他人の物を占有していることになる。この場合，建物の賃借人(B)は，建物の賃貸人(A)に対して，造作買取代金債権を取得し，造作引渡義務を負う。

　造作買取代金債権は，造作に関して生じた債権であり（造作引渡義務と同一の法律関係から債権が発生），適法行為によって占有が開始されており，造作買取代金債権の弁済期も到来している。したがって，造作については，留置権が成立する（295条）。しかし，造作買取代金債権は，造作自体に関して生じた債権であるにとどまり，建物に関して生じた債権ではないので（債権と物との牽連性なし），建物についての留置権は成立しない（最判昭29・1・14民集8・1・16）。

## 【二重譲渡の処理と目的物に対する留置権の成否】

> ### 設例③
>
> 　Aは，自己所有の土地をBに売却する旨の契約を締結し，当該土地をBに引き渡した。しかし，登記名義はA名義のままであった。その後，Aは，当該土地をCに売却する旨の契約を締結し，AからCへの所有権移転登記をなした。そこで，Cは，所有権にもとづい

て，Bに対して，当該土地の引渡しを請求した。

　この場合，Bは，Aに対する**損害賠償債権を被担保債権**として，当該土地に対する留置権を主張して，当該土地の引渡しを拒絶できるか。

　B・C間は対抗関係に立ち，先に登記を備えた者が優先する（177条）。したがって，Cが当該土地の所有権を確定的に取得し，Bは，はじめから当該土地の所有権を取得しなかったことになる。この場合，Cは，Bに対して，当該土地の引渡請求権（所有権にもとづく物権的請求権）を有し，Bは，Cに対して，当該土地の引渡義務を負う。他方，Aは，A・B間の売買契約にもとづいて，Bに対して，所有権移転登記をなすべき義務を負担していたが，AからCへの所有権移転登記がなされた時点で，AからBへの所有権移転登記の履行が不能となった。この場合，Bは，債務不履行（履行不能）を理由として，Aに対して，損害賠償債権を取得したことになる（415条）。

　Bは，他人の土地を占有しており，その占有は適法行為によって開始されている。そして，BのAに対する損害賠償債権は，AからCへの所有権移転登記がなされた時に発生し，発生と同時に弁済期が到来していることになる。しかし，Bの有する債権は，債務不履行（履行不能）にもとづいて発生した債権（損害賠償請求権）であり，また，目的物の引渡義務は，新所有者Cからの所有権にもとづく物権的請求権の行使によって生じた義務であり，両者は，同一の法律関係から発生しているわけではない（債権と物との牽連性なし）。したがって，当該土地についての留置権は成立しない（最判昭43・11・21民集22・12・2765）。Bは，Cに対して，留置権を主張して，当該土地の引渡しを拒絶することはできない。

## 【他人の物の売買と留置権の成否】

### 設例④

　Aは，Bとの間で，甲土地を売却する旨の契約を締結し，AからBへ甲土地の引渡しがなされた。しかし，甲土地の所有権は，Aにはなく，Cが甲土地の所有者であった。そこで，Cは，Bに対して，所有権にもとづいて，甲土地の引渡しを請求した。

　この場合，Bは，Aに対する**損害賠償債権を被担保債権**として，甲土地に対する留置権を主張して，Cからの甲土地の引渡し請求を拒絶できるか。

Bの有する債権は，売主の担保責任（561条）または債務不履行責任（415条）にもとづいて発生した債権（損害賠償請求権）であり，他方，Bの負担する甲土地の引渡義務は，Cからの所有権にもとづく物権的請求権の行使によって生じた義務であり，両者は，同一の法律関係から発生しているわけではない。また，物自体から債権が発生しているわけでもない。この場合，債権と物との牽連性は認められず，甲土地については，留置権は成立しない（前出・最判昭51・6・17）。したがって，Bは，Aに対する損害賠償債権を被担保債権として，甲土地に対する留置権を主張することはできず，Cからの甲土地の引渡し請求を拒絶することはできない。

### ③ 留置権の効力

**(1) 留置的効力** 留置権者は，目的物の占有を継続することができる。留置的効力は，留置権の中心的効力である。

**(a) 保管義務** 留置権者は，目的物の保管に際しては，善良なる管理者の注意をもって，目的物を占有しなければならない（善管注意義務。298条1項）。つまり，留置権者は，目的物の保管義務および保管に際しての**善管注意義務**を負う。

**(b) 留置物の無断使用・賃貸・担保供与の禁止** 留置権者は，債務者の承諾なくして，留置物の使用・賃貸をなしたり，留置物を第三者への担保に提供することはできない（298条2項本文）。留置権者は，留置物の無断使用・賃貸・担保供与をしてはならない義務を負う。ここに，債務者の承諾というのは，目的物の所有者の承諾という意味である（最判昭40・7・15民集19・5・1275。我妻・講義Ⅲ・45頁）。

ただし，留置物の保存のために必要な使用であれば，債務者の承諾なくして，留置物を使用することが許される（298条2項ただし書）。たとえば，建物賃借人が，

---

**善管注意義務**

「善良なる管理者の注意」とは，社会通念上，一定の地位または職業にある者に対して，一般的に要求される程度の注意を意味する。善管注意義務とは，自己の財産におけると同一の注意義務（659条参照）に対する概念であり，善管注意義務においては，自己の物を保管する際に尽くすべき注意よりも，より高度な注意を尽くすべきことが要求される。

第4章　担保物権法の概要　*157*

留置権にもとづいて，賃借建物を留置している場合には，従前どおり，当該建物に居住することが認められる。建物への居住は，目的物の保存のために必要な使用として許されるのであり，不法占有には該当しない（前出・大判昭10・5・13）。なぜならば，建物を空き家にして留置するよりも建物の価値を維持できるのであり，建物を留置するための適切な方法といえるからである。ただし，居住により得た利益（賃料の支払いを免れた利得）は不当利得となる。

(c)　対抗力　　留置権は物権であり，絶対的効力を有している。留置権者は，誰に対しても，留置権を主張（対抗）することができる（最判昭47・11・16民集26・9・1619参照）。不動産に対する留置権は，登記（対抗要件）なくして，第三者に対抗することができる。留置権は，占有を成立要件(295条)・存続要件(302条)としており，登記によって公示することにはなじまないものである。そもそも，不動産留置権を登記することはできない（不登3条参照）。

　※　留置権が成立した後に債務者から留置目的物を譲り受けた者に対しても，債権者がその留置権を主張しうることは，留置権が物権であることに照らして明らかである（最判昭47・11・16民集26・9・1619）。

(d)　判決　　目的物の引渡請求訴訟において，債権者（留置権者）が，留置権の抗弁を提出した場合に，裁判所が，留置権の抗弁を認めたときは，**引換給付判決**がなされる（最判昭33・3・13民集12・3・524，最判昭33・6・6民集12・9・1384）。留置物の引渡請求権者（原告）と，債務者とが異なる場合には，債務者からの債務の弁済と引換えに目的物の引渡しを命ずる旨の引換給付判決がなされる（最判昭47・11・16民集26・9・1619，最判平3・7・16民集45・6・1101）。

## 引換給付判決

　一定の給付を求める訴訟（物の引渡請求訴訟，金銭の支払請求訴訟など）において，被告の抗弁（留置権の抗弁，同時履行の抗弁など）が理由のあるときは，裁判所は，原告の請求を棄却するのではなく，原告または第三者からの債務の履行と引換えに，被告に対して給付（物の引渡し，金銭の支払いなど）を命ずる（最判昭47・11・16民集26・9・1619参照）。このような判決を，**引換給付判決**という。たとえば，留置権の抗弁が理由のあるときは，「被告は，○○から金○○円の支払いを受けるのと引換えに○○の建物を明け渡せ」という判決がなされる。

なお，債権者（留置権者）が，留置権を行使する意思を表明（留置権の抗弁を提出）しない限り，裁判所は，留置権を考慮することはできない（最判昭27・11・27民集6・10・1062）。

**(2) 果実収取権**　留置権者は，留置物より生ずる果実（天然果実・法定果実）を収取し，他の債権者に先立って，自己の債権の弁済に充当することができる（297条1項）。留置物より生ずる果実については，留置権者に優先弁済権が認められている。ただし，留置物より生ずる果実は，まず，自己の債権の利息に充当し，余剰があるときは，元本に充当しなければならない（297条2項）。

**(3) 費用償還請求権**　留置権を行使している間に，留置権者が，留置物に対して，費用（必要費，有益費）を支出していたときは，留置権者は，目的物の所有者に対して，費用償還請求権（債権）を取得する（299条1項・2項）。

この場合，費用償還請求権を被担保債権として，留置物について，新たな留置権が発生することになる（295条。最判昭33・1・17民集12・1・55）。

**(4) 競売権**　留置権者は，留置目的物について，競売権を有する（民執195条）。ただし，競売代金については，優先弁済権は認められていない。

## ④　留置権の消滅

**(1) 固有の消滅原因**　(a) 占有喪失　留置権は，目的物の占有（留置）を，その中心的効力としているのであるから，占有の喪失によって，留置権は消滅する（302条本文）。

(b) 消滅請求　留置権者が，留置物の保管に際して善管注意義務を尽くさなかったとき，または，留置物を無断で使用・賃貸・担保供与したときは，債務者（所有者）は，留置権の消滅を請求することができる（298条3項）。留置権の消滅請求権は，形成権であり，債務者（所有者）からの一方的意思表示によって，留置権は消滅する。ここに，債務者というのは，目的物の所有者という意味であるから（最判昭38・5・31民集17・4・570，前出・最判昭40・7・15。我妻・講義Ⅲ・45頁），留置物の所有者と債務者とが異なる場合には，所有者が消滅請求権を有する。

第 4 章　担保物権法の概要　　*159*

    &#x273a;　留置物の所有権が譲渡により第三者に移転した場合において，新所有者が対抗要件を具備するよりも前に，留置権者が留置物の使用または賃貸についての承諾を受けていたときには，留置権者は，その承諾の効果を新所有者に対抗することができ，新所有者は，留置権者に対して，留置物の使用等を理由に留置権の消滅請求をすることはできない（最判平 9・7・3 民集51・6・2500）。

  (c)　代担保供与　　債務者（所有者）は，留置物の代わりとして，留置権者に対して，相当の担保を提供して，留置権の消滅を請求することができる（301条）。代担保（物的担保，人的担保）の提供については，債権者の承諾が必要となる。この場合の留置権の消滅請求権もまた，形成権である。なお，債務者と所有者とが異なる場合には，所有者にも，この消滅請求権があると解されている（我妻・講義Ⅲ・46頁）。

### (2)　被担保債権の消滅時効 (167条 1 項)　　(a)　留置権の行使と消滅時効

留置権の行使は，被担保債権の消滅時効の進行を妨げない（300条）。つまり，留置権を行使していても，被担保債権が行使されていない限り，被担保債権の消滅時効は，その進行を続けることになる。留置権の行使は，消滅時効の中断事由には該当しない。したがって，被担保債権の消滅時効完成のための時効期間の経過によって，被担保債権は消滅し，附従性によって，留置権は当然に消滅する。

  (b)　訴訟上の留置権の抗弁　　債務者からの留置物の引渡請求訴訟において，債権者が，留置権の抗弁を提出するに際しては，被担保債権の存在を主張することが必要である。債権者が，被担保債権の存在を主張したときは，そこに，被担保債権を行使する意思が表示されていると判断できる。この場合には，留置権行使と別個なものとして，被担保債権の行使があると認められる（300条の趣旨には反しない）。債権者が留置権の抗弁を提出し，裁判所が，これを認めた場合には，被担保債権について，消滅時効中断の効力が認められる。

  しかし，留置権の主張は，単なる抗弁にすぎず，訴訟物（訴訟の目的）である目的物引渡請求権と被担保債権とは別個の権利であるから，積極的に被担保債権についての訴えの提起に準ずる効力（裁判上の請求としての効力）は認められな

い。このような場合，暫定的な時効中断事由である催告（153条）に準じて，訴訟継続中は時効中断の効力があり，訴訟終結後6ヵ月以内に他の強力な中断事由を講ずれば，中断の効力は維持される（最大判昭38・10・30民集17・9・1252）。

# Ⅲ　先　取　特　権

## 1　先取特権の意義

先取特権（さきどりとっけん）とは，法律の定める特殊の債権を有する者が，債務者の総財産または特定の動産・不動産から優先弁済を受けることができる権利をいう（303条）。

## 2　先取特権の種類

先取特権には，一般先取特権と特別先取特権とがある。**一般先取特権**とは，債務者の総財産に対する先取特権であり（306条），**特別先取特権**とは，債務者の特定の動産または不動産に対する先取特権である。特別先取特権は，**動産先取特権**（311条）と**不動産先取特権**（325条）に分かれる。

## 3　一般先取特権

一般先取特権には，次の4種のものがある。次のいずれかの原因から生じた債権を有する者は，債務者の総財産の上に先取特権を有する（306条）。

(1) **共益費用の先取特権**　　共益費用の先取特権は，各債権者の共同利益のためにした債務者の財産の保存，清算または配当に関する費用（これらの費用の償還請求権＝債権）について存在する（307条1項）。債務者の財産の保存とは，事実上の保存行為（修繕など），時効の中断，詐害行為取消権の行使などをさし，債務者の財産の清算とは，動産・不動産の換価，債権の取り立てなどをさす。なお，先取特権が存在するというのは，法律上，当然に，先取特権が成立しているという意味である。

(2) **雇用関係の先取特権**　　雇用関係の先取特権は，給料その他，債務者と使用人との間の雇用関係にもとづいて生じた債権について存在する（308条）。給

料等に関する債権については，全額が被担保債権となるのであり，何ヵ月分というような制限はない。

**(3) 葬式費用の先取特権**　　葬式費用の先取特権は，債務者のためにされた葬式の費用のうち相当な額について存在する（309条1項）。また，債務者が，その扶養すべき親族のためにした葬式の費用のうち相当な額についても，葬式費用の先取特権が存在する（309条2項）。

**(4) 日用品供給の先取特権**　　日用品供給の先取特権は，債務者またはその扶養すべき同居の親族およびその家事使用人の生活に必要な最後の6ヵ月間の飲食料品，燃料および電気の供給について存在する（310条）。ここにいう同居の親族には，内縁の妻も含まれる（大判大11・6・3民集1・280）。しかし，ここにいう債務者には，法人は含まれず，法人に対する水道料債権については，日用品供給の先取特権は成立しない（最判昭46・10・21民集25・7・969）。

### 4　動産先取特権

　動産先取特権には，次の8種のものがある。次のいずれかの原因から生じた債権を有する者は，債務者の特定動産の上に先取特権を有する（311条）。

**(1) 不動産賃貸の先取特権**　　不動産賃貸の先取特権は，その不動産の賃料その他の賃貸借関係から生じた賃借人の債務（賃貸人の有する債権）について，賃借人の動産の上に存在する（312条）。なお，不動産賃貸の先取特権に関しては，即時取得の規定が準用されるので，目的動産が第三者の所有物であっても，不動産賃貸の先取特権が成立しうる（319条）。

　　(a)　目的物の範囲　　(イ)　土地の賃貸人の先取特権は，その土地またはその利用のための建物に備え付けられた動産，その土地の利用に供された動産，および，賃借人が占有するその土地の果実の上に存在する（313条1項）。

　　　(ロ)　建物の賃貸人の先取特権は，賃借人がその建物に備え付けた動産の上に存在する（313条2項）。

　　　(ハ)　賃借権の譲渡・賃借物の転貸の場合には，賃貸人の先取特権は，譲受人または転借人の動産および譲受人または転借人が受け取るべき金額におよ

ぶ（314条）。

(b) 被担保債権の範囲　(イ) 不動産の借賃等の額については，全額が被担保債権となるのであり，何ヵ月分というような制限はない。

(ロ) 賃借人の財産の総清算の場合には，賃貸人の先取特権は，前期，当期および次期の賃料その他の債務ならびに前期および当期において生じた損害の賠償債務についてのみ存在する（315条）。

(ハ) 賃貸人が敷金を受け取っている場合には，賃貸人の先取特権は，その敷金をもって弁済を受けることができない債権の部分についてのみ存在する（316条）。

**(2) 旅館宿泊の先取特権**　旅館宿泊の先取特権は，宿泊客が負担すべき宿泊料・飲食料について，その旅館に存する宿泊客の手荷物の上に存在する（317条）。旅館宿泊の先取特権に関しては，即時取得の規定が準用されるので，目的動産が第三者の所有物であっても，旅館宿泊の先取特権が成立しうる（319条）。

**(3) 運輸の先取特権**　運輸の先取特権は，旅客または荷物の運送賃および付随の費用（保険料，荷造費用など）について，運送人の占有する荷物の上に存在する（318条）。運輸の先取特権に関しては，即時取得の規定が準用されるので，目的動産が第三者の所有物であっても，運輸の先取特権が成立しうる（319条）。

**(4) 動産保存の先取特権**　動産保存の先取特権は，動産の保存費（修繕費など）について，その動産の上に存在する。動産に関する権利を保存，追認または実行するために必要となった費用についても，動産保存の先取特権が存在する（320条）。

**(5) 動産売買の先取特権**　動産売買の先取特権は，動産の代価およびその利息について，その動産の上に存在する（321条）。

**(6) 種苗肥料供給の先取特権**　種苗肥料供給の先取特権は，種苗または肥料の代価およびその利息について，その種苗または肥料を用いた後1年以内に，これを用いた土地から生じた果実の上に存在する。蚕種または蚕の飼養に供した桑葉の供給（代金債権）について，その蚕種または桑葉から生じた物の上にも，種苗肥料供給の先取特権が成立する（322条）。

第4章　担保物権法の概要　*163*

(7)　**農業労務の先取特権**　　農業労務の先取特権は，その労務に従事する者の最後の１年間の賃金（賃金債権）について，その労務によって生じた果実の上に存在する（323条）。

(8)　**工業労務の先取特権**　　工業労務の先取特権は，その労務に従事する者の最後の３ヵ月間の賃金について，その労務によって生じた製作物の上に存在する（324条）。

### 5　不動産先取特権

不動産先取特権には，次の３種のものがある。次のいずれかの原因から生じた債権を有する者は，債務者の特定不動産の上に先取特権を有する（325条）。

(1)　**不動産保存の先取特権**　　不動産保存の先取特権は，不動産の保存費（修繕費など）について，その不動産の上に存在する。不動産に関する権利を保存，追認または実行するために必要となった費用についても，不動産保存の先取特権が存在する（326条）。

不動産保存の先取特権は，保存行為完了後，ただちに登記することによって，その効力を保存することができる（337条）。その効力を保存するというのは，法律上，当然に成立した権利を確保するという意味であり，その権利の効力を発生させることができるということである（大判大6・2・9民録23・244）。

(2)　**不動産工事の先取特権**　　不動産工事の先取特権は，工事の設計，施工または監理をする者が，債務者の不動産に関してした工事の費用について，その不動産の上に存在する（327条1項）。不動産工事の先取特権は，工事によって生じた不動産の増価が現存する場合に限り，その増価額についてのみ存在する（327条2項）。

不動産工事の先取特権は，工事を始める前に，その費用の予算額を登記することによって，その効力を保存することができる（338条1項本文，不登85条）。ただし，工事費用が予算額を超えるときは，その超過額については，不動産工事の先取特権は存在しない（338条1項ただし書）。

(3)　**不動産売買の先取特権**　　不動産売買の先取特権は，不動産の代価およ

びその利息について，その不動産の上に存在する（328条）。

　不動産売買の先取特権は，売買契約と同時に，いまだ代価またはその利息が弁済されていない旨を登記することによって，その効力を保存することができる（340条）。

### ⑥　先取特権の順位

　債務者の有する同一の財産に対して，複数の先取特権その他の担保物権が成立することがある。このような場合，複数の先取特権等の優劣（優先弁済を受ける順序）は，次の基準にしたがって判断される。

　なお，同一の目的物について，同一順位の先取特権者が複数いるときは，各自の債権額の割合に応じて弁済を受けることになる（332条）。

　(1)　**一般先取特権相互間**　　一般先取特権が互いに競合する場合には，その優先権の順位は，次のようになる（329条1項→306条）。

　　［第1順位］　共益費用の先取特権
　　［第2順位］　雇用関係の先取特権
　　［第3順位］　葬式費用の先取特権
　　［第4順位］　日用品供給の先取特権

　(2)　**一般先取特権と特別先取特権**　　一般先取特権と特別先取特権とが競合する場合には，特別先取特権は，一般先取特権に優先する（329条2項本文）。ただし，一般先取特権のうち，共益費用の先取特権は，その利益を受けた総債権者に対して優先する（329条2項ただし書）。

　(3)　**動産先取特権相互間**　　同一の動産について，特別先取特権が互いに競合する場合には，その優先権の順位は，次のようになる（330条1項）。

　　［第1順位］　不動産賃貸の先取特権・旅館宿泊の先取特権・運輸の先取特権
　　［第2順位］　動産保存の先取特権（数人の保存者がいるときは，後の保存者は前の保存者に優先する）
　　［第3順位］　動産売買の先取特権・種苗肥料供給の先取特権・農業労務の

第4章　担保物権法の概要　*165*

先取特権・工業労務の先取特権

(4)　**不動産先取特権相互間**　　同一の不動産について，特別先取特権が互いに競合する場合には，その優先権の順位は，次のようになる (331条1項→325条)。

　　［第1順位］　不動産保存の先取特権

　　［第2順位］　不動産工事の先取特権

　　［第3順位］　不動産売買の先取特権

(5)　**先取特権と留置権との関係**　　同一目的物について，先取特権と留置権とが成立している場合でも，留置権には優先弁済権がないので，順位の問題は生じない。ただし，不動産に留置権が成立しているときは，競売における買受人は，留置権の被担保債権を弁済しなければならないし (民執188条→59条4項)，動産に留置権が成立しているときは，留置権者の承諾がなければ競売は開始しないので (民執190条1項2号)，事実上は，留置権が優先することになる。

(6)　**先取特権と質権との関係**　　不動産質権は，抵当権に準ずるので(361条)，不動産保存の先取特権と不動産工事の先取特権は不動産質権に優先するが (339条)，不動産売買の先取特権と不動産質権との優劣は，登記の先後による(177条)。

(7)　**先取特権と抵当権との関係**　　不動産保存の先取特権と不動産工事の先取特権は抵当権に優先するが (339条)，不動産売買の先取特権と抵当権との優劣は，登記の先後による (177条)。

### ⑦　先取特権の特別の効力

(1)　**一般先取特権**　　一般先取特権者は，まず，不動産以外の財産から弁済を受けなければならず，なお不足があるときに，不動産から弁済を受けることができる (335条1項)。不動産から弁済を受ける場合であっても，不動産が複数あるときには，特別担保 (抵当権，特別先取特権など) の目的でないものから弁済を受けなければならない (335条2項)。

　一般先取特権者は，債務者の不動産について，これを登記していなくても，一般先取特権をもって，一般債権者に対抗することができる (336条本文)。

(2)　**特別先取特権**　　動産先取特権者は，債務者が目的動産を第三者に引き

渡した後には，その動産に対して先取特権を行使することはできない（333条）。

## Ⅳ 質 権

### ① 質権の意義

　**質権**とは，債権者が，その債権の担保として，債務者または第三者（物上保証人）から受け取った物を，債務の弁済を受けるまで留置することができ，弁済のない場合には，その物から優先弁済を受けることができる権利をいう（342条）。

### ② 質権の成立

　(1)　**質権設定契約**　　質権は約定担保物権であり，質権設定契約によって成立する。質権設定契約の当事者は，債権者と担保提供者（目的物の所有者等）である債務者または第三者（物上保証人）である。質権設定契約が成立した場合，債権者が**質権者**となり，債務者または第三者（物上保証人）が**質権設定者**となる。質権設定者は，かならずしも債務者である必要はない。

　質権設定契約は**要物契約**であり，目的物の引渡しがなければ，質権設定契約は成立しない（344条）。目的物の引渡しが，質権設定契約の成立要件となる。ここにいう引渡しには，現実の引渡し，簡易の引渡し，指図による引渡しが含まれるが（大判昭9・6・2民集13・931），占有改定による引渡しは除かれる（345条）。占有改定による引渡しによって，質権設定契約を成立させることはできない。占有改定による引渡しでは，質権者が留置的効力を発揮させる余地がないからである。

　なお，目的物の引渡しによって質権が有効に成立した後に，質権者が，任意に目的物を返還した場合でも，質権が消滅するわけではない。この場合，質権は有効に存続する（大判大5・12・25民録22・2509）。ただし，動産質権にあっては，質権を第三者に対抗できなくなる（352条）。不動産質権にあっては，登記をしておけば，質権を第三者に対抗することもできる（177条）。

　(2)　**目的物**　　質権の目的物は，譲渡性のある物でなければならない（343条）。

譲渡性が認められるのであれば，動産，不動産，権利（債権など）の上に質権を成立させることができる（342条・362条）。譲渡禁止特約のある債権を質権の目的とした場合，質権者が悪意のときは質権設定契約は無効となり，質権は成立しない（466条2項ただし書参照。大判大13・6・12民集3・272）。

**(3) 対抗要件**　動産質権の対抗要件は，占有の継続であり（352条），不動産質権の対抗要件は，登記である（177条）。また，指名債権に対する質権の対抗要件は，第三債務者への通知または第三債務者の承諾である（364条1項）。第三債務者への通知または第三債務者の承諾は，質権者を具体的に特定してなされなければならない（最判昭58・6・30民集37・5・835）。

### ③ 質権の被担保債権の範囲

　質権は，元本，利息，違約金，質権実行の費用，質物保存の費用および債務不履行または質物の隠れた瑕疵によって生じた損害賠償を担保する（346条）。元本・利息等についての制限はなく，全額が担保される。ただし，不動産質権の場合には，債権額，利息に関する定め，違約金，損害賠償額の予定等を登記しておかないと，これらを第三者に対抗することはできない（177条，不登95条）。

### ④ 流質契約の禁止

　質権設定者は質権設定契約または債務の弁済期前の契約をもって，質権者に弁済として質物の所有権を取得させたり，その他，法律に定めた方法によらずに，質権者が質物を処分して弁済に充当させることができる旨を約定することはできない（349条）。質権者に弁済として質物の所有権を取得させたり，法律に定めた方法によらずに質権者に質物を処分させる旨の契約を，**流質契約**という。債務の弁済期前における流質契約の締結は禁止されている。これは，債務者に不利なことの強制になるからである。債務の弁済期前に流質契約が締結された場合，その契約は無効となる（大判昭6・11・14新聞3344・10）。これに対して，弁済期到来後の流質契約は有効となる。

　なお，商行為によって生じた債権を担保するために設定された質権について

は，流質契約が許される（商515条）。また，質屋営業の許可を受けた質屋（営業質屋）は，当然に，流質権を有する（質屋19条参照）。

### 5 転　質

(1) **転質の意義**　質権者が，質権設定者から受け取った質物を，ふたたび，他に質入れすることを**転質**という。転質の方法としては，質権設定者の承諾を得てする**承諾転質**と，質権設定者の承諾を得ないでする**責任転質**とがある。質権設定者の承諾があれば，質権者は，当然に，転質（承諾転質）をすることができる（350条→298条2項本文）。

(2) **責任転質**　質権設定者の承諾がない場合でも，質権者は，その権利の存続期間内において，自己の責任をもって，質物を転質（責任転質）とすることができる（348条前段。350条による298条2項本文の準用はない）。この場合，質権者は，転質をしなければ発生しなかったであろう不可抗力による損失についても，その責任を負う（348条後段）。責任転質は，質権者が，被担保債権と分離して，質物のみを，再度，質入れするものと解されている（大連決大14・7・14刑集4・484）。

(a) **転質権の成立**　転質権は，原質権者（転質権設定者）と転質権者となる債権者との間の転質権設定契約によって成立する。転質権設定契約もまた**要物契約**であり，質物の引渡しによって成立する。転質権によって担保される債権の額は，原質権の被担保債権額の範囲内であり，転質権者の有する債権額が原質権の被担保債権額を超えるときは，原質権の被担保債権額の範囲内で，転質権が成立すると解されている（我妻・講義Ⅲ・150頁）。また，転質権の存続期間（弁済期とは異なる）は，原質権の存続期間内でなければならないので（348条前段），原質権の存続期間を超えて転質権の存続期間を定めたときは，転質権は，原質権の存続期間内においてのみ存続する。このことは，存続期間のある不動産質権についてのみ妥当する（360条参照）。

(b) **転質権の実行**　転質権者が転質権を実行するためには，転質権の被担保債権の弁済期が到来していることと，原質権の被担保債権の弁済期が到来していることが必要となる（大判昭16・7・8新聞4718・28。我妻・講義Ⅲ・151頁）。

転質権の実行により質物が競売によって換価されたときは，まず，転質権者が優先弁済（配当）を受け，次に，原質権者が，原質権の被担保債権額から転質権の被担保債権額を差し引いた額について弁済（配当）を受けることになる。

### ⑥ 質権者の義務

（1）**質物の保管義務**　質権者は，質物の占有を継続することができる。質権には，留置的効力が認められる（347条本文）。そして，質権者は，目的物の保管に際しては，善良なる管理者の注意をもって，質物を占有しなければならない（善管注意義務。350条→298条1項）。つまり，質権者は，質物の保管義務および保管に際しての**善管注意義務**を負う。

（2）**質物の無断使用・賃貸の禁止**　質権者は，債務者（所有者）の承諾なくして，質物の使用・賃貸をなしたり，質物を第三者への担保に提供することはできない（350条→298条2項本文）。質権者は，質物の無断使用・賃貸・担保供与をしてはならない義務を負う。ただし，質物の保存のために必要な使用であれば，債務者（所有者）の承諾なくして，質物を使用することが許される（350条→298条2項ただし書）。なお，責任転質の場合には，298条2項は適用されない。また，不動産質権についても，298条2項は適用されない（356条参照）。

### ⑦ 動産質権の特則

（1）**質物の回復請求**　動産質権者が，質物の占有を奪われた場合には，占有回収の訴え（200条）によってのみ，その質物の回復を請求することができる（353条）。つまり，質物の占有を喪失した動産質権者は，質権にもとづく物権的請求権（目的物返還請求権）や遺失物回復請求権（193条）にもとづいて，質物の占有を回復することはできない。

（2）**簡易な質権実行**　被担保債権の弁済期が到来しても債務者からの弁済がなされない場合には，原則として，質権者は，質物についての競売を申し立て，競売による売却代金から優先弁済（配当）を受けることになる。つまり，質権の実行は，原則として，競売手続によることになる（民執190条以下）。

しかし，動産質権者は，正当な理由がある場合に限り，鑑定人の評価にしたがい，質物をもってただちに弁済に充当すること（流質）を裁判所に請求することができる（354条前段，非訟83条の2）。この場合，動産質権者は，あらかじめ，債務者に，その請求を通知しなければならない（354条後段）。動産質権者からの請求を裁判所が許可したときは，動産質権者は，被担保債権額とその質物の評価額との差額を清算して，その質物の所有権を取得する。

(3) **動産質権の順位**　同一の動産の上に数個の質権が成立している場合（すでに質権が成立している動産についても，指図による引渡しによって，さらに質権を成立させることは可能），それらの質権の順位は，質権設定の前後による（355条）。

### 8 不動産質権の特則

(1) **不動産質権者の使用・収益権**　不動産質権者は，質権の目的たる不動産の用法にしたがい，その不動産の使用および収益をすることができる（356条）。ただし，質権設定契約において別段の定めをしたとき，または，担保不動産収益執行（不動産から生ずる収益を被担保債権の弁済に充てる方法による不動産担保権の実行。民執180条2号）の開始があったときは，不動産質権者は，目的不動産の使用および収益をすることができない（359条）。

(2) **不動産質権者の費用負担**　不動産質権者は，目的不動産の管理の費用を支払い，その他目的不動産に関する負担（固定資産税など）を負う（357条）。つまり，不動産質権者は，目的不動産の管理費等の支払義務を負うことになる。ただし，質権設定契約において別段の定めをしたとき，または，担保不動産収益執行（民執180条2号）の開始があったときは，不動産質権者は，目的不動産の管理費等の支払義務を負わない（359条）。

(3) **不動産質権者の利息支払請求権**　不動産質権者は，被担保債権の利息を請求することはできない（358条）。不動産質権者は，目的不動産の使用・収益権を有しており，目的不動産の使用・収益によって得られる利益が，被担保債権の利息に相当するのが普通であると考えられたことによる（我妻・講義Ⅲ・176頁）。ただし，質権設定契約において別段の定めをしたとき，または，担保不動

産収益執行(民執180条2号)の開始があったときは，不動産質権者は，被担保債権の利息を請求することができる(358条)。

(4) **不動産質権の存続期間**　当事者間において，不動産質権の存続期間（被担保債権の弁済期とは異なる）を定める場合には，その期間は10年を超えてはならない(360条1項前段)。当事者が，10年よりも長い期間を定めたときは，その存続期間は10年に短縮される(360条1項後段)。また，当事者間において，不動産質権の存続期間を定めなかった場合には，その存続期間は，質権設定時より10年となる（大判大6・9・19民録23・1483)。不動産質権の存続期間は，これを更新することができる(360条2項本文)。ただし，更新後の存続期間は，更新の時から10年を超えてはならない（360条2項ただし書)。存続期間の制限は，不動産の使用・収益を，長い間，所有者以外の者にまかせることは好ましくないからだとされている（我妻・講義Ⅲ・170頁)。

不動産質権は，存続期間の満了によって消滅する（大決大7・1・18民録24・1)。したがって，存続期間満了後に被担保債権の弁済期が到来するときは，存続期間満了後は，無担保債権となる。存続期間満了前に被担保債権の弁済期が到来するときは，不動産質権者は，その存続期間内においてのみ，質権を実行（競売申し立て）することができる。存続期間満了時と弁済期が同一であるときは，不動産質権者は，遅滞なく競売の申し立てをすれば，質権の消滅を阻止しうると解されている（我妻・講義Ⅲ・171頁)。

⑨　**債権質権の特則**

(1) **債権質権の成立要件**　債権譲渡について債権証書を交付することを必要とする債権（証券的債権）を目的とする質権については，その証書を交付することによって（要物性)，質権が成立する(363条)。その他の債権については，意思表示（質権設定契約）のみによって，質権が成立する（我妻＝有泉＝川井・民法①・463頁)。

　　✐　定期預金に質権が設定された場合，その後，同一当事者間で数回書き換えられたときでも，書き換えに際して，預金が現実に払い戻されることなく証書のみが更新された

のであれば，同一の預金者の定期預金としての継続関係があり，書き換え後の定期預金にも当初の質権の効力が及ぶ（最判昭40・10・7民集19・7・1705）。

(2) **質権が設定された債権への拘束力**　債権を目的として質権が設定された場合には，その債権（質入れ債権）が差押えられたのと同一の効力を生じ，質入れ債権の債権者（質権設定者）および債務者は，質入れ債権を消滅・変更させてはならない（我妻・講義Ⅲ・191頁）。質入れ債権の債権者（質権設定者）および債務者が，質入れ債権の弁済・債務免除・相殺等をしたとしても，これをもって質権者に対抗することはできない（大判大5・9・5民録22・1670，大判大15・3・18民集5・185）。

(3) **債権質権者の直接取立権**　債権質権者は，質権の目的である債権を，直接に取り立てることができる（366条1項）。

　質権の目的である債権が金銭債権である場合には，質権者は，自己の債権額に対する部分に限り取り立てることができる（366条2項）。債権質権者が，直接取立権を行使して，第三債務者から金銭の支払いを受けた場合，その金銭は，質権の被担保債権の弁済に充当される。質権の目的である金銭債権の弁済期が，質権者の有する被担保債権の弁済期前に到来したときは，質権者は，第三債務者に対して，その弁済金額を供託させることができる（366条3項前段）。この場合，質権者は，供託金返還請求権の上に質権を有する（366条3項後段）。

　質権の目的である債権が金銭債権以外である場合には，質権者は，弁済として受け取った物の上に質権を有する（366条4項）。その債権が物の引渡請求権である場合には，質権者は，受け取った物の上に質権を有する。つまり，その物が動産であれば動産質権を有し，その物が不動産であれば不動産質権を有することになる。

　　　債権質権の設定者は，質権者の同意があるなどの特段の事情がない限り，質権者の直接取立権の行使に重大な影響をおよぼすことになるので，質入れ債権にもとづき，その債務者（第三債務者）に対して，破産の申し立てをすることはできない（最決平11・4・16民集53・4・740）。

## V 抵 当 権

### 1 抵当権の意義

　債権者が，その債権の担保として，債務者または第三者（物上保証人）から提供された不動産等を，担保提供者の使用・収益にまかせておきながら，債務の弁済がない場合に，その物から優先弁済を受けることができる権利を，**抵当権**という（369条1項）。

### 2 抵当権の成立

　(1)　**抵当権設定契約**　抵当権は約定担保物権であり，抵当権設定契約によって成立する。抵当権設定契約の当事者は，債権者と担保提供者（目的不動産の所有者など）である債務者または第三者（物上保証人）である。抵当権設定契約が成立した場合，債権者が**抵当権者**となり，担保提供者である債務者または物上保証人が**抵当権設定者**となる。抵当権設定者は，かならずしも債務者である必要はない。しかし，抵当権の設定は処分行為であるから，抵当権設定者は，目的不動産等の処分権限（たとえば，所有権）を有していなければならない（我妻・講義Ⅲ・228頁）。抵当権設定者に処分権限がない場合には，抵当権設定契約は無効であり，抵当権は成立しない。

　抵当権設定契約は，当事者間の合意のみによって成立する**諾成契約**である。当事者間の合意のみによって，抵当権設定契約は成立し，抵当権設定契約の成立時に，抵当権が成立する（176条参照）。抵当権設定契約の成立に，特別な形式は必要ではない。

　(2)　**目的物**　抵当権には，目的物の占有権限を含まず（価値支配権），抵当権による目的物の価値の支配は，登記による公示に依拠している。したがって，抵当権の目的物は，登記による公示に適するものでなければならない。

　民法典上，抵当権の目的物としては，不動産（369条1項）のほか，地上権および永小作権が認められている（369条2項）。したがって，地上権または永小作権

に対して，抵当権を設定することもできる。

　なお，登録制度・登記制度のある特殊の動産については，特別法によって，例外的に，これを抵当権の目的とすることができる。たとえば，農業用動産（農動産12条），自動車（自抵3条），航空機（航抵3条），建設機械（建抵5条）などである。

　(3)　**対抗要件**　　抵当権は，不動産に関する物権であり，登記が対抗要件となる（177条）。抵当権は，登記をしていなくても，当事者間の合意によって成立するのであり，また，登記がなくても，抵当権を実行することは可能であるが（民執181条1項1号・2号参照），抵当権をもって第三者に対抗するためには登記が必要となる。

## ③　被担保債権の範囲（優先弁済を受ける範囲）

　抵当権の被担保債権の範囲（抵当権者が優先弁済を受ける範囲）は，登記事項であって（不登83条1項・88条），登記された限度において，対抗力を有する（177条）。つまり，抵当権者は，登記簿上に公示された限度で，優先弁済を受けることができる。

　(1)　**元本**　　元本については，その全額について，優先弁済を受けることができる。ただし，登記された額についてのみ，対抗力が認められる（177条）。元本金額は，債権額として登記される（不登83条1項1号）。

　(2)　**利息（貸付利息）**　　利息（貸付利息）については，原則として，満期となった（弁済期の到来した）利息（貸付利息）のうち，最後の2年分についてのみ，優先弁済を受けることができる（375条1項本文）。ただし，登記された利率の限度において，優先弁済を受けることが認められるだけである。なお，最後の2年分以前の利息（貸付利息）については，その満期後に特別の登記（抵当権の変更の登記。不登66条）をしたときは，その登記をした時から優先弁済を受けることができる（375条1項ただし書）。

　(3)　**損害賠償（遅延賠償・遅延利息）**　　損害賠償（遅延賠償・遅延利息）についても，最後の2年分についてのみ，優先弁済を受けることができるだけであ

る（375条2項本文）。損害賠償額（利率）に関して，特約がないときは，その利率は，利息（約定利率）と同じである（419条1項ただし書）。また，特約があるとき（損害賠償額の予定。420条1項参照）は，その約定利率を登記することによって，その約定利率にしたがって，優先弁済を受けることができる（419条1項ただし書）。

　ただし，利息（貸付利息）と損害賠償（遅延賠償・遅延利息）は，**通算して，2年分を超えることはできない**（375条2項ただし書）。

　被担保債権の範囲が制限されているのは，抵当権設定後に，第三者が利害関係を取得した場合（後順位抵当権の設定，一般債権者による目的不動産の差押えなど），抵当権の被担保債権額が増大することを防止し，後順位抵当権者や差押債権者等を保護するためである。したがって，後順位抵当権者や差押債権者等の利害関係人がいない場合には，抵当権者は，貸付利息と損害賠償の全額について優先弁済を受けることができると解される。

### 4　抵当権の効力の及ぶ目的物の範囲

　抵当権の効力は，抵当地の上に存する建物を除くほか，その目的たる不動産に付加してこれと一体をなした物（**付加物・付加一体物**）に及ぶ（370条本文）。ただし，抵当権設定契約において別段の定めをしたとき，および，債務者の責任財産を減少させて他の債権者を害するときは（付加物となった物が，一般債権者等の共同担保からはずれてしまう），抵当権の効力は，付加物（付加一体物）には及ばない（370条ただし書）。

　抵当権の効力の及ぶ範囲内の目的物については，抵当権者は，競売の申し立てをすることができるし，また，第三者の侵害行為に対して，物権的請求権（妨害排除請求権など）を行使することができる。

　(1)　**土地・建物**　　土地と建物とは別個独立の不動産であり，土地に対する抵当権の効力は，建物には及ばない。また，建物に対する抵当権の効力は，土地には及ばない。

　(2)　**付加物（付加一体物）**　　抵当地の上に存する建物を除くほか，その目的たる不動産に付加してこれと一体をなした物を，**付加物（付加一体物）**という。

抵当権の効力は，付加物（付加一体物）に及ぶ（370条本文）。付加物（付加一体物）には，次のようなものが含まれる。

(a) **付合物** 抵当権設定前の付合物（242条本文）は，目的不動産の一部であり，これについて，抵当権の効力が及ぶのは当然である。抵当権設定後に生じた付合物は，目的不動産の付加物であって，これについても，抵当権の効力が及ぶ。付合物は，その独立性を失い，目的不動産の一部となり，付合物の所有権は，目的不動産の所有権に吸収されるからである。土地の付合物の例としては，樹木，石垣，垣根，門などがあり，建物の付合物の例としては，屋根瓦，雨どい，戸扉，増築部分などがある。

> **付合物**
>
> 独立して所有権の対象となっていた2個以上の物が結合し，社会経済上1個の物として扱われるようになることを付合といい，結合した物を付合物という。不動産の従として，これに結合した物（付合物）の所有権は，原則として，その不動産の所有権に吸収される（242条本文）。ただし，権原（地上権，賃借権など）にもとづいて，他人の不動産に付属させた付合物の所有権は，いままでどおり従前の所有者に帰属する（242条ただし書）。

> ※ 互いに主従の関係にない甲・乙2棟の建物が，その間の隔壁を除去する等の工事により1棟の丙建物となった場合においても，これをもって，甲建物あるいは乙建物を目的として設定されていた抵当権が消滅することはなく，その抵当権は，丙建物のうちの甲建物または乙建物の価格の割合に応じた持分を目的とするものとして存続する（最判平6・1・25民集48・1・18）。

(b) **従物** (イ) 抵当権設定前の従物 従物は，主物の処分にしたがうのであるから(87条2項)，抵当権が設定された時（主物が処分された時）に存在していた従物は，主物たる目的不動産と一体となっている付加物（付加一体物）として，そこに抵当権の効力が及ぶ（大連判大8・3・15民録25・473，最判昭44・3・28民集23・3・699）。

> **従物**
>
> ある物（主物）の常用に供されていて，その物の効用を高めており，独立して権利の対象となるものを従物という（87条1項）。従物が付属されている物を，主物という。土地を主物とした場合には，石灯籠，沓脱石などが従物の例であり，建物を主物とした場合には，畳，建具，物置などが従物の例である。従物は，主物の処分にしたがう（87条2項）。つまり，従物は，その法律的運命を主物とともにすることになる。したがって，主物が処分（売却，抵当権設定など）されたときは，原則として，従物についても，同時に同様の処分がなされたことになる。

㈡　抵当権設定後の従物　　主物と従物とは，別個独立の物である。従物が主物の処分にしたがうためには（87条2項），従物は，主物（目的不動産）が処分された時（抵当権設定時）に存在していなければならない。抵当権設定後に従物が付属された場合，主物が処分された時には，従物は存在していない。したがって，抵当権設定後の従物には，抵当権の効力は及ばない（大判昭5・12・18民集9・1147）。

　土地の従物の例としては，石灯籠，沓脱石，容易に取り外し可能な庭石などがあり，建物の従物の例としては，畳，建具，車庫，物置などがある。

【学説の考え方】　　通説は，抵当権設定後の従物も，主物との経済的一体性を有しており，付加物（370条本文）に該当すると解している（我妻・講義Ⅲ・270頁参照）。抵当権設定後の従物にも，抵当権の効力が及ぶとすることが，当事者の意思に合致するといわれる。また，主物の処分は，抵当権設定時から競売時までを意味しており，抵当権設定後の従物についても，87条2項によって，抵当権の効力が及ぶと解するものもある（柚木馨＝高木多喜男『担保物権法〔第3版〕』（昭和57年，有斐閣）255頁）。

　(c)　従たる権利　　従たる権利についても，従物と同様の判断がなされる（87条2項類推適用）。すなわち，抵当権設定前から存する従たる権利については，抵当権の効力が及ぶが，抵当権設定後に成立した従たる権利については，抵当権の効力は及ばない。

　たとえば，借地上の建物に対する抵当権の効力は，抵当権設定時に存在していた敷地利用権（地上権，賃借権）にも及ぶことになる（最判昭40・5・4民集19・4・811，最判昭52・3・11民集31・2・171）。そして，建物の競売による売却時に，敷地利用権（地上権，賃借権）の移転の効果が生ずることになる（最判昭47・7・18判時679・16，最判昭48・2・8金法677・44）。この場

---

**従たる権利**

　権利と権利の間にも，主従関係が認められる場合がある。主たる権利に従属する権利を，従たる権利という。主たる権利・従たる権利については，物と物との間の主従関係（主物・従物）と同様の法律効果が認められる。つまり，主たる権利が処分されたときは，原則として，従たる権利についても，同時に同様の処分がなされたことになる（87条2項類推適用。最判昭47・3・9民集26・2・213，最判昭47・7・18判時679・16）。

合，敷地利用権が賃借権であるときは，賃貸人の承諾が必要となる (612条1項)。賃貸人 (借地権設定者) が承諾しないときは，これに代わる裁判所の許可を得ることもできる (借地借家20条1項)。

(3) **分離物**　たとえば，抵当山林上の樹木が伐採され，搬出された場合，伐採された樹木 (分離物) に抵当権の効力が及ぶか否かの問題である。

抵当権者には目的物に対する使用・収益権はないのであるから，通常の使用・収益の範囲に属する分離によって生じた分離物については，抵当権の効力は及ばない。しかし，通常の使用・収益の範囲に属さない分離によって生じた分離物については，原則として，抵当権の効力が及ぶ。

つまり，抵当権は，目的物の全部を支配する権利であり (不可分性)，分離物にも，抵当権の効力は及ぶのである。分離物が，抵当地内 (当該山林内) にある間は，抵当権の公示が及んでいることになる。したがって，抵当権者は，物権的請求権にもとづいて，搬出禁止を請求することができる。

また，分離物が搬出された場合でも，第三者が即時取得 (192条) しないかぎり，その分離物に対して，抵当権の効力が及ぶ (最判昭57・3・12民集36・3・349参照)。つまり，悪意または善意・有過失の第三者に対して，抵当権者は，追及力を有する。抵当権者は，抵当権にもとづく物権的請求権を行使して，その分離物の返還を請求することができる。

(4) **果実**　抵当権の被担保債権について，債務者の債務不履行が生じたときは，その後に生じた抵当不動産の果実に，抵当権の効力が及ぶ (371条)。ここにいう果実には，天然果実と法定果実とが含まれる。

(5) **代位物 (物上代位)**　(a) **物上代位の意義**　抵当権の目的物について，目的物の売却，賃貸，滅失または損傷により，債務者が受けるべき金銭その他の物があるときは，抵当権者は，それらの

> **果実**
>
> 物から生ずる経済的利益 (収益) を，果実という。果実を生ずる物を，元物という。果実には，天然果実と法定果実がある。
> 　天然果実とは，元物の経済的用途にしたがって産出される物をいう (88条1項)。たとえば，果物，牛乳，羊毛などである。法定果実とは，物の使用の対価をいう (88条2項)。たとえば，家賃，地代，利息などである。

請求権に対して，抵当権を行使することができる（372条→304条1項本文）。

(b) **物上代位の対象（代位物・価値変形物）** 次のものに対する請求権が，物上代位の対象となる。

① 目的物の売却代金

② 目的物の賃料（最判平1・10・27民集43・9・1070）・目的物上に設定した物権の対価

抵当不動産の賃借人が目的不動産を第三者に転貸している場合，抵当権者は，その賃借人（転貸人）が取得すべき転貸賃料債権について物上代位権を行使することはできない（最判平12・4・14民集51・4・1552）。抵当不動産の賃借人は，被担保債務の履行について，目的不動産をもって物的責任を負うものではなく，自己に帰属する債権を被担保債権の弁済に供される立場にないからである。ただし，抵当不動産の賃借人（転貸人）を所有者と同視することを相当とする場合（法人格の濫用や仮装賃貸借にもとづき転貸借を作出した場合など）には，抵当権者は，転貸賃料債権について物上代位権を行使することができる。

③ 目的物の滅失・損傷によって受ける金銭など

たとえば，第三者の不法行為による損害賠償請求権（大判大6・1・22民録23・14），抵当権設定者の有する火災保険金請求権（大連判大12・4・7民集2・209）などである。

> ✎ 民法372条によって先取特権に関する304条の規定が抵当権にも準用されているところ，抵当権は，目的物に対する占有を抵当権設定者の下にとどめ，設定者が目的物をみずから使用または第三者に使用させることを許す性質の担保権であるが，抵当権のこのような性質は先取特権と異なるものではないし，抵当権設定者が目的物を第三者に使用させることによって対価を取得した場合に，その対価について抵当権を行使することができるものと解したとしても，抵当権設定者の目的物に対する使用を妨げることにはならないから，前記規定に反してまで目的物の賃料について抵当権を行使することができないと解すべき理由はなく，また賃料が供託された場合には，賃料債権に準ずるものとして，供託金還付請求権について抵当権を行使することができる（最判平1・10・27民集43・9・1070）。

(c) 物上代位権行使の要件　　抵当権者は,物上代位の効力を主張するためには,物上代位の対象となるものの払渡しまたは引渡し前に, **差押え**をしなければならない (372条→304条1項ただし書)。

(イ) 差押えを必要とする目的　　第三債務者 (物上代位の目的となっている債権の債務者) は,抵当権者に無断で,抵当権設定者 (抵当不動産の所有者=物上代位の目的となっている債権の債権者) に弁済をしても,弁済による目的債権の消滅の効果を抵当権者に対抗できないという不安定な地位に置かれる可能性があるため,差押えを物上代位権行使の要件とし,第三債務者は,抵当権者からの差押えがなされる前 (差押命令の送達を受ける前) は,抵当権設定者に弁済すれば,その債権・債務が消滅することになる。そして,この場合,第三債務者は,弁済による債務の消滅を抵当権者に対抗することができ,その後,抵当権者への二重払いをする必要はなくなる。つまり,払渡しまたは引渡し前に差押えをすることを必要とした主たる目的は,二重弁済を強制される危険性から第三債務者を保護するためである (最判平10・1・30民集52・1・1)。

(ロ) 差押えをする者・時期　　差押えは,自己の有する優先弁済権を保全するためでもあり,価値変形物 (代償物) の払渡し前または引渡し前に,抵当権者自身が差押えることが必要となる (前出・大連判大12・4・7)。他の債権者が,物上代位の対象となる債権を差押えただけの場合には (払渡し前または引渡し前に該当する),抵当権者が,重ねて差押えをすることによって,物上代位を主張することができる (最判昭60・7・19民集39・5・1326参照)。

なお,「払渡しまたは引渡し」には,債権譲渡は含まれない。したがって,物上代位の目的債権が譲渡され,譲受人が,第三者に対する対抗要件を備えた後でも,抵当権者は,みずから目的債権を差し押さえて,物上代位権を行使することができる (前出・最判平10・1・30)。

## ⑤　法定地上権

**(1) 法定地上権の意義・必要性**　　土地と建物とは別個独立の不動産であるから (370条本文参照),建物所有のためには,土地の利用権 (土地所有権,借地権

など）が不可欠である。しかし，自己所有の土地上に建物を所有している者は，土地利用権として，土地所有権を有しているのであるから，土地または建物に抵当権を設定しようとするときでも，あらかじめ，自己所有の土地に自己を借主として，自己借地権を設定しておくことはできない。土地の利用権としては，土地所有権（使用・収益権を含む。206条参照）があり，これとは別に借地権（土地の使用・収益権）を成立させる理由はないからである（例外的に自己借地権を設定しうる場合として，借地借家15条参照）。

　自己所有の土地上に建物を所有している者が，土地または建物に抵当権を設定し，その後その抵当権の実行により競売がなされて，土地と建物の所有者が異なるに至った場合には，建物所有者には何らの土地利用権がないことになってしまう。この場合，競売後の建物所有者は，他人の土地を不法占有していることになり，土地所有者は，建物所有者に対して，建物収去・土地明渡しを請求することができることになる(物権的請求権の行使)。これでは，建物所有者は，建物の撤去を余儀なくされ，建物の崩壊という社会経済的損失を生ずることになる。

　そこで，建物の崩壊という社会経済的損失を防止し，建物の存続を図ることを目的として，法定地上権の制度（388条）が置かれている（大連判大12・12・14民集2・676，大判昭14・12・19民集18・1583，最判昭48・9・18民集27・8・1066）。つまり，土地およびその上に存する建物が同一の所有者に属する場合において，その土地または建物につき抵当権が設定され，その抵当権の実行により土地と建物の所有者を異にするに至ったときは，その建物について，地上権が設定されたものとみなされることになる（388条前段）。したがって，競売後の建物所有者は，土地利用権として，地上権を有することになる。

**(2)　法定地上権の成立要件**　　(a)　**抵当権設定当時，土地の上に建物が存在していたこと**　　土地に対する抵当権の設定当時，土地上に建物が存在していないときは，その後に建てられた建物について，法定地上権は成立しない（大判大4・7・1民録21・1313，最判昭36・2・10民集15・2・219，最判昭44・2・27判時552・45）。抵当権設定後に建てられた建物については，一括競売（389条1項）に

よって，その存続を図ることができる。

　(b)　**抵当権設定当時，土地と建物の所有者が同一であること**　　抵当権設定当時において，土地と建物の所有者が異なっている場合には，建物所有者は，すでに何らかの土地利用権（借地権など）を有しているはずであるから，競売後も，既存の土地利用権によって，建物の存続を図ることが可能である。

　(c)　**抵当権実行による競売の結果，土地と建物の所有者が異なるに至ったこと**　　競売の結果，土地と建物の所有権が同一人に帰属した場合には，建物所有者は土地利用権（土地所有権）を有するのであるから，法定地上権を成立させる必要はない。

　抵当権の設定は，①土地のみに設定された場合，②建物のみに設定された場合，③土地と建物の双方に設定された場合，のいずれでもよい。

【成立要件に関する注意点】

　①　［成立要件(a)］に関する注意点　　(イ)　土地に対する抵当権設定当時，建物について，所有権の保存登記がない場合であっても，法定地上権の成立が肯定される（大判昭7・10・21民集11・2177，前出・大判昭14・12・19）。

　抵当権者は，抵当権設定当時において，当該土地上に建物が存在するか否かを調査するのが通常であるから，法定地上権の成立を十分に予測することができ，法定地上権の成立を認めても，抵当権者が，不測の損害を被ることはないからである。

　　(ロ)　土地に対する抵当権設定後に，地上建物が再築，改築された場合であっても，法定地上権の成立が肯定される（大判昭10・8・10民集14・1549，大判昭13・5・25民集17・1100，最判昭52・10・11民集31・6・785）。

　抵当権設定当時に，建物が存在していたのであれば，抵当権者は，法定地上権の成立を予測していたといえるから，法定地上権の成立を認めても，抵当権者は，何ら不利益を受けるわけではないからである。

　　(ハ)　土地に対する1番抵当権設定当時，当該土地が更地であったが，2番抵当権設定前に当該土地上に建物が建てられて，2番抵当権の実行によって競売がなされた場合には，法定地上権の成立は否定される（最判昭47・11・2判時

$690 \cdot 42$)。

　抵当権が実行されて競売がなされた場合には，競売による配当手続は，1番抵当権を基準に行われることになる（177条，民執87条1項4号参照）。したがって，競売にもとづく効果は，1番抵当権を基準に判断されなければならず，法定地上権の成否は，1番抵当権を基準に判断されることになる。それゆえ，土地に対する1番抵当権設定当時において，当該土地上に建物が存在していなかったときは，たとえ，2番抵当権設定前に建物が建てられて，2番抵当権の実行によって競売手続がなされたとしても，法定地上権は成立しない。

　　㈡　1番抵当権設定当時，更地であり，2番抵当権設定前に建物が建てられ，その後，2番抵当権が設定されたが，1番抵当権者と2番抵当権者との間で，抵当権の順位の変更がなされ，2番抵当権者であった者が1番抵当権者となった後に，1番抵当権の実行によって競売がなされたときでも，法定地上権の成立は否定される（最判平4・4・7金法1339・36）。

　**抵当権の順位の変更**は，優先弁済の順位を変更するものであり，抵当権設定の時点を変更するわけではない。法定地上権の成否は，抵当権の順位の変更前の先順位抵当権の設定時点を基準に判断しなければならない。そうでなければ，先順位抵当権者が把握した担保価値が損なわれ，先順位抵当権者が不利益を受けるからである。したがって，法定地上権の成否は，抵当権の順位の変更前の1番抵当権を基準に判断される。

　　②　**［成立要件(b)］に関する注意点**　　㈠　土地に対する抵当権設定当時，当該土地上の建物の移転登記がなされておらず，建物の登記名義が前所有者名義のままである場合であっても，法定地上権の成立が肯定される（最判昭48・9・18民集27・8・1066）。

　抵当権者は，抵当権設定当時において，当該土地上に建物が存在するか否かを調査するのが通常であるから，法定地上権の成立を十分に予測することができ，法定地上権の成立を認めても，抵当権者が，不測の損害を被ることはないからである。

　　㈡　建物に対する抵当権設定当時，当該建物の敷地である土地の移転登

記がなされておらず，土地の登記名義が前所有者名義のままである場合であっても，法定地上権の成立が肯定される（最判昭53・9・29民集32・6・1210）。

抵当権者は，抵当権設定当時において，当該建物のための土地利用権の存在を調査するのが通常であり，このような場合には，法定地上権の成立を前提として担保価値を把握することになる。また，土地所有者は，法定地上権の成立を十分に予測することができるのであり，法定地上権の成立を認めても，土地所有者が不測の損害を被ることはない。反対に，このような場合に，法定地上権の成立を認めないと，抵当権者が，不測の損害を被ることになってしまうからである。

　　(ハ)　抵当権設定後に，土地と建物の所有者が異なるに至った場合であっても，法定地上権の成立が肯定される（前出・大連判大12・12・14，大判昭8・10・27民集12・2656）。

抵当権設定当時において，抵当権者は，法定地上権の成立を十分に予測することができるのであり，法定地上権の成立を認めても，抵当権者が，不測の損害を被ることはないからである。また，法定地上権の制度によって保護されるのは，競売時における建物所有者であって，抵当権設定者が，抵当権設定時から競売時まで，当該土地または建物の所有権を持ち続けていなければならないわけではないからでもある。

　　(ニ)　抵当権設定当時，建物所有者が，他の者と土地を共有していた場合には，法定地上権の成立が否定される（最判昭29・12・23民集8・12・2235，最判昭44・11・4民集23・11・1968）。

建物が単独所有で土地が共有の場合に法定地上権の成立を認めてしまうと，建物所有者のために許容していた土地利用関係（約定利用権＝債権）が，地上権（物権）という強力な権利に転化することになり，不当な結果となる（他の共有者の負担が大きくなる）。このような結果は，自己の持分の価値を十分に維持・活用しようとする土地共有者らの通常の意思には合致しない。さらに，抵当権設定に関与していない他の共有者の意思を無視して，他の共有者に不利益を及ぼすことは妥当ではない。したがって，法定地上権の成立は認められない。

㈱　抵当権設定当時，土地所有者が，他の者と建物を共有していた場合には，法定地上権の成立が肯定される（最判昭46・12・21民集25・9・1610）。

　土地が単独所有で建物が共有の場合に法定地上権の成立を認めることによって，建物所有者のために許容されていた土地利用関係（約定利用権）が，地上権という強力な権利に転化することになり，他の共有者に不利益は生じない(他の共有者の利益となる)。この場合，土地所有者に生ずる不利益（土地の競売価格が下落する，または，土地所有者の負担が大きくなること）は，自ら招いた結果であり，やむを得ないこととなる。したがって，法定地上権の成立が認められることになる。

　㈬　抵当権設定当時，土地と建物が，ともに共有である場合において，土地の共有者の一人と建物の共有者の一人が同一人であるときでも，他の土地共有者全員が，法定地上権の発生を予め容認していたとみることができる客観的，外形的事実がなければ，法定地上権の成立は否定される（最判平6・12・20民集48・8・1470）。

　土地と建物ともに共有である場合に法定地上権の成立を認めてしまうと，建物所有者のために許容していた土地利用関係（約定利用権＝債権）が，地上権（物権）という強力な権利に転化することになり，不当な結果となる（他の共有者の負担が大きくなる）。このような結果は，自己の持分の価値を十分に維持・活用しようとする土地共有者らの通常の意思に合致しない。また，第三者(土地の共有持分に利害関係を有する一般債権者，後順位抵当権者，買受人など）の期待や予期に反するし，執行手続の法的安定性を損なうことにもなる。したがって，法定地上権の成立は認められない。

　㈭　土地に対する1番抵当権設定当時，土地と建物の所有者が異なっていたが，2番抵当権設定前に，土地と建物の所有権が同一人に帰属し，2番抵当権の実行によって競売がなされた場合でも，法定地上権の成立は否定される（最判平2・1・22民集44・1・314）。

　抵当権が実行されて競売がなされた場合には，競売による配当手続は，1番抵当権を基準に行われることになる（177条，民執87条1項4号参照）。したがって，

競売にもとづく効果は，1番抵当権を基準に判断されなければならず，法定地上権の成否は，1番抵当権を基準に判断されることになる。それゆえ，土地に対する1番抵当権設定当時において，土地と建物の所有者が異なっていたときは，たとえ，2番抵当権設定前に土地と建物の所有権が同一人に帰属し，2番抵当権の実行によって競売手続がなされたとしても，法定地上権は成立しない。

土地に対する1番抵当権設定当時，土地と建物の所有者が異なっていた場合には，建物所有者の有する土地利用権が，抵当権に優先するか否かの問題（対抗問題）となる。また，1番抵当権者は，抵当権設定当時において，当該土地には法定地上権は成立しないものとして担保価値を把握しているのであるから，当該土地は，1番抵当権設定当時の状態で競売されなければならない。そうでなければ，抵当権者が不利益を受けることになってしまうからである。

③ ［成立要件(c)］に関する注意点　(イ)　土地と建物の双方に抵当権が設定されていた場合であっても，競売の結果，土地と建物の所有者が異なるに至ったときは，法定地上権の成立が肯定される（大判明38・9・22民録11・1197, 大判昭6・10・29民集10・931, 最判昭37・9・4民集16・9・1854）。

土地と建物の双方に抵当権が設定されていた場合に，その一方のみについて抵当権が実行されて，または，一括競売によらずに，双方について抵当権が実行されたときには，土地と建物の所有権が，別々の者に帰属することがある。これを，土地または建物の一方についてだけ抵当権が設定されていた場合と区別して扱う理由はないからである。また，このような場合，法定地上権の成立が認められないと，建物の崩壊という社会経済的損失を生ずることになるからでもある。

(ロ)　土地と建物に共同抵当権が設定された後，建物が取り壊されて新たな建物が再築された場合，特段の事情のない限り，新建物のために法定地上権は成立しない（最判平9・2・14民集51・2・375）。

抵当権の設定された建物が存続する限りは，当該建物のための法定地上権の成立が許容される。しかし，建物が取り壊されたときは，土地については，法定地上権の制約のない更地としての担保価値を把握しようとするのが当事者の

合理的意思である。抵当権が設定されない新建物のために法定地上権の成立を認めると，抵当権者は不測の損害を被ることになるからである。

ただし，新建物の所有者が土地の所有者と同一であり，かつ，新建物が建築された時点での土地の抵当権者が，新建物について，土地の抵当権と同順位の共同抵当の設定を受けていたときは（特段の事情），新建物のための法定地上権の成立が肯定される。

(3) **法定地上権の内容**　　法定地上権として成立した地上権の内容は，通常の地上権（265条）と同じである（地上権については，本書143頁参照）。ただし，法定地上権として成立した地上権は，建物所有を目的とする地上権であり，借地権となる。したがって，当該地上権（借地権）については，借地借家法が適用される。

(a)　成立時期　　競売における買受人が，買受代金を納付した時に，目的不動産の所有権が買受人に移転する（民執79条）。そして，目的不動産の所有権が買受人に移転した時（代金納付の時）に，地上権が成立する。

(b)　存続期間　　地上権（借地権）の存続期間は，当事者（土地所有者と建物所有者）間の協議によって，これを定めることができる。ただし，当事者間の協議によって，地上権（借地権）の存続期間を定める場合には，30年以上の期間を定めなければならない（借地借家3条ただし書）。当事者が，地上権（借地権）の存続期間を定めなかった場合，または，当事者間の協議が調わなかった場合には，その存続期間は30年となる（借地借家3条本文）。

(c)　地代　　地代は，当事者（土地所有者と建物所有者）間の協議によって，これを定めることができる。ただし，当事者間の協議が調わなかった場合には，当事者からの請求によって，裁判所が地代を定めることになる（388条ただし書）。

## 6 一 括 競 売 権

更地に抵当権を設定した後，抵当地上に建物が築造された場合には（抵当権設定者が建物を築造した場合でも，第三者が建物を築造した場合でも），抵当権者は，抵当権実行に際して，土地とともに，建物をも一括して競売することができる

(389条1項本文)。ただし，優先弁済権は，土地の代価についてのみ行使できるだけである（389条1項ただし書）。

　なお，抵当権設定後に築造された建物の所有者が，抵当地について，抵当権者に対抗することができる占有権原を有する場合には（抵当権設定登記前に，当該土地に対して，賃借権または地上権を取得し登記をしていた場合など），抵当権者は，土地とともに建物をも一括して競売することはできない（389条2項）。

### 7 抵当不動産の賃借人の保護

　同一不動産に対する抵当権と賃借権との関係は対抗関係となり（177条），抵当権設定登記後に賃借権を取得した者は，たとえ対抗要件を備えたとしても，賃借権をもって，抵当権者に対抗することはできない。したがって，抵当権が実行され，抵当不動産が競売によって売却されたときは，当該不動産の賃借人は，買受人に対して賃借権を主張することはできず，当該不動産を明け渡さなければならない。そこで，このような場合の賃借人の保護の制度として，次の2つの制度がある。

　(1) **抵当権者の同意を得た賃借権への対抗力付与制度**　抵当権設定後に登記した賃借権は（605条），抵当権設定登記を有するすべての抵当権者が同意し，かつ，その同意を登記したときは，これをもって，その同意をした抵当権者に対抗することができる（387条1項）。抵当権者が同意をする場合には，その抵当権を目的とする権利を有する者（転抵当権者など），その他抵当権者の同意によって不利益を受ける者（抵当権の譲渡・放棄を受けた者など）の承諾を得なければならない（387条2項）。

　(2) **建物賃借人の明渡し猶予制度**　抵当権者に対抗することができない賃借権にもとづいて，抵当権の目的となっている建物の使用・収益をする者（建物賃借人）であって，次のいずれかに該当するもの（建物使用人）は，その建物の競売の場合において，買受人の買受けの時から6ヵ月を経過するまでは，その建物を買受人に引き渡さなくてもよい（395条1項）。

　　① 競売手続の開始前から使用・収益をしている者

② 強制管理（民執93条以下参照）または担保不動産収益執行（民執180条2号参照）の管理人が，競売手続の開始後にした賃貸借により使用・収益をする者

ただし，買受人の買受けの時より後に，建物の使用の対価（賃料相当額）について，買受人が建物使用者に対して，相当の期間を定めて，1ヵ月分以上の支払いを催告し，その相当期間内に支払いがないときは，建物の明渡し猶予は認められない（395条2項）。

### 8 抵当不動産の第三取得者の保護

抵当不動産の第三取得者が，抵当権を消滅させる方法として，次の2つの方法がある。

(1) **代価弁済**　(a) 代価弁済の意義　抵当権不動産について，所有権または地上権を買い受けた第三者が，抵当権者の請求に応じて，抵当権者に対して代価を弁済したときは，抵当権はその第三者のために消滅するという制度を，**代価弁済**という（378条）。

(b) 代価弁済の要件　(イ) 第三者が，抵当不動産について，所有権または地上権を買い受けたこと。

(ロ) 抵当権者からの請求がなされたこと。

(ハ) 第三取得者（所有権または地上権の買主）が，抵当権者に対して，代価を弁済したこと。

(c) 代価弁済の効果　代価弁済により，第三取得者のために抵当権が消滅する（378条）。

(2) **抵当権消滅請求**　(a) 抵当権消滅請求の意義　抵当不動産の所有権を取得した第三者（第三取得者）は，抵当権者に対して，当該不動産取得の代価または特に指定した金額を提供し，その承諾を得た金額を払渡しまたは供託する旨を付言して，抵当権消滅請求をすることができる（379条）。つまり，第三取得者は，抵当権者に対して，抵当権消滅請求権を有する。

(b) 抵当権消滅請求権者　抵当権消滅請求をなしうる者は，抵当不動産

の所有権を取得した者（第三取得者）のみである。ただし，抵当権不動産の所有権を取得した者であっても，次の者は，抵当権消滅請求をすることはできない。

　　㋑　主たる債務者，保証人，および，その承継人（380条）

　　㋺　停止条件付第三取得者（381条）

　（c）抵当権消滅請求をなしうる時期　　第三取得者は，抵当権の実行としての競売による差押えの効力発生前に，抵当権消滅請求をしなければならない（382条）。

　（d）抵当権消滅請求の手続き　　第三取得者が抵当権消滅請求をする場合には，登記をした各抵当権者に対して，一定の事項（抵当不動産取得の代価または特に指定した金額など）を記載した書面を送達しなければならない（383条）。その書面の送達を受けた各抵当権者は，抵当権消滅請求を承諾することも，拒絶することもできる。ただし，抵当権消滅請求を拒絶するためには，書面の送達を受けた後2ヵ月以内に抵当権を実行して，競売の申し立てをしなければならない（384条1号参照）。競売の申し立てをしようとする抵当権者は，その期間内に，債務者および抵当不動産の譲渡人に，その旨の通知をしなければならない（385条）。

　なお，書面の送達を受けた抵当権者は，次の場合には，第三取得者の提供した代価または金額を承諾したものとみなされる（384条）。

　　㋑　抵当権者が，書面の送達を受けた後2ヵ月以内に抵当権を実行して，
　　　　競売の申し立てをしなかったとき。

　　㋺　抵当権者が，抵当権実行による競売の申し立てを取り下げたとき。

　　㋩　抵当権実行による競売の申し立てを却下する旨の決定が確定したと
　　　　き。

　　㈡　抵当権実行による競売の手続きを取り消す旨の決定が確定したとき。

　（e）抵当権消滅請求による抵当権の消滅　　登記したすべての抵当権者が，第三取得者の提供した代価または金額を承諾し，かつ，第三取得者がその承諾を得た代価もしくは金額を払渡したとき，または，供託したときは，抵当権は消滅する（386条）。この場合，払渡し時または供託時に，抵当権が消滅したこと

第4章　担保物権法の概要　*191*

になる。

## 9　抵当権の処分

(1)　**転抵当**　　(a)　転抵当の意義　　抵当権者（原抵当権者）が，他の債権者のために，自己の有する抵当権（原抵当権）を担保に提供することを，**転抵当**という。たとえば，A所有の甲土地に対して，Bが，被担保債権額2,000万円で抵当権を有し登記をしていたが，BがCから1,600万円を借り入れ，CからBに対する当該貸金債権を担保するために，Bの有する抵当権を担保に提供した場合である。この場合において，Bが，自己の有する抵当権（原抵当権）を，Cのために担保に提供することを，転抵当という。そして，Cの取得した担保権を，**転抵当権**という。

　上記の例において，抵当権が実行されて，甲土地の競売がなされた場合には，まず，Cが1,600万円の優先弁済（配当）を受け，つぎに，Bが，自己の有する被担保債権額からCが配当を受けた額を差し引いた額（2,000万円－1,600万円＝400万円）の配当を受ける。転抵当権者(C)が優先弁済（配当）を受けられるのは，原抵当権者(B)の有する被担保債権額の範囲内に限られる。つまり，転抵当とは，原抵当権者(B)が，目的不動産について把握していた担保価値の全部または一部を転抵当権者に創設的に移転し，転抵当権者(C)に，優先的地位を与えるものである（最判昭44・10・16民集23・10・1759）。

　　(b)　転抵当権の成立　　転抵当権は，原抵当権者と転抵当という処分を受けようとする者（転抵当権者）との間の転抵当権設定契約によって成立する。転抵当権設定契約は諾成契約であり，当事者（B・C）間の合意のみによって成立させることができる。転抵当権設定契約の締結に際して，原抵当権設定者(A)の承諾は不要である。また，転抵当権者(C)の有する被担保債権額は，原抵当権者(B)の有する被担保債権額の範囲内である必要はない。転抵当権者(C)の有する被担保債権額が，原抵当権者(B)の有する被担保債権額を超える場合であっても，転抵当権を成立させることができる（昭和30・10・6民事甲2016号民事局長通達）。

　　(c)　対抗要件　　原抵当権者が，同一の原抵当権につき，数人のために転

抵当権を設定したときは，その数人の転抵当権者の権利の順位は，原抵当権の登記に付記登記をした前後による（376条2項）。また，付記登記の有無にかかわらず，原抵当権者から債務者に対して通知をするか，または，債務者の承諾がなければ，転抵当権者は，転抵当権を，債務者，保証人，原抵当権設定者（物上保証人）およびその承継人に対抗することはできない（377条1項）。債務者，保証人，原抵当権設定者（物上保証人）およびその承継人に対して，転抵当権者が，対抗要件（通知または承諾）を備えていた場合には，原抵当権の債務者，保証人，物上保証人およびその承継人は，転抵当権者の承諾なくして原抵当権者に弁済をしても，弁済による原抵当権の消滅を転抵当権者に対抗することはできない（377条2項）。

## (2) 抵当権の譲渡・抵当権の放棄

**設例⑤**

債務者A所有の甲土地について，Bが，被担保債権額2,000万円で1番抵当権を有し，Cが，被担保債権額4,000万円で2番抵当権を有し，Dが，被担保債権額6,000万円で3番抵当権を有しており，その旨の登記がなされている。さらに，債務者Aに対しては，無担保債権者（一般債権者）Eが，8,000万円の債権を有している。甲土地の競売における売却代金額は，8,000万円である。

(1) 1番抵当権者Bから無担保債権者（一般債権者）Eに対して，**抵当権の譲渡**がなされた後，抵当権が実行されて甲土地が競売された場合，配当手続きはどうなるのか。

(2) 1番抵当権者Bから無担保債権者（一般債権者）Eに対して，**抵当権の放棄**がなされた後，抵当権が実行されて甲土地が競売された場合，配当手続きはどうなるのか。

(a) **抵当権の譲渡** 抵当権の譲渡は，抵当権者から同一の債務者に対する無担保債権者（一般債権者）に対してなされる処分であり，抵当権の譲渡をした抵当権者と抵当権の譲渡を受けた無担保債権者（一般債権者）の地位が入れ替わることである。抵当権の譲渡は，抵当権者と無担保債権者（一般債権者）との間の契約によってなされるものであり，抵当権の譲渡の契約に際して，抵当権設定者（債務者または物上保証人）その他の第三者の承諾は不要である。

第4章　担保物権法の概要　*193*

　1番抵当権者Bから無担保債権者（一般債権者）Eに対して，抵当権の譲渡が
なされた場合（(**設例⑤**) 小問(1)），BとEの地位が入れ替わることになり，Eが，
1番抵当権者となり，Bが，無担保債権者となる。しかし，Eが1番抵当権者
として優先弁済（配当）を受けることができる額は，もともとの1番抵当権B
が有していた優先弁済権の限度（Bの有していた被担保債権の範囲）までであり，
2,000万円までである。なお，抵当権の譲渡がなされても，他の抵当権者には，
何らの影響も及ぼさない。

　したがって，BからEに対して，抵当権の譲渡がなされた後に，抵当権が実
行されて，競売による配当がなされるときは，まず，Eが1番抵当権者として，
2,000万円の配当を受け，つぎに，Cが，4,000万円の配当を受け，そして，Dが，
2,000万円の配当を受けることになる（残りの4,000万円について，Dは，無担保債
権者となる）。Bは，2,000万円について無担保債権者となる。また，Eは，残り
の6,000万円については，無担保債権者のままである。

　(b)　**抵当権の放棄**　　抵当権の放棄は，抵当権者から同一の債務者に対す
る無担保債権者（一般債権者）に対してなされる処分であり，抵当権の放棄をし
た抵当権者と抵当権の放棄を受けた無担保債権者（一般債権者）の地位が同列に
並ぶことである。ここにいう抵当権の放棄は，特定の無担保債権者に対しての
み，その効力を生ずるものであって（抵当権に基づく優先弁済権を主張しないとす
るもの），相対的放棄である。抵当権そのものを，絶対的に消滅させてしまう意
味での抵当権の放棄（絶対的放棄）とは異なる。

　抵当権の放棄は，抵当権者と無担保債権者（一般債権者）との間の契約によっ
てなされるものであり，抵当権の放棄の契約に際して，抵当権設定者（債務者
または物上保証人）その他の第三者の承諾は不要である。

　1番抵当権者Bから無担保債権者（一般債権者）Eに対して，抵当権の放棄が
なされた場合（(**設例⑤**) 小問(2)），BとEの地位が同列に並ぶことになり，Eは，
Bとともに，1番抵当権者となる。しかし，BとEが，1番抵当権者として優先
弁済（配当）を受けることができる額は，もともとの1番抵当権Bが有してい
た優先弁済権の限度（Bの有していた被担保債権の範囲）までであり，2,000万円

までである。この場合，BとEは，それぞれが有する債権額に応じて，優先弁済を受けることになり，不足額については，無担保債権者となる。なお，抵当権の放棄がなされても，他の抵当権者には，何らの影響も及ぼさない。

　したがって，BからEに対して，抵当権の放棄がなされた後に，抵当権が実行されて，競売による配当がなされるときは，まず，BとEが，1番抵当権者として，それぞれの債権額に応じて，合計2,000万円の配当を受ける。つまり，BとEの債権額の割合は，2,000万円：8,000万円＝1：4であるから，2,000万円を［1：4］で按分した額について，BとEが優先弁済（配当）を受ける（Bが400万円，Eが1,600万円）。つぎに，Cが，4,000万円の配当を受け，そして，Dが，2,000万円の配当を受ける（残りの4,000万円について，Dは，無担保債権者となる）。Bは，残りの1,600万円について無担保債権者となり，Eは，残りの6,400万円について，無担保債権者のままである。

### (3)　抵当権の順位の譲渡・抵当権の順位の放棄

> **設例⑥**
>
> 　債務者A所有の甲土地について，Bが，被担保債権額2,000万円で1番抵当権を有し，Cが，被担保債権額4,000万円で2番抵当権を有し，Dが，被担保債権額6,000万円で3番抵当権を有しており，その旨の登記がされている。甲土地の競売における売却代金額は，8,000万円である。
>
> 　(1)　1番抵当権者Bから3番抵当権者Dに対して，**抵当権の順位の譲渡**がなされた後，抵当権が実行されて甲土地が競売された場合，配当手続きはどうなるのか。
>
> 　(2)　1番抵当権者Bから3番抵当権者Dに対して，**抵当権の順位の放棄**がなされた後，抵当権が実行されて甲土地が競売された場合，配当手続きはどうなるのか。

　(a)　**抵当権の順位の譲渡**　　抵当権の順位の譲渡は，先順位抵当権者から同一の債務者に対する後順位抵当権者に対してなされる処分であり，抵当権の順位の譲渡をした先順位抵当権者と抵当権の順位の譲渡を受けた後順位抵当権者の地位が入れ替わることである。

　抵当権の順位の譲渡は，先順位抵当権者と後順位抵当権者との間の契約によってなされるものであり，抵当権の順位の譲渡の契約に際して，抵当権設定

者（債務者または物上保証人）その他の第三者の承諾は不要である。

1番抵当権者Bから3番抵当権者Dに対して，抵当権の順位の譲渡がなされた場合（　設例⑥　小問(1)），BとDの地位が入れ替わることになり，Dが，1番抵当権者となり，Bが，3番抵当権者となる。しかし，Dが1番抵当権者として優先弁済（配当）を受けることができる額は，もともとの1番抵当権Bが有していた優先弁済権の限度（Bの有していた被担保債権の範囲）までであり，2,000万円までである。なお，抵当権の順位の譲渡がなされても，他の抵当権者には，何らの影響も及ぼさない。

したがって，BからDに対して，抵当権の順位の譲渡がなされた後に，抵当権が実行されて，競売による配当がなされるときは，まず，Dが1番抵当権者として，2,000万円の配当を受け，つぎに，Cが，4,000万円の配当を受ける。そして，Dは，残りの4,000万円については，3番抵当権者のままであり，また，Bも，3番抵当権者となっている。この場合，3番抵当権者としては，抵当権の順位の譲渡を受けたDが優先することになり，3番抵当権者として，Dは，2,000万円の配当を受けることになる（残りの2,000万円について，Dは，無担保債権者となる）。Bは，2,000万円について無担保債権者となる。それゆえ，Dは，合計4,000万円について，優先弁済（配当）を受けることになる。

(b) **抵当権の順位の放棄**　　抵当権の順位の放棄は，先順位抵当権者から同一の債務者に対する後順位抵当権者に対してなされる処分であり，抵当権の順位の放棄をした先順位抵当権者と抵当権の順位の放棄を受けた後順位抵当権者の地位が同列に並ぶことである。

抵当権の順位の放棄は，先順位抵当権者と後順位抵当権者との間の契約によってなされるものであり，抵当権の順位の放棄の契約に際して，抵当権設定者（債務者または物上保証人）その他の第三者の承諾は不要である。

1番抵当権者Bから3番抵当権者Dに対して，抵当権の順位の放棄がなされた場合（　設例⑥　小問(2)），BとDの地位が同列に並ぶことになり，Dは，Bとともに，1番抵当権者であるとともに，3番抵当権者でもあることになる。しかし，BとEが，1番抵当権者として優先弁済（配当）を受けることができる額は，

もともとの１番抵当権Bが有していた優先弁済権の限度（Bの有していた被担保債権の範囲）までであり，2,000万円までである。同様に，３番抵当権者として優先弁済を受けることができる額は，2,000万円までである。この場合，BとDは，それぞれが有する債権額に応じて，優先弁済を受けることになる。なお，抵当権の順位の放棄がなされても，他の抵当権者には，何らの影響も及ぼさない。

　したがって，BからDに対して，抵当権の順位の放棄がなされた後に，抵当権が実行されて，競売による配当がなされるときは，まず，BとDが，１番抵当権者として，それぞれの債権額に応じて，合計2,000万円の配当を受けることになる。つまり，BとDの債権額の割合は，2,000万円：6,000万円＝１：３であるから，2,000万円を［１：３］で按分した額について，BとDが優先弁済（配当）を受けることになる（Bが500万円，Dが1,500万円）。つぎに，Cが，4,000万円の配当を受ける。そして，甲土地の売却代金の残りの2,000万円については，BとDが，３番抵当権者として，それぞれの債権額に応じて，配当を受けることになる（Bが500万円，Dが1,500万円）。それゆえ，Bは，合計1,000万円の配当を受け，Dは，合計3,000万円の配当を受けることになる。

　なお，抵当権の譲渡，抵当権の放棄，抵当権の順位の譲渡または抵当権の順位の放棄を受けた者（受益者）の対抗要件は，前述した転抵当権者の対抗要件と同様である。すなわち，同一の処分を受けた者に対しては，付記登記が対抗要件となり（376条２項），債権者，保証人，物上保証人およびその承継人に対しては，通知または承諾が対抗要件となる（377条１項）。また，債務者，保証人，物上保証人およびその承継人は，受益者（抵当権の譲渡，抵当権の放棄，抵当権の順位の譲渡または抵当権の順位の放棄を受けた者）の承諾なくして原抵当権者に弁済をしても，弁済による原抵当権の消滅を受益者に対抗することはできない（377条２項）。

　(4)　**抵当権の順位の変更**　　抵当権の順位は，各抵当権者の合意によって，これを変更することができる（374条１項本文）。つまり，順位の変更にかかる抵当権者全員の合意によって，被担保債権とともに，その順位を変更することができるのである。たとえば，A所有の甲不動産について，１番抵当権者B（被担

保債権額2,000万円），２番抵当権者Ｃ（被担保債権額4,000万円），３番抵当権者Ｄ（被担保債権額6,000万円）がいる場合，Ａ・Ｂ・Ｃ全員の合意により，１番抵当権者Ｃ（被担保債権額4,000万円），２番抵当権者Ｄ（被担保債権額6,000万円），３番抵当権者Ｂ（被担保債権額2,000万円）とする場合などである。

抵当権の順位の変更については，利害関係人（転抵当権者など）がいるときは，その者の承諾を得なければならない（374条１項ただし書）。

抵当権の順位の変更は，登記をしなければ（不登法89条），その効力を発生しない（374条２項）。つまり，登記が，順位変更の効力発生要件となる。

## ⑩　共　同　抵　当

債権者が，同一の債権の担保として，数個の不動産の上に抵当権を有するものを（392条１項参照），**共同抵当**という。共同抵当の目的となる数個の不動産は，数個の土地であっても，数個の建物であっても，土地と当該土地上の建物であってもよい。

> **設例⑦**
>
> 　Ａは，Ｂに対して有する7,500万円の債権を担保するため，Ｂ所有の甲土地（競売時の価格7,500万円）と乙土地（競売時の価格5,000万円）に，１番抵当権（共同抵当）を有し，その旨の登記をしている。
>
> 　その後，Ｂは，甲土地については，Ｃの２番抵当権（被担保債権額3,000万円）を設定・登記し，乙土地については，Ｄの２番抵当権（被担保債権額2,000万円）を設定・登記している。
>
> (1)　Ａが，甲土地と乙土地とについて，**同時に抵当権を実行**した場合，Ａ，Ｃ，Ｄは，どのように配当を受けるのか。
>
> (2)　Ａが，**甲土地についてのみ抵当権を実行**し，甲土地だけが競売された場合，Ｃの抵当権の効力はどうなるのか。

共同抵当権者は，共同抵当権の実行に際しては，複数の目的不動産の全部について，同時に抵当権を実行することができるし（392条１項参照），複数の目的不動産のうちの一部についてのみ抵当権を実行することもできる（392条２項参照）。複数の目的不動産の全部について，同時に抵当権が実行された場合には，同一

の競売手続によって，目的不動産の全部が売却され（民執61条），目的不動産の売却代金が，同時に配当されることになる（**同時配当**）。また，複数の目的不動産のうちの1個の不動産についてのみ抵当権が実行された場合には，当該不動産のみが競売によって売却され，その売却代金のみが，まず配当されることになる（**異時配当**）。その後，他の不動産が競売によって売却されたときに，その売却代金が配当されることになる。

共同抵当権の実行に際して，いずれの方法を選択するかは，共同抵当権者の自由である。つまり，共同抵当権者は，共同抵当権の実行については，自由選択権を有している。このことは，目的不動産について，後順位抵当権者がいるか否かにはかかわりがない。

しかし，共同抵当権者に，共同抵当権を実行するについての自由選択権を認めるだけで，後順位抵当権者との間の利益調整に何らの手段をも講じないで放置すると，後順位抵当権者との間に不公平が生ずる。そこで，共同抵当権者と後順位抵当権者との公平を図るため，共同抵当権が，目的物の全部について同時に実行された場合（同時配当の場合）と，いずれかの目的物についてのみ実行された場合（異時配当の場合）のそれぞれについては，次のような処理がなされることになる。

(1) **同時配当の効果**　　複数の目的不動産の全部について，同時に，共同抵当権が実行された場合（同時配当の場合）には，共同抵当権者は，各不動産の競売による売却代金から，任意に弁済を受けることはできない。この場合には，**割付主義**が採用され，各不動産の価格（売却代金額）の割合に応じて，共同抵当権者の被担保債権額を割り付け，この割り付け額の限度で，共同抵当権者は，配当（優先弁済）を受けることができるだけである（392条1項）。

**設例⑦**において，Aが，甲土地と乙土地とについて，同時に抵当権を実行した場合（小問(1)），配当手続は次のようになる。つまり，甲土地と乙土地の価格の割合は［3：2］であるから（甲土地：乙土地＝7,500万円：5,000万円＝3：2），Aの被担保債権額7,500万円を［3：2］に按分した額を（3：2＝4,500万円：3,000万円），それぞれ，甲土地と乙土地に割り付ける。したがって，Aは，甲

土地の売却代金から4,500万円，乙土地の売却代金から3,000万円の配当を受ける。そして，Ｃは，甲土地の売却代金から3,000万円の配当を受け，Ｄは，乙土地の売却代金から2,000万円の配当を受ける。

**(2) 異時配当の効果**　　**(a)　優先主義**　　複数の目的不動産のうちの一部についてのみ抵当権が実行された場合（異時配当の場合）には，**優先主義**が採用される。つまり，同時配当の場合のような割り付け額の制限はないので，共同抵当権者は，当該不動産の競売による売却代金から，被担保債権の全額について，配当（優先弁済）を受けることができる（392条2項前段）。

**設例⑦**において，Ａが，甲土地についてのみ抵当権を実行した場合，Ａは，甲土地の売却代金から7,500万円全額の配当を受けることができる。

　　**(b)　後順位抵当権者の保護**　　異時配当の場合において，競売によって売却された不動産の後順位抵当権者が，目的不動産の売却代金からは何らの配当も得られないとすると，著しく不公平な結果を生ずることになる。そこで，異時配当の場合には，後順位抵当権者は，他の不動産の競売代金について，本来，同時配当がなされたのであれば負担すべきであった割り付け額の範囲で，共同抵当権者に代位して，共同抵当権者の有していた抵当権を実行して，優先弁済を受けることができる（392条2項後段）。つまり，共同抵当権者が，1個の不動産についてのみ抵当権を実行して，被担保債権額全額の配当を受けた時に，当該不動産の後順位抵当権者に代位権が発生し（大決大6・10・22民録23・1410），その効果として，同時に他の不動産に対して共同抵当権者の有していた抵当権が，後順位抵当権者に，法律上，当然に移転（法定移転）することになる（大連判大15・4・8民集5・575）。

**設例⑦**において，Ａが，甲土地についてのみ抵当権を実行し，甲土地の売却代金から7,500万円全額の配当を受けた場合（小問(2)），Ｃは，乙土地について，Ａに代位して，Ａが同時配当の際に，乙土地から弁済を受けるべき金額（3,000万円）に満つるまで，抵当権を行使することができる（Ａの乙土地上の抵当権が，Ｃへ，法律上，当然に移転する）。そして，つぎに，乙土地が競売によって売却された場合，Ｃは，乙土地の売却代金から，1番抵当権者として，3,000万円の配

当を受け，Dは，乙土地の売却代金から，2番抵当権者として，2,000万円の配当を受ける。

(c) 代位の登記（付記登記）　異時配当の場合において，競売によって売却された不動産の後順位抵当権者に発生した代位権（抵当権の移転）については，これを登記（付記登記）することができる（393条，不登91条・4条2項参照）。しかし，代位権を取得した後順位抵当権者は，**代位による抵当権移転の効果が発生する前**の被代位不動産上の権利者（抵当権設定者，後順位抵当権者，第三取得者など）に対しては，代位についての登記（付記登記）がなくとも，代位の効果を主張することができる（大決大8・8・28民録25・1524）。

なぜならば，代位者（後順位抵当権者）が，被代位抵当権（他の不動産に対して共同抵当権者の有していた抵当権）を実行し，他の不動産から優先弁済を受けたとしても，被代位抵当権（共同抵当権者の有していた抵当権）を設定した者や，被代位抵当権（共同抵当権者の有していた抵当権）の存在を前提として法的地位を取得した者（後順位抵当権者，第三取得者）は，何らの不利益をも受けないからである（前出・大決大8・8・28）。

しかし，**代位の効果が発生した後**に，新たに，被代位不動産上に利害関係を取得した者（代位権が発生した後に設定された抵当権者，第三取得者など）に対しては，代位者は，代位の登記（付記登記）なくして，代位の効果を対抗することはできない（大判昭5・9・23新聞3193・13）。これらの者は，代位の登記（付記登記）がなければ，被代位抵当権は消滅したものとして，当該不動産について利害関係を取得することになるからである。

### 根抵当権

一定の範囲に属する不特定の債権を極度額の限度において担保する抵当権を，**根抵当権**という（398条の2第1項）。根抵当権は，継続的取引契約等の当事者間において，ある程度の期間にわたり，債権・債務の発生・変更・消滅を繰り返す場合に多く利用される。たとえば，電気製品のメーカーから継続的に電気製品を仕入れている小売店等に対して，そのメーカーは，電気製品を供給するたびに売掛債権を取得するが，売掛債権額が特定するごとに抵当権（普通抵当権）を設定・登記しなければならないとすると（または，小売店等からの弁済のたびに抵当権の抹消登記をしなければならないとすると），煩雑であり実際的ではない。そこで，一定限度の債権額（極度額）の範囲内で一定期間内に発生する売掛債権のすべてを一括して担保するための抵当権として，あらかじめ特定の不動産等の上に

成立させておくものが根抵当権である。

根抵当権によって担保される債権額が確定（元本の確定）するまでは，債権・債務の発生・変更・消滅が何回繰り返されても根抵当権の効力には影響しない。元本の確定前の根抵当権には，附従性・随伴性はない。元本の確定前の根抵当権は，独立性を有し，被担保債権と切り離されて有効に存続する。そして，元本が確定（根抵当権が確定）すると，その根抵当権は，通常の抵当権（普通抵当権）と同様，特定の債権（債権額の確定した債権）を担保することになる。

**1．根抵当権の成立**　根抵当権は，債権者と債務者または第三者（物上保証人）との間の**根抵当権設定契約**によって成立する。根抵当権設定契約は，諾成契約であり，当事者間の合意のみによって成立する。ただし，登記（対抗要件）を備えておかないと，根抵当権を第三者に対抗することはできない（177条）。なお，根抵当権設定契約においては，①被担保債権の範囲，②債務者，③極度額をかならず定めておかなければならない。

**2．根抵当権によって担保される不特定の債権の範囲**　根抵当権によって担保される不特定の債権（被担保債権）は，一定の範囲に属するものでなければならない。一定の範囲というのは，次のいずれかに該当するものをいう（398条の2第2項・同3項）。①特定の継続的取引契約（継続的商品供給契約，継続的手形割引《貸付》契約など），②一定の種類の取引（売買取引，銀行取引，保証委託取引など），③特定の原因にもとづいて継続的に生ずる債権（継続的不法行為にもとづく損害賠償請求権など），④手形・小切手上の債権（回り手形・回り小切手上の債権）。

**3．優先弁済を受ける範囲**　根抵当権者は，極度額を限度として，確定した元本（債権額），利息その他の定期金，債務不履行によって生じた損害賠償の全額について優先弁済（配当）を受けることができる（398条の3第1項）。根抵当権について，375条の規定は適用されない。

**4．元本の確定**　次のいずれかに該当する場合に，根抵当権の元本（債権額）は確定する。

(1)　元本確定期日の到来　根抵当権者（債権者）と根抵当権設定者との合意によって，元本の確定期日を定めることができる（398条の6第1項）。元本の確定期日を定める場合には，その定めの日から5年以内で定めなければならない（398条の6第2項）。元本の確定期日の定めがある場合には，その期日の到来によって，元本は確定する。

(2)　元本の確定請求　元本の確定期日の定めがない場合には，根抵当権設定者は，根抵当権の設定の時から3年を経過したときは，担保すべき元本の確定を請求することができる。この場合，その請求の時から2週間を経過した時に元本は確定する（398条の19第1項・同3項）。また，元本の確定期日の定めがない場合には，根抵当権者は，いつでも，担保すべき元本の確定を請求することができる。この場合，その請求の時に元本は確定する（398条の19第2項・同3項）。

(3)　元本確定事由の発生　次のいずれかの場合には，当然に根抵当権の元本は確定する（398条の20第1項）。(i)根抵当権者が，抵当不動産について，競売，担保不動産収益執行または物上代位による差押えを申し立てたとき，(ii)根抵当権者が，抵当不動産に対して，滞納処分による差押えをしたとき，(iii)根抵当権が，抵当不動産に対する競売手続の開始または滞納処分による差押えがあったことを知った時から2週間経過したとき，(iv)債務者または根抵当権設定者が，破産手続開始の決定を受けたとき。

**5．元本確定後の特則**　(1)　極度額減額請求権　元本の確定後においては，根抵当権設定者は，その根抵当権の極度額を，現に存する債務の額と以後2年間に生ずべき

利息その他の定期金および債務不履行による損害賠償額とを加えた額に減額することを請求することができる（398条の21第1項）。この極度額減額請求権は**形成権**であり，一方的意思表示によって，極度額減額の効果を生ずる。

(2) 根抵当権消滅請求権　　元本の確定後において，現に存する債務の額が根抵当権の極度額を超えるときは，物上保証人または抵当不動産について所有権，地上権，永小作権，賃借権を取得した第三者は，その極度額に相当する金額を払渡しまたは供託して，根抵当権の消滅を請求することができる（398条の22第1項）。この根抵当権消滅請求権は**形成権**であり，一方的意思表示によって，根抵当権消滅の効果を生ずる。

# 第5章
# 債権法総論の概要

## I　債権とは何か

### 1　債権の意義

**債権**とは，特定の人（債務者）に対して，一定の行為を要求しうる権利（人に対する権利）をいう。たとえば，金銭の支払請求権や物の引渡請求権などである。債権の直接の目的は，特定の人（債務者）のなすべき一定の行為（たとえば，金銭の支払いや物の引渡しなど）である。特定の人（債務者）のなすべき一定の行為を，**給付**という。

ある人が，特定の人（債務者）に対して，債権（一定の行為を要求しうる権利）を有しているときは，その特定の人（債務者）は，ある人（債権者）に対して，一定の行為をなすべき義務を負う。債権者に対して，一定の行為をなすべき義務を**債務**という。そして，債権を有する人を**債権者**といい，債務を負う人を**債務者**という。

### 2　債権の性質

**(1) 相対性**　債権は，特定の人（債務者）に対してのみ主張することができる権利であり，原則として，第三者に対しては，債権を主張することはできない（債権は，相対的効力を有するのみである。大判明39・11・21民録12・1537）。ただし，例外的に，不動産賃借権については，対抗要件を備えることによって，

これを，第三者に対抗することができる（605条，借地借家10条1項・31条1項）。不動産賃借権は，債権ではあるが，対抗要件を備えることによって，物権同様の効力が認められる（**賃借権の物権化**。本書307頁参照）。

(2) **間接性** 債権の中心的な目的が，物の支配（使用・収益）にある場合であっても（たとえば，賃借権・使用借権），債権者は，目的物を直接に支配することはできない。このような場合には，債務者の行為（目的物を使用・収益できる状態におくという行為）があって，はじめて，債権者（賃借権者・使用借権者）は，目的物を支配（使用・収益）することができる。物の支配を目的とする債権であっても，その債権の直接の目的は，債務者の行為であり，間接的に物を支配（使用・収益）しうるにすぎない。

(3) **排他性なし** 債権は，特定の人（債務者）に対してのみ主張することができる権利であって，第三者には，これを主張しえない権利である。したがって，同一の人（債務者）に対する同一内容の債権の成立を否定することはできない。債権については，同一の人（債務者）に対する同一内容の債権が，複数成立することが認められる。債権は，債務者の一定の行為を要求しうる権利であるから，同一の債務者に対して，同一内容の債権が複数成立している場合であっても，債務者が，同一内容の複数の義務を履行することによって，複数の債権を実現することが可能となる。それゆえ，同一内容の債権の成立を否定する必要もない。また，債権は，原則として，これを，第三者に主張しえない権利であるから，たとえ，第三者の行為によって，債権の実現が妨げられていたとしても，債権者は，第三者の妨害行為を排除することはできない。

ただし，物権同様の効力が認められる債権（対抗要件を備えた不動産賃借権）については，妨害排除請求権等の物権的請求権の行使が認められる（最判昭28・12・18民集7・12・1515，最判昭30・4・5民集9・4・431）。

(4) **創設の自由** 債権は，特定の人（債務者）に対する権利であるから，当事者間（債権者と債務者になる者）の合意によって，自由に創設することができる（契約自由の原則のあらわれである）。つまり，債権は，相対的効力しか有しておらず，排他性も認められないことから，第三者への影響が少ないことによ

る。

ただし，債権の内容（債権の目的＝給付）は，①客観的に確定しうるものであり（確定性），②実現可能なものであり（可能性），③適法（強行規定に反しないもの）であり（適法性），かつ，④社会的妥当性を有するもの（公序良俗に反しないもの）でなければならない（妥当性）。

## Ⅱ　債　権　の　目　的

債務者のなすべき給付内容に応じて分類すると，債権の種類としては，以下のようなものがある。

### ① 特 定 物 債 権

(1) **特定物債権の意義**　特定物の引渡しを目的とする債権を，**特定物債権**という。**特定物**とは，「これ」とか，「この物」というように，あらかじめ，目的物が限定されている物をいう（特定物は，目的物の個性に着目して，主観的に限定した物であって，同種の物が他にあるか否か《代替物・不代替物》には関わりがない）。これに対して，あらかじめ，目的物が限定されていない物を，**不特定物**という。

(2) **債務者の目的物保管義務**　特定物債権における債務者は，目的物を引き渡すまでは，善良なる管理者の注意をもって，目的物を保管しなければならない（400条）。債務者は，目的の保管に際しては，**善管注意義務**を負う（本書156頁参照）。

特定物債権における債務者は，目的物を引き渡す時の現状で，目的物を引き渡せばよい（483条）。ただし，債務者が，善管注意義務を怠り（善管注意義務違反＝過失），目的物を滅失・損傷させた場合には，債務者は，債務不履行責任を負う（415条）。

## ② 種 類 債 権

(1) **種類債権の意義**　種類物の引渡しを目的とする債権を，**種類債権**という。種類物とは，種類と数量によって定められた物をいい（たとえば，カラーテレビ10台，お米20キロなど），不特定物であり，かつ，代替物である物をさす。

(2) **目的物の品質**　種類債権における債務者が給付すべき物の品質は，法律行為の性質または当事者の意思表示によって定まるが，これによって定めることができないときは，債務者は，**中等の品質**を有する物を給付しなければならない（401条1項）。

(3) **種類債権の特定**　種類債権の成立時においては，目的物の種類と数量が定められているだけで，具体的な目的物が限定されているわけではない。債務者が給付をするためには，目的物を具体的に限定しなければならない。そこで，①債務者が，物の給付をなすために必要な行為を完了したとき，または，②債権者の同意を得て，給付すべき物を指定したときは，その物が，具体的な目的物となる（401条2項）。このことを，**種類債権の特定**（または，種類債権の集中）という。種類債権が特定すると，それ以後，種類債権は，特定物債権と同様となる。

なお，債務者が，物の給付をなすために必要な行為を完了したときというのは，① **持参債務**（債権者の住所地が履行場所となる債務）の場合には，債権者の住所地において，目的物を提供したときであり，② **取立債務**（債務者の住所地が履行場所となる債務）の場合には，目的物を別置した上で，債権者に通知し受領を催告したときであり，③ **送付債務**（債権者の住所地・債務者の住所地以外の第三地に目的物を送付すべき債務）の場合には，第三地（目的地）にむけて目的物を送付したときである。

(4) **債務者の調達義務・保管義務**　種類債権が特定するまでは，債務者は，調達義務を負う。したがって，債務者は，自己のもとにある種類物が滅失・損傷した場合でも，同種の物が世の中に存在する限り，その物を調達しなければならない。自己のもとにある種類物が全て滅失した場合でも，履行不能とはな

らない。

しかし，種類債権が特定した後は，特定物債権と同様となるのであるから，債務者は，目的物（特定した物）の保管に際しては，**善管注意義務**を負う（400条）。

(5) **制限種類債権**（**限定種類債権**）　種類債権において，債務者の調達義務の範囲を限定したものを，**制限種類債権**（または，**限定種類債権**）という。たとえば，債務者の倉庫内に保管している多数のカラーテレビの中から10台を引き渡すという場合である。

制限種類債権（限定種類債権）においては，調達義務の範囲内の物が全て滅失した場合には，履行不能となる（債務不履行または危険負担の問題となる）。

### ③ 利 息 債 権

(1) **利息債権の意義**　利息の支払いを目的とする債権を，利息債権という。利息とは，元本の使用の対価として，一定の利率に従って支払われる金銭（または，その他の代替物）をさす。

(2) **利率**　利率には，法定利率と約定利率とがある。**法定利率**とは，法律で定められた利率であり，**約定利率**とは，当事者間の特約によって定められた利率である。約定利率があるときは，利率は，約定利率による。しかし，約定利率がないときは，利率は，法定利率による。民法上の法定利率（**民事法定利率**）は，年５％であり（404条），商法上の法定利率（**商事法定利率**）は，年６％である（商514条）。

(3) **利息制限法**　金銭消費貸借契約において，当事者が，約定利率を定める際には，利息制限法による制限利率の範囲内で定めなければならない。利息制限法にもとづく制限利率は，①元本が10万円未満の場合は，年20％，②元本が10万円以上100万円未満の場合は，年18％，③元本が100万円以上の場合は，年15％である。この制限を超えて約定利率を定めたときは，その超過部分について無効となる（利息１条）。つまり，制限利率の範囲内における利息契約は有効であり，超過部分の利息契約が無効となるだけである。したがって，超過部分

についての利息債権・利息債務は発生しない。債務者が，その超過部分を任意に支払ったときは，その金額は，残存元本に充当される（最大判昭39・11・18民集18・9・1868）。そして，計算上，元本が完済された後に支払われた金額については，不当利得として返還請求ができる（最大判昭43・11・13民集22・12・2526）。

なお，貸金業者が，金銭消費貸借契約において，年109.5％を超える利息の契約をしたときは，その金銭消費貸借契約全体が無効となる（貸金業42条１項）。つまり，元本契約と利息契約の双方ともに無効となるのであり，貸金業者は，利息の支払いを請求することは全くできないことになる。この場合，貸金業者は，元本の返還も請求できないことになる（不法原因給付。708条）。

> **高金利に対する刑事責任**
>
> 　貸金業者以外の者が，年109.5％を超える割合による利息の契約をしたときは，５年以下の懲役もしくは1,000万円以下の罰金に処せられ，または，これを併科される（出資取締５条１項）。また，貸金業者が，年20％を超える割合による利息の契約をしたときは，５年以下の懲役もしくは1,000万円以下の罰金に処せられ，または，これを併科される（出資取締５条２項）。さらに，貸金業者が，年109.5％を超える割合による利息の契約をしたときは，10年以下の懲役もしくは3,000万円以下の罰金に処せられ，または，これを併科される（出資取締５条３項）。

> **民法改正の動向（法定利率）**
>
> 　法定利率に関しては，以下の方向で検討されている。
> ①　法定利率を３％とし，３年ごとに，３年を一期として，１％単位で加算または減算する変動制を導入する（404条改正）。
> ②　商事法定利率に関する商法の規定を削除し，民事法定利率と商事法定利率を統一化する（商法514条削除）。
> ③　金銭債務の不履行の場合の損害賠償額の算定については，原則として，債務者が履行遅滞の責任を負った時の法定利率によって定めるものとする（419条１項前段改正）。
> ▲改正要綱仮案10頁，改正要綱案原案（その１）10頁，改正要綱案10頁

## Ⅲ　債権の効力

### [1]　現実的履行の強制（強制執行）

　債務者が，任意に，その債務の履行をしていない場合には，債権者は，自己

第 5 章 債権法総論の概要 *209*

の債権を実現するために，国家権力によって（裁判所への手続きをなすことによって），強制的に，債務を履行させることができる（414条）。強制的な債務の履行方法としては，次の 3 つの方法が認められている。

**(1) 直接強制**（与える債務）　　(a) 物の引渡債務の場合　　不動産については，執行官が，債務者の占有を解いて，債権者にその占有を取得させる方法によって行われる（民執168条 1 項）。また，動産については，執行官が債務者からこれを取り上げて，債権者へ引き渡す方法によって行われる（民執169条 1 項）。

　　(b) 金銭債務の場合　　債務者の財産を差押え・換価し（競売による売却），債権者へ配当する方法によって行われる（民執43条以下）。

> **与える債務・なす債務**
>
> 　物の引渡しや金銭の支払いを目的とする債務を，**与える債務**という。これに対して，物の引渡しや金銭の支払い以外の一定の行為（作為・不作為）を目的とする債務を，**なす債務**という。なす債務には，債務者以外の者が，債務者に代わってすることができるもの（代替的行為）と債務者に代わってすることができないもの（不代替的行為）とがある。

**(2) 代替執行**（なす債務——代替的行為）　　債権者や第三者に一定の行為（債務者のなすべき行為）をさせ，その費用を債務者から取り立てる方法によって行われる（民執171条 1 項）。たとえば，家屋の取り壊し・修繕，謝罪広告の掲載（最大判昭31・7・4 民集10・7・785），道路整備などを目的とする債務の場合である。

**(3) 間接強制**（なす債務——不代替的行為）　　債務履行の遅延の期間に応じて，または，相当と認める一定期間内に履行しないときは，ただちに，債務の履行を確保するために相当と認める一定の額の金銭を，債権者に支払うべき旨を命ずる方法によって行われる（民執172条 1 項）。たとえば，債務者本人の特別の能力の発揮を必要とする行為（芸術的創作など）を目的とする債務の場合である。

　なお，離婚後に未成年の子を単独で監護する親（母親）に対して，その子を監護していない親（父親）がその子と面会交流することを許さなければならないと命ずる審判がなされている場合において，監護親が非監護親と未成年の子との面会交流を許さなかったときは，監護親の債務（非監護親と未成年の子との面会交流を許すべき債務）の履行については，面会交流の日時または頻度，各回の

面会交流時間の長さ，子の引渡し方法等が具体的に定められているなど監護親のすべき給付（債務の内容）が特定されているときは，間接強制をすることができるが，監護親のすべき給付が特定されていないときは，間接強制をすることはできない（最判平25・3・28民集67・3・864）。

## ② 債 務 不 履 行

(1) **債務不履行の意義**　債務の本旨にしたがった履行がなされていない状態を，**債務不履行**という（415条参照）。債務不履行の態様としては，①履行遅滞，②履行不能，③不完全履行，の3つの形態がある。①**履行遅滞**とは，債務の履行が可能であるにもかかわらず，履行期を過ぎても，債務の履行がなされていない状態をいう（415条前段）。②**履行不能**とは，債権・債務の成立後に，債務者の責に帰すべき事由によって，債務の履行ができなくなることをいう（415条後段）。③**不完全履行**とは，不十分・不完全なかたちで，債務の履行がなされたことをいう（415条前段）。たとえば，品質不良な物を引き渡した場合や，履行方法が乱雑で損害を与えた場合などである。

　債務不履行であるというためには，基本的には，**債務者側の帰責事由**および**違法性**が必要となる。債務者側の帰責事由が必要とされるのは，**過失責任の原則**（本書9頁参照）によるものである。債務者側の帰責事由には，債務者本人の故意または過失だけではなく，**履行補助者**の故意または過失が含まれる（大判昭4・3・30民集8・363，大判昭4・6・19民集8・675）。ここに，**履行補助者**とは，債務者の債務の履行を手助けする（補助する）立場にいる者をいう。履行補助者としては，通常，次のような者があげられる。① 債務者が，債務の履行の際に，自己の手足として使用する者。たとえば，被用者（従業員，使用人）などである（前出・大判昭4・3・30）。② 債務者に代わって，債務の全部または一部を履行する者。たとえば，代理人，受任者などである。③ 債務者とともに，または，債務者に代わって，債務の目的物を利用する者（債務者の目的物引渡義務・返還義務の履行を実現する立場にある者）。たとえば，家族，家事使用人，転借人などである（前出・大判昭4・6・19）。これら履行補助者の故意または過失は，信義則

上，債務者本人の故意または過失と同視される。

**(2) 債務不履行の成立要件**　(a) **履行遅滞の成立要件**　(イ) 債務の履行が可能であるが，履行がされていないこと。

(ロ) 債務が履行期に達していること。

その債務の履行期がいつであるのか，具体的に，いつから遅滞となるのかは，各債務における期限の定め方によって異なる。具体的には，次のようになる（確定期限・不確定期限の意味については，本書100頁参照）。

(i) **確定期限付債務**は，**期限到来の時**から遅滞となる（412条1項）。

この場合，債務者が，期限の到来を知ったか否かは問われない。また，債権者側から，履行の催告があったか否かも問われない。

(ii) **不確定期限付債務**は，**期限到来を債務者が知った時**から遅滞となる（412条2項）。

(iii) **期限の定めのない債務**は，**債務者が履行の請求を受けた時**から遅滞となる（412条3項）。

ただし，返還時期の定めのない消費貸借上の返還債務については，債務者が履行の請求を受けた時から相当期間経過した時から遅滞となる（591条1項参照）。また，不法行為にもとづく損害賠償債務は，債務が成立した時から遅滞となる（最判昭37・9・4民集16・9・1834）。

なお，具体的な遅滞期間の算定に際しては（遅滞期間の長さに応じて遅延賠償額が算定される），初日不算入の原則により（140条本文），翌日から起算される。

(ハ) 債務者側の帰責事由があること。　ただし，金銭債務の場合は，例外的に，債務者側の帰責事由は不要である（債務者の**無過失責任**）。債務者は，不可抗力による遅滞についても，責任を負わなければならない（419条3項）。

(ニ) 履行しないことが違法であること。　上記要件の(イ), (ロ), (ハ)を充足する場合は，原則として，違法であることになる。しかし，このような場合でも，例外的に，違法ではないとされること（違法性が阻却されること）がある。したがって，履行遅滞が成立するためには，違法性阻却事由が存在しないことが必要となる。**違法性阻却事由**としては，留置権（295条），同時履行の抗弁権（533

条）などがある。

　　(b)　**履行不能の成立要件**　　(イ)　債権・債務の成立後に，履行が不能となったこと（後発的不能）。

　履行の不能とは，物理的不能だけでなく，一般取引の観念にしたがい，不能視すべきものも含まれる。したがって，不動産の二重譲渡がなされた場合，第2譲受人に移転登記がなされたときは，第1譲受人に対する所有権移転登記義務は履行不能となる（大判大2・5・12民録19・327，最判昭35・4・21民集14・6・930）。

　　(ロ)　債務者側の帰責事由があること。

　　(ハ)　履行不能が，違法なものであること。

　上記要件の(イ)，(ロ)を充足する場合は，原則として，違法であることになる。しかし，このような場合でも，例外的に，違法ではないとされること（違法性が阻却されること）がある。したがって，履行不能が成立するためには，違法性阻却事由が存在しないことが必要となる。**違法性阻却事由**としては，緊急避難（720条2項参照）による目的物の滅失の場合などがある。

　　(c)　**不完全履行の成立要件**　　(イ)　一応，債務が履行されたこと。

　　(ロ)　不完全な給付がなされたこと。　　不完全な給付は，追完可能な場合と追完不能な場合とに分けられる（後日，あらためて完全な給付をすることができるか否か）。追完可能な場合には，履行遅滞に準じて処理され，追完不能な場合には，履行不能に準じて処理される。

　　(ハ)　債務者側の帰責事由があること。

　　(ニ)　不完全な給付が違法であること。

　上記要件の(イ)，(ロ)，(ハ)を充足する場合は，原則として，違法であることになる。しかし，このような場合でも，例外的に，違法ではないとされること（違法性が阻却されること）がある。したがって，不完全履行が成立するためには，違法性阻却事由が存在しないことが必要となる。**違法性阻却事由**の例については，上記(a)(ニ)，(b)(ハ)を参照のこと。

　　(3)　**債務不履行の効果**　　債務不履行が成立したときは，債権者は，債務者に対して，債務不履行によって被った損害の賠償を請求することができる（415

条）。つまり，債務不履行の効果として，債権者に**損害賠償請求権が発生**する。履行遅滞の場合には，債権者は，債務の履行が遅れたことによって被った損害の賠償（**遅延賠償**）を請求することができ，履行不能の場合には，債務の履行がなされたならば得られたであろう利益に代わる損害の賠償（**塡補賠償**）を請求することができる。なお，履行遅滞の場合には，債権者は，本来の給付を請求せずに，塡補賠償を請求することもできる（大判昭8・6・13民集12・1437）。また，不完全履行の場合において，追完可能なときには，債権者に**完全履行請求権**も発生する。さらに，債務が，契約にもとづいて成立したものである場合には，債務不履行の効果として，債権者に，**契約解除権**も発生する（541条〜543条。契約の解除については，本書283頁以下参照）。

(a) 債務不履行と損害発生との因果関係　債務不履行と損害発生との間に，**因果関係**（自然的因果関係）がなければ，債権者は，債務者に対して，損害賠償を請求することはできない。

(b) 損害賠償の範囲　(イ) **通常損害**　そのような債務不履行があれば，このような損害が生ずるであろうと，通常，認められる損害を，**通常損害**という。通常損害については，債務者は，債務不履行と**相当因果関係**に立つ全損害を賠償しなければならない（416条1項）。

(ロ) **特別損害**　特別な事情が存在することによって，とくに発生した損害を**特別損害**という。特別損害は，債務者側に，**予見可能性**が認められるものについては，損害賠償の範囲に含まれる（416条2項）。予見可能性の有無を判断すべき時期は，債務の履行期までである（大判大7・8・27民録24・1658）。

(c) 損害賠償額の算定　(イ) 金銭賠償の原則　損害賠償は，原則として，一定額の金銭を支払うことによってなされる（417条）。しかし，例外的に，当事者間の特約によって，他の方法で損害を賠償することもできる。

(ロ) 算定時期　履行不能の場合の損害賠償額の算定時期は，原則として，損害賠償請求権成立時（履行不能時）である（最判昭37・11・16民集16・11・2280）。ただし，例外的に，目的物の価格が騰貴しており（特別事情），かつ，債務者にその予見可能性が認められるときは，騰貴した現在の価格を基準にする

ことができる（前出・最判昭37・11・16，最判昭47・4・20民集26・3・520）。また，目的物の価格が騰貴した後に下落した場合，最も騰貴した価格（中間最高価格）によって目的物を処分し，または，他の方法により，その最も騰貴した価格による利益を確実に取得したであろう事情（特別事情）があり，かつ，債務者にその予見可能性が認められるときは，最も騰貴した価格（中間最高価格）を基準にすることができる（大連判大15・5・22民集5・386）。

　（d）　損害賠償の特則　　㋑　金銭債務　　金銭債務の不履行については，つねに，履行遅滞の問題として処理される（履行不能にはならない）。また，損害賠償額は，原則として，法定利率による（419条1項本文）。ただし，法定利率よりも高い約定利率が定められているときは，約定利率による（419条1項ただし書）。

　金銭債務の不履行の場合には，債権者に損害があったか否かを問題にしない。つまり，債権者は，損害の発生およびその額を証明する必要がない（419条2項）。なぜならば，金銭債務の不履行の場合には，利息分だけの損害はつねに生ずるが，それ以上の損害は生じないとみなすことが公平に適するからである。

　また，債務者側に，帰責事由があったか否かも問題にしない。つまり，債務者は，金銭債務の不履行については，不可抗力をもって抗弁とすることはできないのであり（419条3項），債務者側に帰責事由がなく，不可抗力によって，金銭債務の履行ができなかった場合であっても，債務者は，損害賠償責任を免れることはできない（債務者は，**無過失**責任を負う）。

　　㋺　**過失相殺**　　債務不履行に関して，債権者にも過失があるときは，裁判所は，債務者の損害賠償責任の否定または損害賠償額の減額をしなければならない（418条）。これを，**過失相殺**という。

　債務者に債務不履行があった場合でも，債権者は，自らの過失で招いた損害についてまでも，その責任を債務者に転嫁することは，信義公平に反して許されない。そこで，債務不履行に関して，債権者に過失があったときは，裁判所は，損害賠償の責任およびその金額を定めるについて，これ（債権者の過失）を考慮することにしている。なお，債権者に過失があったときには，裁判所は，かならず，これを考慮しなければならないのであり，債務者の損害賠償責任そ

のものを否定するか，または，損害賠償額を減額するかしなければならない。

　　(ハ)　**損害賠償額の予定**　　契約当事者は，債務不履行の場合に債務者の支払うべき損害賠償額について，あらかじめ，これを契約で定めておくことができる（420条1項前段）。これを，**損害賠償額の予定**という。損害賠償額の予定をすることにより，債務不履行があれば，損害の有無・損害の大小を問わず，債務者に予定賠償額を支払わせることにして，損害の発生・損害額の証明の困難を避け，損害賠償の履行を確保している。

　損害賠償額の予定がなされているときは，裁判所は，当事者の予定した賠償額を増減することはできない（420条1項後段）。増減を許したとすれば，結局，実際の損害額を算定する必要を生ずることになり，このための困難を避けようとした趣旨が失われてしまうからである。ただし，損害賠償額の予定がなされている場合であっても，債務不履行に関し債権者に過失があったときは，過失相殺による減額をすることができる（最判平6・4・21裁時1121・1）。

　なお，違約金の定めは，損害賠償額の予定であると推定される（420条3項）。

　**(4)　信義則上の義務に違反した場合の損害賠償請求**　　債務者は，**給付義務**（本来的義務）だけでなく，信義則上，給付義務に付随する義務（**付随義務**）も負担している。債務者には，付随義務として，債務の履行に際しては，相手方に損害を与えないように注意すべき義務がある。具体的には，契約当事者の一方が負う**説明義務**（最判平13・3・27民集55・2・434，最判平14・9・24判時1803・28）や**安全配慮義務**（最判昭50・2・25民集29・2・143，最判昭56・2・16民集35・1・56）などである。さらに，契約締結の準備段階においても，各当事者は，相手方に損害を生じさせないように注意して，契約成立にむけて誠実に努力すべき義務もある（最判昭59・9・18判時1137・51）。これらの義務に違反した場合には，債務者は，債務不履行（不完全履行）として，損害賠

---

**安全配慮義務**

　**安全配慮義務**は，ある法律関係にもとづいて特別な社会的接触の関係に入った当事者間において，その法律関係の付随義務として，当事者の一方または双方が相手方に対して，信義則上負う義務である（最判昭50・2・25民集29・2・143）。安全配慮義務は，主として，雇用関係における使用者が，被用者の生命・健康等を害しないように配慮すべき義務として理解される。

償義務を負う（415条）。

 🖎 国は，公務員に対し，国が公務遂行のために設置すべき場所，施設もしくは器具等の
設置管理または公務員が国もしくは上司の指示のもとに遂行する公務の管理にあたって，
公務員の生命および健康等を危険から保護するように配慮すべき義務（安全配慮義務）を
負っている（最判昭50・2・25民集29・2・143）。

## ③ 受 領 遅 滞

（1）**受領遅滞の意義** 債務の履行について，債権者の受領・協力が必要な
場合において，債務者が，債務の本旨にしたがった弁済の提供をしたとき，債
権者が，受領を拒絶したり，または，受領できないことによって，債務の履行
が完了しない状態を，**受 領 遅 滞**という。このような場合，債権者は，履行の提
供がなされた時（弁済提供時）から，遅滞の責任を負う（413条）。

（2）**受領遅滞の法的性質** 受領遅滞の法的性質については，法定責任説と
債務不履行責任説との対立がある。**法定責任説**とは，債権者には，目的物を受
領する権利はあるが，受領義務はないとするものであり，受領遅滞にもとづく
効果は，信義則にもとづいて，法が特別に認めた責任（法定責任）であるとする
（於保・債権総論・117頁）。これに対して，**債務不履行責任説**は，債権者には受領
義務があり，受領遅滞にもとづく効果は，債権者の側の債務不履行責任である
とする（我妻・講義Ⅳ・236頁）。

 判例は，基本的には，法定責任説を採っているが（大判大4・5・29民録21・858，
最判昭40・12・3民集19・9・2090），個別的な契約の解釈により，売買契約におけ
る買主（債権者）に，その契約にもとづく義務として，目的物の引取義務を認
めたものがある（最判昭46・12・16民集25・9・1472）。

（3）**受領遅滞の要件**

 ① 債務の本旨に従った履行の提供があること。

 ② 債権者が受領を拒絶し（受領拒絶），または，受領できないこと（受領
  不能）。

なお，債務不履行責任説では，さらに，債権者側の帰責事由という要件が必

要となる。

**(4) 受領遅滞の効果**（＝弁済提供の効果）

① 債務者の債務不履行責任（履行遅滞責任）の免除（492条）。

② 注意義務の軽減（善管注意義務から，自己の財産におけるのと同一の注意義務に軽減）。

③ 利息（約定利息）の不発生。

④ 供託（494条）・自助売却（497条）による免責。

⑤ 増加費用請求権の発生（485条ただし書参照）。

⑥ 危険の移転（534条・536条）。

なお，債務不履行責任説では，さらに，⑦損害賠償請求権の発生（415条の類推適用），⑧契約解除権の発生（541条の類推適用）という効果を生ずる。

# Ⅳ　債務者の責任財産の保全 ―債権の対外的効力―

特別な担保権（抵当権，質権など）を有さない一般債権者（金銭債権者）は，債務者が，任意に，その債務の履行をしない場合には，債務者の有する財産に対する強制執行によって，自己の債権の実現を図ることになる（民執43条以下参照）。このような場合に，一般債権者全員の債権の実現の対象となる債務者の財産を，**責任財産**という。

債務者が，自己に属する財産の減少を放置していたり，または，財産を減少させる行為をした場合には，一般債権者は，本来あるべき債務者に属する財産を確保しておくことが必要となる。そこで，強制執行の対象となる債務者の責任財産を保全し，これによって，一般債権者の有する債権を保全する必要性から，一般債権者には，2つの特別な権利が認められている。すなわち，債権者代位権および債権者取消権（詐害行為取消権）である。一般債権者は，これらの権利を行使することによって，債務者の責任財産を保全する（一般債権者全員のための共同担保を確保する）ことができ，したがって，自己の債権を保全することができる。

## 1 債権者代位権

(1) **債権者代位権の意義**　債務者が，第三者（第三債務者）に対して有する権利を行使していない場合において，債権者が，債務者に代わって，債務者の有する権利を行使することができる権利を，**債権者代位権**という（423条1項）。

　たとえば，債権者Aが債務者Bに対して1,000万円の債権を有しており，債務者Bが第三者（第三債務者）Cに対して1,000万円の債権を有している場合において，債務者Bが第三者（第三債務者）Cに対する当該権利を行使していないときは，債権者Aは，BのCに対する当該権利を，Bに代わって行使しうるということである。

(2) **債権者代位権の成立要件**　(a) 債権保全の必要性（債務者の無資力）

　債権者は，自己の債権を保全するために，債務者の有する権利を代位行使することができるのであるから（423条1項本文），債権者代位権の行使が認められるためには，まず，債務者のもとには，充分な責任財産がないことが必要となる（債務者の無資力。**無資力要件**）。つまり，債務者の資力が不十分であるがゆえに（債権者の債権を満足させるためには，債務者のもとにある責任財産だけでは不足するため），債務者が第三者に対して有する権利を代位行使しなければ，債権者が，自己の有する債権の満足を受けることができないことが必要となる（大判明39・11・21民録12・1537，最判昭40・10・12民集19・7・1777，最判昭49・11・29民集28・8・1670）。

　なお，債権者代位権の行使によって，通常，一般債権者（金銭債権者）は，債務者の責任財産を保全し，当該責任財産から，金銭的満足を受けるものであるから，被保全債権は，金銭債権に限られる。ただし，例外的に，特定債権の保全のためにも，債権者代位権の行使が認められる場合がある（→ [(7)債権者代位権の転用] 参照）。

(b) **債務者の権利不行使**　債務者が，その有する権利の行使をしている場合には，当該権利の行使は，債務者に任されるべきであるから（権利者の権利行使に任せるべきであるから），債権者は，債権者代位権を行使することはできな

い（最判昭28・12・14民集 7・12・1386）。これを許すと，他人（債務者）への不当な干渉を許すことになってしまうからである。

(c) 被保全債権の弁済期到来　債権の弁済期が到来してはじめて，債権者は，自己の債権の満足を受けることができるのであるから，弁済期到来前は，債権者代位権を行使することは許されない（423条2項本文）。ただし，次のような例外がある。

(イ) 裁判上の代位　債権者は，被保全債権の弁済期到来前でも，裁判上の代位によるときは，債権者代位権を行使することができる（423条2項本文，非訟72条～79条）。弁済期の到来を待っていたのでは，債権の保全が困難となる場合があるからである。

(ロ) 保存行為　債権者は，保存行為（未登記の権利を登記する行為，時効の中断行為など）については，被保全債権の弁済期到来前であっても，また，裁判外であっても，債権者代位権を行使することができる（423条2項ただし書）。

**(3) 債権者代位権の目的となりうる権利**　金銭債権，登記請求権，取消権，解除権，相殺権などの債務者の有する責任財産を構成する財産権が，債権者代位権の目的となる。ただし，次にあげる権利については，例外的に，債権者代位権の目的とすることは許されない。

(a) 一身専属権（423条1項ただし書）　債務者の有する**一身専属権**（その権利を行使するか否かが，権利者＝債務者の意思のみに委ねられている権利。行使上の一身専属権）は，債権者代位権の目的とすることができない。たとえば，夫婦間の離婚請求権，財産分与請求権，慰藉料請求権，認知請求権などである。

(b) 差押禁止債権　法律上，差押えの禁止されている債権は，債務者の責任財産を構成せず（一般債権者全員の共同担保とはならず），債権者代位権の目的とすることは許されない。たとえば，給与債権等（民執152条），恩給受給権（恩給11条），年金受給権（厚年41条），生活保護金受給権（生活保護58条）などである。

**(4) 債権者代位権の行使方法**　(a) 債権者が，自己の名において，債務者の権利を行使する。

債権者が，債務者の有する権利を，債務者に代わって行使することが認められるのが，債権者代位権である。債権者代位権の行使に際しては，債権者は，自己の名において，債務者の有する権利を行使することができるのであり，債務者の代理人として，代理行為を行うわけではない。

(b) 債権者代位権の行使は，裁判上でも，裁判外でもよい。　債権者の自由な判断によって，裁判外において，債権者代位権を行使してもよいし，裁判上の代位の方法によって，債権者代位権を行使してもよい。

(c) 物・金銭の引渡請求・支払請求　債権者代位権を行使して，債務者に代わって，第三者（第三債務者）に対して，物の引渡しまたは金銭の支払いを請求する場合には，原則として，債務者への引渡しまたは支払いを請求すべきである。なぜならば，物の引渡請求権または金銭の支払請求権を有しているのは債務者であり，物または金銭の受領権限を有しているのは，債務者だからである。

しかし，債権者は，例外的に直接，自己（債権者）への物の引渡し，または金銭の支払いを請求することができる（大判昭7・6・21民集11・1198，大判昭10・3・12民集14・482，最判昭29・9・24民集8・9・1658）。債務者への引渡請求または支払請求のみしか認められない場合には，債務者が受領を拒絶したり，または，受領した物・金銭を消費・隠匿したりしたときには，債権者代位権を認めた意味がなくなるからである。

なお，債権者が，第三債務者から，直接，金銭の支払いを受けた場合には，債権者は，債務者に対して，その受領した金銭の返還をすべき義務を負う。ただし，この場合には，債権者は，債務者への返還義務（債務者の返還請求権）と自己の債権との相殺が可能となる。債権者は，相殺をなすことによって，実質的に，他の債権者に先立って，優先弁済を受ける結果となる。

(5)　**債権者代位権行使の範囲**　　(a)　自己の債権を保全するのに必要な範囲で行使しうる。

債権者代位権は，債権者の債権を保全するために認められる権利であるから，債権者代位権を行使しうる範囲は，債権の保全に必要な限度に限られる（最判昭

44・6・24民集23・7・1079)。たとえば，債権者の有する債権額（被保全債権額）が1,000万円であり，債務者の有する債権額が1,500万円である場合には，債権者は，1,000万円を限度として，債権者代位権を行使することができる。

　(b)　代位行使される権利が不可分のときは，全部の給付を請求できる。

　債権者代位権の目的となっている債務者の有する権利が，不可分であるときには，債権者は，債務者の有する権利の全部を行使することができる。たとえば，自動車，家屋の引渡請求などの場合である。

　(6)　**債権者代位権行使の効果**　　(a)　債務者の処分権の喪失　　債権者が，債権者代位権の行使に着手した場合において，債権者が，これを債務者に通知するか，または，これを債務者が知ったときは，債務者は，その権利（自己の有する権利＝代位行使される権利）を行使したり，消滅させたり，または，第三者に譲渡することができなくなる（最判昭44・9・2訟務月報16・1・1，最判昭48・4・24民集27・3・596）。

　なお，裁判上の代位の場合には，裁判所の職権で，債務者に告知される（非訟76条1項）。裁判所からの告知を受けた債務者は，その権利を処分することが禁止される（非訟76条2項）。

　(b)　債務者への効果帰属　　債権者代位権の行使は，債権者が，債務者に代わって，債務者の有する権利を行使するものであるから，債権者代位権行使の効果は，直接，債務者に帰属する。したがって，債権者代位権の行使によって，債務者の有していた第三者に対する権利は消滅する。

　(7)　**債権者代位権の転用**　　債権者が，債務者に対して有する特定債権を保全する必要がある場合において，他に適切な手段がないときには，債権者代位権の行使が認められることがある。これを，**債権者代位権の転用**という。債権者代位権の転用が認められるためには，債務者の有する権利を行使することによって，債

---

**特定債権**

　債務者に対して，金銭の支払い以外の特定の行為を要求する債権を，**特定債権**という。物の引渡請求権，登記請求権，目的物の使用収益をさせるように要求する権利（賃借権）などである。特定債権という用語は，金銭債権に対する用語として使われる。主として，債権者代位権や債権者取消権（詐害行為取消権）の場面において使われる。

務者が利益を享受し，その利益によって債権者の権利が保全されるという関係が存在することが必要となる（最判昭38・4・23民集17・3・536）。

　(a)　登記請求権（現所有者の有する登記請求権を保全するための前所有者の有する登記請求権の代位行使）　　A所有の不動産が，AからB，BからCへと譲渡されたが，登記名義がA名義のままである場合において，その不動産の現在の所有者Cは，自己のBに対する登記請求権（債権）を保全するため，BのAに対する登記請求権（債権）を代位行使することができる（大判明43・7・6民録16・537。不登59条7号参照）。このような場合，原則として，Cは，直接，Aに対して，積極的な中間省略登記を請求することは許されない（最判昭40・9・21民集19・6・1560）。

　(b)　妨害排除請求権（不動産賃借権を保全するための賃貸人の有する妨害排除請求権の代位行使）　　A所有の不動産の賃借人Bは，自己の賃借権（債権）を保全するため，その不動産の不法占有者Cに対するAの妨害排除請求権を代位行使することができる（大判昭4・12・16民集8・944）。ただし，対抗要件を備えた不動産賃借権については，固有の妨害排除請求権が認められる（最判昭28・12・18民集7・12・1515，最判昭30・4・5民集9・4・431）。したがって，対抗要件を備えていない不動産賃借権について，債権者代位権の転用が認められる。

　(c)　共同相続人に対する登記請求権（相続した代金債権を保全するための買主の有する他の共同相続人に対する登記請求権の代位行使）　　Aは，自己所有の不動産をBに売却した後に死亡し，CとDがAを相続した。その不動産の登記名義はA名義のままである。Cが，B名義への所有権移転登記義務の履行を拒絶しているので，Bは，Dに対する代金の支払いを拒絶した。この場合，Dは，Bに対する代金債権を被保全債権として，Bの資力の有無を問わず，BのCに対する登記請求権を代位行使することができる（最判昭50・3・6民集29・3・203）。この場合には，金銭債権の保全であるが，変則的に，転用が肯定された。

　　　被相続人が生前に土地を売却し，買主に対する所有権移転登記義務を負担していた場合に，数人の共同相続人がその義務を相続したときは，買主は，共同相続人の全員が登記義務の履行を提供しないかぎり，代金全額の支払を拒絶することができるものと解す

べく，したがって，共同相続人の1人が右登記義務の履行を拒絶しているときは，買主は，登記義務の履行を提供して自己の相続した代金債権の弁済を求める他の相続人に対しても代金支払を拒絶することができるものと解すべきである。そして，この場合，相続人は，右同時履行の抗弁権を失わせて買主に対する自己の代金債権を保全するため，債務者たる買主の資力の有無を問わず，民法423条1項本文により，買主に代位して，登記に応じない相続人に対する買主の所有権移転登記手続請求権を行使することができるものと解するのが相当である（最判昭50・3・6民集29・3・203）。

なお，債権者代位権の転用が否定された例として，建物買取請求権（借地借家14条）の代位行使の場合がある。すなわち，借地上の建物の賃借人が，自己の有する賃借権（借家権）を保全するため，建物賃貸人（建物所有者＝土地賃借人）が，土地賃貸人に対して有する建物買取請求権を代位行使することは許されないというものである（前出・最判昭38・4・23，最判昭55・10・28判時986・36）。

> **設例①**
>
> 　Aは，自己所有の土地を，建物所有を目的としてBに賃貸し，Bは，当該土地上に建物を建て，その所有権保存登記をした。その後，Bは，当該建物と土地賃借権とをCに譲渡し，当該建物について，BからCへの所有権移転登記をした。しかし，土地賃借権の譲渡については，Aの承諾を得ていなかった。その後，Cは，Dとの間で，当該建物の賃貸借契約を締結し，Dは，当該建物の引渡しを受けて，これに居住している。そこで，Aは，BからCへの土地賃借権の譲渡が無断譲渡であることを理由として，Cに対して，建物収去・土地明渡しを請求した。
>
> 　この場合において，CがAに対して，当該建物の買取を請求しないとき，Dは，自己の有する建物賃借権（借家権）を保全するため，CがAに対して有する建物買取請求権を代位行使することができるか。

　BからCへの土地賃借権の譲渡が無断譲渡である場合，Aは，Cに対して，建物収去・土地明渡しを請求することができる（本書311頁参照）。このとき，Cは，Aに対して，自己が取得した当該土地上の建物を時価で買い取るように請求することができる（借地借家14条）。つまり，Cは，Aに対して，**建物買取請求権**（形成権）を取得する。Cが，Aに対して，建物買取請求権を行使した場合には，C・A間において，当該建物の売買契約が成立したのと同様の効果が生ずる。つまり，当該建物の所有権が，CからAに移転し，Cは，Aに対して，

建物買取代金債権を取得する。この場合，対抗要件を備えた建物賃借人がいるときは，建物所有権の移転とともに，賃貸人としての地位も，当然に，CからAに移転する（最判昭39・8・28民集18・7・1354，最判昭43・10・29判時541・37）。つまり，C・D間の建物賃貸借関係が，当然に，A・D間に移転することになる。したがって，Dは，自己の有する建物賃借権（借家権）をAに主張することができることになる。

　しかし，Cが，Aに対して，建物買取請求権を行使しない場合には，Dは，自己の有する建物賃借権（借家権）を保全するため，貸家人（建物賃貸人＝建物所有者）Cの有する建物買取請求権を代位行使することはできない。債権者代位権の転用が認められるためには，債権者（建物賃借人）が，債務者（建物賃貸人）の権利を行使することによって，債務者（建物賃貸人）が利益を享受し，当該利益によって，債権者（建物賃借人）の権利が保全されるという関係が存在することが必要となる（前出・最判昭38・4・23）。⬤設例①⬤の場合には，建物賃借人（借家人）Dが，建物賃貸人（貸家人）Cの有する建物買取請求権を代位行使することによって得られる債務者（建物賃貸人）Cの利益は，建物の買取代金債権（金銭債権）の取得であり，金銭債権によっては，債権者（建物賃借人）Dの債権（建物賃借権）を保全することはできないからである。

2　債権者取消権（詐害行為取消権）

　(1)　**債権者取消権（詐害行為取消権）の意義**　　債務者が，債権者を害することを知りつつ，自己の責任財産を逸出させた場合において，債権者が，債務者のなした法律行為（詐害行為）の効力を否認して，逸出した財産を，債務者のもとに取り戻すことができる権利を，**債権者取消権（詐害行為取消権）**という（424条1項本文）。

　たとえば，A（債権者）がB（債務者）に対して金銭債権を有しているが，Bは，Aに対する詐害の意思をもって，その唯一の財産である自己所有の不動産をC（受益者）に贈与し，当該不動産の引渡し・登記移転をした場合，Aは，B・C間の贈与契約（詐害行為）を取り消して，Cに対して，当該不動産の返還

を請求しうるということである。さらに，Cが，当該不動産をD（転得者）に売却し，当該不動産の引渡し・登記移転をしていた場合には，Aは，B・C間の贈与契約（詐害行為）を取り消して，Dに対して，当該不動産の返還を請求しうるということである。

**(2) 債権者取消権（詐害行為取消権）の法的性質**　債権者取消権（詐害行為取消権）は，詐害行為に該当する法律行為を取り消して，逸出した財産の返還を請求することができる権利（詐害行為の取消権と目的財産の返還請求権とが結合した権利）であるとする（**折衷説**）のが，判例（大連判明44・3・24民録17・117）・通説（我妻・講義Ⅳ・172頁）である。

折衷説においては，債権者取消権（詐害行為取消権）の行使による取消しの効果は，詐害行為に該当する法律行為を，債権者からみて，**相対的に無効**とするものであって，当該法律行為の当事者間においては，有効な法律行為であることには変わりがないとするものである。したがって，債務者は，債権者取消権（詐害行為取消権）の相手方（詐害行為取消訴訟における被告）にはならず，受益者または転得者のみが，債権者取消権（詐害行為取消権）行使の相手方（詐害行為取消訴訟における被告）になる。

**【法的性質についての折衷説】**　債権者取消権（詐害行為取消権）の法的性質について，かつては，形成権説と請求権説という考え方が主張されていた。**形成権説**では，債権者取消権（詐害行為取消権）は，詐害行為に該当する法律行為を取り消すことができる権利であり，通常の取消権（121条）と同様のものであり（取消権＝形成権），絶対的効力を有するものとする。これに対して，**請求権説**では，債権者取消権（詐害行為取消権）は，債務者のもとから逸出した財産の返還を請求することができる権利（返還請求権）であり，相対的効力を有するにとどまるものとする。この2つの考え方を折衷したものが，**折衷説**である。

**(3) 債権者取消権（詐害行為取消権）行使の要件**　(a) **客観的要件**　客観的要件としては，「債務者が，債権者を害する行為（詐害行為）をしたこと」（詐害行為の存在）が必要となる。ここに，**詐害行為**とは，充分な資力のない債務者が，その有する責任財産を減少させ，債権者の執行を困難にさせることをいう。

(イ)　被保全債権の存在　　被保全債権の成立後でなければ，詐害行為は存在しない。したがって，債権成立前に不動産の譲渡行為がなされ，債権成立後に登記移転行為がなされても，それは，詐害行為には該当しない（最判昭55・1・24民集34・1・110）。

被保全債権は，特定債権であってもかまわない（最大判昭36・7・19民集15・7・1875，最判昭53・10・5民集32・7・1332）。なぜならば，特定債権は，将来，損害賠償債権（金銭債権）に転化することになるのであり，債務者の一般財産によって保全されることになるからである。

## 【特定債権と詐害行為取消権】

> **設例②**
>
> 　Aは，その唯一の財産である自己所有の不動産をBに売却する旨の契約を締結したが，登記名義はA名義のままである。その後，Aは，Bを害することを知りながら，当該不動産をCに売却する旨の契約を締結し，AからCへの所有権移転登記をした。
> (1)　この場合，Bは，A・C間の売買契約を，詐害行為として取り消すことができるか。
> (2)　Bが，A・C間の売買契約を，詐害行為として取り消した場合，Bは，Cに対して，自己への所有権移転登記を請求できるか。

Bは，自己の有する特定債権（Aに対する所有権移転登記請求権）それ自体の実現を目的として，詐害行為取消権を行使することはできない。不動産の二重譲渡の場合に，第1の譲受人Bが，自己の有する特定債権自体を保全するために，第2の譲渡行為を詐害行為であるとして取り消すことができてしまうと，177条の趣旨が没却されてしまう。詐害行為取消権は，特定債権の本来の内容を実現させるための制度ではなく，すべての債権者のために，債務者の責任財産を保全することを目的とする制度である。

しかし，特定債権者であった者でも，一般債権者（金銭債権者・損害賠償債権者）となっている者は，自己の債権（金銭債権）の実現を目的として，詐害行為取消権を行使することができる。金銭債権者となっている者は，債務者の一般財産によって，自己の債権を担保する必要があり，債務者の責任財産を保全す

第 5 章　債権法総論の概要　*227*

る必要があるからである（前出・最大判昭36・7・19，前出・最判昭53・10・5）。

**設例②** においては，AからCへの所有権移転登記がなされた時点で，AからBへの登記移転義務の履行が不能になったことになる（最判昭35・4・21民集14・6930）。この時点で，Bは，Aに対して，債務不履行（履行不能）にもとづく損害賠償請求権を取得し（415条），BからAに対する登記移転請求権（特定債権）は損害賠償債権（金銭債権）に転化したことになる。AからCへの当該不動産の売却行為は，当該不動産を，消費または隠匿しやすい金銭に変えるものであり，共同担保の効力を削減することになるから，その代価が相当であっても，詐害行為になると判断される（大判明39・2・5民録12・136）。したがって，Bは，A・C間の売買契約を，詐害行為として取り消すことができる。

　しかし，詐害行為取消権行使の効果は，すべての債権者の利益のために生ずるのであり（425条），詐害行為取消権を行使した債権者Bだけのために生ずるのではない。したがって，Bは，Cに対して，当該不動産の自己への引渡し・登記移転を請求することはできない（前出・最判昭53・10・5）。Bの登記請求権は消滅しているし（損害賠償債権に転化している），Bには当該不動産の所有権はないのであるから，Bが登記名義人になる根拠はない。また，詐害行為取消権を行使した債権者Bは，目的不動産を自己の有する損害賠償債権の弁済に充当することもできない。

　㈣　債務者の無資力　　債務者のした財産の処分行為によって，債務者の有していた責任財産が減少し，すべての債権者に対する完全な弁済（債務の完済）ができない状態になったことをいう（**無資力要件**）。

　㈥　詐害行為の具体例

　（i）　財産の贈与

　（ii）　不動産の売却（低廉な価格，相当な価格）　　不動産を売却して，消費または隠匿しやすい金銭に変えることは，共同担保の効力を削減することになるので，詐害行為に該当する（大判明39・2・5民録12・136，大判明44・10・3民録17・538）。

　（iii）　担保権の設定（抵当権設定など）　　一部の債権者に対する担保権

の設定は，一部の債権者のみに優先権を与え，他の債権者を害することになるので，詐害行為に該当する（最判昭32・11・1民集11・12・1832，最判昭37・3・6民集16・3・436）。

(iv) 弁済　　弁済は，原則としては，詐害行為には該当しない。しかし，例外的に，当事者間に通謀があれば，詐害行為に該当する（最判昭33・9・26民集12・13・3022）。

(v) 代物弁済　　債務者は，代物弁済をする義務はないのであり，これによって，共同担保が減少すれば，他の債権者を害することになるので，詐害行為に該当する（大判大8・7・11民録25・1305，最判昭48・11・30民集27・10・1491）。

なお，身分行為（婚姻，離婚による財産分与，養子縁組，相続の承認・放棄など）は，他人の意思によって，これを強制すべきではないので，原則として，それが，債務者の財産状態を悪化させるようなものであっても，詐害行為には該当しない（424条2項，最判昭49・9・20民集28・6・1202，最判昭58・12・19民集37・10・1532）。

(b) 主観的要件　　主観的要件としては，「債務者および受益者または転得者が，詐害の事実を知っていること」が必要となる。

(イ) **債務者の悪意**　　詐害行為取消権の成立には，債務者が，その債権者を害することを知って法律行為をしたことが必要となるが（424条1項本文），かならずしも，債権者を害することを意図し，または，これを欲していたことは必要ではない（最判昭35・4・26民集14・6・1046）。

(ロ) **受益者または転得者の悪意**　　受益者を詐害行為取消権行使の相手方（被告）とする場合には，受益者の悪意が必要となり，転得者を相手方（被告）とする場合には，転得者の悪意が必要となる（424条1項ただし書）。

**【受益者の善意・悪意と転得者の善意・悪意の判断】**

> **設例③**
>
> Aは，Bに対して金銭債権を有している。Bは，Aに対する詐害の意思をもって，その唯一の財産である自己所有の不動産をCに贈与し，当該不動産の引渡し・登記移転をした。その後，Cは，当該不動産をDに売却し，CからDへの当該不動産の引渡し・登記移転

をした。

&#x0028;1&#x0029; B・C間の贈与契約がAを害するものであることについて，**Cは悪意**であったが，**Dは善意**であった場合，Aは，詐害行為取消権を主張して，Dに対して，当該不動産の返還を請求できるか。

&#x0028;2&#x0029; B・C間の贈与契約がAを害するものであることについて，**Cは善意**であったが，**Dは悪意**であった場合，Aは，詐害行為取消権を主張して，Dに対して，当該不動産の返還を請求できるか。

　転得者Dの善意・悪意の判断に際して，受益者Cの善意・悪意が影響するのか否かについては，絶対的構成と相対的構成の2つの考え方がある。**絶対的構成**では，転得者Dは，受益者Cの善意・悪意を承継することになる。つまり，受益者Cが善意であれば，転得者D自身は悪意であったとしても，法律上は善意であると判断され，受益者Cが悪意であれば，転得者D自身は善意であったとしても，法律上は悪意であると判断される。これに対して，**相対的構成**では，受益者Cの善意・悪意に関係なく，転得者D自身について，個別相対的に，善意・悪意が判断される。判例は，相対的構成を採用している（最判昭49・12・12金法743・31）。

　**設例③**では，転得者Dの善意・悪意は，D自身について個別相対的に判断され，受益者Cの善意・悪意は，Dの善意・悪意の判断には，何ら影響しない（前出・最判昭49・12・12）。したがって，Cの善意・悪意に関係なく，D自身が悪意であるときは，Aは，詐害行為取消権を主張して，Dに対して，当該不動産の返還を請求できるが，D自身が善意であるときは，Aは，Dに対して，当該不動産の返還を請求できない。

　詐害行為取消権は相対的効力を前提としており，相対的構成を採用することによって，適正・公正な解決をはかることができる（転得者は，善意であれば保護され，悪意であれば保護されない）。また，絶対的構成を採用すると，悪意の転得者が，善意者をダミーとして介在させることによって，実質的に悪意者が保護されることになり，不当な結果となる。

**(4) 債権者取消権（詐害行為取消権）行使の方法**　債権者取消権（詐害行為

取消権）の行使は，かならず，裁判所に請求して（訴えを提起して），これをしなければならない（424条1項本文）。訴え（詐害行為取消訴訟）を提起する場合には，受益者または転得者のみが被告となる（前出・大連判明44・3・24）。受益者に対して詐害行為取消権を行使して賠償を求めるか，転得者に対して詐害行為取消権を行使して目的物の返還を求めるかは，債権者の自由である（前出・大連判明44・3・24）。

　取消しの対象は，債務者・受益者間の行為（詐害行為）であり，転得者を被告とする場合でも，受益者・転得者間の行為を取り消すわけではない。転得者を被告とする場合には，債務者・受益者間の行為（詐害行為）を取り消し，転得者に対しては，返還請求権を行使することになる。

**(5)　債権者取消権**（詐害行為取消権）**行使の効果**　　(a)　**相対的無効**　　詐害行為とされる法律行為は，その当事者間においては，有効な法律行為であるが，債権者からみた場合においてのみ，その効力が否定されるにすぎない（最判平13・11・16判時1810・57）。つまり，債務者と受益者の間においては，完全に有効な法律行為がなされており，また，受益者と転得者との間においても，完全に有効な法律行為がなされていることになるが，債権者からみた場合においてのみ，債権者は，債務者と受益者との間の法律行為の効力を否定することができ，したがって，受益者と転得者との間の法律行為の効力を否定することができるだけである。

　詐害行為取消判決の既判力は，債務者には及ばない（大判大8・4・11民録25・808）。債務者は，受益者に対して，返還請求権を有するわけではない（大判大10・6・18民録27・1168）。

　　(b)　**すべての債権者の利益**　　債権者取消権（詐害行為取消権）の行使によって，受益者または転得者から取り戻された財産は，すべての債権者のための共同担保（債務者の責任財産）となる（425条）。したがって，債権者取消権（詐害行為取消権）を行使した債権者のみが，債務者の責任財産に対して，優先弁済権を有することになるわけではない。

　　(c)　**債務者への現物返還の原則**　　債権者取消権（詐害行為取消権）の行使

によって，物の引渡請求または金銭の支払請求をすることができる場合には，債権者は，原則として，受益者または転得者に対して，債務者への現物の返還を請求することができるだけである（前出・最判昭53・10・5）。受益者または転得者が，目的物を他に譲渡したり，損傷したりして，現物を返還することができないときは，受益者または転得者は，価格相当額での返還（価格賠償）をすべき義務を負う（最判昭50・12・1民集29・11・1847）。

　ただし，債権者は，例外的に，自己（債権者）への金銭の支払いを請求することができる（前出・大判大10・6・18，最判昭39・1・23民集18・1・76）。債務者が，受領を拒絶したり，受領した金銭を消費または隠匿したときには，債権者取消権（詐害行為取消権）の行使を認めた意味がなくなるからである。

　なお，債権者が，受益者または転得者から受領した金銭は，債務者に対して，返還しなければならない。ただし，債権者は，債務者への当該金銭の返還義務（債務者からの返還請求権）と自己の債権との相殺が可能となる。この場合，債権者には，他の債権者への分配義務はないので，実質的には，債権者は，他の債権者に先立って，優先弁済を受けることになる（最判昭37・10・9民集16・10・2070）。

　**(6)　消滅時効**　(a)　債権者取消権（詐害行為取消権）の消滅時効　　債権者取消権（詐害行為取消権）は，債権者が，**取消しの原因を知った時**（詐害行為がなされたことを知った時）**から2年間行使**しなければ，時効によって消滅する（426条前段）。また，債権者が，詐害行為がなされたことを知らないままに，**詐害行為の時から20年**経過した時も，債権者取消権（詐害行為取消権）は消滅する（426条後段）。この場合の20年間という期間は，**除斥期間**であると解されている。

　(b)　被保全債権の時効消滅と債権者取消権（詐害行為取消権）の消滅　　債権

### 除斥期間

　ある権利について定められている法定の存続期間を，**除斥期間**という。除斥期間の定めのある権利は，その期間内に権利が行使されないときは，その期間の経過によって当然に消滅する。除斥期間は，一定の期間の経過によって権利が消滅するという点で，消滅時効期間と類似するが，以下の点において，消滅時効とは異なる。①除斥期間には中断は認められない。②裁判所は，当事者の援用がなくても，除斥期間の経過によって，権利消滅の判断をすることができる。③権利消滅の効果は，一定期間が経過した時に生ずる（遡及効はない）。

者取消権（詐害行為取消権）そのものが消滅しなくても（上記(a)に該当しなくても），被保全債権自体が消滅時効によって消滅する場合がある。このような場合には，債権者取消権（詐害行為取消権）もまた，消滅することになる。

　なお，債権者取消権（詐害行為取消権）の訴訟を提起したとしても，これによって，被保全債権の消滅時効が中断するわけではない。債権者取消権（詐害行為取消権）の訴訟の提起は，被保全債権の消滅時効の中断事由には該当しない（債務者は，被告ではないからである）。

# V　多数当事者の債権債務関係

　1個の給付につき，債権者または債務者のいずれか一方または双方が，複数いる場合の債権債務関係を**多数当事者の債権債務関係**という。

## ① 分割債権・分割債務

　(1)　**分割債権**　　(a)　**分割債権の意義・成立**　　可分給付を目的とする1個の債権につき，債権者が複数いる場合に，その債権が，各債権者に平等に分割されるものを，**分割債権**という（427条）。1個の債権につき，債権者が複数いる場合の**原則形態**である。たとえば，A・B・C 3人が共有している物をDに300万円で売却した場合，A・B・C 3人は，Dに対して，300万円の代金債権を取得するが，このとき，A・B・C 3人は，それぞれ，Dに対して，100万円ずつの債権を有することになる。

　　(b)　**分割債権の効力**　　分割債権における各債権者の有する債権は，それぞれ，別個独立の債権となり，各債権者と債務者との間に，別個独立の債権債務関係が成立する。したがって，上記の例において，A・B・C 3人は，それぞれ，Dに対して，100万円までしか請求することはできない。また，1人の債権者に生じた事由（弁済，請求，免除など）は，他の債権者には何ら影響しない。1人の債権者が弁済を受けたとしても，他の債権者への利益分与の問題は生じない。

**(2) 分割債務**　(a) 分割債務の意義・成立　　可分給付を目的とする1個の債務につき，債務者が複数いる場合に，その債務が，各債務者に平等に分割されるものを，**分割債務**という (427条)。1個の債務につき，債務者が複数いる場合の**原則形態**である。たとえば，A・B・C3人が，Dの所有している物を300万円で共同購入した場合，A・B・C3人は，Dに対して，300万円の代金支払債務を負担するが，このとき，A・B・C3人は，それぞれ，Dに対して，100万円ずつの債務を負担することになる。

　　(b) 分割債務の効力　　分割債務における各債務者の負担する債務は，それぞれ，別個の独立の債務となり，債権者と各債務者との間に，別個独立の債権債務関係が成立する。したがって，上記の例において，A・B・C3人は，それぞれ，Dに対して，100万円までしか支払義務はない。また，1人の債務者に生じた事由（弁済，請求，免除など）は，他の債務者には何ら影響しない。1人の債務者が弁済をしても，他の債務者に対する求償の問題は生じない。

## ② 連 帯 債 務

**(1) 連帯債務の意義・成立**　　可分給付を目的とする1個の債務につき，債務者が複数いる場合において，各債務者が，それぞれ独立して全部の給付をなすべき義務を負担し，1人の債務者が全部の給付をしたときには，他の債務者の義務も消滅する債務を，**連帯債務**という (432条)。連帯債務は，法律の規定によって成立する場合 (719条・761条など) と当事者間の特約（契約）によって成立する場合がある。なお，連帯債務者の1人が死亡し，相続人が複数いる場合には，相続人は，被相続人の債務を分割して相続し，各相続人は，その承継した範囲において，他の連帯債務者とともに連帯債務者となる (最判昭34・6・19民集13・6・757)。

　連帯債務における各債務は，それぞれが独立したものとされるのであるから (大判大4・5・29民録21・851)，1人の債務者についてのみ，連帯債務発生の基礎となる法律行為につき，無効または取消原因が存在しても，他の債務者の債務の効力には何ら影響しない (433条)。たとえば，AとB・C・D3人との間に金

銭消費貸借契約が締結され，B・C・D3人が連帯してAから金銭を借り入れた場合において，Bについてのみ，意思無能力により無効とされたとき，または，制限行為能力による取消しがなされたときでも，C・Dの債務の効力には影響しない。したがって，Aに対して，C・D2人が連帯債務を負担することになる。

　さらに，連帯債務者の全員または数人の者が破産手続開始の決定を受けた場合でも，債権者は，債権全額について，各破産財団に配当加入することができる（441条）。

　(2)　**対外的効力**　　連帯債務における債権者は，債務者に対して，次のいずれかの方法で履行を請求することができる（432条）。① 1人だけに対して全部の請求，② 1人だけに対して一部の請求，③ 全員に対して同時に全部の請求，④ 全員に対して同時に一部の請求，⑤ 全員に対して順次に全部の請求，⑥ 全員に対して順次に一部の請求，である。

　(3)　**1人について生じた事由の効力**　　1人の債務者について生じた事由は，原則として，他の債務者には何ら影響しない（**相対効**の原則。440条）。たとえば，請求以外の事由による時効の中断，時効の停止，時効利益の放棄などである（大判昭2・1・31新聞2672・12，大判昭6・6・4民集10・401）。

　ただし，1人の債務者について，次にあげる事由が生じたときは，その効果は，他の債務者についても認められることになる（**絶対効**）。

　(a)　**弁済**　　連帯債務者の1人が，債権者に対して弁済をしたときは，これによって，他の連帯債務者の債務も消滅する。弁済による絶対効についての条文はないが，弁済によって，債権が満足を受けて消滅するのであるから，当然に絶対効を生ずる。弁済には，代物弁済（482条）や供託（494条）も含まれる。

　(b)　**請求**　　債権者が，連帯債務者の1人に対して履行の請求をしたときは，これによって，他の連帯債務者に対しても，履行の請求をしたことになる（434条）。請求は，裁判上の請求（訴えの提起）であると裁判外の請求（催告）であるとを問わない。請求によって，時効中断（147条1号）や期限の定めのない債務についての履行遅滞（412条3項）の効果を生ずる。

第5章　債権法総論の概要　*235*

(c)　**更改**　連帯債務者の1人と債権者との間に更改（513条以下参照）があったときは，連帯債務者全員の連帯債務が消滅する（435条）。連帯債務者の1人は，他の連帯債務者の意思に反しても更改をすることができる（大判大4・9・21新聞1053・27）。

(d)　**相殺**　連帯債務者の1人が，債権者に対して反対債権を有する場合に，その連帯債務者が相殺(本書265頁参照)をしたときは，連帯債務者全員の連帯債務が消滅する（436条1項）。反対債権を有する連帯債務者以外の債務者は，反対債権を有する連帯債務者の**負担部分**についてのみ相殺を援用することができる（436条2項）。

(e)　**免除**　債権者が，連帯債務者の1人に対して債務免除（相対的免除）をしたときは，その連帯債務者の**負担部分についてのみ**，他の連帯債務者は連帯債務を免れる（437条）。なお，一部免除がなされた場合（連帯債務者の1人に対して，連帯債務額の一部を免除した場合）には，全額免除がなされた場合に比例した割合で，他の連帯債務者は連帯債務を免れる。免除を受けた連帯債務者は，その割合で負担額を免れる（大判昭15・9・21民集19・1701）。

(f)　**混同**　連帯債務者の1人と債権者との間に混同を生じたときは，その連帯債務者は，弁済をしたものとみなされる（438条）。

(g)　**時効の完成**　連帯債務者の1人のために消滅時効が完成したときは，その連帯債務者の**負担部分**については，

> **更　改**
>
> 債務の要素を変更させることによって，既存の債務（旧債務）を消滅させて，これに代えて，新たな債務（新債務）を成立させることを**更改**という（513条1項）。たとえば，100万円の支払債務（旧債務）を消滅させて，宝石の引渡債務（新債務）を成立させる場合などである。債務の内容を変更する場合と，債権者または債務者を変更する場合とがある。更改は，当事者間の契約によってなされる。更改によって，旧債務が消滅し，新債務が成立する。旧債務と新債務との間には，同一性はない。

> **混　同**
>
> 債権と債務とが同一人に帰属することを，混同という（520条本文）。たとえば，債務者が債権者を相続した場合，債務者が債権者から債権を譲り受けた場合などである。原則として，混同によって，債権債務は消滅する。ただし，その債権が，第三者の権利の目的であるときは，混同が生じても，債権債務は消滅しない（520条ただし書）。たとえば，その債権が，第三者の質権の目的であるときなどである。

他の連帯債務者も連帯債務を免れる（439条）。なお，全部の負担部分を有する1人の連帯債務者のために消滅時効が完成したときは，他の連帯債務者につき，債務承認による時効中断があったとしても，他の連帯債務者は連帯債務を免れる（大判大12・2・14民集2・51）。

**(4) 内部関係**　連帯債務者の1人が，弁済その他，自己の財産をもって共同の免責を受けたときは，その連帯債務者は，内部関係における負担部分に応じて，他の連帯債務者に対して，求償権を取得する（442条～445条）。

(a)　負担部分　負担部分の割合は，原則として，平等である（大判昭12・7・16判決全集4・14・693）。各連帯債務者の負担割合は，連帯債務者間の特約によって定められるべきものであり，債権者との合意は不要である（大判大4・4・19民録21・524）。

(b)　求償権の成立　求償権が成立するためには，弁済その他，1人の連帯債務者の財産をもって，連帯債務者全員が，共同の免責を受けたことが必要となる。たとえば，1人の連帯債務者による弁済，代物弁済，供託，更改，相殺，混同などである。したがって，免除がなされても，求償権は発生しない（大判昭13・11・25民集17・2603）。なお，連帯債務者の1人が債務の一部を弁済したときは，弁済した部分について，他の連帯債務者に対して，その負担部分の割合に応じて求償することができる（大判大6・5・3民録23・863）。

(c)　求償権の制限　(イ)　事前の通知　連帯債務者の1人が，債権者から履行の請求を受けたことを他の連帯債務者に通知せずに，弁済をしたり，その他，自己の財産をもって共同の免責を受けた場合，他の連帯債務者が，債権者に対抗することができる事由（たとえば，相殺可能な反対債権を有していた場合など）を有していたときは，その連帯債務者に対しては，求償権を行使することができなくなる（443条1項前段）。たとえば，Aに対して，B・C・D3人が300万円の連帯債務を負担していた場合において（各自の負担部分は各100万円とする），Bが事前の通知をせずにAに300万円弁済したが（B・C・D3人の連帯債務は消滅する），CがAに対して100万円の反対債権を有していたとする。そして，BがCに対して求償権を主張して，100万円の支払請求をしたときは，Cは，

自己がＡに対して有する反対債権で相殺が可能であった旨を主張して，Ｂに対する100万円の支払いを拒絶することができる。このとき，Ｂは，Ｃに対しては，求償権を行使することはできない。ただし，ＣがＡに対して有する反対債権がＢに移転し，Ｂは，Ａに対して，その支払いを請求できることになる（443条１項後段）。

　　(ロ)　事後の通知　　連帯債務者の１人が，弁済をしたり，その他，自己の財産をもって共同の免責を受けた後に，そのことを他の連帯債務者に通知しなかったことによって，他の連帯債務者が，善意で債権者に弁済をし，その他，有償の行為をもって免責を受けたときは，その連帯債務者は，自己の弁済その他の免責行為を有効なものとみなすことができる（443条２項）。

　ただし，連帯債務者の１人が，弁済その他，自己の財産による免責の行為をするに先立って，他の連帯債務者に対する事前の通知をしなかった場合は，すでに弁済等により共同の免責を受けていた他の連帯債務者に対しては，自己の弁済その他の免責行為を有効なものとみなすことはできない（最判昭57・12・17民集36・12・2399）。

　　(d)　償還無資力者がいる場合の求償者の保護　　連帯債務者の中に，償還をする資力のない者がいる場合は，その償還することができない部分は，求償者および他の資力ある者の間において，各自の負担部分に応じて分割する（444条本文）。ただし，求償者に過失あるときは，求償者は，他の連帯債務者に対して分担を請求することはできない（444条ただし書）。求償者および他の資力ある者に負担部分がない場合には，無資力者の償還不能部分は，負担部分を有しない連帯債務者が，平等に負担すべきことになる（大判大３・10・13民録20・751，大判大12・５・７新聞2147・20）。

　なお，連帯債務者の１人が債権者から連帯の免除（その者の債務額を負担部分に限定すること）を受けていた場合，他の連帯債務者の中に償還の資力のない者がいるときは，債権者は，その無資力者が償還できない部分について，連帯の免除を受けた者が負担すべきであった部分を負担しなければならない（445条）。

## ③ 保 証 債 務

**(1) 保証債務の意義**　　主たる債務者が，その債務を履行しない場合に，主たる債務者に代わって，その債務を履行すべき義務を，**保証債務**という（446条1項）。保証債務を負担している者を，**保証人**という。たとえば，A（債権者）がB（主たる債務者）に対して金銭債権を有している場合において，CがBの保証人になっているとき，Cは，Bが債務を履行しない場合に，Bに代わって，Bの債務を履行すべき義務（保証債務）を負っていることになる。なお，保証人Cも債務者（保証債務を負担している者）であるから，これと区別する意味で，Bの立場にある者を**主たる債務者**という。

**(2) 保証債務の成立**　　(a) 保証契約の当事者　　保証債務は，債権者と保証人になる者との間の契約（**保証契約**）によって成立する。保証契約の当事者は，債権者と保証人となる者であり，主たる債務者は，保証契約の当事者ではない。保証契約について，主たる債務者は，第三者としての地位に立つ。したがって，たとえば，保証人が，主たる債務者からの詐欺を受けて保証契約を締結していた場合には，第三者の詐欺にもとづく保証契約の締結となる。この場合，保証人は，契約の相手方である債権者が悪意のときに限り，当該保証契約を取り消すことができる（96条2項）。

　　保証契約の締結に際しては，主たる債務者から保証人になる者への保証委託の有無は問われない。また，保証委託のない場合に，主たる債務者の意思に反するか否かも問われない。したがって，主たる債務者の意思に反する保証契約であったとしても，当事者間の合意によって，有効に成立させることができる（462条2項参照）。

　　(b) 保証契約の要式性　　保証契約の締結は，かならず，**書面**でしなければならない（446条2項）。書面によらなければ，保証契約は成立しない。なお，保証契約が，その内容を記録した**電磁的記録**（電子的方式，磁気的方式その他，人の知覚によっては認識することができない方式で作られる記録であって，電子計算機《コンピュータ》による情報処理の用に供されるもの《たとえば，USBメモリ，フロッ

ピィディスク，磁気テープ，CD-ROM，CD-R，BD など》）によってされたときは，その保証契約は，書面によってされたものとみなされる（446条3項）。

(c) 保証人の資格　　保証人となる者の資格については，原則として，何らの制限もない。しかし，主たる債務者が保証人を立てる義務を負う場合（主たる債務者と債権者との契約による場合，法律の規定（199条・301条・650条2項など）による場合など）には，保証人となる者は，行為能力者であり，かつ，弁済をする資力を有する者でなければならない（450条1項）。この場合において，保証人となった者が，後に弁済の資力を喪失したときは，債権者は，主たる債務者に対して，保証人の交代を請求することができる（450条2項）。

**(3) 保証債務の範囲**　　保証債務の範囲は，保証契約によって定めることができる。しかし，特約のない場合には，原則として，保証債務には，主たる債務に関する利息，違約金，損害賠償その他，その債務に従たるすべてのもの（たとえば，契約締結の費用や訴訟費用など）が含まれる（447条1項）。

特定物売買における売主のための保証人は，債務不履行により売主が買主に対して負担する損害賠償義務だけでなく，契約が解除された場合における原状回復義務についても，保証の責任を負う（最大判昭40・6・30民集19・4・1143）。また，工事代金の前払いを受ける請負人のための保証人は，請負契約が合意解除された場合，請負人が負担する前払金返還債務について，請負契約上，前払いすべきと定められた限度において，保証の責任を負う（最判昭47・3・23民集26・2・274）。

**(4) 保証債務の性質**　　(a) **附従性**　　保証債務は，主たる債務の存在を前提とし，主たる債務と，その運命を共にする（主たる債務への依存・従属）という性質を有する。このような性質を，保証債務の**附従性**という。すなわち，「債権（主たる債権・債務関係）なければ，担保（保証）なし」ということである。保証債務の附従性は，具体的には，次のような場面においてあらわれてくる。

(イ) 成立における附従性　　主たる債務が存在しないときは，保証債務もまた，存在しない。主たる債務の成立の基礎となる契約が，無効または取り消されたことによって，主たる債務が成立しないときは，保証債務もまた成立

しない。

　　㈹　存続における附従性　　主たる債務が存在する限り，保証債務もま
た，存在する。

　　㈼　消滅における附従性　　主たる債務が消滅したときは，これによっ
て，当然に，保証債務もまた，消滅する。

　　ただし，債権者が，主たる債務者に対して債務の一部免除をしたが，［連帯］
保証人に対しては，債務全額を取り立てる旨の意思表示をし，［連帯］保証人が
これを承諾したときは，［連帯］保証人は，債権者に対して，その免除部分につ
いては，附従性を有しない独立の債務を負担するに至ったことになる（最判昭46・
10・26民集25・7・1019）。

　　㈻　内容における附従性　　保証債務は，その目的（範囲）または態様
（条件付か否か，弁済の時期はいつかなど）において，主たる債務より軽いことは差
し支えないが，主たる債務より重いことは許されない。保証債務は，主たる債
務に対しては，従たる債務であることから，その目的（範囲）または態様にお
いて，主たる債務よりも重くなることはない。

　　したがって，保証債務の目的または態様が，主たる債務と同一か，または，
主たる債務よりも軽い場合には，そのまま有効であるが，主たる債務よりも重
い場合には，主たる債務の限度まで減縮される（448条）。

　　**【保証人の抗弁事由**（附従性から導かれる保証人の抗弁権）**】**　　㈶　主たる債務
の消滅時効の援用　　主たる債務の消滅時効が完成したときは，保証人は，145
条の当事者として，主たる債務の消滅時効を援用して，保証債務の履行を拒絶
することができる（大判大4・7・13民録21・1387）。

　　ただし，主たる債務の消滅時効完成後に，主たる債務者が当該債務を承認し，
保証人が，主たる債務者の承認を知って，保証債務を承認したときは，保証人
が，その後，主たる債務の消滅時効を援用することは，信義則に照らして許さ
れない（最大判昭41・4・20民集20・4・702）。

　　㈹　主たる債務の同時履行の抗弁権　　主たる債務者が，債権者に対し
て，同時履行の抗弁権（533条）を有する場合，保証人は，債権者からの保証債

務の履行請求に対して，主たる債務者の有する同時履行の抗弁権を援用して，保証債務の履行を拒絶することができる。

　　　(ハ)　主たる債務者の有する反対債権との相殺　　保証人は，主たる債務者が，債権者に対して反対債権を有している場合には，その反対債権と債権者の有する主たる債権（主たる債務者に対する債権）との相殺をもって，債権者に対抗することができる（457条2項）。つまり，保証人は，債権者からの保証債務の履行請求に対して，債権者と主たる債務者との間での相殺を主張して，保証債務の履行を拒絶することができる。

　　(b)　**随伴性**　　主たる債務者に対する債権が，債権譲渡によって，第三者に移転したときは，それに伴って，保証債権もまた，当該第三者に移転する（主たる債務の債権者の交替⇒保証債務の債権者の交替）。このような性質を，保証債務の**随伴性**という。

　債権の譲受人（新債権者）は，主たる債務者に対する債権譲渡の対抗要件を備えていれば，保証債権の譲渡については，特別な対抗要件を備えることなく，保証人に対して，保証債務の履行を請求できる（保証債権の取得を対抗できる。最判昭45・4・21民集24・4・283）。

　　　◈　約束手形の振出人のために，受取人との間で，その手形債務の支払いについて，手形外の民事保証契約が締結されている場合には，裏書によって手形債権（主たる債権）を取得した者は，これとともに保証債権を取得し，主たる債権の譲渡について対抗要件を具備しているときは，保証債権の譲渡について対抗要件を具備することなく，保証人に対して，保証債務の履行を請求することができる（最判昭45・4・21民集24・4・283）。

　　(c)　**補充性**　　保証人は，本来，主たる債務の履行がない場合においてのみ，保証債務の履行をなすべき責任（補充的責任）を負うだけである（446条1項）。つまり，債権者に対する第1次的責任者は，主たる債務者であり，保証人は，債権者に対して，第2次的責任者の地位にあるにすぎない。このような性質を，保証債務の**補充性**という。

　**【保証人の抗弁事由**（補充性から導かれる保証人の抗弁権）**】**　　(イ)　**催告の抗弁権**　　債権者が，主たる債務者に対して，債務の履行を請求せずに，いきなり，

保証人に対して，保証債務の履行を請求したときは，保証人は，債権者に対して，まず主たる債務者に催告（請求）せよと主張して，保証債務の履行を拒絶することができる（452条本文）。これを，**催告の抗弁権**という。ただし，主たる債務者が破産手続開始の決定を受けたとき，または，行方不明であるときは，保証人の催告の抗弁権は認められない（452条ただし書）。

　　(ロ)　**検索の抗弁権**　　債権者が，主たる債務者に対して，債務の履行を請求したが，主たる債務者からの債務の履行がなされなかった場合において，保証人に対して，保証債務の履行を請求したときでも，保証人は，主たる債務者に弁済をする資力があり，かつ，それに対する執行が容易であることを証明して，保証債務の履行を拒絶することができる（453条）。これを，**検索の抗弁権**という。保証人が検索の抗弁権を主張した場合，債権者は，まず，主たる債務者の財産に対して，強制執行をしなければならない。

　(5)　**主たる債務者または保証人について生じた事由の効力**　　(a)　主たる債務者について生じた事由の効力　　(イ)　絶対的効力（原則）　　主たる債務者について生じた事由の効力は，原則として，保証人についても，その効力を生ずる（保証債務の附従性にもとづく効果。457条1項参照）。

　　(ロ)　相対的効力（例外）　　保証契約成立後，債権者と主たる債務者との間で，主たる債務を加重した場合には，その効果は，債権者と主たる債務者との間のみにおいて生じ，保証人には，何ら影響しない。

　保証人の保証債務の内容は，保証契約によって定まるのであり，後日，債権者と主たる債務者との合意によって，主たる債務の内容が拡張・加重されたとしても，保証人の承諾がない限り，そのことは，保証人には影響しない。保証人の承諾を得ないことについて，保証人に不利益を与えることは許されない。

　しかし，これとは反対に，後日，債権者と主たる債務者との合意によって，主たる債務の内容が軽減されたときは，保証債務の附従性によって，保証人の債務も軽減される。

　　(b)　保証人について生じた事由の効力　　保証人について生じた事由で，それが，主たる債務を消滅させる事由であるものの他は，主たる債務者には，

何ら影響しない。

(イ)〔絶対的効力〕 弁済，相殺，更改など。

(ロ)〔相対的効力〕 請求，免除など。その他，保証人が主たる債務を承認しても，その効力は主たる債務者にはおよばず，主たる債務についての時効中断の効力は生じない（大判明34・6・27民録7・6・70，大判昭5・9・17新聞3184・9）。

(6) 保証人の求償権 (a) 主たる債務者に対する求償権の取得 保証人が，主たる債務者に代わって，債務の弁済（保証債務の履行）をした場合には，実質的には，他人の債務を弁済したことになる。そこで，このような場合には，保証人は，主たる債務者に対して，求償権を取得する（459条・462条）。

(b) 保証人の求償権の範囲 (イ) 主たる債務者の委託を受けた保証人の求償権の範囲 保証人は，主たる債務者に対して，主たる債務を消滅させた支出額と，免責のあった日以後の法定利息および避けることができなかった費用（訴訟費用・執行費用など。大判昭9・7・5民集13・1264）その他の損害賠償を請求することができる（459条2項・442条2項）。

(ロ) 主たる債務者の委託を受けない保証人の求償権の範囲 (i) 保証をしたことが，主たる債務者の意思に反しないとき 主たる債務者の意思に反しない保証人は，主たる債務者に対して，弁済をなした当時，主たる債務者が利益を受けた限度で求償することができる（利息・損害賠償は請求できない。462条1項）。

(ii) 保証をしたことが，主たる債務者の意思に反するとき 主たる債務者の意思に反した保証人は，主たる債務者に対して，求償の当時，主たる債務者が現に利益を受ける限度で求償することができる（利息・損害賠償は請求できない。また，弁済時から求償時までに，主たる債務者が，債権者に対する反対債権を取得したときは，これをもって，保証人からの求償に対抗することができる。462条2項）。

(7) 連帯保証 (a) 連帯保証の意義・成立 保証人が，主たる債務について，主たる債務者と連帯して，保証債務を負担するという保証を，**連帯保証**という。連帯保証は，債権者と連帯保証人となる者との間の連帯保証契約に

よって成立する。

(b) 連帯保証債務の性質　　連帯保証債務は，保証債務であるから，附従性・随伴性を有している。しかし，連帯保証人は，主たる債務者と連帯して（第1次責任者として），保証債務を負担しているのであるから，連帯保証債務には，補充性はない。

したがって，連帯保証人には，催告の抗弁権，検索の抗弁権は認められない（454条）。

(c) 主たる債務者または連帯保証人について生じた事由の効力　　(イ) 主たる債務者について生じた事由の効力　　(i) 絶対的効力（原則）　　主たる債務者について生じた事由については，原則として，保証人についても，その効力を生ずる（附従性にもとづく効果。457条1項参照）。

(ii) 相対的効力（例外）　　連帯保証契約成立後，債権者と主たる債務者との間で，主たる債務を加重した場合は，その効果は，債権者と主たる債務者との間においてのみ生じ，連帯保証人には何ら影響しない。

(ロ) 連帯保証人について生じた事由の効力　　連帯保証人について生じた事由の効力が，主たる債務者にも及ぶか否かについては，連帯債務に関する規定が適用される（458条→434条〜440条）。

(i) 〔原則〕相対的効力（458条→440条）

(ii) 〔例外〕絶対的効力（458条→434条・435条・436条1項・438条）

連帯保証人には負担部分がないので，負担部分を前提とする規定は適用されない（我妻・講義Ⅳ・501頁）。絶対的効力を生ずる事由は，弁済（含・代物弁済，供託），請求（時効中断・履行遅滞），更改，相殺，混同である。

(8) 共同保証　　(a) 共同保証の意義・成立　　同一の主たる債務について，数人が保証債務を負担するものを**共同保証**という。共同保証は，債権者と保証人になろうとする複数の者との間で，保証契約を締結することによって成立する。債権者は，複数の者（保証人になろうとする者）との間で，同時に保証契約を締結することもできるし，それぞれ，保証人になろうとする者との間で，各別（個別的）に，保証契約を締結することもできる（456条参照）。

共同保証の態様としては，次のようなものがある。

　(イ)　複数の保証人が，普通の保証人である場合〔**普通保証**〕

　(ロ)　複数の保証人が，主たる債務者に対する連帯保証人である場合〔**連帯保証**〕

　(ハ)　主たる債務者に対しては普通の保証人であるが，複数の保証人間に連帯の特約がある場合〔**保証連帯**〕

　(b)　分別の利益　　共同保証人は，原則として，**分別の利益**を有する。つまり，共同保証人は，主たる債務につき，平等の割合をもって分割した額についてのみ，保証債務を負担する (456条)。したがって，共同保証人は，債権者から主たる債務全額についての保証債務の履行を請求されたときは，平等の割合をもって分割した額を超える部分についての履行を拒絶することができる。共同保証人の有するこのような利益を，**分別の利益**という。

　ただし，次の場合には，共同保証人には分別の利益はない。

　①　主たる債務が不可分である場合 (465条1項)

　②　連帯保証である場合 (各共同保証人が全額を弁済すべき義務を負う)

　③　保証連帯である場合 (各共同保証人が全額を弁済すべき義務を負う。465条1項)

　(c)　共同保証人の求償権

　(イ)　分別の利益を有する共同保証人が，自己の負担部分を超えて弁済した場合には，委託を受けない保証人の求償権と同様となる (465条2項→462条)。

　(ロ)　分別の利益を有しない共同保証人が，自己の負担部分を超えて弁済した場合には，連帯債務者の求償権と同様となる (465条1項→442条～444条)。

---

**貸金等根保証契約**

　1.　**貸金等根保証契約の意義・成立**　　一定の範囲に属する不特定の債務を主たる債務とする保証契約を，**根保証契約**という。根保証契約において，その債務の範囲に，金銭の貸渡しまたは手形の割引を受けることによって負担する債務(貸金等債務)が含まれるものを，**貸金等根保証契約**という (465条の2第1項参照)。貸金等根保証契約においては，**極度額** (保証人が責任を負う限度額) を定めなければならない (465条の2第2項)。この極度額の定めは，**書面または電磁的記録**によってしなければならない (465条の2第3項)。極度額を定めていない貸金等根保証契約や，極度額の定めを書面または電磁的記録によ

らない貸金等根保証契約は，無効となる。

　2．**貸金等根保証契約の保証人の責任**　　貸金等根保証契約(法人が保証人であるものを除く)における個人保証人は，主たる債務の元本，主たる債務に関する利息，違約金，損害賠償その他，その債務に従たるすべてのもの，および，その保証債務について約定された違約金または損害賠償の額について，その全部にかかる極度額を限度として，その履行をする責任を負う(465条の2第1項)。

　3．**貸金等根保証契約の元本確定期日**　　貸金等根保証契約において，契約当事者は，主たる債務の元本の確定すべき期日(元本確定期日)を定めておくことができる。**元本確定期日**を定める場合には，貸金等根保証契約の締結の日から5年以内の期日を定めなければならない。5年後の期日を定めたときは，その定めは無効となり，元本確定期日の定めはないものとなる(465条の3第1項)。貸金等根保証契約において，元本確定期日の定めがない場合には，その元本確定期日は，貸金等根保証契約の締結の日から3年経過した日となる(465条の3第2項)。

　4．**貸金等根保証契約の元本確定事由**　　次に掲げる場合には，貸金等根保証契約における主たる債務の元本は，法律上，当然に確定する(465条の4)。

① 債権者が，主たる債務者または保証人の財産について，金銭の支払いを目的とする債権についての強制執行または担保権の実行を申し立てたとき。ただし，強制執行または担保権の実行の手続の開始があったとき限られる。

② 主たる債務者または保証人が破産手続開始の決定を受けたとき。

③ 主たる債務者または保証人が死亡したとき。

---

### 民法改正の動向（保証債務）

　保証債務に関しては，保証人保護の方策の拡充のため，以下の方向で検討されている。

① 個人保証の場合，事業のために負担した貸金等債務を主たる債務とする保証契約等は，保証契約締結日前1ヵ月以内に作成された公正証書で，保証人になろうとする者が，保証債務を履行する意思を表示していなければ無効となる（条文新設）。

② 主たる債務者は，事業のために負担する債務の保証を委託するときは，保証人になる者に対して，財産および収支の状況，主たる債務以外に負担している債務の有無その他，一定の情報を提供しなければならない。主たる債務者が，これらを説明せず，または，事実と異なる説明をしたために，委託を受けた者が誤認をして保証契約を締結した場合，債権者が悪意または善意・有過失のときは，保証人は保証契約を取り消すことができる（条文新設）。

③ 債権者は，委託を受けた保証人に対して，その請求により，主たる債務の履行状況についての情報を提供しなければならない（条文新設）。

④ 主たる債務者が期限の利益を喪失したときは，債権者は，保証人に対して，主たる債務者が期限の利益を喪失したことを知った時から2ヵ月以内に，その旨を通知しなければならない。債権者が通知をしなかったときは，債権者は，保証人に対して，主たる債務者が期限の利益を喪失した時からの遅延損害金に係る保証債務の履行を請求することはできない（条文新設）。

▲改正要綱仮案28頁，改正要綱案原案（その1）28頁，改正要綱案28頁

## VI 債 権 譲 渡

### 1 債権譲渡の意義

(1) **指名債権の譲渡性** 債権（指名債権）は，原則として，譲渡性を有している（466条1項本文）。債権が，その同一性を維持しつつ，第三者に移転することを，**債権譲渡**という。債権譲渡は，従来の債権者（譲渡人）と第三者（譲受人）との間の契約（債権譲渡契約＝債権の売買契約，債権の贈与契約，債権の代物弁済契約など）によってなされる。

> **指名債権**
>
> 債権者がだれであるかが特定されている債権を，**指名債権**という。指名債権という用語は，指図債権・無記名債権などのように，かならず証券をともない，かつ，流通による債権者の変更が最初から予定されている証券的債権に対して使われる用語であって，普通の債権を意味する。

たとえば，A（債権者）がB（債務者）に対して100万円の金銭債権を有している場合において，A（譲渡人）がC（譲受人）との間で当該債権についての債権譲渡契約を締結したとき，当該債権は，A（譲渡人）からC（譲受人）に移転し，CがBに対する新たな債権者となる。

**【将来発生すべき債権を目的とする債権譲渡】** 債権譲渡契約においては，譲渡の目的とする債権が，その発生原因・譲渡に係る額等をもって特定される必要がある。将来の一定期間内に発生し，または，将来において弁済期が到来すべきいくつかの債権を目的とする場合には，適宜の方法によって，その期間の始期・終期を明確にするなどして，譲渡の目的とする債権を特定しなければならない（最判平11・1・29民集53・1・151）。このようにして特定された債権については，これを債権譲渡の目的とすることができ，将来発生すべき債権を目的とする債権譲渡契約は，原則として，有効となる。

将来発生すべき債権を目的とする債権譲渡契約においては，契約当事者（譲渡人・譲受人）は，譲渡の目的となる債権の発生の基礎となる事情を考慮し，その事情の下における債権発生の可能性の程度を考慮したうえ，その債権が見込み

どおり発生しなかった場合に譲受人に生ずる不利益については譲渡人の契約上の責任追及により清算することとして，契約を締結するものとみるべきであるから，契約締結当時，その債権発生の可能性が低かったことは，債権譲渡契約の効力を当然に左右するものではない（前出・最判平11・1・29）。

(2) **指名債権譲渡の禁止**　　次の場合には，指名債権の譲渡が禁止される。

(a)　**性質による禁止**　　債権債務の性質上，譲渡が許されないものについては，債権譲渡が禁止される（466条1項ただし書）。自己に対して一定の教育・教授をすることを目的とする債権，自己の似顔絵・銅像を作成することを目的とする債権などである。

(b)　**法律による禁止**　　扶養請求権（881条），恩給請求権（恩給11条1項），健康保険給付請求権（健保68条），労働災害補償請求権（労基83条2項）などは，法律上，債権譲渡が禁止される。

(c)　**特約による禁止**　　当事者（債権者・債務者）が，譲渡禁止の意思表示（特約）をしたときは，債権譲渡が禁止される（466条2項本文）。ただし，譲渡禁止の特約は，これをもって，善意の第三者に対抗することはできない（466条2項ただし書）。

債権譲渡禁止の特約のある債権が譲渡された場合には，その債権譲渡は無効となる（我妻・講義Ⅳ・524頁）。しかし，第三者（譲受人）が善意であるときは，当該債権は有効に第三者に移転し，債務者は，債権譲渡の無効をもって，善意の第三者（譲受人）に対抗できない。第三者（譲受人）が保護されるためには，善意であれば足り，原則として，過失の有無は問われないが，善意の第三者（譲受人）に重大な過失があるときは，悪意の第三者（譲受人）と同様であり，当該債権を取得することはできない（最判昭48・7・19民集27・7・823）。

　　✑　民法466条2項は，債権の譲渡を禁止する特約は善意の第三者に対抗することができない旨規定し，その文言上は第三者の過失の有無を問わないかのようであるが，重大な過失は悪意と同様に取り扱うべきものであるから，譲渡禁止の特約の存在を知らずに債権を譲り受けた場合であっても，これにつき譲受人に重大な過失があるときは，悪意の譲受人と同様，譲渡によってその債権を取得しえないものと解するのを相当とする（最判

第5章　債権法総論の概要　*249*

昭48・7・19民集27・7・823）。

## ② 債権譲渡の対抗要件

　債権譲渡は，従来の債権者（譲渡人）と第三者（譲受人）との合意（債権譲渡契約）のみによって，これをすることができる。しかし，債務者は，債権譲渡については重大な利害関係を有しているのであるから，債務者の知らない債権譲渡によって，債権の譲渡を受けた者（譲受人）が，当然に，債務者に対して，債権を行使すること（債権譲渡の効果を主張すること）ができるとするわけにはいかない。譲受人が，債権譲渡の効果を債務者その他の第三者に対して主張するためには，対抗要件が必要となる。

　**(1)　債務者に対する対抗要件**　　債務者に対する債権（指名債権）譲渡の対抗要件は，**通知または承諾**である（467条1項）。通知または承諾の方式については，何らの制限もない。しかし，この通知は，譲渡人から債務者に対してなされなければならない。譲受人から債務者に通知しても，対抗要件とはならない。譲受人は，譲渡人に代位して通知することは許されない。この通知は，譲渡人の義務であり，権利ではないので，債権者代位権の対象とはならない（大判昭5・10・10民集9・948）。また，この承諾は，譲渡人・譲受人のいずれに対してなされてもよい（大判大6・10・2民録23・1510）。

　なお，債権譲渡および譲受人が特定している場合，債務者があらかじめその譲渡に同意を与えたときは，その後，あらためて通知または承諾をしなくても，譲受人は，債務者に対して，債権譲渡を対抗することができる（最判昭28・5・29民集7・5・608）。

　**(a)　通知の効力**　　譲渡人から債務者に通知がなされたにとどまるときは，債務者は，通知を受けるまでに，譲渡人に対して生じた事由をもって，譲受人に対抗することができる（468条2項）。債務者が債権譲渡の通知を受けるまでに，譲渡人に対して生じた事由としては，債権者（譲渡人）・債務者間の契約の無効・取消しによる債務不成立，同時履行の抗弁，債務消滅（弁済・相殺・更改・免除）

などがある。

たとえば、債務者が通知を受ける前に、債権者（譲渡人）に弁済をしていた場合、債務者は、譲受人からの履行請求に対しては、譲渡人に弁済した旨を主張して、これを拒絶することができる。また、債務者が、通知を受ける前に、債権者（譲渡人）に対して、相殺適状にある反対債権を有する場合には、債務者は、通知以後であっても、譲渡人に対して相殺することができ、これをもって、譲受人に対抗することができる（最判昭32・7・19民集11・7・1297、最判昭50・12・8民集29・11・1864）。

(b) **承諾の効力**　　(イ)　異議なき承諾　　債務者が**異議なき承諾**（債務者が債権者に対して有する抗弁事由を留保しないでする単純な承諾）をした場合には、債務者は、譲渡人に対抗することができる事由があったとしても、これをもって、譲受人に対抗することはできない（468条1項本文）。異議なき承諾を信頼した譲受人を保護し、取引の安全を保護するためである（最判昭42・10・27民集21・8・2161）。ただし、この場合、譲受人は善意・無過失であることが必要となる（最判平27・6・1民集69・4・672）。譲受人が善意であったとしても、そのことに過失があるときは、譲受人の利益を保護しなければならない必要性は低くなるからである。

(ロ)　異議を留めた承諾　　債務者が、譲渡人に対して主張しうる事由のあることを明示して承諾したときは、債務者は、当該事由をもって、譲受人に対抗することができる（上記(a)〔通知の効力〕と同様となる）。

## 【債権譲渡の対抗要件と保証債務の関係】

> **設例④**
>
> Aは、Bとの間で、B所有の土地を買い受ける旨の契約を締結し、Bに対して、3,000万円の代金債務を負担した。その際、Cは、Aの当該債務について保証人となった。その後、Bは、Aに対する当該3,000万円の代金債権をDに譲渡し、BからAに対して、その旨の通知をした（Aはこれを承諾した）。
>
> この場合において、DがCに対して、3,000万円の支払い（保証債務の履行）を請求したとき、Cは、3,000万円の支払い（保証債務の履行）を拒絶することができるか。

第5章　債権法総論の概要　*251*

(a)　保証人に対する主たる債務の債権譲渡の対抗要件　　保証人付の債権（保証債務の付着した債権＝主たる債権）が譲渡された場合には，保証債務の随伴性から，保証債権も譲受人に移転する。この場合，譲受人は，主たる債務者に対して債権譲渡の対抗要件を備えれば，保証債務の附従性から，保証人についても，その効力を生ずる。つまり，譲受人は，保証債権の譲渡について特別な対抗要件を備えていなくても，保証人に対して，保証債権の取得を対抗することができ，保証債務の履行を求めることができる（最判昭45・4・21民集24・4・283）。したがって，Ｄは，Ｃに対して，保証債務の履行を請求することができる。

(b)　主たる債務についての債権譲渡の対抗要件と保証人に対する効力
(イ)　主たる債務者に対して通知をしたにとどまるとき　　保証人Ｃは，主たる債務者Ａが通知を受けるまでに譲渡人Ｂに対して生じた事由をもって，譲受人Ｄに対抗することができる（468条2項参照）。

(ロ)　主たる債務者が異議なき承諾をしたとき　　債務者の一方的行為により，承諾をしていない保証人の責任までも加重すべきではないので，保証人に対しては，その効力は生じない（大判昭15・10・9民集19・1966）。したがって，Ａが異議なき承諾をしたときでも，Ｃは，ＡがＢに対抗しうる事由（債務不成立，同時履行の抗弁，債務消滅など）をもってＤに対抗することができる。

(ハ)　主たる債務者が異議を留めた承諾をしたとき　　主たる債務者が，譲渡人に対抗しうる事由（同時履行の抗弁，債務の一部消滅など）のあることを明示して承諾をしたときは，保証人は，当該事由をもって譲受人に対抗することができる。

【債権譲渡の対抗要件と抵当権との関係】

┈┈┈ 設例⑤ ┈┈┈

　Ａは，自己がＢに対して負担する3,000万円の金銭債務を担保するため，自己所有の土地にＢのための抵当権を設定し登記した。その後，Ａは，当該土地をＣに売却し，ＡからＣへの所有権移転登記をした。そして，Ａは，Ｂに対して，自己の負担していた被担保債務の全額を弁済した（半額を弁済した）。ところが，抵当権の抹消登記がされないうちに（一部弁済による抵当権の変更登記がされないうちに），Ｂは，Ａに対する3,000万円の債権がいまだ存在するものとして，これをＤに譲渡した。Ａは，ＢからＤへの当該債権譲

渡について，異議をとどめずに承諾した。そして，Ｄは，当該土地について，ＢからＤ
への抵当権移転登記(付記登記)をした。

　この場合，Ｄは，Ｃに対して，被担保債権額3,000万円とする当該土地の抵当権の取得
を対抗することができるか。

　　(a)　被担保債権の譲渡と抵当権の移転　　被担保債権が弁済される前（そ
の他の事由によって消滅する前）に，当該債権が第三者に譲渡されたときは，抵当
権の随伴性によって，抵当権も，第三者に移転する。しかし，債権譲渡がなさ
れる前に，被担保債権の全額が弁済された場合，抵当権は，附従性によって，
当然に消滅する（半額弁済したときは，被担保債権の残額は半額となる）。弁済に
より全部または一部消滅したはずの被担保債権の全部が譲渡され，債務者Ａが，
これに異議をとどめずに承諾した場合，譲受人Ｄが善意であるときは，譲受人
Ｄは，被担保債権全額の取得を債務者Ａに対抗することができる（468条１項本
文)。この場合，被担保債権の全部について，抵当権は復活することになるのか
が問題となる。なお，譲受人が悪意のときは，被担保債権の全部または一部の
消滅を譲受人に対抗することができるので，抵当権の消滅または被担保債権が
半額になったことを対抗することができる。

　　(b)　債務者の異議なき承諾と抵当権の復活　　(イ)　当該不動産の所有者が
債務者である場合　　当該不動産の所有者が債務者である場合には（**設例⑤**
において，Ａが当該土地をＣに売却しなかった場合），抵当権は被担保債権の全部
について復活する。この場合，譲受人は，抵当権の随伴性により，被担保債権
とともに抵当権も取得する。これを認めないと，譲受人が不測の損害を被るこ
とになるからである。また，譲受人は，債務者の異議なき承諾を信頼したので
あり，抵当権の復活を認めることが，468条１項の趣旨にも合致する。

　　　(ロ)　当該不動産の所有者が債務者以外の第三者（物上保証人・第三取得者）
である場合　　当該不動産の所有者が，物上保証人や第三取得者（**設例⑤**の事
例）などであった場合，被担保債務が全額弁済されたときは，抵当権は復活しな
い（最判平４・11・６判時1454・85)。半額弁済されたときは，残額を被担保債権と

する抵当権を，譲受人は取得する。つまり，債務者の異議なき承諾という一方的な行為によって，第三者に不利益を与えることは許されないからである。

したがって，**設例⑤**において，Aが全額弁済した場合には，弁済によって，抵当権は消滅し，Aが異議なき承諾をしても，抵当権は復活しない。この場合，Dは，Cに対して，抵当権の取得を対抗することはできない。そうすると，D名義での抵当権取得の登記は，実体関係を欠く無効な登記となり，Cは，Dに対して，抵当権登記の抹消を請求することができる。

また，Aが半額弁済した場合には，半額弁済により，抵当権の被担保債権額は，1,500万円に減少する。Aが異議なき承諾をしても，Dは，当該土地の抵当権については，被担保債権額を1,500万円とする抵当権を取得するだけである（抵当権の随伴性により，BからDへ抵当権が移転する）。Dは，被担保債権額を1,500万円とする抵当権の取得をCに対抗するためには，対抗要件（抵当権移転の付記登記）が必要となる（177条）。Dは，抵当権移転の付記登記（不登4条）をした後は，被担保債権額を1,500万円とする抵当権の取得をCに対抗することができる。この場合，Cは，Dに対して，抵当権の変更登記（被担保債権額の減少の登記）を請求することができる（不登66条）。

(2) **第三者に対する対抗要件**　　第三者に対する債権譲渡の対抗要件は，**確定日付のある証書**（公正証書，内容証明郵便など）による**通知**または**承諾**である（467条2項）。

ここにいう第三者とは，通知の欠缺を主張するにつき正当の利益を有する者をさす（大判大2・3・8民録19・120）。たとえば，債権の二重譲受人（大判昭7・6・28民集11・1247），債権を差し押さえた譲渡人の債権者（大判大8・11・6民録25・1972），債権上の質権者（大判大8・8・25民録25・1513），などである。これに対して，譲渡された債権の債務者に対して別の債権を有するにすぎない者（大判大8・6・30民録25・1192）や保証人（大判大1・12・27民録18・1114）は，ここにいう第三者には該当しない。

第三者に対する対抗要件として，確定日付のある証書による通知または承諾を必要とした趣旨は，通知行為または承諾行為について，確定日付のある証書

を必要としたもので，通知または承諾があったことを確定日付のある証書によって証明すべきとしたものではない（大連判大3・12・22民録20・1146）。

　　(a)　確定日付の意義・効力　　**確定日付**とは，証書（事実の証明に供する文書）が作成された場合に，その作成の日に関して，完全な証拠力を有する日付をいう（民施4条）。証書に確定日付を付する趣旨は，実際に証書が作成された日付を任意にさかのぼらせることを防止することにある。

　　(b)　**確定日付のある証書**　　㈠　公正証書（民施5条1号）　　公証人が，権利・義務に関する事実について，公証人法等にもとづき作成した証書をいう（公証1条・2条）。

　　　　㈡　登記所または公証人役場において，日付ある印章を押捺した私署証書（民施5条2号）　　一定の手数料を支払って，登記所または公証人役場で，私署証書に確定日付を受けることができる（民施6条・8条）。

　　　　㈢　署名者中に死亡した者がいるときの私署証書（民施5条3号）　　死亡の日付が，確定日付となる。

　　　　㈣　確定日付のある証書中に引用された私署証書（民施5条4号）　　確定日付のある証書の日付が，引用された私署証書の確定日付となる。

　　　　㈤　官庁または公署において，私署証書にある事項を記入し，これに日付を記載したときの当該私署証書（民施5条5号）。

　　　　㈥　内容証明郵便（民施5条6号）。

---

**債権譲渡の対抗要件に関する特例法**（動産及び債権の譲渡の対抗要件に関する民法の特例等に関する法律）
　法人が指名債権（金銭債権に限る）を譲渡した場合において，当該債権譲渡について，**債権譲渡登記ファイルに譲渡の登記**をしたときは，当該債権の債務者以外の第三者については，確定日付のある証書による通知があったものとみなされる（同法4条1項前段）。この場合，当該登記の日付が確定日付とされる（同法4条1項後段）。また，債権譲渡登記ファイルに譲渡の登記をした場合において，当該債権の譲渡および債権譲渡登記がされたことについて，譲渡人もしくは譲受人が，当該債権の債務者に**登記事項証明書**（同法11条2項）を交付して通知をし，または，当該債務者が承諾をしたときは，当該債務者についても，確定日付のある証書による通知があったものとみなされる（同法4条2項）。
　債権の譲渡について，債権譲渡登記ファイルに譲渡の登記がされたときは，だれでも，指定法務局等の登記官に対して，債権譲渡登記ファイルに記録されている登記事項の概要を証明した書面（登記事項概要証明書）の交付を請求することができる（同法11条1項）。ま

た，譲渡にかかる債権の譲渡人または譲受人や，譲渡にかかる債権の債務者その他の利害関係人等は，指定法務局等の登記官に対して，債権譲渡登記ファイルに記録されている事項を証明した書面（登記事項証明書）の交付を請求することができる（同法11条2項）。

### 3 債権の二重譲渡における優劣決定基準

> **設例⑥**
>
> 　Aは，Bに対して，3,000万円の金銭債権を有している。Aは，当該債権をCに譲渡した。A・C間の債権譲渡について，AからBへの通知が到達する前またはBの承諾がされる前に，Aは，当該債権をDにも譲渡した。そして，A・D間の債権譲渡について，AからBへの通知がされた。
>
> 　この場合，Dは，当該債権の取得を，Cに対抗することができるか。

　同一の債権が二重に譲渡された場合，二重譲受人相互間の優劣は，まず，第三者に対する対抗要件（467条2項）を備えているか否かによって判断される。具体的には，以下のようになる。

　(1)　二重譲受人双方ともに，確定日付のある証書による通知または承諾という対抗要件を備えていない場合　　二重譲受人（C・D）双方ともに，まったく，通知・承諾がされていないか，または，確定日付のある証書によらずに通知・承諾がされた場合のことである。この場合には，二重譲受人双方（C・D）ともに，当該債権の取得を対抗することはできない（467条2項）。

　(2)　一方の譲受人について，確定日付のある証書によらずに通知または承諾がされており，他方の譲受人が，確定日付のある証書による通知または承諾という対抗要件を備えている場合　　たとえば，**設例⑥**において，A・C間の債権譲渡については，通常郵便でAからBへの通知がされたが，A・D間の債権譲渡については，内容証明郵便でAからBへの通知がされていた場合である。この場合には，確定日付のある証書による通知または承諾を得ている譲受人が，当該債権の取得を対抗することができる（467条2項）。したがって，上記の例では，内容証明郵便（確定日付のある証書）で通知がされたDは，当該債権の取得をCに対抗できる。Cは対抗要件を備えていないので（通常郵便は，確定日付の

ある証書ではない），Cは，当該債権の取得をDに主張することはできない。

（3）二重譲受人双方ともに，確定日付のある証書による通知または承諾という対抗要件を備えている場合　たとえば，設例⑥において，A・C間の債権譲渡とA・D間の債権譲渡について，ともに，内容証明郵便でAからBへの通知がされていた場合である。この場合には，確定日付のある証書による通知が債務者に到達した日時，または，確定日付のある証書による債務者の承諾の日時の先後によって，二重譲受人相互間の優劣が決定される（最判昭49・3・7民集28・2・174）。つまり，債権譲渡の対抗要件は，債権譲渡についての債務者の認識を基礎とすべきであること，および，債務者の認識とはかかわらない確定日付そのものを基準にすべきではないことによる。

（a）二重譲受人双方について，確定日付のある証書による通知がなされているときは，当該通知が，先に債務者に到達した者が優先する。

（b）一方の譲受人について，確定日付のある証書による通知がなされており，他方の譲受人について，確定日付のある証書による承諾がなされているときは，当該通知が債務者に到達した時か，当該承諾が債務者から発信された時の，いずれか早い者が優先する。

（c）二重譲受人双方について，確定日付のある証書による承諾がなされているときは，当該承諾が，債務者から先に発信された者が優先する。

（d）同時到達のときは（二重譲受人双方について，確定日付のある証書による通知が同時に到達したときなど），二重譲受人相互間に優劣関係は存在しない（最判昭55・1・11民集34・1・42）。このとき，各譲受人は，債務者に対して，債権全額の弁済を請求できる。債務者は，同順位の譲受人が他に存在することを理由として，弁済を拒絶することはできないが，供託をすることはできる（494条後段）。そして，債務者が，債務額に応じた金銭を供託した場合，各譲受人は，譲受債権額に応じて按分比例した額の供託金還付請求権を，それぞれ分割取得する（最判平5・3・30民集47・4・3334）。

　　指名債権が二重に譲渡され，確定日付のある各譲渡通知が同時に第三債務者に到達したときは，各譲受人は，第三債務者に対しそれぞれの譲受債権についてその全額の弁

済を請求することができ，譲受人の一人から弁済の請求を受けた第三債務者は，他の譲受人に対する弁済その他の債務消滅事由がない限り，単に同順位の譲受人が他に存在することを理由として弁済の責めを免れることはできないもの，と解するのが相当である（最判昭55・1・11民集34・1・42）。

  滞納処分としての債権差押えの通知と確定日付のある右債権譲渡の通知の第三債務者への到達の先後関係が不明であるために，第三債務者が債権者を確知することができないことを原因として右債権額に相当する金員を供託した場合において，被差押債権額と譲受債権額との合計額が右供託金額を超過するときは，差押債権者と債権譲受人は，公平の原則に照らし，被差押債権額と譲受債権額に応じて供託金額を案分した額の供託金還付請求権をそれぞれ分割取得するものと解するのが相当である（最判平5・3・30民集47・4・3334）。

## 電子記録債権

　電子記録債権（電子債権）とは，指名債権等の発生・譲渡を電子債権記録機関の記録原簿に電子記録することによって，その効力が生ずる金銭債権のことをいう（電子記録2条1項・15条・17条）。電子記録債権は，指名債権等をたんに電子化したというものではなく，既存の指名債権等とは異なる新たな金銭債権である。電子記録債権の発生・譲渡および電子債権記録機関の業務・監督等について定めた**電子記録債権法**が，平成20年12月に施行された。電子記録債権法では，指名債権等の取引の安全を図るため，指名債権等の内容・譲渡等が可視化されており（電子記録87条），善意取得（電子記録19条）や人的抗弁の切断（電子記録20条1項本文）に関する規定も置かれている。

　電子記録債権は，必要事項を記録した発生記録をすることによって発生する（電子記録15条・16条）。また，電子記録債権の譲渡は，必要事項を記載した譲渡記録をしなければ効力を生じない（電子記録17条・18条）。譲渡記録の請求により電子記録債権の譲受人として記録された者は，譲渡記録がされたときにその債権を取得する（電子記録19条1項本文）。権利者として記録原簿に記録されている者が無権利者であった場合でも，譲受人として記録された者が善意・無重過失であるときは，その債権を取得する（電子記録19条1項ただし書）。債務者は，原則として，譲受人に対し，記録原簿に記録されていない事由を理由に支払いを拒むことができない（電子記録20条1項本文）。

　電子記録名義人，電子記録義務者として記録されている者，その他債権記録に記録されている者，それらの者の相続人，一般承継人およびそれらの者の財産の管理・処分をする権限を有する者は，電子債権記録機関に対して，記録事項の開示を請求することができる（電子記録87条）。

　電子記録債権は，債権譲渡における譲渡対象債権の不存在や二重譲渡の危険性を回避することができ，債務者からの人的抗弁を回避することができる（人的抗弁の切断）。また，債務者に対する対抗要件としての通知も不要となる。電子記録債権は，インターネット等で簡易・迅速に債権の発生記録・債権の譲渡（債権売買等）記録ができ（分割譲渡も可能である），事業者等の資金調達の円滑化を促進している。

## Ⅶ 弁　済

### ① 弁 済 の 意 義

　債務者（または第三者）が，債務の内容である給付を実現して，債権を満足させる行為（債務の本旨にしたがった履行）を**弁済**という。弁済によって，債権は，その目的を達して，消滅する。

### ② 弁 済 の 提 供

　債務を履行するために，債権者の受領・協力を必要とする行為について，債務者（または第三者）が，弁済をなすために，債権者の受領・協力を求める行為を，**弁済の提供**という。

　**(1) 弁済提供の基準**　(a) 特定物の引渡し方法　特定物の引渡しを目的とする債務の場合，弁済者は，その引渡しをなすべき時の現状にて，目的物を引き渡さなければならない（483条）。

　　(b) 弁済提供の場所　弁済をなすべき場所について，特約のない限り，特定物の引渡しは，債権発生の当時その物が存在していた場所で引き渡さなければならない。その他の弁済は，債権者の現時の住所において，これをしなければならない（484条）。

　　(c) 弁済提供に関する費用負担　弁済の費用（交通費，運送費，荷造費，振り込み手数料など）は，原則として，債務者の負担となる（485条本文）。ただし，債権者の住所移転その他の行為によって，弁済の費用が増加したときは，その増加額は，債権者の負担となる（485条ただし書）。

　**(2) 弁済提供の程度**　弁済の提供は，原則として，債務の本旨にしたがって，現実にこれをしなければならない（**現実の提供**。493条本文）。ただし，債権者があらかじめ受領を拒み，または，債務の履行について債権者の行為を必要とするときは，弁済の準備をしたことを通知して，その受領を催告すればよい（**口頭の提供**。493条ただし書）。

第 5 章　債権法総論の概要　*259*

(3) **弁済提供の効果**　　弁済の提供がなされたときは，その提供の時から，債務者は，債務不履行によって生ずべき一切の責任を免れる (492条)。具体的には，次のような効果を生ずる。

① 債務者の履行遅滞責任 (415条) の免除

② 注意義務の軽減 (善管注意義務から，自己の財産におけるのと同一の注意義務に軽減される)

③ 利息 (約定利息) の不発生

④ 供託 (494条)・自助売却 (497条) による免責

⑤ 増加費用請求権の発生 (485条ただし書参照)

⑥ 危険の移転 (危険負担。534条・536条)

3　**第三者の弁済**

弁済は，原則として，第三者もすることができる (474条1項)。ただし，一定の場合には，第三者の弁済は許されない。第三者の弁済が許されない場合とは，次のような場合である。

(a) **性質による制限**　　債務の性質が第三者の弁済を許さないときは，第三者は，弁済をすることはできない (474条1項ただし書前段)。たとえば，名演奏家の演奏，芸術家の芸術品創作などを目的とする債務の場合である。

(b) **特約による制限**　　当事者 (債権者・債務者) が反対の意思を表示したときは (第三者弁済禁止の特約がされたとき)，第三者は，弁済をすることはできない (474条1項ただし書後段)。

(c) **利害関係による制限**　　弁済をするについて，法律上の利害関係のない第三者は，債務者の意思に反して，弁済をすることはできない (474条2項)。債務者の友人や家族というだけでは，法律上の利害関係があるとはいえない (大判昭14・10・13民集18・1165)。しかし，債務者に対する物上保証人や担保不動産の第三取得などは，利害関係のある第三者に該当する (最判昭39・4・21民集18・4・552)。

## 4 弁済による代位

(1) **弁済による代位の意義** 弁済が，第三者や共同債務者（連帯債務者，保証人などの，終局的債務者ではない者）によってなされた場合には，これらの者の求償権を確保するため，債務者について消滅した債権者の権利が，求償権の範囲で，弁済者に移転する。これを，**弁済による代位**という。

弁済による代位には，法定代位と任意代位がある。**法定代位**とは，弁済をなすについて正当な利益を有する者が弁済をした場合に，弁済者は，法律上，当然に，債権者に代位することをいう（500条）。これに対して，**任意代位**とは，弁済をなすについて正当な利益を有しない者が弁済をした場合に，弁済者は，債権者の承諾を得て，債権者に代位することをいう（499条1項）。

(2) **弁済による代位の要件** 弁済による代位の効果を生ずるためには，まず，法定代位・任意代位ともに，弁済等（含・代物弁済，供託，相殺，混同など）により，債権者に満足を与えたことと，弁済者が，債務者に対して，求償権を取得したこと，が必要となる。

(a) **法定代位** 弁済をなすについて正当な利益を有する者は，弁済によって，**当然に**，債権者に代位する（500条）。したがって，法定代位の効果を生ずるためには，弁済者が，弁済をなすについて，正当な利益を有することが必要となる。この場合，債権者の承諾および対抗要件は不要である（大判昭2・10・10新聞2752・6）。

**弁済をなすについて正当な利益を有する者**とは，弁済をしないと，債権者から執行を受ける地位にあるか，または，債務者に対する自己の権利が価値を失う地位にある者をさす。たとえば，保証人（大判大6・7・5民録23・1197），物上保証人（大判昭4・1・30新聞2945・12），連帯債務者（大決大3・4・6民録20・273，大判昭11・6・2民集15・1074），担保目的物の第三取得者（大判明40・5・16民録13・519，大判大8・12・5民録25・2208）などである。

(b) **任意代位** 弁済をなすについて正当な利益を有しない者は，**債権者の承諾**を得て，債権者に代位することができる（499条1項）。したがって，任意

第5章　債権法総論の概要　*261*

代位の効果を生ずるためには，弁済者が，弁済と同時に，債権者の承諾を得ることが必要となる。また，任意代位の効果を債務者または第三者に対抗するためには，対抗要件を備えなければならない。債務者に対する対抗要件は，債権者から債務者に対する通知または債務者の承諾であり，第三者に対する対抗要件は，確定日付のある証書による通知または承諾である（499条2項→467条）。

（3）**弁済による代位の効果**　　弁済によって，債権者に代位した者は，自己の求償権の範囲内において，債権の効力および担保として，その債権者が有していた一切の権利を行使することができる（501条本文）。

5　**弁 済 受 領 者**

弁済受領権限を有する者は，原則として，債権者または契約もしくは法律の規定によって受領権限を与えられた者（受任者・代理人など）である。しかし，弁済受領権限のない者に対してなされた弁済であっても，有効な弁済であるとされる場合がある。

（1）**債権の準占有者に対する弁済**　　真実の債権者ではないが，債権者（またはその他の弁済受領権限者）らしくみえる者を，**債権の準占有者**という。たとえば，他人の預金通帳と印鑑の持参人，表見相続人，詐称代理人などである。

債権の準占有者に対してなされた弁済であっても，弁済者が，**善意・無過失**であるときは（最判昭37・8・21民集16・9・1809），有効な弁済となる（478条）。

【**現金自動入出機による預金の払戻しと478条の適用**】　　無権限者が，他人の預金通帳またはキャッシュカードを使用し，暗証番号を入力して，現金自動入出機から預金の払戻し（機械払い）を受けた場合についても，民法478条が適用される（最判平15・4・8民集57・4・337）。したがって，弁済者（債務者）である銀行が善意・無過失であれば，その払戻しは有

---

**機械払い**

暗証番号を登録した預金者は，銀行の設置する現金自動入出機に，通帳またはキャッシュカードを使用し，暗証番号を入力すれば，預金の払戻しを受けることができる。この方法による払戻しを，**機械払い**という。このうち，通帳によるものを**通帳機械払い**，キャッシュカードによるものを**カード機械払い**という（最判平15・4・8民集57・4・337）。

効な弁済となり，銀行は，真正な預金者（債権者）に対する払戻し義務を免れる。この場合，銀行が無過失であるというためには，払戻しの際に，機械が正しく作動したことだけでなく（通帳・キャッシュカードと暗証番号の確認が機械的に正しく行われたというだけでなく），銀行において，預金者による暗証番号等の管理に遺漏がないようにさせるため，機械払いの方法により預金の払戻しが受けられる旨を預金者に明示すること等を含め，機械払いシステムの設置管理全体について，可能な限度で無権限者による払戻しを排除しうるよう注意義務を尽くしていたことが必要となる（前出・最判平15・4・8）。

 &#9758; 他人の預金通帳またはキャッシュカードを使用した無権限者による払戻しを排除するためには，預金者に対して，暗証番号・通帳などが機械払いに用いられるものであることを認識させ，その管理を十分に行わせる必要があることにかんがみると，通帳機械払いのシステムを採用する銀行がシステムの設置管理について注意義務を尽くしていたというためには，通帳機械払いの方法により払戻しが受けられる旨を預金規定などに規定して預金者に明示することを要する（最判平15・4・8民集57・4・337）。カード機械払いのシステムを採用する場合も同様である。

---

### 偽造・盗難カードによる不正払戻し等と預貯金者の保護

 偽造キャッシュカード等または盗難キャッシュカード等を使用して行われる不正な機械式預貯金払戻し等からの預貯金者の保護・救済を図り，あわせて預貯金に対する信頼を確保するために，平成17年8月，**預貯金者保護法**（偽造カード等及び盗難カード等を用いて行われる不正な機械式預貯金払戻し等からの預貯金者の保護等に関する法律）が制定された。同法は，平成18年2月10日から施行されている。

 **1．偽造キャッシュカード等による不正払戻し等** **(1)　不正払戻し** 偽造カード等を使用して行われた機械式預貯金払戻しは，預貯金者の故意により払戻しが行われたものであるとき，または，金融機関がその機械式預貯金払戻しについて善意・無過失であり，かつ，預貯金者に重大な過失があって行われることとなったときは，有効な払戻しとなる（同4条1項）。このような場合には，預貯金者は保護されず，預貯金者は金融機関に対して，預貯金の払戻しを請求することはできない。しかし，預貯金者に故意および重大な過失がない場合には，その払戻しは無効となる。したがって，この場合，預貯金者は保護され，金融機関に対して，預貯金全額の払戻しを請求することができる。

 **(2)　不正借入れ** 偽造カード等を使用して行われた機械式金銭借入れは，預貯金者の故意により借入れが行われたものであるとき，または，金融機関がその機械式金銭借入れについて善意・無過失であり，かつ，預貯金者に重大な過失があって行われることとなったときは，有効な借入れとなり，預貯金者はその責任を負う（同4条2項）。このような場合には，預貯金者は保護されず，預貯金者は金融機関に対して，借入金に相当す

る金額全額の返還義務を負う。しかし，預貯金者に故意および重大な過失がない場合には，その借入れは無効となり，預貯金者は何らの責任も負わない。したがって，この場合，預貯金者は保護され，金融機関に対して，借入金に相当する金額全額についての返還義務を負わない。

**2．盗難キャッシュカード等による不正払戻し等**　⑴　**不正払戻し**　盗難カード等を使用して不正な機械式預貯金払戻しが行われた場合，預貯金者は，真正カード等が盗取されたと認めた後，すみやかに，金融機関にその旨の通知をしておくこと等によって，金融機関に対して，その不正払戻しの額に相当する金額全額の補てんを請求することができる（同5条1項・2項本文）。ただし，次の①または②に該当することを金融機関が証明したときは，預貯金者は保護されず，金融機関は，補てんを請求した預貯金者に対して，補てんをする必要はない（同5条3項）。①盗難カード等を使用して不正な機械式預貯金払戻しが行われたことについて，金融機関が善意・無過失であり，かつ，次のいずれかに該当すること。㋑預貯金者に重大な過失があったこと，㋺不正払戻しが，預貯金者の配偶者，2親等内の親族，同居の親族その他の同居人または家事使用人によって行われたこと，㋩預貯金者が，金融機関に対する説明において，重要な事項について偽りの説明を行ったこと。②盗難カード等に係る盗取が，戦争，暴動等による著しい社会秩序の混乱に乗じ，または，これに付随して行われたこと。

　なお，金融機関が，盗難カード等を使用して不正な機械式預貯金払戻しが行われたことについて善意・無過失であり，かつ，預貯金者の過失（軽微な過失）により行われたことを証明した場合は，金融機関が補てんしなければならない金額は，補てん対象額の4分の3に相当する金額となる（同5条2項ただし書）。

　⑵　**不正借入れ**　盗難カード等を使用して不正な機械式金銭借入れが行われた場合，預貯金者は，真正カード等が盗取されたと認めた後，すみやかに，金融機関にその旨の通知をしておくこと等によって，金融機関に対して，その不正金銭借入れの額に相当する金額全額について責任を負わないとすることができる（同5条4項本文）。ただし，次の①または②に該当することを金融機関が証明したときは，預貯金者は保護されず，金融機関は，その預貯金者に対して，借入れ額に相当する金額の支払いを請求することができる（同5条5項）。①盗難カード等を使用して不正な機械式金銭借入れが行われたことについて，金融機関が善意・無過失であり，かつ，次のいずれかに該当すること。㋑預貯金者に重大な過失があったこと，㋺不正払戻しが，預貯金者の配偶者，2親等内の親族，同居の親族その他の同居人または家事使用人によって行われたこと，㋩預貯金者が，金融機関に対する説明において，重要な事項について偽りの説明を行ったこと。②盗難カード等に係る盗取が，戦争，暴動等による著しい社会秩序の混乱に乗じ，または，これに付随して行われたこと。

　なお，金融機関が，盗難カード等を使用して不正な機械式金銭借入れが行われたことについて善意・無過失であり，かつ，預貯金者の過失（軽微な過失）により行われたことを証明した場合は，預貯金者に支払いを請求できない金額は，借入れ対象額の4分の3に相当する金額となる（同5条4項ただし書）。この場合，金融機関は，預貯金者に対して，借入れ対象額の4分の1に相当する金額の支払いを請求できることになる。

**(2) 受取証書の持参人に対する弁済**　真正な受取証書の持参人は，弁済受領権限のあるものとみなされる（480条本文）。ただし，真正な受取証書の持参人に対する弁済は，弁済者が，**善意・無過失**であるときに限り，有効な弁済となる（480条ただし書）。

### 6　弁済の充当

**(1) 弁済充当の意義**　債務者が，同一の債権者に対して，同種の目的を有する数個の債務を負担する場合，または，1個の債務の弁済として，数個の給付をなすべき場合において，弁済として提供した給付が，すべての債務を消滅させるのに足りないときは，弁済として提供した給付を，いずれの債務にあてるかを決定しなければならない。このことを，**弁済の充当**という。

**(2) 弁済充当の方法**　**(a) 合意充当**　弁済の充当は，まず，当事者間の合意によってすることができる。合意充当の場合には，弁済充当の順序についての制限はない。

　**(b) 指定充当**　弁済の充当につき，当事者間の合意がない場合には，一方当事者からの指定（相手方に対する一方的な意思表示《488条3項》）によって，これをすることができる。充当の指定は，まず，給付の時に，弁済者がすることができる（488条1項）。そして，弁済者が指定しないときには，弁済の受領者が，その受領の時に指定することができる（488条2項本文）。ただし，このとき，弁済者がただちに異議を述べると，指定の効果は生じない（488条2項ただし書）。

　**(c) 法定充当**　当事者間の合意および指定がないときは，法律の規定にしたがって，充当される（489条）。

　　⒤　債務の中に，弁済期にあるものと弁済期にないものとがあるときは，弁済期にあるものが先となる（489条1号）。

　　㋺　すべての債務が弁済期にあるとき，または，すべての債務が弁済期にないときは，債務者のために弁済の利益が多いものが先となる（489条2号）。

　　㋩　債務者のために弁済の利益が相等しいときは，先に弁済期が到来したもの，または，弁済期が先に到来するものが先となる（489条3号）。

(ニ)　上記(ロ)および(ハ)の事項について，相等しい債務の弁済は，各債務の額に応じて充当する（489条４号）。

**(3)　充当の制限**　債務者が，１個または数個の債務について，元本のほか，利息および費用を支払うべき場合において，弁済者が，その債務の全部を消滅させるのに足りない給付をしたときは，これをもって，順次に，**費用→利息→元本**へと充当しなければならない（491条）。したがって，数個の債務について，元本のほか費用および利息を支払うべき場合には，数個の債務についての費用・利息は，各債務の元本より先に充当されるべきものである（最判昭46・３・30判時628・45）。

この順序は，当事者間の合意によって変えることはできるが（大判昭17・８・６新聞4793・18），一方当事者の指定によって変えることはできない（大判昭３・３・30新聞2854・15）。

## Ⅷ　相　　殺

### 1　相殺の意義

２人の者が，お互いに，同種の目的を有する債務を負担している場合において，双方の債務を対当額で消滅させることを，**相殺**（そうさい）という（505条１項本文）。相殺は，一方当事者からの一方的意思表示によって（単独行為），これをすることができる（506条１項前段）。相殺を主張することができる権利（相殺権）は**形成権**であり，相殺をするについて相手方の承諾は不要である。相殺の意思表示には，条件または期限を付することはできない（506条１項後段）。たとえば，ＡがＢに対して100万円の金銭債権を有しており，ＢがＡに対して150万円の金銭債権を有している場合，ＡまたはＢは，相手方に対する一方的意思表示（相殺の意思表示）によって，双方の債務を対当額（100万円）で消滅させることができる。相殺がなされると，Ａ・Ｂは，100万円について，その債務を免れる。したがって，その後，ＡはＢに対して50万円の債務を負担し（ＢはＡに対して50万円の債権を有し），ＢはＡに対しては全く債務を負担しない（ＡはＢに対して債権を有さない）。

なお，相殺をする側の者（相殺の意思表示をする者）が有している債権を**自働債権**といい，相殺をされる側の者（相殺の意思表示を受ける者）が有している債権を**受働債権**という。

## ② 相 殺 の 要 件

相殺をするためには，相対立する債権が**相殺適状**にあること，および，**相殺の禁止**に抵触しないことが必要となる。

**(1)　相殺適状**にあること（505条1項本文）　相対立する債権が相殺適状にあるというためには，次の要件を備えていなければならない。

　(a)　相対立する債権が存在すること　相殺をする側の者と相殺をされる側の者とが，相互に，相手方に対して債権を有していることが必要である。債権者でない者（受働債権の債務者）が，債務者（受働債権の債権者）に対して，相殺の意思表示をしても，自働債権が存在しないので，相殺は無効である。この場合，債務者は，真実の債権者に対して負担する債務を免れない。たとえば，無記名定期預金の債権者でない者が，たんに，届出印鑑を使用して，銀行に対する自己の債務との相殺の意思表示をしても，相殺の効力は生じない（最判昭32・12・19民集11・13・2278）。また，抵当不動産の所有権を取得した者は，自己が抵当権者に対して有する債権をもって，抵当債権と相殺することはできない（大判昭8・12・5民集12・2818）。

　(b)　相対立する債権が有効であること　消滅時効によって消滅した債権が，時効消滅前に相殺適状にあったときは，これをもって相殺をすることができる（508条）。この場合，相殺がされたときは，両債権は，相殺適状を生じた時点における対当額で消滅する（506条2項）。

時効消滅した債権を譲り受けた者は，債務者に対して，譲り受けた債権を自働債権として，相殺をすることはできない（最判昭36・4・1民集15・4・765）。時効消滅前に，譲受人と債務者との間には相殺適状は生じていないからである。

債権者が，主たる債務者に対して有する債権が時効消滅した場合であっても，時効消滅前に，連帯保証人に対する保証債権と連帯保証人が有する債権者に対

する債権とが相殺適状にあれば，債権者は，連帯保証人に対して，相殺をすることができる（大判昭8・1・31民集12・83）。また，消滅時効完成後の債権を自働債権とする相殺は，相殺適状にあった時点の受働債権額の限度ですることができる。したがって，消滅時効完成後も時効援用があるまでは有効に存続する債権であることを理由に，相殺の意思表示の時点における受働債権の債権額（相殺適状時よりも増加した額）についての対当額での相殺を主張することはできない（最判昭39・2・20判タ160・72）。

なお，除斥期間（本書231頁参照）の経過によって消滅した債権についても，508条が適用される（最判昭51・3・4民集30・2・48）。

(c) 相対立する債権が同種の目的を有すること　たとえば，両債権ともに金銭の支払いを目的とする場合，両債権ともに一定の物の引渡しを目的とする場合などである。同種の目的を有するのであれば，債権額・履行期が異なるときでも，相殺をすることができる。双方の債務の履行地が異なるときであっても，相殺をすることができる（507条）。

(d) 両債権の弁済期が到来していること　(イ) 自働債権について　自働債権の弁済期は，かならず到来していなければならない。自働債権について期限の定めがないときは，債権者は，ただちに相殺することができる。この場合，債権者は，あらかじめ，請求によって，相手方を遅滞に陥れておく必要はない（大判昭17・11・19民集21・1075）。

(ロ) 受働債権について　受働債権の弁済期が未到来である場合には，債務者は，期限の利益を放棄して（136条2項本文），相殺をすることができる（大判昭8・5・30民集12・1381）。受働債権について期限の定めがないときは，債務者（自働債権の債権者）は，ただちに，相殺をすることができる（大判昭8・9・8民集12・2124）。

(2)　**相殺の禁止**に抵触しないこと　(a) 債務の性質・目的による禁止（505条1項ただし書）　債務の性質・目的が，相殺を許さないものであるときは，相殺できない。たとえば，相互に労務を提供する債務や相互に競業しない債務であったり（なす**債務**＝相殺によって債務を消滅させたのでは意味がなくなる《債権の

実現が図れない》），自働債権に同時履行の抗弁権等が付着している場合（自働債権の債務者が同時履行の抗弁権等を行使する機会を奪われる）などである（大判昭13・3・1民集17・318）。したがって，保証人が，債権者に対して反対債権を有する場合でも，債権者は，保証債権との相殺をすることはできない（大判昭5・10・24民集9・1049，最判昭32・2・22民集11・2・350）。保証債務には，催告の抗弁権・検索の抗弁権が付着しているからである。

しかし，受働債権に抗弁権が付着している場合（自働債権の債権者が，抗弁権行使の機会を失うだけであり，相手方には何らの不利益も生じない）や自働債権と受働債権が相互に同時履行の関係にある場合（相手方には不利益は生じない）には，相殺が許される。したがって，請負人の注文者に対する工事代金債権と，注文者の請負人に対する瑕疵修補請求に代わる損害賠償請求権との相殺は許される（最判昭53・9・21判時907・54）。

　（b）　特約による禁止（505条2項本文）　　当事者が，反対の意思を表示したとき（相殺禁止特約をしたとき）は，相殺をすることはできない。ただし，当事者の特約による相殺の禁止は，これをもって，善意の第三者には対抗することができない（505条2項ただし書）。

　（c）　法律による禁止　　（イ）　**不法行為債権**　　不法行為にもとづく損害賠償請求権を，**受働債権**として相殺することは許されない（509条）。つまり，不法行為の加害者からの相殺が禁止されている。これは，不法行為による被害者を保護し，被害者が現実に損害賠償額を取得できるようにするとともに，相殺を目的とした不法行為の誘発を防止するためである。ただし，不法行為の被害者が，損害賠償請求権を自働債権として相殺することは許される（最判昭42・11・30民集21・9・2477）。

しかし，自働債権と受働債権が，ともに，不法行為にもとづく損害賠償請求権である場合には，相殺は許されない（最判昭49・6・28民集28・5・666，最判昭54・9・7判時954・29）。

　　✎　民法509条は，不法行為の被害者に，現実の弁済により損害の塡補を受けさせるとともに，不法行為の誘発を防止することを目的とするものであるから，不法行為にもとづ

く損害賠償債権を自働債権とし，不法行為による損害賠償債権以外の債権を受働債権として相殺をすることまでも禁止する趣旨ではないと解するのを相当とする（最判昭42・11・30民集21・9・2477）。

✍　民法509条の趣旨は，不法行為の被害者に現実の弁済によって損害の填補を受けさせること等にあるから，およそ不法行為による損害賠償債務を負担している者は，被害者に対する不法行為による損害賠償債権を有している場合であっても，被害者に対しその債権をもって対当額につき相殺により右債務を免れることは許されないものと解するのが相当である（最判昭49・6・28民集28・5・666）。

　　(ロ)　**差押禁止債権**　　差押禁止債権（本書219頁参照）を，**受働債権**として相殺することは許されない（510条）。つまり，差押禁止債権の債務者からの相殺が禁止されている。したがって，使用者は，労働者の賃金債権に対しては，損害賠償債権をもって相殺することは許されない（最判昭31・11・2民集10・11・1413，最大判昭36・5・31民集15・5・1482）。

　　(ハ)　**支払いの差し止めを受けた債権**　　支払いの差し止めを受けた債権（差押え・仮差押えを受けた債権など＝受働債権）の債務者（第三債務者）は，その後に，債権者に対して取得した債権（自働債権）によって相殺をしても，相殺をもって，差押債権者に対抗することはできない（511条）。つまり，第三債務者は，差押債権者に対して，相殺による債務の消滅を主張することができなくなる。ただし，第三債務者は，差押え前に反対債権（自働債権）を取得していたときは，相殺をもって，差押債権者に対抗しうる。

　**【差押えと相殺】**　　(a)　自働債権の弁済期到来・受働債権の弁済期到来の場合　　差押え時に，自働債権の弁済期と受働債権の弁済期が，ともに到来している場合や，自働債権・受働債権ともに弁済期の定めのないものである場合には，第三債務者（自働債権の債権者）は，差押え後に相殺の意思表示をしたときでも，差押債権者に対して，相殺をもって対抗することができる（大判明31・2・8民録4・2・11，大判昭8・9・8民集12・2124）。

　　(b)　自働債権の弁済期到来・受働債権の弁済期未到来の場合　　差押え時に，自働債権の弁済期は到来しているが，受働債権の弁済期が未到来である場合でも，第三債務者（自働債権の債権者）は，差押え後に，期限の利益を放棄し

*270*

て相殺することができ，差押債権者に対して，相殺をもって対抗することができる（最判昭32・7・19民集11・7・1297）。

(c) 自働債権の弁済期未到来・受働債権の弁済期未到来の場合　(イ) 自働債権の弁済期が先に到来するとき　差押え時に，自働債権の弁済期と受働債権の弁済期が，ともに未到来である場合において，自働債権の弁済期が，受働債権の弁済期よりも先に到来するときは，第三債務者（自働債権の債権者）は，自働債権の弁済期が到来した時に相殺をすることができ，差押債権者に対して，相殺をもって対抗することができる（最大判昭39・12・23民集18・10・2217）。

(ロ) 受働債権の弁済期が先に到来するとき　差押え時に，自働債権の弁済期と受働債権の弁済期が，ともに未到来である場合において，自働債権の弁済期が，受働債権の弁済期よりも後に到来するときでも，第三債務者（自働債権の債権者）は，自働債権の弁済期が到来した時に相殺をすることができ，差押債権者に対して，相殺をもって対抗することができる（最大判昭45・6・24民集24・6・587，最判昭48・5・25金法690・36）。

> 　民法511条は，一方において，債権を差し押えた債権者の利益を考慮し，第三債務者が差押え後に取得した債権による相殺は差押債権者に対抗しえない旨を規定している。しかしながら，同条は，第三債務者が債務者に対して有する債権をもって差押債権者に対して相殺をなしうることを当然の前提としたうえ，差押え後に発生した債権または差押え後に他から取得した債権を自働債権とする相殺のみを例外的に禁止することによって，その限度において，差押債権者と第三債務者との間の利益の調節を図ったものであると解するのが相当である。したがって，第三債務者は，その債権が差押え後に取得されたものでないかぎり，自働債権および受働債権の弁済期の前後を問わず，相殺適状に達しさえすれば，差押え後においても，これを自働債権として相殺をなしうるものと解すべきである（最大判昭45・6・24民集24・6・587）。

### ③　相殺の効果

相殺によって，両債権・債務は，その対当額で消滅する。この効果は，相殺適状が生じた時にさかのぼって生ずる（**相殺の遡及効**。506条2項）。

# 第6章

# 債権法各論の概要

## Ⅰ　契約とは何か

　契約とは，複数の当事者間において，相対立する複数の意思表示（申込みと承諾）が合致することによって成立する法律行為をいう（我妻・講義Ⅰ・244頁参照）。契約の種類としては，以下のようなものがある。

### 1　典型契約と非典型契約

　典型契約とは，民法その他の法律において，契約類型として規定されている契約をいい（典型契約には，法律上，各契約類型ごとに，その名称が付されていることから，有名契約ともいう），これに対して，法律上，契約類型としては規定されていない契約を，非典型契約という。

　契約当事者が，民法上の契約類型として規定されているものとは異なる内容の契約を締結することは，契約自由の原則にもとづいて，自由に，これをなしうる。このようにして締結された契約が，非典型契約である（このような契約には，法律上，とくに，その名称が付されているわけではないので，無名契約とも呼ばれる）。

　典型契約については，その内容が，不明であるとか，不完全であるときには，それを補充するための規定が，直接，法律上，用意されている。

　(1)　**典型契約**（民法典上の契約 — 13類型）　　(a)　**贈与契約**　　当事者の一方（贈与者）が，自己の財産を，無償で相手方に与える意思を表示し，相手方（受

贈者）が，これを受諾することによって，その効力を生ずる（法律効果が発生する）契約を，贈与契約という（549条）。

(b) **売買契約**　当事者の一方（売主）が，ある財産権を，相手方に移転することを約束し，相手方（買主）が，これに，その代金を払うことを約束することによって，その効力を生ずる契約を，売買契約という（555条）。

(c) **交換契約**　当事者が，互いに，金銭の所有権ではない財産権を移転することを約束することによって，その効力を生ずる契約を，交換契約という（586条）。

(d) **消費貸借契約**　当事者の一方（借主）が，種類，品等および数量の同じ物をもって返還をすることを約束して，相手方（貸主）より，金銭，その他の物を受け取ることによって，その効力を生ずる契約を，消費貸借契約という（587条）。

(e) **使用貸借契約**　当事者の一方（借主）が，無償で使用および収益をなした後に返還をすることを約束して，相手方（貸主）より，ある物を受け取ることによって，その効力を生ずる契約を，使用貸借契約という（593条）。

(f) **賃貸借契約**　当事者の一方（貸主）が，相手方（借主）に，ある物の使用および収益をさせることを約束し，相手方（借主）が，これに，その賃料を払うことを約束することによって，その効力を生ずる契約を，賃貸借契約という（601条）。

(g) **雇用契約**　当事者の一方（労務者）が，相手方（使用者）に対して，労働に従事することを約束し，相手方（使用者）が，これに，その報酬を与えることを約束することによって，その効力を生ずる契約を，雇用契約という（623条）。

(h) **請負契約**　当事者の一方（請負人）が，ある仕事を完成することを約束し，相手方（注文者）が，その仕事の結果に対して，報酬を与えることを約束することによって，その効力を生ずる契約を，請負契約という（632条）。

(i) **委任契約**　当事者の一方（委任者）が，法律行為をすることを，相手方（受任者）に委託し，相手方（受任者）が，これを承諾することによって，

その効力を生ずる契約を，委任契約という（643条）。

(j) **寄託契約**　当事者の一方（受寄者）が，相手方（寄託者）のために保管をなすことを約束して，ある物を受け取ることによって，その効力を生ずる契約を，寄託契約という（657条）。

(k) **組合契約**　各当事者が，出資をなして，共同の事業を営むことを約束することによって，その効力を生ずる契約を，組合契約という（667条）。

(l) **終身定期金契約**　当事者の一方が，自己，相手方または第三者の死亡に至るまで，定期に，金銭その他の物を，相手方または第三者に給付することを約束することによって，その効力を生ずる契約を，終身定期金契約という（689条）。

(m) **和解契約**　当事者が，互いに，譲歩をなして，その間に存する争いを止めることを約束することによって，その効力を生ずる契約を，和解契約という（695条）。

(2) **非典型契約**　具体的には，出版契約，出演契約，広告放送契約，宿泊契約，リース契約，専属契約，医療契約などが，その例である。

## ② 諾成契約と要物契約

**諾成契約**とは，当事者間の合意のみによって成立する契約をいい，これに対して，当事者間の合意のみによっては，契約は成立せず，当事者間の合意に加えて，物の引き渡し，その他の給付がなされることによって成立する契約を，**要物契約**という。

諾成契約と要物契約とでは，契約成立の時期において，その差異を生ずる。民法典上の契約類型のうち，贈与・売買・交換・賃貸借・雇用・請負・委任・組合・終身定期金・和解の各契約は，諾成契約であり，消費貸借・使用貸借・寄託の各契約が，要物契約である。

## ③ 双務契約と片務契約

**双務契約**とは，契約当事者が，相互に，対価的意義を有する債務を負担しあ

う契約をいう。たとえば，売買契約が，その典型例であるが，売主は，目的物の所有権を買主に移転する義務を負い，これに対して，買主は，その対価として，代金を支払う義務を負うことになる。このように，契約当事者の双方に対価的意義を有する義務の発生する契約が双務契約であり，契約当事者の一方のみに義務の発生する契約（または，当事者双方に義務が発生するが，それが，対価的な意義を有しない場合）が，**片務契約**である。

双務契約には，同時履行の抗弁権（533条）や，危険負担（534条～536条）の規定が適用される。民法典上の契約類型のうち，売買・交換・賃貸借・雇用・請負・有償委任・有償寄託・組合・有償終身定期金・和解の各契約は，双務契約であり，贈与・消費貸借・使用貸借・無償委任・無償寄託・無償終身定期金の各契約が，片務契約である。

### 4 有償契約と無償契約

**有償契約**とは，当事者双方が，相互に，対価的意義を有する経済的出捐をする義務を負担しあう契約をいう。双務契約は，すべて，有償契約である。これに対して，当事者が，対価的意義を有する経済的出捐をしない契約が，**無償契約**である。片務契約は，原則として，無償契約である。

有償契約については，原則として，売買の規定が準用されることになる（559条本文）。民法典上の契約類型のうち，売買・交換・賃貸借・雇用・請負・組合・和解の各契約は，有償契約であり，贈与・使用貸借の各契約が，無償契約である。消費貸借・委任・寄託・終身定期金の各契約は，有償契約の場合と，無償契約の場合とがある。

### 5 原則的契約形態

契約の原則的形態は，諾成契約であり，双務契約であり，有償契約である。

第6章　債権法各論の概要　*275*

民法典上の典型契約

| 契約の種類 | 諾成・要物 | 双務・片務 | 有償・無償 | |
|---|---|---|---|---|
| 贈与契約（549条） | 諾成契約 | 片務契約 | 無償契約 | |
| 売買契約（555条） | 諾成契約 | 双務契約 | 有償契約 | |
| 交換契約（586条） | 諾成契約 | 双務契約 | 有償契約 | |
| 消費貸借契約（587条） | 要物契約 | 片務契約 | 無償契約 | ［原則］ |
| | | | 有償契約 | ［例外］ |
| 使用貸借契約（593条） | 要物契約 | 片務契約 | 無償契約 | |
| 賃貸借契約（601条） | 諾成契約 | 双務契約 | 有償契約 | |
| 雇用契約（623条） | 諾成契約 | 双務契約 | 有償契約 | |
| 請負契約（632条） | 諾成契約 | 双務契約 | 有償契約 | |
| 委任契約（643条） | 諾成契約 | 片務契約 | 無償契約 | ［原則］ |
| | | 双務契約 | 有償契約 | ［例外］ |
| 寄託契約（657条） | 要物契約 | 片務契約 | 無償契約 | ［原則］ |
| | | 双務契約 | 有償契約 | ［例外］ |
| 組合契約（667条） | 諾成契約 | 双務契約 | 有償契約 | |
| 終身定期金契約（689条） | 諾成契約 | 片務契約 | 無償契約 | |
| | | 双務契約 | 有償契約 | |
| 和解契約（695条） | 諾成契約 | 双務契約 | 有償契約 | |

＊委任契約・寄託契約は，当事者間の特約によって，報酬が支払われる場合に，双務契約であり
　有償契約となる（648条1項・665条）。

## Ⅱ　契　約　の　成　立

### ①　申込みと承諾の合致による契約の成立

　契約は，原則として，申込みと承諾の
合致によって成立する。申込みと承諾の
合致には，主観的合致（承諾は申込受領者
から申込者に対してなされなければならな
い）と客観的合致（承諾内容は申込み内容
と一致しなければならない）とが必要とな
る（我妻・講義V₁・54頁）。

　申込みの意思表示は，到達した時に効
力を生ずるが（**到達主義**。97条1項），承諾

**電子消費者契約**

　消費者と事業者との間（B to C＝
Business to Consumer）で，電磁的方法
（インターネット等）により，電子計算機
（パソコン・スマートフォン等）の映像面
を介して締結される契約であって，事
業者またはその委託を受けた者が，当
該映像面に表示する手続きに従って，
消費者が使用する電子計算機を用いて
送信することによって，申込みまたは
承諾の意思表示を行う契約をいう（電
子消費者契約及び電子承諾に関する民法
の特例に関する法律2条1項）。

の意思表示は，発信した時に効力を生ず
る（**発信主義**）。したがって，契約は，承
諾の通知が発信された時に成立する（526
条1項）。

　ただし，電子消費者契約上の承諾につ
いては，到達主義が採用されており，電
子消費者契約は，承諾の通知（電子承諾通
知）が到達した時に成立する（電子消費者

```
┌─ 電子承諾通知 ───────────────
│
│  契約の申込みに対する承諾の通知で
│ あって，電磁的方法のうち，承諾をし
│ ようとする者が使用する電子計算機等
│ （パソコン・ファクシミリ装置・テレック
│ ス・電話機）と，申込みをした者が使用
│ する電子計算機等とを接続する電気通
│ 信回線を通じて送信する方法により行
│ う承諾をいう（同法2条4項）。
└───────────────────────────────
```

契約及び電子承諾に関する民法の特例に関する法律4条）。

**商人間の契約に関する特則**
　商人が，平常，取引関係にある者（仕入先，納品先，小売先など）から，その営業の
部類に関する契約の申込み（隔地者間・承諾期間の定めのない申込み）を受けたときは，
遅滞なく諾否の通知を発しなければならない。遅滞なく諾否の通知を発しなかったとき
は，その申込みを承諾したものとみなされる（商509条）。
　これに対し，対話者間において，承諾期間の定めのない申込みがなされたときは，契約
の申込みを受けた者が直ちに承諾をしないときは，その申込みは効力を失う（商507条）。
なお，対話者間において，承諾期間の定めのある申込みがなされたときには，民法の規定
が適用される（民521条）。

**ネガティブ・オプション（送りつけ商法）**
　顧客（消費者）の承諾を得ずに，販売業者が一方的に商品を送りつけ，返品または購入
しない旨の意思表示をしない限り，その商品の購入を承諾したものとして，商品の代金
を請求するものをいう。この場合，商品の送付を受けた者が承諾しない限り，返品また
は購入しない旨の意思表示をしていなくても，商品の売買契約は成立しない。そして，
商品が送付された日から14日間または商品の引き取りを請求した日から7日間経過した
ときは，販売業者は，その商品の返還を請求することはできなくなる（特定商取引59条1
項）。つまり，販売業者は，その商品の所有権を失うことになり，その反射的効果として，
商品の送付を受けた者が，その商品の所有権を取得することになる。

② **申込みの拘束力**（申込みの撤回の可否）

**(1) 承諾期間を定めた申込み**　承諾期間を定めてなされた申込みについて
は，隔地者に対する申込みであれ，対話者に対する申込みであれ，申込者は，
その申込みを撤回することはできない（521条1項）。承諾期間内に承諾がないと

きは，申込みは，その効力を失う (521条2項)。

(2) **承諾期間を定めない申込み**　　隔地者に対して，承諾期間を定めずにな
された申込みは，申込者が承諾を受けるまでに要する相当期間が経過するまで
は，申込者は，その申込みを撤回することはできない(524条)。これに対し，対話
者に対して，承諾期間を定めずになされた申込みは，申込者において，いつでも
撤回することができると解される。

[3]　**申込みの承諾適格の存続期間** (申込みとしての効力が維持される期間)

(1) **承諾期間を定めた申込み**　　承諾期間を定めてなされた申込みについて
は，その期間内に限り，承諾適格が認められる。ただし，承諾は，その期間内
に申込者に到達しなければならない (521条2項)。商人間についても，同様であ
る。

(2) **承諾期間を定めない申込み**　　隔地者に対する申込みは，原則として，
撤回されない限り，承諾適格が永続する。ただし，取引慣行・信義則により，
撤回しうる時から相当期間経過後は，承諾適格を失う。なお，商人間の場合，
相当の期間内に承諾の通知が発せられないときは，申込みは，その効力を失う
(商508条1項)。

対話者に対する申込みは，原則として，相手方がただちに承諾をしない限り，
承諾適格を失う (大判明39・11・2民録12・1413)。商人間についても，同様である
(商507条)。

[4]　**承　諾　の　効　力**

(1) **遅延した承諾**　　遅延した承諾は，これを新たな申込みとみなすことが
できる (523条)。新たな申込みは，承諾期間の定めのない申込みとなる (524条)。

(2) **変更を加えた承諾**　　承諾者が，申込みに条件を付したり，その他変更
を加えて承諾をしたときは，申込みを拒絶するとともに，新たな申込みをした
ものとみなされる (528条)。

## 5 交叉申込みによる契約の成立

　契約当事者の双方が，偶然に，同一内容の申込みをした場合，後に到達した申込みの到達時（97条1項）に，契約が成立する。

## 6 意思実現による契約の成立

　申込者の意思表示または取引上の慣習により，承諾の通知を必要としない場合においては，承諾の意思表示と認められる事実があった時に，契約が成立する（526条2項）。

---

**消費者契約の取消し・無効**

　消費者契約（消費者と事業者との間で締結される契約）においては，消費者と事業者との間に，情報の質・量・交渉力に格差があることから，事業者の一定の行為により，消費者が誤認したり困惑した場合について，契約の申込みまたは承諾の意思表示を取り消すことができるとするとともに，消費者の利益を不当に害することとなる条項を無効とする等により，消費者の利益の擁護を図るため（消費契約1条参照），**消費者契約法**が制定され，平成13年4月1日から施行されている。

　**1．消費者契約の申込みまたは承諾の意思表示の取消し**　消費者契約を締結するに際して，消費者が誤認した場合または困惑した場合で，次のいずれかに該当するとき，消費者は，消費者契約の申込みまたは承諾の意思表示を取り消すことができる。

　(1)　**消費者の誤認**　①事業者が，重要事項について事実と異なることを告げ，消費者が，その告げられた内容を真実であると誤認した場合（消費契約4条1項1号）。なお，重要事項とは，物品，権利，役務その他の消費者契約の目的となるものの質，用途その他の内容，対価その他の取引条件をさす（消費契約4条4項）。

　②事業者が，物品，権利，役務その他の消費者契約の目的となるものに関し，将来における価額，将来において消費者が受け取るべき金額その他の将来における変動が不確実な事項につき，断定的判断を提供し，消費者が，提供された断定的判断の内容が確実であるとの誤認をした場合（消費契約4条1項2号）。

　③事業者が，重要事項または重要事項に関する事項について，消費者の利益になる旨を告げ，かつ，その重要事項について，消費者の不利益となる事実を故意に告げなかったことにより，消費者が，その事実は存在しないものと誤認した場合（消費契約4条2項本文）。

　(2)　**消費者の困惑**　①事業者に対して，消費者が，その住居または業務を行っている場所から退去すべき旨の意思を示したにもかかわらず，事業者がそれらの場所から退去しないので，消費者契約を締結してしまった場合（消費契約4条3項1号）。

　②消費者契約の締結について勧誘を受けている場所から，消費者が退去する旨の意思を示したにもかかわらず，事業者がその場所から消費者を退去させないので，消費者契

約を締結してしまった場合（消費契約4条3項2号）。

**2．消費者契約の条項の無効**　次に掲げる消費者契約の条項は，無効となる。

**(1) 事業者の損害賠償責任を免除する条項**　①事業者の債務不履行により，消費者に生じた損害を賠償する責任の全部または一部を免除する条項（消費契約8条1項1号・2号）。ただし，一部を免除する条項については，事業者の故意または重大な過失による債務不履行に限られる。

②事業者の債務の履行に際してされた事業者の不法行為により，消費者に生じた損害を賠償する責任の全部または一部を免除する条項（消費契約8条1項3号・4号）。ただし，一部を免除する条項については，事業者の故意または重大な過失による不法行為に限られる。

③消費者契約の目的物に隠れた瑕疵があるときに，その瑕疵により消費者に生じた損害を賠償する責任の全部を免除する条項（消費契約8条1項5号）。

**(2) 消費者が支払うべき損害賠償額を予定する条項**　①消費者契約の解除にともなう損害賠償の額を予定する条項または違約金を定める条項であって，これらを合算した額が，その条項において設定された解除の事由，時期等の区分に応じ，その消費者契約と同種の消費者契約の解除にともない事業者に生ずべき平均的な損害の額を超えるときは，その超えた部分（消費契約9条1号）。

②消費者の債務不履行により，消費者が支払うべき損害賠償の額を予定する条項または違約金を定める条項であって，これらを合算した額が，年14.6％を超えるときは，その超えた部分（消費契約9条2号）。

**(3) 消費者の利益を一方的に害する条項**　民法・商法その他の法律の「公の秩序に関しない規定」（任意規定，本書41頁参照）の適用による場合に比べ，消費者の権利を制限する条項，または，消費者の義務を加重する条項であって，信義誠実の原則（民1条2項）に反して消費者の利益を一方的に害する条項（消費契約10条）。

## Ⅲ　双務契約の効力

### 1　同時履行の抗弁権

**(1) 同時履行の抗弁権の意義**　双務契約において，一方の当事者は，相手方がその債務の履行（弁済の提供）をなすまでは，自己の債務の履行を拒絶することができる。このような権利（自己の債務の履行拒絶権）を，**同時履行の抗弁権**という（533条）。同時履行の抗弁権は，公平の原則から認められる抗弁権であり，双務契約の当事者双方に認められる。

**(2) 同時履行の抗弁権の成立要件**　(a)　同一の双務契約から生じた双方の債務が存在すること。

*280*

同一の双務契約から生じた双方の債務については，これらを同時に履行させることが，公平に合致することになる。したがって，原則として，当事者双方の負担する債務（相対立する債務）は，同一の双務契約から生じていることが必要となる。

(b) 双方の債務の弁済期が到来していること。

双務契約当事者の一方の債務の弁済期が到来しているが（一方の当事者が先履行義務を負う場合），相手方の債務の弁済期が到来していないときには，同時履行の抗弁権は発生しない（533条ただし書）。このような場合にまで，同時履行の抗弁権を認めることは，公平に反することになる。

(c) 相手方が，自己の債務の履行（弁済の提供）をせずに，他方の当事者に対して，履行の請求をしたこと（相手方の単純請求）。

相手方が，その負担している債務の履行（弁済の提供）をした場合には，他方の当事者には，同時履行の抗弁権は発生しない。この場合には，他方の当事者には，その債務の履行を拒絶する理由はないことになる。

> ✎ 双務契約の当事者の一方は，相手方の履行の提供があっても（これを受領せず，かつ，自己の債務の履行もしていなかった場合），その提供が継続されない限り，その後の相手方からの履行請求に対しては，同時履行の抗弁権を主張することができる（最判昭34・5・14民集13・5・609）。

(3) **同時履行の抗弁権行使の効果**　債務者が，同時履行の抗弁権を行使して，自己の債務の履行をしていなくとも，債務不履行（履行遅滞）責任（415条）は生じない。同時履行の抗弁権の行使によって，自己の債務の履行を拒絶している場合には，債務を履行しないことが適法であるとされるのであり，債務不履行（履行遅滞）責任の要件を充足しないことになる。すなわち，同時履行の抗弁権の存在は，債務不履行（履行遅滞）責任の成立要件である違法性を阻却することになる（本書211頁参照）。

同時履行の抗弁権は，裁判上でも，裁判外でも，これを行使することができる。そして，同時履行の抗弁権が，裁判上で行使され，裁判所がこれを認めたときは，判決は，**引換給付判決**（本書157頁参照）となる（大判明44・12・11民録17・

772)。

(4) **双務契約以外から生じた債務と同時履行の抗弁権**　当事者双方の債務（相対立する債務）が，同一の双務契約から生じたものではない場合であっても，当事者間の公平から，同時履行の抗弁権が認められる場合がある。

① 契約解除によって当事者双方が負担する原状回復義務（546条）。

② 売主の担保責任にもとづく代金返還義務・損害賠償義務と買主の目的物返還義務（571条）。

③ 請負人の瑕疵修補義務・損害賠償義務と注文者の報酬支払義務（634条2項後段）。

④ 契約の無効または取消しによって当事者双方が負担する原状回復義務（最判昭28・6・16民集7・6・629，最判昭47・9・7民集26・7・1327）。

⑤ 借地人が建物買取請求権を行使した場合の貸地人の買取代金支払義務と借地人の建物引渡義務・登記移転義務（最判昭35・9・20民集14・11・2227）。

⑥ 借家人が造作買取請求権を行使した場合の貸家人の買取代金支払義務と借家人の造作引渡義務（大判昭13・3・1民集17・318）。

✍　借家人が造作買取請求権を行使した場合，貸家人の買取代金支払義務と借家人の建物明渡義務とは，同時履行の関係には立たない（最判昭29・7・22民集8・7・1425）。

✍　建物賃貸借契約が終了した場合，借家人の建物明渡義務と貸家人の敷金返還義務とは，同時履行の関係には立たない（最判昭49・9・2民集28・6・1152）。

## ② 危 険 負 担

(1) **危険負担の意義**　契約成立後，双務契約の一方の債務が，債務者の責に帰すべからざる事由によって，履行が不能となって消滅した場合，他方（相手方）の債務も消滅するか否かの問題を，危険負担という（我妻・講義$V_1$・85頁参照）。つまり，危険負担とは，一方の債務の消滅による損失（危険＝将来生ずるであろう損失）を，契約当事者のいずれが負担すべきであるかの問題である。

(2) **債務者主義**(原則)　双務契約上の相対立する債務は，対価関係にあり，両債務は牽連性を有している。したがって，一方の債務が，債務者・債権者双

方の責に帰すべからざる事由によって，履行が不能となって消滅したときには，これによって，他方の債務もまた消滅することになる (536条1項)。たとえば，賃貸借契約，雇用契約，請負契約などの場合である。

しかし，債権者の責に帰すべき事由によって，債務を履行することができなくなったときは，債務者は，反対給付を受ける権利を失わない (536条2項本文。債権者主義)。ただし，自己の債務を免れたことによって利益を得たときは，これを債権者に償還しなければならない (536条2項後段。不当利得の返還)。

> ✐ 請負契約の目的たる工事が，注文者 (債権者) の責に帰すべき事由によって完成不能となった場合，請負人 (債務者) は，残債務を免れるとともに，注文者 (債権者) に請負代金全額を請求することができるが，自己の債務を免れたことによる利益を注文者に償還しなければならない (最判昭52・2・22民集31・1・79)。

(3) **債権者主義** (例外)　特定物に関する物権の設定または移転を目的とする場合には，一方の債務が消滅しても，他方の債務は消滅せず，いままでどおり存続することになる(534条)。

債権者主義を採用する理由としては，①所有者であるが故に，危険を負担すべきであること，②利益の帰するところに，損失も帰するとすべきであること，があげられる。たとえば，特定物売買などの場合であるが，建物売買契約が典型例である。

(4) **債権者主義の制限**　特定物に関する物権の設定または移転を目的とするものであっても，以下のような場合には，債権者主義の適用が制限される。

(a) 二重譲渡の場合　同一の特定物が二重に譲渡された場合において，二重譲受人双方ともに，対抗要件を備えていない間は，二重譲受人双方ともに，確定的に目的物の所有権を取得したことにはならないのであるから(177条参照)，債権者主義を適用する理由がないことになる。したがって，このような場合には，原則どおり，債務者主義が適用されることになる。

(b) 他人の物の売買の場合　特定物売買の目的物が他人の物であった場合において，売主が，目的物の所有権を取得して，これを買主に移転させるまでは，買主は，目的物の所有権を取得していないのであるから (560条参照)，債

権者主義を適用する理由がないことになる。したがって，このような場合には，原則どおり，債務者主義が適用されることになる。

　(c)　特約のある場合　債権者主義を定めた規定（534条）は，任意規定であるから，特定物売買の契約当事者双方の合意によって，これと異なる特約をすることは何ら差し支えない。危険負担に関する特約があるときは，その特約にしたがって処理される。たとえば，建物売買契約において，建物を引き渡すまでは，危険は債務者（売主）が負担する旨の特約があるときは，債権者主義は適用されない。

　**(5)　停止条件付双務契約の場合**　　(a)　条件の成否未定の間に，目的物が**滅失**したときは，債務者主義が適用される（535条1項）。

　(b)　条件の成否未定の間に，目的物が**損傷**したときは，債権者主義が適用される（535条2項）。

## Ⅳ　契　約　の　解　除

### 1　解　除　の　意　義

　**契約の解除**とは，完全に有効に成立した契約を解消し，その契約が，はじめから存在しなかったのと同様の状態に戻すための，契約の清算制度をいう。

### 2　解　除　の　種　類

　**(1)　法定解除**　法律の規定にもとづいて，当事者の一方に認められた解除権の行使によって，契約が解除されるものを，法定解除という。たとえば，債務不履行（541条〜543条），売主の担保責任（561条〜568条・570条），請負人の担保責任（635条）などである。

　**(2)　約定解除**　契約当事者が，契約において留保した解除権の行使によって，契約が解除されるものを，約定解除という。たとえば，解約手付（557条），買戻し特約（579条）などである。

　**(3)　合意解除**　当事者間の新たな合意（契約）によって，すでに存在する

契約関係を解消するものを，合意解除という。合意解除は，すでに有効に存在する契約を解除するための契約（解除契約）にもとづいてなされるものであり，契約自由の原則にもとづいて認められる契約（非典型契約）である。

---

**クーリング・オフ制度による契約の解除**

　クーリング・オフ（cooling-off）制度とは，消費者が事業者との間で契約を締結した場合，契約締結後一定期間内であれば，消費者は，冷静に考えて，無条件・無理由で，その契約を解除することができ（事業者からの申込みを受け，消費者が承諾をして契約を成立させたとき），消費者が申込みをし，事業者が承諾をして契約が成立した場合には，消費者は，無条件・無理由で，その申込みを撤回することができる（契約は成立しなかったことになる）というものである。

　訪問販売（特定商取引2条1項），電話勧誘販売（特定商取引2条3項），特定継続的役務提供契約（特定商取引41条1項《エステティックサロン・語学教室・家庭教師・学習塾・パソコン教室・結婚相手紹介サービスの契約》），訪問購入（特定商取引58条の4），割賦販売・クレジット取引・ローン提携販売（割販2条1項・2項）等によって契約を締結した消費者は，事業者から必要事項を記載した書面の交付を受けた日から起算して8日間，無条件・無理由で，その契約を解除（または申込みを撤回）することができる（特定商取引9条1項・24条1項・48条1項・58条の14第1項，割販35条の3の10第1項）。連鎖販売取引（マルチ商法。特定商取引33条1項）・業務提供誘因販売取引（特定商取引51条1項《内職商法・在宅ワーク商法・モニター商法等》）の場合には，書面交付日から起算して20日間，その契約を解除することができる（特定商取引40条1項・58条1項）。クーリング・オフによる契約解除の通知または申込みの撤回の通知は，必ず，書面でしなければならない。

　ただし，訪問販売・電話勧誘販売において，①総額3000円未満の取引の場合（特定商取引26条1項8号二・特定商取引令7条），②契約締結直後に履行された特定の役務（海上タクシー等による輸送，飲食店での飲食の提供，あん摩・マッサージ・指圧の施術，カラオケボックス等の利用）の提供の場合（特定商取引26条2項・特定商取引令6条），③自動車販売・自動車リース契約の場合（特定商取引26条3項1号・特定商取引令6条の2），④消耗品を使用・消費した場合（特定商取引26条4項1号・特定商取引令6条の4）等には，クーリング・オフ制度は適用されない。

　なお，通信販売契約の場合には，事業者が，クーリング・オフに関する特約（**返品特約**《返品または引取りの費用は購入者の負担とする》）を公告していたときはその公告に従うが，返品特約がないときは，購入者は，商品の引渡しまたは指定権利の移転を受けた日から起算して8日間，無条件・無理由で，その契約の解除または申込みの撤回をすることができる（特定商取引15条の2第1項）。

---

### ③ 債務不履行にもとづく法定解除権の発生

(1) **履行遅滞の場合**　債務者の責に帰すべき事由により，債務の履行が遅滞している場合には，債権者は，原則として，相当の期間を定めて催告をしな

ければならない。そして，その期間内（催告期間内）に履行がなされなかったときに，債権者のために解除権が発生することになる（541条）。

ここにいう相当の期間とは，債務者が，すでに履行の準備をしていることを前提として，各事案ごとに決定されることになるが，一般的には，比較的短期間であっても，相当の期間であると認められることになる。債務者は，履行期に履行ができるように，その準備をしておくべきだからである。

   &#x273a;  債権者が，期間を定めずに，または，不相当な期間を定めて催告をした場合には，催告した時から相当期間が経過した時に，解除権が発生する（大判昭2・2・2民集6・133，最判昭44・4・15判時560・49）。

   &#x273a;  履行遅滞に基づく契約の解除について，催告が必要であるとする規定（541条）は，任意規定であるから，催告なくして解除ができる旨の特約（無催告解除特約）は有効であり，このような特約があれば，債権者は，催告なくして契約を解除することができる（最判昭40・7・2民集19・5・1153，最判昭43・11・21民集22・12・2741）。

   &#x273a;  賃貸借契約のような継続的契約関係において，当事者間の信頼関係を破壊するような背信行為が債務者にある場合には，債権者は，催告なくして契約を解除することができる（最判平3・9・17金商882・3）。

   &#x273a;  双務契約の一方の当事者が，履行期に，自己の債務の履行の提供をして，相手方に履行の請求をしたが，相手方が，その債務の履行または履行の提供をしなかった場合，その後に，相手方の履行遅滞（債務不履行）を理由に契約を解除するときは，催告時に，自己の債務の履行の提供をする必要はない（大判昭3・10・30民集7・871）。

   &#x273a;  双務契約上の債務が同時履行の関係に立つ場合でも，一方の当事者は，相手方に対する履行の催告をした際に，自己の債務の履行を提供したときは，解除権を行使するにあたり，履行の提供を継続する必要はない（大判昭3・5・31民集7・393）。

   &#x273a;  双務契約の一方の当事者が，相手方に対する履行の催告をした際に定められた指定期日に，自己の債務の履行を提供したときは，それ以前に履行の提供があったか否かを問わず，有効に契約を解除することができる（最判昭36・6・22民集15・6・1651）。

なお，契約の性質または当事者の意思表示によって，一定の日時または一定の期間内に履行されなければ契約の目的を達成することができないもの（**定期行為**）について，一定の日時または一定の期間内に債務が履行されなかったときは，債権者は，催告せずに，ただちに，契約を解除することができる（542条）。

(2) **履行不能の場合**　債務者の責に帰すべき事由により、債務の履行が不能となった場合には、債権者は、催告をせずに、ただちに、契約を解除することができる（543条）。

履行不能の場合には、債務の履行自体が不可能なのであるから、債権者が、債務者に対して、債務の履行を催告したとしても、それに応じて、債務者が履行をする見込みはない（催告は無意味となる）。したがって、債権者は、債務者に対して、催告することなく、契約を解除することができる。

履行不能は、契約成立後に生じたものを指すが（後発的不能）、履行不能となった時点が、履行期前であっても、履行期後であってもよい。履行不能となった時点において、解除権が発生する。したがって、履行期到来前に、債務の履行が不能となった場合には、履行不能時に解除権が発生し、債権者は、履行期の到来をまたずに、契約を解除することができる（大判大15・11・25民集5・763）。履行期の到来をまったとしても、債務が履行される見込みはないからである。

(3) **不完全履行の場合**

　① 追完可能なときは、履行遅滞に準じて処理される（催告が必要となる）。

　② 追完不能なときは、履行不能に準じて処理される（催告は不要となる）。

4 **解除権の行使**

解除権は、**形成権**であり、相手方に対する一方的意思表示によって、契約解除の効果が発生する（相手方の承諾は不要である。540条1項）。

解除の意思表示は、これを撤回することができない（540条2項）。相手方の利益を保護するためである。しかし、解除の意思表示について、取消原因（制限行為能力・詐欺・強迫）のあるときは、これを取り消すことができる。

契約当事者の一方が数人いる場合においては、契約の解除は、その全員から、または、その全員に対してのみ、これを（解除権の行使＝契約解除の意思表示を）しなければならない（**解除権の不可分性**。544条1項）。当事者の一方または双方が数人いる契約において、一部の者についてのみ契約の存続を認め、一部の者についてのみ契約の解除を認めると、当事者の関係が非常に複雑になり、実際上、

第6章　債権法各論の概要　　*287*

不便であるばかりでなく，数人共同で契約をした当事者の通常の意思に反することにもなるからである。

> ◈　共有物に関する賃貸借契約の解除は，共有者（複数の賃貸人）の持分割合の過半数で決することができる（252条本文）。共有物に関する賃貸借契約は，共有物の利用行為に該当するのであるから，共有物に関する賃貸借契約の解除もまた，共有物の利用行為に該当する。この場合，解除を決定した過半数の共有者（賃貸人）のみで，解除権を行使することができる。この場合には，544条1項は適用されない（最判昭39・2・25民集18・2・329）。

## 5　解除の効果

(1)　**基本的効果**（契約関係の解消・清算）　　(a)　未履行債務があるときは，債務者は，これを履行する必要がなくなる。

(b)　既履行債務については，債権者は，これを返還すべき義務（**原状回復義務**）を負う（545条1項本文）。

(イ)　返還すべき金銭には，受領時から返還時までの利息を付することが必要となる（545条2項）。

(ロ)　当事者双方が原状回復義務を負うときには，両債務は，同時履行の関係に立つ（当事者双方は，同時履行の抗弁権を有する。546条）。

(c)　契約を解除しても，債権者は，債務者に対して，債務不履行にもとづく損害賠償を請求することはできる（545条3項）。

(2)　**解除の法的構成**（直接効果説＝判例・通説）　　契約解除の直接の効果として，その契約の効力は，遡及的に消滅する（解除の**遡及効**。大判明44・10・10民録17・563，大判大7・12・23民録24・2396）。その結果として，当事者は，はじめから，契約を締結しなかったのと同じことになる（大判大6・12・27民録23・2262）。

(a)　未履行債務については，当然に，履行の義務を免れる。

(b)　既履行債務については，不当利得（703条参照）の問題となる（大判大6・10・27民録23・1867）。ただし，返還の範囲は，原状回復までとなる（545条1項本文）。

❧　売買契約が解除された場合，目的物の引渡しを受けていた買主は，原状回復義務の
　　内容として，解除までの間に目的物を使用したことによる利益を売主に返還すべき義務
　　を負う（最判昭51・2・13民集30・1・1）。

　　(c)　債務不履行にもとづく損害賠償請求権の存続は（545条3項），債権者（解
除者）保護のために，特別に遡及効の範囲に制限を加えたものである（大判大6・
10・27民録23・1867）。

　　❧　売主が目的物を給付しないために売買契約が解除された場合，買主が受けるべき履
　　行に代わる損害賠償の額は，解除当時の目的物の時価を標準として決定されるべきで
　　あって，履行期における時価を標準とすべきではない（最判昭28・12・18民集7・12・1446）。

　　(d)　物権変動の効果も，はじめから生じなかったことになる（権利は，遡及
的に復帰することになる。大判大6・12・27民録23・2262，大判大10・5・17民録27・929，
最判昭34・9・22民集13・11・1451）。

　　なお，継続的契約関係（賃貸借契約，雇用契約，委任契約，組合契約）の解除に
ついては，解除された時から将来に向かって，解除の効果が生ずる（620条・630
条・652条・684条）。

　(3)　解除と第三者　　(a)　解除前に出現した第三者の保護

- - - - - - - - - - - - - - - - - - - - - - - - - - - - - - - - - - - - - - - -
**設例①**

　Aは，自己所有の土地をBに売却し，AからBへの所有権移転登記をした。そして，B
は，当該土地をCに売却した。その後，Aは，Bの債務不履行を理由として，A・B間
の売買契約を解除した。

　Aは，Cに対して，解除の効果を主張できるか（当該土地所有権を主張できるか）。
- - - - - - - - - - - - - - - - - - - - - - - - - - - - - - - - - - - - - - - -

　解除者(A)は，解除前に権利を取得した第三者(C)に対して，解除の効果を主張
することはできない（545条1項ただし書）。第三者を保護するために，解除の遡及
効に制限が加えられている。

　ここにいう**第三者**とは，解除される前の契約（A・B間の契約）から生じた法
律効果を基礎として，**解除前に，別個の法律原因にもとづいて，新たな権利を
取得した者**をさす（大判明42・5・14民録15・490，最判昭45・3・26判時591・57）。た

とえば，所有権の譲受人，抵当権者，質権者，賃借人などである。

ただし，第三者の善意・悪意は，問われない（問題にはならない）が，対抗要件を備えていることが必要となる（最判昭33・6・14民集12・9・1449，前出・最判昭45・3・26）。つまり，解除原因が発生する前に，第三者が権利を取得していたときには，善意・悪意を問題とすることはできない。また，解除原因が発生した後に，そのことを知っている（悪意の）第三者が権利を取得したときでも，当該契約は解除されずに，実現されるであろうことを期待することは何ら問題とはならないからである。しかし，すでに，確定的な権利取得のあったことが，客観的に判断できる者についてのみ，解除者の保護よりも，当該第三者の保護を図り，取引安全の保護を優先させるべきであるから，第三者は，対抗要件を備えていることが要求される。

上記 **設例①** において，Cが，対抗要件（登記）を備えているときは，Aは，Cに対して，解除の効果（当該土地所有権の遡及的復帰）を主張することはできないが，Cが，対抗要件（登記）を備えていなければ，Aは，Cに対して，解除の効果（当該土地所有権の遡及的復帰）を主張することができる。

(b) **解除後に第三者が出現した場合**

> **設例②**
>
> Aは，自己所有の土地をBに売却し，AからBへの所有権移転登記をした。そして，Aは，Bの債務不履行を理由として，A・B間の売買契約を解除したが，登記名義はB名義のままであった。その後，Bは，当該土地をCに売却した。
>
> Aは，Cに対して，解除の効果を主張できるか（当該土地所有権を主張できるか）。

契約の解除がなされた時に，契約の相手方(B)から解除者(A)への復帰的物権変動が生じたことになる。そして，復帰的物権変動を生じたことが，登記簿上にあらわされていない場合には（抹消登記がなされていない場合には），第三者(C)は，解除の効果（復帰的物権変動が生じたこと）を否定することができ，相手方(B)から第三者(C)への物権変動も生ずることになる。

このような場合には，契約の相手方（解除の相手方）を起点とした二重譲渡の

関係が生ずることになる。したがって，解除者(A)と，第三者(C)との関係は，対抗関係（対抗問題）となり，いずれか先に対抗要件（登記）を備えた者が優先する（177条。大判昭14・7・7民集8・748，最判昭35・11・29民集14・13・2869）。なお，この点について詳しくは，本書124頁を参照のこと。

### 6 解除権の消滅

(1) **相手方の催告による消滅**　解除権の行使について期間の定めがない場合，相手方は，解除権を有する者に対して，相当の期間を定めて，解除するか否かを確答せよと催告することができる。その期間内に解除の通知を受けなかったときは，解除権が消滅する（547条）。

(2) **解除権者による目的物の損傷等による消滅**　解除権を有する者が，自己の行為または過失によって，契約の目的物を著しく損傷し，もしくは返還することができないようにし，または，加工・改造によって他の種類の物に変えたときは，解除権は消滅する（548条1項）。

　　※　目的物が代替物であるときは，それが滅失しても，当該目的物と同種・同量・同品質の物を返還すればよいから，原物の返還ができなくても，解除権は消滅しない（大判明37・2・17民録10・153）。

　　※　契約の目的物が多数ある場合に，そのうちの主要でない僅少の部分に加工してこれを他の種類の物に変じても，なお多大の部分が残存し，一般取引観念上，原状回復の目的を達しうるような場合には，解除権は消滅しない（大判明45・2・9民録18・83）。

(3) **履行の提供による解除権の消滅**　解除権発生後，解除がなされる前に，債務者が本来の給付を提供したときは，解除権は消滅する（大判大6・7・10民録23・1128）。

(4) **解除権の放棄**　解除権を有する者が，解除権を放棄したときは，解除権は消滅する。

(5) **信義則（失効の原則）による解除権の消滅**　解除権を有する者が，長い間，解除権を行使せず，相手方において，もはや解除権は行使されないものと信頼すべき正当の理由を有するに至った場合に，解除権の行使が信義則に反

すると認められる特段の事由があるときは，解除権が消滅する（最判昭30・11・22民集9・12・1781）。

(6) **消滅時効による解除権の消滅**　解除権は，債権に準ずるものとして，10年（167条1項）の消滅時効の対象となる（最判昭62・10・8民集41・7・1445）。なお，商行為にもとづく解除権は，5年（商522条）の消滅時効の対象となる（大判大5・5・10民録22・936）。

# Ⅴ　売　買　契　約

## ① 売買契約の意義

**売買契約**とは，当事者の一方（売主）が，ある財産権を，相手方に移転することを約束し，相手方（買主）が，これに，その代金を払うことを約束することによって，その効力を生ずる契約をいう（555条）。

売買契約は，**諾成契約**であり，**双務契約**であり，**有償契約**である。

**【売買契約締結に関する費用の負担】**　売買契約の締結の際に必要となる費用（契約書の作成費用，目的物の鑑定費用・測量費用など）は，売主・買主が，平等に負担（折半）しなければならない（558条）。

## ② 売　主　の　義　務

売主は，買主に対して，売買の目的である財産権を移転する義務を負う（財産権移転義務。555条）。これは，売主は，買主に対して，目的物の権利を確定的に取得させるべき義務（目的物を完全に支配できるようにすべき義務）を負うということである。

特定物売買の場合には，契約成立と同時に，目的物の所有権が，買主に移転することになるが（176条参照），これだけでは，買主は，目的物の権利を確定的に取得したことにはならないし，目的物を完全に支配できるわけではない。したがって，売主は，買主に対して，対抗要件を備えさせるべき義務を負い（不動産については，登記移転義務），また，目的物引渡義務を負うことになる。

## ③ 買主の義務

買主は，売主に対して，売買目的物に対する代金を支払う義務を負う（代金支払義務。555条）。

代金の支払時期について，当事者間に約定がない場合において，目的物の引渡期限についての約定があるときは，代金についても，同一の期限があるものと推定される（573条）。また，売買目的物の引渡しと同時に代金を支払うべきときは，買主は，その引渡しの場所において，代金を支払わなければならない（574条）。

**【買主の代金支払拒絶権】**　売買目的物について，権利を主張する者がいて，買主が，その買い受けた権利の全部または一部を失うおそれがあるときは，買主は，その危険の限度に応じて，代金の全部または一部の支払いを拒絶することができる（576条本文）。また，買主は，自己が買い受けた不動産について，抵当権等の登記があるときは，抵当権消滅請求の手続きが終わるまで，代金の支払いを拒絶することができる（577条1項本文・2項）。

## ④ 手付

**(1) 手付の意義**　手付とは，契約の締結に際して，当事者の一方から相手方に対して交付される金銭その他の有価物をいう（我妻・講義V₂・260頁）。ただし，現在では，手付として交付されるものは，ほとんどが金銭であろう。

**(2) 手付の種類**　(a) **証約手付**　契約成立の証拠となる手付を，**証約手付**という。契約成立について，直接の証拠がない場合であっても，手付の授受があれば，契約成立の証拠となる。なお，以下の違約手付，解約手付についても，証約手付としての効力は認められる。

(b) **違約手付**　損害賠償額の予定（420条1項参照）となるものであって，手付の交付者に債務不履行があれば，相手方は，手付金を損害賠償金として受領することができ，手付の受領者に債務不履行があれば，相手方は，手付の倍額を損害賠償金として請求することができるものを，**違約手付**という。

なお，手付の交付者に債務不履行があった場合に，相手方は，手付金を制裁金（違約金）として没収することができるとされているものも，違約手付と呼ばれることがある。このような意味での違約手付が交付されているときは，手付金の没収とは別に，相手方に対して，債務不履行にもとづいて損害賠償を請求することができることになる。ただし，このような意味での違約手付は，例外的に認められるだけである。

(c) **解約手付**　契約当事者が，契約の解除権を留保するものであり，手付の交付者は，手付を放棄して（手付流れ），また，手付の受領者は，手付の倍額を償還して（手付倍返し），無理由で，契約の解除ができるものを，**解約手付**という（557条1項）。

契約当事者間において授受された手付が，上記のいずれの手付であるかは，当事者間の合意によって定まる。手付に関して，当事者間において，何らの特約もないときには，その手付は，解約手付としての効力を有することになる（最判昭29・1・21民集8・1・64）。この場合，当事者が，いかなる表現を用いていたかは関わりがない（「内金」，「約定金」，「契約証拠金」などの表現が用いられていたとしても，解約手付としての効力が認められることになる）。したがって，違約の場合の手付没収・手付倍返しの特約があっても，それだけでは，解約手付の効力を排除することにはならない（最判昭24・10・4民集3・10・437）。

**(3) 解約手付による契約の解除**　解約手付によって，契約の無理由解除ができる時期は，契約当事者の一方が，その契約の**履行**に**着手**するまでである（557条1項）。

(a) 履行の着手時期　履行の着手とは，債務の内容たる給付の実行に着手すること，すなわち，**客観的に外部から認識し得るような形で履行行為の一部をなし，または，履行の提供をするために欠くことのできない前提行為をした場合**をさすものと解すべきであるとされている（最大判昭40・11・24民集19・8・2019）。

具体的には，買主が，代金の一部または全部を支払った場合や，売主が，目的物の引渡しまたは登記移転手続をした場合だけでなく，履行期到来後，買主

が，いつでも代金を支払える準備をして，売主に対して，履行の催告をした場合（最判昭26・11・15民集5・12・735，最判昭33・6・5民集12・9・1359），他人の物の売買において，売主が，履行のために，他人から目的物の所有権を取得し，自己名義への所有権移転登記を受けた場合（前出・最大判昭40・11・24），農地の売買において，売主と買主とが，連名で，知事の許可を申請した場合（最判昭43・6・21民集22・6・1311）なども，履行の着手ありとされる。

　　(b)　当事者の一方　　当事者の一方とは，契約の**相手方**を指す。つまり，履行に着手した当事者に対する解除権の行使が禁止されるのであり，いまだ履行に着手していない当事者に対しては，自由に解除権を行使できることになる。したがって，みずからが履行に着手していても，契約の相手方が履行に着手するまでは，解約手付によって，契約を解除することができる（前出・最大判昭40・11・24）。いまだ履行に着手していない当事者は，契約を解除されても，不測の損害を被ることはないのであり，かりに何らかの損害を被るとしても，解約手付を取得しまたは倍額の償還を受けることにより，その損害は塡補されるのであり，解約手付による解除権の行使を甘受すべき立場にあるからである。

　(4)　**解約手付の金額**　　解約手付として交付されるものの金額については，民法上，何らの制限はない。しかし，解約手付としての効力を認めるためには，通常，代金の1割から2割程度の金額が必要であると解されている。

　手付として交付されたものの金額が低い場合には，それは証約手付であると解され，また，金額が高い場合には，それは，代金の一部前払（内金）であると解される。いずれの場合にも，解約手付としての効力は認められないことになる。

　なお，宅地建物取引業者（不動産取引業者）が売主となる場合，代金額の2割を超える額の手付を受け取ることはできない（宅建業39条1項）。また，宅地建物取引業者が受領した手付は，いかなる性質のものであっても，解約手付であると扱われる（宅建業39条2項）。

## 5　売主の担保責任

　売買契約は有償契約であり，売主の負う財産権移転義務と，買主の負う代金支払義務とは，相互に，対価的意義を有している。ところが，売買の目的たる権利または物に瑕疵（かし）がある場合には，売主の負う財産権移転義務と，買主の負う代金支払義務との経済上の対価関係が崩れてしまう。このような場合には，売買契約の有償性から，売主は，買主に対して，売買の目的たる権利または物に瑕疵がないことを担保しているものであるとして，一定の責任を負わなければならない。このような責任を，**売主の担保責任**という。

　売主の担保責任は，売買契約の有償性から，法律上，当然に生ずる責任（**法定責任**）であり，売主の故意または過失の有無を問わずに生ずる責任（**無過失責任**）である。

　(1)　**他人の物の売買**　(a)　**他人の物の売買の有効性**　他人の物の売主は，目的物の所有権を他人（所有者）から取得して，これを，買主に移転させることによって，その売買契約の目的を実現させることができる（実現可能性あり）。したがって，他人の物の売買契約は有効であり（最判昭25・10・26民集 4・10・497），他人の物の売主は，その目的物の所有権を他人（所有者）から取得して，これを買主に移転させる義務（権利供与義務）を負うことになる（560条）。

　なお，他人の物の売主が，目的物の所有権を他人（所有者）から取得したときは，目的物の所有権が，他人（所有者）から，売主に移転すると同時に，当然に，その所有権は，売主から買主に移転することになる（最判昭40・11・19民集19・8・2003）。

　**【他人の物の売買と相続】**　(イ)　**他人の物の売主が目的物の所有者（他人）を相続した場合**　相続によって，他人の物の売主（相続人）が，目的物の所有権を取得すると同時に，当然に，目的物の所有権は，他人の物の売主から買主に移転する。この場合には，「他人の物の売主が，目的物の所有権を他人（所有者）から取得したとき」に該当するのであり，当然に，目的物の所有権移転の効果を生ずることになる（前出・最判昭40・11・19参照）。したがって，他人の物

の売主は，目的物の引渡しを拒絶することはできない。

　　　㈹　**目的物の所有者（他人）が他人の物の売主を相続した場合**　　相続によって，目的物の所有者（他人＝相続人）は，他人の物の売主（被相続人）の売買契約上の義務・地位を承継するが，目的物の所有者（他人＝相続人）自身が売買契約を締結したことになるわけではないし，目的物の所有権が当然に買主に移転するわけでもない。

　目的物の所有者（他人＝相続人）は，目的物の所有権移転については，諾否の自由を有しているのであって，目的物の所有権移転を拒否することは，何ら信義則に反するわけではない。したがって，目的物の所有者(他人＝相続人)は，売買契約上の売主としての履行義務を拒絶することができる（最大判昭49・9・4民集28・6・1169）。

　　(b)　**他人の物の売主の担保責任**　　他人の物の売主が，目的物の所有権を他人(所有者)から取得してこれを買主に移転することができなかった場合には，買主は，売主に対して，以下のような責任追及をすることができる。

　　　㈠　買主は，善意・悪意を問わず，売買契約を解除することができる（561条前段）。

　　　㈹　買主は，善意であれば，損害賠償を請求することができる（561条後段）。

> 他人の物の売主の履行不能は，原始的であると後発的であるとを問わず，また，売主の責に帰すべき事由によるものであるか否かも問わない（最判昭25・10・26民集4・10・497）。
>
> 他人の物の売主が，目的物の権利を取得してこれを買主に移転する義務の履行不能が，売主の責に帰すべき事由によるものであるときは，買主は，561条の規定にかかわらず，債務不履行の規定（415条・543条）に従って，契約を解除し，損害賠償の請求（買主が悪意であっても）をすることができる（最判昭41・9・8民集20・7・1325）。
>
> 他人の物の売主が，目的物の権利を取得してこれを買主に移転することができず，売買契約が解除された場合，すでに目的物の引渡しを受けていた買主は，目的物を利用したことによる利益を売主に返還すべき義務（契約解除による原状回復義務の内容としての義務）を負う（最判昭51・2・13民集30・1・1）。

**(2) 権利の一部が他人に属する場合**　　(a)　**売主の担保責任**　　売買の目的たる権利の一部が他人に属している場合に，売主が，その権利を取得して，これを買主に移転することができなかったときには，買主は，売主に対して，以下のような責任追及をすることができる。

　(イ)　買主は，善意・悪意を問わず，権利の不足部分に相当する代金の減額を請求することができる (563条 1 項)。

　(ロ)　善意の買主は，残存部分だけであるならば，売買契約を締結しなかったであろうときは，契約を解除することができる (563条 2 項)。

　(ハ)　善意の買主は，損害賠償を請求することができる (563条 3 項)。

　(b)　**期間制限（除斥期間）**　　善意の買主の代金減額請求権・契約解除権・損害賠償請求権は，買主が事実を知った時から 1 年以内に行使しなければならない。また，悪意の買主の代金減額請求権は，契約成立時から 1 年以内に行使しなければならない (564条)。

**(3) 数量指示売買**　　(a)　**数量指示売買であるための要件**　　数量指示売買とは，特定物の売買において，目的物が一定の数量を有することを売主が表示し，かつ，代金も，この数量を基準として算出した場合をいう (最判昭43・8・20民集22・8・1692)。したがって，数量指示売買というためには，①売主において，目的物が一定の数量を有することを表示したこと，②売主の表示した数量を基準として，売買代金額が算出されたこと（まず，1 単位あたりの単価を定め，それに全体の数量を乗じて算出した金額を，代金額と定めたこと），が必要となる。

　　✎　売買の目的物である土地を，登記簿記載の坪数をもって表示しても，売主がその坪数のあることを表示したものとはいえない (前出・最判昭43・8・20)。

　(b)　**売主の担保責任**　　数量を指示して売買した物が不足していた場合において，買主が，その不足を知らなかったとき（善意）は，買主は，売主に対して，以下のような責任追及をすることができる。

　(イ)　善意の買主は，不足部分の割合に応じて，代金の減額を請求することができる (565条・563条 1 項)。

㈥　善意の買主は，数量不足を知っていたならば，売買契約を締結しな
かったであろうときは，契約を解除することができる（565条・563条2項）。

　㈦　善意の買主は，損害賠償を請求することができる（565条・563条3項）。

　❧　数量指示売買において，数量が超過する場合には，売主は，代金の増額を請求するこ
　　とはできない（最判平13・11・27民集55・6・1380）。

　(c)　期間制限（除斥期間）　善意の買主の代金減額請求権・契約解除権・
損害賠償請求権は，買主が事実を知った時から1年以内に行使しなければなら
ない（565条・564条）。

　❧　この除斥期間は，買主が数量不足を知った時から起算されるが，買主の責に帰すべ
　　きでない事由によって，売主が誰であるかを知りえなかったときは，買主が（数量不足を
　　知っていても）売主を知った時から起算される（最判昭48・7・12民集27・7・785）。

　**(4)　制限物権が付着している場合**　　(a)　**売主の担保責任**　対抗力ある他
人の権利（地上権，永小作権，地役権，留置権，質権，賃借権）によって，目的物
の利用が制限されている場合（および存在するとしていた地役権が存在しなかった
場合）には，買主は，売主に対して，以下のような責任追及をすることができ
る。

　㈠　善意の買主は，契約の目的を達成することができないときは，契約
を解除することができる（566条1項・2項）。

　㈥　善意の買主は，損害賠償を請求することができる（566条1項・2項）。

　❧　借地権が存在することを前提として，建物の売買契約が締結された場合において，
　　借地権が存在しなかったときは，買主は，売主に対して，566条1項・2項の類推適用に
　　より，担保責任を追及することができる（最判平8・1・26民集50・1・155）。

　(b)　**期間制限（除斥期間）**　善意の買主の契約解除権・損害賠償請求権は，
買主が事実を知った時から1年以内に行使しなければならない（566条3項）。

　**(5)　担保物権が付着している場合**　　(a)　**担保物権**（抵当権・先取特権）の実
行により，買主が，目的物の所有権を失ったときの売主の担保責任　　売買の

目的物である不動産の上に存在していた抵当権または先取特権の実行によって，買主が，目的物の所有権を失ったときは，買主は，売主に対して，以下のような責任追及をすることができる。

　　(イ)　買主は，善意・悪意を問わず，契約を解除することができる（567条1項）。

　　(ロ)　買主は，善意・悪意を問わず，売主に対して，損害賠償を請求することができる（567条3項）。

　(b)　**買主が，金銭を支出して，目的物の所有権を保存したときの売主の担保責任**　　抵当権等の負担の付いた不動産の買主が，抵当権消滅請求（379条）または代価弁済（378条）によって，自己の取得した所有権を保存したときには（本書189頁参照），買主は，売主に対して，以下のような責任追及をすることができる。

　　(イ)　買主は，善意・悪意を問わず，売主に対して，自己が支出した金額の償還を請求することができる（567条2項）。

　　(ロ)　買主は，善意・悪意を問わず，売主に対して，損害賠償を請求することができる（567条3項）。

**(6)　瑕疵担保責任**

　(a)　**目的物の瑕疵**　　売買目的物に存する瑕疵は，まず，契約締結時にすでに存在していたものでなければならない（**原始的瑕疵**）。契約締結後に生じた目的物の瑕疵については，債務不履行責任（不完全履行）または危険負担の問題となる。また，その瑕疵は，売買契約締結時に，通常の注意を用いても発見できなかったものでなければならない（**隠れた瑕疵**）。このことから，買主には，善意・無過失が要求されることになる（大判大13・6・23民集3・339）。

　(b)　**売主の担保責任**　　売買の目的物に隠れた瑕疵があるときは，買主は，売主に対して，以下のような責任追及をすることができる。

　　(イ)　善意・無過失の買主は，契約の目的を達成することができないときは，契約を解除することができる（570条・566条1項）。

　　(ロ)　善意・無過失の買主は，損害賠償を請求することができる（570条・

566条1項)。

✍ 売買の目的物が不特定物である場合において，買主が，瑕疵の存在を認識したうえで，これを「履行として認容して受領」したときは，売主に対して，瑕疵担保責任を追及することができる。それ以外のときは，売主に対して，債務不履行（不完全履行）責任を追及（完全履行請求権・損害賠償請求権・契約解除権の行使）することができる（最判昭36・12・15民集15・11・2852）。

✍ 建物とその敷地の土地賃借権とが売買の目的とされた場合において，敷地に欠陥（台風に伴う大雨による土地の擁壁の傾斜・亀裂の発生，土地の一部の沈下など）があったときでも，売買目的物に隠れた瑕疵があったとはいえない。したがって，買主は，売主に対して，担保責任を追及することはできない（最判平3・4・2民集45・4・349）。

(c) **期間制限（除斥期間）**　善意・無過失の買主の契約解除権・損害賠償請求権は，買主が事実を知った時から1年以内に行使しなければならない（570条・566条3項）。

✍ 買主が，瑕疵のあることに気がつかないときは，瑕疵担保による損害賠償請求権は，一般の債権として，消滅時効の対象となる（167条1項）。この場合の消滅時効は，買主が，目的物の引渡しを受けた時から進行する（最判平13・11・27民集55・6・1311）。

> **新築住宅の売主の瑕疵担保責任の特例**
> 　新築住宅の売買契約においては，売主は，買主に当該住宅を引き渡した時から10年間，住宅の構造耐力上主要な部分（住宅の基礎，壁，柱，土台，斜材，床版，屋根版，横架材等）の隠れた瑕疵について，瑕疵担保責任を負う（住宅の品質確保促進法95条1項）。買主は，契約解除権・損害賠償請求権のほか，瑕疵修補請求権も有する（同法95条1項）。売主が瑕疵担保責任を負う期間は，買主に当該住宅を引き渡した時から20年間とすることができる（同法97条）。
> 　なお，平成21年10月1日以降に引き渡される新築住宅については，新築住宅を販売する宅建業者に対して，瑕疵担保責任の履行が確実に行われるための資力確保義務が課せられている（特定住宅瑕疵担保責任の履行確保法）。資力確保義務の内容は，保険加入（住宅販売瑕疵担保責任保険契約の締結。同法2条6項）または供託（住宅販売瑕疵担保保証金。同法11条1項）である。

(7) **担保責任に関する期間制限の性質**　売主の担保責任に関する期間制限の性質は，**除斥期間**（本書231頁参照）であり（最判平4・10・20民集46・7・1129），時効期間ではない（大判昭10・11・9民集14・1899）。また，訴訟提起期間ではないので，かならずしも，当該期間内に訴えを提起するまでの必要はない。買主が，

第6章 債権法各論の概要 *301*

売主の担保責任一覧表

| | 買主の善意・悪意 | 代金減額請求 | 契約の解除 | 損害賠償請求 | 除斥期間 |
|---|---|---|---|---|---|
| ①他人の物の売買の場合（561条） | 善意 | × | ○ | ○ | なし |
| | 悪意 | × | ○ | × | なし |
| ②一部他人の権利がある場合（563条） | 善意 | ○ | ○<br>目的不到達 | ○ | 事実を知った時から1年 |
| | 悪意 | ○ | × | × | 契約成立時から1年 |
| ③数量指示売買・一部滅失の場合（565条） | 善意 | ○ | ○<br>目的不到達 | ○ | 事実を知った時から1年 |
| | 悪意 | × | × | × | × |
| ④制限物権が付着している場合（566条） | 善意 | × | ○<br>目的不到達 | ○ | 事実を知った時から1年 |
| | 悪意 | × | × | × | × |
| ⑤担保物権が付着している場合（567条） | 善意 | × | ○<br>所有権喪失 | ○<br>所有権喪失 | なし |
| | 悪意 | × | ○<br>所有権喪失 | ○<br>所有権喪失 | なし |
| ⑥瑕疵担保責任（570条） | 善意・無過失 | × | ○<br>目的不到達 | ○ | 事実を知った時から1年 |
| | 悪意，善意・有過失 | × | × | × | × |

　解除権を行使する場合には，当該期間内に，解除の意思表示をすれば，解除の効果が生ずる。買主が，損害賠償請求権または代金減額請求権を行使する場合には，当該期間内に，損害賠償請求または代金減額請求をする意思を裁判外で明確に告げれば，当該権利は保存されることになる（前出・最判平4・10・20）。ここに，「権利が保存される」というのは，法律上当然に発生した権利が確保されるという意味である。そして，保存された権利は，以後，10年の消滅時効の対象となる（167条1項）。

　(8) **担保責任に関する特約**　売主の担保責任に関する規定は任意規定であるから（最判昭45・4・10判時588・71），契約当事者間の合意によって，売主の担保責任を加重したり，軽減することは何ら差し支えない。また，売主は，担保

責任を一切負わないとする旨の特約（担保責任免除特約）も有効である。ただし，売主は，自己が知っていながら，これを買主に告げなかった事実，および，自己が第三者のために設定した権利または第三者に譲渡した権利については，たとえ，担保責任を負わない旨の特約（担保責任免除特約）があっても，その責任を免れることはできない（572条）。

## VI 賃貸借契約

### ① 賃貸借契約の意義

賃貸借契約とは，当事者の一方（貸主）が，相手方（借主）に，ある物の使用・収益をさせることを約束し，相手方（借主）が，これに，その賃料を払うことを約束することによって，その効力を生ずる契約をいう（601条）。

賃貸借契約は，**諾成契約**であり，**有償契約**であり，**双務契約**である。

### ② 賃貸人の義務

(1) **目的物を使用・収益させる義務**　賃貸人は，賃借人に対して，賃貸借契約にしたがって，目的物を使用・収益させる義務を負う（601条）。そこで，まず，賃貸人は，賃借人に対して，目的物の引渡義務を負い，目的物を，使用・収益しうる状態におかなければならない。

また，賃貸人は，賃借人の使用・収益を妨げてはならない。したがって，賃貸人が，目的物を賃借人に引き渡す前に，当該目的物を第三者に売却または賃貸して，当該目的物を第三者に引き渡した場合，または，賃貸人が，目的物を賃借人に引き渡した後に，当該目的物を第三者に売却し，賃借人の使用・収益を妨げた場合（賃借人が，賃借権の対抗要件を備えておらず，かつ，第三者が対抗要件を備えた上で，賃借人に対して，目的物の引渡請求をした場合）には，賃貸人は，賃借人に対して，債務不履行責任を負うことになる。

さらに，第三者が目的物を不法占有するなどして，賃借人の使用・収益を妨げている場合には，賃貸人は，目的物の不法占有者を排除しなければならない

（大判昭 5 ・ 7 ・26民集 9 ・704）。

(2) **修繕義務**　　賃貸人は，賃借人に対して，目的物の使用・収益に必要な修繕をなすべき義務を負う（606条 1 項）。賃貸人の修繕義務は，賃貸借契約にしたがって，目的物を使用・収益するためには，修繕が必要であり，かつ，修繕が可能である場合に発生する。修繕が可能であるか否かは，物理的・経済的に判断される。したがって，改築に相当する程度の費用を必要とする場合には，修繕不能と解される（最判昭35・ 4 ・26民集14・ 6 ・1091）。なお，賃貸人の修繕義務の範囲は，目的物の用法にしたがって，賃借人に使用・収益させるのに必要な限度にとどまる（大判昭 5 ・ 9 ・30新聞3195・14）。

また，目的物の保存のための修繕は，賃貸人の義務であると同時に，権利でもあるから，賃借人は，賃貸人の修繕行為を拒絶することはできない（606条 2 項）。

(a) **修繕義務に関する特約**　　賃貸人の修繕義務を免除したり，その範囲を制限したり，または，賃借人に修繕義務を負わせる旨の特約は，原則として，有効である（最判昭29・ 6 ・25民集 8 ・ 6 ・1224）。

(b) **修繕義務と賃料支払義務との同時履行**　　賃貸人の修繕義務と賃借人の賃料支払義務とは，同時履行の関係に立つ（533条。大判大10・ 9 ・26民録27・1627）。

修繕義務が履行されない結果，目的物全部について，賃借人が使用・収益できない場合には，賃借人は，賃料全額について，その支払いを拒絶することができ，一部について使用・収益できない場合には，使用・収益できない割合に応じて，賃料の支払いを拒絶することができる（大判大 5 ・ 5 ・22民録22・1011）。

(3) **費用償還義務**　　(a) **必要費償還義務**　　賃借人が，目的物について，必要費を支出した場合には，賃借人は，ただちに，賃貸人に対して，自己が支出した費用全額の償還を請求することができる（608条 1 項）。この場合，賃貸人は，賃借人に対して，必要費償還義務を負うことになる。なお，賃借人は，賃貸人の同意を得ることなく，必要費を支出することができる。

ここにいう**必要費**とは，通常の用法に適する状態において，目的物を保存するために支出される費用をいう（大判昭12・11・16民集16・1615）。たとえば，借家

人のした屋根の葺き替え費用・土台の入れ替え費用（大判大14・10・5新聞2521・9），畳の修繕費用（大判昭18・7・27新聞4862・6），借地人のした借地の盛り土の費用（前出・大判昭12・11・16）などである。

(b) **有益費償還義務**　賃借人が，目的物について，有益費を支出した場合には，賃借人は，賃貸借終了の時に（目的物の価値の増加が現存するときに限り），賃貸人に対して，196条2項の規定にしたがって，有益費（賃貸人の選択に従って，賃借人が支出した金額または目的物の価値の増加額のいずれかの額）の償還を請求することができる（608条2項本文）。この場合，賃貸人は，賃借人に対して，有益費償還義務を負うことになる。

ここにいう**有益費**とは，目的物の改良のための費用をさし，それによって目的物の客観的価値を増加させるもののほか，目的物以外のものに加えた改良によって，目的物の価値を増加させることになる費用も含まれる（我妻・講義 $V_2$・445頁）。たとえば，借家人の支出した建物の内装・外装工事のための費用，借家人の支出した上下水道の敷設費用，借家人の支出した家屋直前の道路にコンクリート工事をした費用・電灯の設備をした費用（大判昭5・4・26新聞3158・9）などである。

なお，有益費の償還については，裁判所は，賃貸人の請求によって，これに，相当の期限を許与することができる（608条2項ただし書）。

　　※　賃借人が有益費を支出した後に賃貸人が交替した場合，特段の事情がない限り，新賃貸人が有益費償還義務を承継する。したがって，賃借人は，旧賃貸人に対しては，有益費の償還を請求することはできない（最判昭46・2・19民集25・1・135）。

## ③　賃借人の義務

(1) **賃料支払義務**　賃借人は，賃貸人に対して，賃貸借契約で定められた賃料（目的物の使用・収益に対する対価）を支払う義務を負う（601条）。

賃料の支払いは，原則として，**後払い**であり，賃料支払時期は，建物および宅地については，**毎月の末日**となる（614条）。ただし，当事者間の特約で，これと異なる定めをすることができる（たとえば，前払いの特約）。

第6章　債権法各論の概要　*305*

(2)　**使用・収益上の義務**　(a)　**用法遵守義務**　賃借人は，賃貸借契約または目的物の性質によって定められた用法にしたがって，目的物を使用・収益しなければならない（616条・594条1項）。賃借人が，賃貸借契約または目的物の性質によって定められた用法に違反して，目的物の使用・収益をなした場合には，債務不履行の問題を生ずる。

(b)　**善管注意義務**　賃借人は，目的物を返還するまでは，善良なる管理者の注意（善管注意）をもって，目的物を保存しなければならない（400条）。したがって，賃借人は，善管注意義務にしたがって，目的物を使用・収益しなければならない。賃借人が，善管注意義務を尽くさず，目的物を滅失・損傷した場合には，債務不履行の問題を生ずる。

(3)　**目的物返還義務**　賃借人は，賃貸借が終了した時に，目的物を借りた時（目的物の引き渡しを受けた時）の状態に戻して，これを，賃貸人に返還すべき義務を負う（616条・597条1項）。つまり，賃借人は，原則として，目的物その物を原状に戻して返還しなければならない。

---

**建物賃借人の原状回復義務**

　建物賃貸借における賃借人の原状回復義務の内容は，賃借人が取り付けたものの除去・運び込んだものの撤去という意味であり，目的不動産を使用開始前の状態（まっさらに近い状態）に回復する義務までも含むわけではない。つまり，賃借人には，目的不動産を，賃貸借契約締結時の状態，すなわちその後の時の経過がなかったかのような状態に回復させるべき義務はない。経年劣化（時の経過による目的物の劣化）または自然損耗（通常の使用による損耗）にかかる損失分の負担は，賃貸人が負うべきものである。これらの負担は，家賃によってカバーされるべきものであり，家賃に含まれていると解される（平成5年・旧建設省作成『賃貸住宅標準契約書』，平成11年・不動産適正取引推進機構『賃貸住宅の原状回復にかかるガイドライン』参照）。

---

**建物賃借人の造作買取請求権**

　建物の賃借人は，賃貸人の同意を得て建物に付加した畳，建具その他の造作がある場合には，賃貸借終了のときに，賃貸人に対して，その造作を時価で買い取るべきことを請求することができる（借地借家33条1項）。この造作買取請求権は形成権であり，賃借人から賃貸人に対する一方的意思表示によって，その効果を生ずる。つまり，賃借人から賃貸人に対して，造作買取請求の意思表示がなされた時に，造作についての売買契約が成立したのと同様の効果を生ずることになる（大判昭2・12・27民集6・743）。

## 4 賃借権の存続期間

**(1) 民法典上の存続期間** （a）**当事者が存続期間を定める場合** 当事者が賃借権の存続期間を定める場合には，**最長20年**までに制限される（604条1項前段）。当事者が，20年以下の存続期間を定めた場合には，当事者が定めた期間が，賃借権の存続期間となる。当事者が，20年を超える存続期間を定めた場合には，賃借権の存続期間は，20年に短縮される（604条1項後段）。

（b）**当事者が存続期間を定めない場合** 当事者が，存続期間を定めなかった場合には，当該賃貸借は，**期間の定めのない賃貸借**となる。そして，期間の定めのない賃貸借は，一方の当事者（賃貸人または賃借人）からの**解約申入れ**によって終了する（617条1項）。

この場合の解約申入れは，特別な理由なく，いつでも，これをすることができる。そして，一方の当事者（賃貸人または賃借人）から，相手方に対して，解約申入れの意思表示（解約権《形成権》の行使）がなされたときは，一定期間の経過によって，賃貸借契約が終了する（たとえば，土地については1年経過した時，建物については3ヵ月経過した時。617条1項）。

**(2) 借地権（普通借地権）の場合** （a）**当事者が存続期間を定める場合**
当事者が，借地権の存続期間を定める場合には，その期間は，**30年以上**の期間を定めなければならない（借地借家3条ただし書）。もし，当事者が，30年未満の期間を定めた場合には，存続期間に関する約定は無効となる（借地借家9条）。この場合には，当事者間においては，存続期間の定めはないものとされ，借地権の存続期間は30年となる（借地借家3条本文）。

（b）**当事者が存続期間を定めない場合** 当事者が，借地権の存続期間を定めなかった場合には，借地権の存続期間は，一律に，**30年**となる（借地借家3条本文）。建物の種類・構造による区別はない。

借地権の存続期間が満了しても，借地契約の**更新**が原則となる（借地借家5条）。そして，賃貸人が，更新を拒絶するためには，**正当事由**が必要となる（借地借家6条）。

第 6 章　債権法各論の概要　　*307*

**⑶　借家権（普通借家権）の場合**　　(a)　当事者が存続期間を定める場合
当事者が存続期間を定める場合には，**1年以上**の期間を定めることが必要となる。当事者が，1年未満の期間を定めたときは，期間の定めのない賃貸借とみなされる（借地借家29条1項）。また，当事者が，借家権の存続期間を定めることについて，最長期間の制限はない。賃借権の存続期間の最長期間を定めた民法典の規定（604条1項）は適用されない（借地借家29条2項）。したがって，当事者が，1年以上の存続期間を定めた場合には，それが，借家権の存続期間となる。

存続期間が満了しても，契約の**更新**が原則となる（借地借家26条）。そして，賃貸人が，更新を拒絶するためには，**正当事由**が必要となる（借地借家28条）。

(b)　当事者が存続期間を定めない場合　　当事者が，借家権の存続期間を定めなかった場合には，当該賃貸借は，**期間の定めのない賃貸借**となる。そして，期間の定めのない建物賃貸借は，一方の当事者（賃貸人または賃借人）からの**解約申入れ**によって終了する（617条1項）。

一方の当事者（賃貸人または賃借人）から，相手方に対して，解約申入れの意思表示（解約権《形成権》の行使）がなされたときは，一定期間の経過によって，賃貸借契約が終了する。すなわち，賃借人からの解約申入れがなされたときは，申入れ後3ヵ月経過した時に，賃貸借は終了するが（617条1項2号），賃貸人からの解約申入れがなされたときは，申入れ後6ヵ月経過した時に，賃貸借が終了する（借地借家27条1項）。

賃貸人からの解約申入れについては，**正当事由**が必要となる（借地借家28条）。

**⑤　賃借権の対抗力**

賃借権は債権であり，特定の人（債務者＝賃貸人）に対してのみ主張しうる権利である。したがって，原則として，賃借権には，対抗力は認められない。ただし，例外的に，不動産賃借権についてのみ，対抗要件を備えることによって，不動産賃借権を第三者に対抗することができる（**不動産賃借権の物権化**。605条）。これによって，不動産の賃借人の保護が図られている。

**⑴　不動産賃借権の対抗要件**　　(a)　賃借権の登記　　賃借人は，**賃借権の**

登記をしておけば，当該賃借権を第三者に対抗することができる（605条）。賃借権の登記は，不動産登記法にしたがって，目的不動産の登記簿に記録される（不登3条8号・81条）。したがって，登記手続の原則どおり，賃借権の登記は，賃貸人と賃借人との共同申請によってなされることになる（不登60条）。

ただし，賃貸借契約が成立しただけでは，賃借人には，登記請求権は認められない（賃貸借契約の効力として，当然に登記請求権が発生するわけではない）。賃貸人と賃借人との特約によって，登記請求権が発生するのであり，当事者間の特約がない限り，賃借人は，賃貸人に対して，登記請求権を有さない（大判大10・7・11民録27・1378）。

(b) 借地権の場合　賃借権が借地権（建物の所有を目的とする土地賃借権）である場合には，賃借権の登記がなくとも，賃借人（借地権者）は，**借地上に登記されている建物を所有**していれば，賃借権（借地権）を第三者に対抗することができる（借地借家10条1項）。

(c) 借家権の場合　賃借権が借家権（建物賃借権）である場合には，賃借権の登記がなくとも，賃借人（借家人）は，**建物の引渡し**を受けていれば，賃借権（借家権）を第三者に対抗することができる（借地借家31条1項）。

(2) **借地上の建物の登記による借地権の対抗力**（借地借家10条1項）　(a) 建物登記が借地上に実在する建物の現況と異なる場合　登記の表示が，建物の実際の面積・構造などを正確に公示していなくとも，登記簿に表示された建物と現実の建物との間に同一性が認められる場合には，借地権の対抗力は肯定される（最判昭39・10・13民集18・8・1559）。このような場合でも，当該土地を買い受けようとする第三者は，現地を検分するのが通常であり，容易に建物の存在を知ることができる。したがって，賃借権等の土地所有者以外の者の土地使用権原の存在を推知することができるのであるから，第三者が不測の損害を被ることはないといえる。

(b) 建物登記における所在地番の表示が実際と異なる場合　建物所在の地番表示において，実際と多少相違していても，建物の種類・構造・床面積等の記載と相まって，その登記の表示全体において，当該建物の同一性を認識し

うる程度の軽微な誤りであって，たやすく更正登記ができる場合には，借地権の対抗力は肯定される（最大判昭40・3・17民集19・2・453）。このような場合でも，当該土地を買い受けようとする第三者は，現地を検分するのが通常であり，容易に建物の存在を知ることができる。したがって，賃借権等の土地所有者以外の者の土地使用権原の存在を推知することができるのであるから，第三者が不測の損害を被ることはないといえる。

　　(c)　建物登記における所有名義人の表示と実際の所有者・借地人とが異なる場合　　(イ)　建物登記が借地権の相続後も被相続人名義のままである場合

　借地権の相続の場合には，被相続人の登記ある建物について，相続登記をしていなくとも，相続人は，借地権を第三者に対抗することができる（大判昭15・7・11新聞4604・9）。つまり，相続人は，被相続人の権利を包括的に承継しているのであるから（包括承継人。896条1項），相続人と被相続人とは，同一人の地位にある（被相続人＝相続人）との判断をすることができる。したがって，このような場合には，現在の借地人であり当該建物の所有者でもある相続人の権利が登記簿上に公示されているとの判断をすることができるからである。

　　　　(ロ)　建物登記が家族名義（子・妻など）でなされている場合　　借地権者は，借地上に，自己の所有名義で登記した建物を有することによって，はじめて借地権を対抗することができるのであるから，みずからの意思で他人名義（家族といえども，権利・義務の帰属主体としては，別人格である）の登記をしたような場合には，借地権の対抗力は認められない（最大判昭41・4・27民集20・4・870，最判昭47・6・22民集26・5・1051）。つまり，家族名義での建物の所有権の登記は，建物所有権の登記としては無効であり，無効な登記によっては，何らの法的効力も認められないのである。

　　　　(ハ)　建物登記が第三者の名義でなされている場合　　借地上の建物を，第三者に対して，譲渡担保に提供し，譲渡担保権者名義に，所有権の移転登記をしていた場合には，借地権の対抗力は認められない（最判昭52・9・27金商537・41，最判平元・2・7判時1319・102）。つまり，他人名義での建物の所有権の登記は，建物所有権の登記としては無効であり，無効な登記によっては，何らの法的効

力も認められないのである。

　(d)　権利の登記がなされておらず表示の登記のみである場合　　借地上の建物についてなされるべき登記は，権利の登記に限られることなく，借地権者が，自己を所有者と記載した表示の登記ある建物を所有する場合にも，借地権の対抗力は認められる（最判昭50・2・13民集29・2・83）。このような場合でも，借地権者は，借地上に，登記した建物を有していることになる（借地借家10条1項）。また，当該土地を買い受けようとする第三者は，現地を検分するのが通常であるから，容易に建物の存在を知ることができ，そして，借地権者を所有者と記載した表示の登記のみでも，賃借権等の土地使用権原の存在を推知することができるからである。

[6]　賃借権の譲渡・賃借物の転貸

　(1)　無断譲渡・無断転貸の禁止　　賃借権を第三者に譲渡したり，賃借物を第三者に転貸するためには，賃貸人の承諾を得なければならない（612条1項）。賃貸人の承諾は，事前でも事後でもよいし，明示でも黙示でもよい。また，承諾の通知の相手方は，賃借人でも，譲受人・転借人でもかまわない（最判昭31・10・5民集10・10・1239）。

　ただし，賃貸人の承諾がない場合でも，次のいずれかに該当するときは，無断譲渡・無断転貸にはならない（適法な譲渡・転貸となる）。

　(a)　賃貸人（借地権設定者）の承諾に代わる裁判所の許可を得たとき　　借地の場合において，借地上建物の譲渡に際して，賃貸人（借地権設定者）の承諾が得られない場合であっても，賃借人（借地人）からの申立てによって，賃借人（借地人）は，借地権（賃借権）の譲渡・借地（賃借物）の転貸について，**賃貸人（借地権設定者）の承諾に代わる裁判所の許可**を得ることができる（借地借家19条）。借地権者（賃借人）が，この裁判所の許可を得ているときは，借地権（賃借権）の譲渡・借地（賃借物）の転貸は，適法な譲渡・転貸となる。

　(b)　信頼関係の破壊が認められないとき（背信行為と認めるに足りない特段の事情があるとき）　　賃貸人の承諾なくして，賃借権の譲渡・賃借物の転貸がな

された場合であっても，それが，従前の賃貸人と賃借人との間の**信頼関係を破壊**したとは認められないとき（**賃貸人に対する背信行為と認めるに足りない特段の事情があるとき**）には，賃借権の譲渡・賃借物の転貸は，適法な譲渡・転貸となる（最判昭28・9・25民集7・9・979）。

信頼関係の破壊があるか否かは（背信行為と認めるに足りない特段の事情があるか否かは），当事者間の関係，当事者双方の諸事情，譲渡・転貸の理由，目的物の利用状況の変化，賃料支払義務・目的物保管義務の遵守状況などを総合して判断される。

**(2) 無断譲渡・無断転貸がなされた場合**　　(a) 無断譲渡の場合　　譲渡人と譲受人との間では，賃借権移転の効果を生ずるが（大判昭2・4・25民集6・182），譲受人は，賃借権の取得を，賃貸人に対抗することができない。賃貸人は，賃借権移転の効果を否定することができる。譲受人が目的物を占有しているときは，賃貸人からみれば，不法占有となる。したがって，賃貸人は，譲受人に対して，目的物返還請求権（物権的請求権）を行使することができる（最判昭26・5・31民集5・6・359）。また，賃貸人は，原賃貸借契約を解除することができる（612条2項）。

　　(b) 無断転貸の場合　　転貸人（賃借人）と転借人との間では，転貸借契約（賃貸借契約）の効果を生ずるが（前出・大判昭2・4・25），転借人は，目的物の転借権（賃借権）を，賃貸人に対抗することができない。賃貸人は，転貸借契約の効果を否定することができる。転借人が目的物を占有しているときは，賃貸人からみれば，不法占有となる。したがって，賃貸人は，転借人に対して，目的物返還請求権（物権的請求権）を行使することができる（前出・最判昭26・5・31）。また，賃貸人は，原賃貸借契約を解除することができる（612条2項）。

**(3) 適法な譲渡・適法な転貸がなされた場合**　　(a) 適法な譲渡がなされた場合　　譲渡人と譲受人との間では，賃借権移転の効果を生ずる。譲受人は，賃借権の取得を，賃貸人に対抗することができる。譲渡人は，賃貸借関係から離脱し，譲受人が，譲渡人に代わって，賃借人となる（譲受人が，原賃貸借関係を承継する。最判昭45・12・11民集24・13・2015）。

(b) 適法な転貸がなされた場合　転貸人（賃借人）と転借人との間では，転貸借契約（賃貸借契約）の効果を生ずる。転借人は，目的物の転借権（賃借権）を，賃貸人に対抗することができる。この場合，賃貸人と賃借人との間の原賃貸借関係は，いままでどおり存続する。賃貸人と転借人との間には，直接の契約関係は成立しない（大判昭4・6・19民集8・675）。

ただし，転借人は，賃貸人に対して，直接に義務を負う（賃貸人は，転借人に対して，直接に，権利を行使することができる。613条1項前段）。これは，転借人を害さない範囲で，賃貸人を保護するために，賃貸人の賃借人に対する権利の範囲内で，転貸人（賃借人）の転借人に対する権利を，賃貸人のために行使するものである。具体的には，賃貸人は，転借人に対して，賃料請求権を行使することができる。また，賃貸借が終了したときは，賃貸人は，転借人に対して，目的物返還請求権を行使することができる。なお，賃貸人は，転借人に対して，直接に義務を負うわけではない。

---

**原賃貸借契約の終了と建物転借人の保護**

　建物の転貸借において，原賃貸借契約が，期間の満了または解約申入れによって終了する場合は，賃貸人は，転借人に対して，その旨を通知しなければ，原賃貸借契約の終了を，転借人に対抗することができない（借地借家34条1項）。そして，賃貸人から転借人に対して，通知がなされたときは，通知の日から6ヵ月経過した時に，転貸借関係は終了する（借地借家34条2項）。

---

## 7　敷　　金

(1)　**敷金の意義**　**敷金**とは，賃貸借契約の締結に際して，敷金契約にもとづいて，賃借人や第三者から賃貸人に交付される金銭で，賃借人に，賃料の延滞，その他の債務不履行がなければ，全額返還され，賃借人に債務不履行があれば，その損害額が控除されて，残額だけが返還されるものをいう（最判昭48・2・2民集27・1・80，最判昭49・9・2民集28・6・1152）。

敷金に関する権利義務関係は，**敷金契約**にもとづいて発生する。敷金契約は，賃貸借契約に付随して締結されるが，賃貸借契約とは別個の契約であり（前出・最判昭49・9・2），賃貸借契約に対する，**従たる契約**となる。

第6章　債権法各論の概要　*313*

(2)　**敷金の返還時期**　賃借人が，賃貸人に対して，**目的物を返還した時**が，敷金の返還時期（弁済期）となる（前出・最判昭48・2・2，前出・最判昭49・9・2）。つまり，賃借人の目的物返還義務の履行が先となる。

(3)　**敷金返還請求権と留置権・同時履行の抗弁権**　(a)　留置権の成否　賃借人の目的物返還債務が，賃貸人の敷金返還債務に対して，先履行の関係に立ち，賃借人は，敷金返還請求権を被担保債権として，目的物について，留置権を主張することはできない（前出・最判昭49・9・2）。つまり，被担保債権の弁済期が未到来であることになる（本書152頁参照）。

　　(b)　同時履行の抗弁権の成否　敷金は，賃貸借契約に付随する敷金契約にもとづいて交付されるものであり，賃借人の目的物返還債務と，賃貸人の敷金返還債務とは，1個の双務契約によって生じた対価的債務の関係にあるわけではなく，また，両者の間には著しい価値の差が存するので，同時履行の関係は認められない（前出・最判昭49・9・2）。賃借人の目的物返還義務が，賃貸人の敷金返還義務に対しては，先履行の関係に立つことになる。

(4)　**賃貸人たる地位の移転と敷金返還義務の移転**　対抗要件を備えた賃借権付の不動産が第三者に譲渡された場合には，当該不動産の所有権とともに，賃貸人たる地位（賃貸借関係）も，当然に，当該第三者に移転することになる（最判昭39・8・28民集18・7・1354）。この場合には，賃貸借関係の移行に伴って，敷金関係もまた移行することになる。つまり，敷金契約は，賃貸借契約の従たる契約であり，賃貸借契約とは一体的に扱われるべきだ

> **民法改正の動向（敷金）**
>
> 　敷金について，以下のような条文を新設することが検討されている。
> ①　賃貸人は，敷金を受け取っている場合において，以下のいずれかのときは，賃借人に対し，その受け取った敷金の額から賃貸借に基づいて生じた賃借人の賃貸人に対する金銭の給付を目的とする債務の額を控除した残額を返還しなければならない。
> 　　ア　賃貸借が終了し，かつ，賃貸物の返還を受けたとき
> 　　イ　賃借人が適法に賃借権を譲り渡したとき
> ②　賃貸人は，賃借人が賃貸借に基づいて生じた金銭の給付を目的とする債務を履行しないときは，敷金をその債務の弁済に充てることができる。この場合において，賃借人は，賃貸人に対し，敷金をその債務の弁済に充てることを請求できない。
> ▲改正要綱仮案53頁，改正要綱案原案（その1）54頁，改正要綱案56頁

からである。したがって，賃貸人たる地位が移転すると同時に，敷金返還義務もまた，当該第三者に移転することになる（最判昭44・7・17民集23・8・1610）。

　(5)　**賃借権の譲渡と敷金返還請求権の移転**　　適法な賃借権の譲渡がなされた場合であっても，譲渡人の有していた敷金返還請求権は，特段の事情のない限り，譲受人には移転しない（最判昭53・12・22民集32・9・1768）。賃借権の譲渡に伴って，譲渡人の差し入れていた敷金もまた，新たな賃貸借関係に承継されるとなると，譲渡人の予期に反して，譲渡人に不利益を被らせることになり，不当な結果となるからである。

---

### 民法改正の動向（定型約款）

　定型約款について，以下のような条文を新設することが検討されている。
① 定型約款款とは，定型取引（ある特定の者が不特定多数の者を相手方として行う取引であって，その内容の全部又は一部が画一的であることがその双方にとって合理的なものをいう）において，契約の内容とすることを目的としてその特定の者により準備された条項の総体をいう。
② 定型取引を行うことの合意（定型取引合意）をした者は，次に掲げる場合には，定型約款の個別の条項についても合意をしたものとみなす。
　　ア　定型約款を契約の内容とする旨の合意をしたとき。
　　イ　定型約款を準備した者（定型約款準備者）があらかじめその定型約款を契約の内容とする旨を相手方に表示していたとき。
③ 上記②の規定にかかわらず，上記②の条項のうち，相手方の権利を制限し，又は相手方の義務を加重する条項であって，その定型取引の態様及びその実情並びに取引上の社会通念に照らして民法第1条第2項に規定する基本原則に反して相手方の利益を一方的に害すると認められるものについては，合意をしなかったものとみなす。
④ 定型取引を行い，又は行おうとする定型約款準備者は，定型取引合意の前又は定型取引合意の後相当の期間内に相手方から請求があった場合には，遅滞なく，相当な方法でその定型約款の内容を示さなければならない。ただし，定型約款準備者が既に相手方に対して定型約款を記載した書面を交付し，又はこれを記録した電磁的記録を提供していたときは，この限りでない。
⑤ 定型約款準備者が定型取引合意の前において上記④の請求を拒んだときは，上記②の規定は，適用しない。ただし，一時的な通信障害が発生した場合その他正当な事由がある場合は，この限りでない。
⑥ 定型約款準備者は，次に掲げる場合には，定型約款の変更をすることにより，変更後の定型約款の条項について合意があったものとみなし，個別に相手方と合意をすることなく契約の内容を変更することができる。
　　ア　定型約款の変更が，相手方の一般の利益に適合するとき。
　　イ　定型約款の変更が，契約をした目的に反せず，かつ，変更の必要性，変更後の内容の相当性，この規定により定型約款の変更をすることがある旨の定めの有無及

第 6 章　債権法各論の概要　*315*

　びその内容その他の変更に係る事情に照らして合理的なものであるとき。
⑦　定型約款準備者は，上記⑥の規定による定型約款の変更をするときは，その効力発生
　時期を定め，かつ，定型約款を変更する旨及び変更後の定型約款の内容並びにその効力
　発生時期をインターネットの利用その他の適切な方法により周知しなければならな
　い。
⑧　上記⑥イの規定による定型約款の変更は，上記⑦の効力発生時期が到来するまでに
　上記⑦による周知をしなければ，その効力を生じない。
▲改正要綱案原案（その2）1頁，改正要綱案47頁

# Ⅶ　不　当　利　得

## 1　不当利得の意義

　**不当利得**とは，法律上の原因なくして，他人の財産または労務によって，利
益(利得)を受けることをいう（703条）。

## 2　不当利得の成立要件

　　①　他人の財産または労務によって，利益（利得）を受けたこと（受益の
　　　存在）。
　　②　自己が利益(利得)を受けたことによって，他人に損失を与えたこと。
　　③　自己が利益(利得)を受けたことと他人に損失が生じたことの間に因
　　　果関係があること（受益と損失との間の因果関係の存在）。
　　④　法律上の原因がないこと。

　📎　第三者の強迫によって，借主Aと貸主Bとの間で金銭消費貸借契約が締結され，貸
　主Bが借主Aの求めに応じて，貸付金を第三者Cに対して給付した後に，貸主Bが，当該
　契約を取り消した場合，貸主Bからの不当利得返還請求に関しては，借主Aは，特段の事
　情がない限り，貸主Bから第三者Cに対する給付により，その価格に相当する利益を受
　けたものとされる。このような場合，Bの給付による利益は，直接にはCに発生するが，
　当該給付によって，AのCに対する債務が弁済されるなど，Cとの関係に応じて利益を
　受け得るのであり，AとCとの間には，事前に何らかの法律上または事実上の関係が存
　在するのが通常だからである（最判平10・5・26民集52・4・985）。

【転用物訴権】　契約上の給付が，契約の相手方以外の第三者の利益となった場合，給付をした当事者は，当該第三者に対して，自己のなした給付によって生じた利益を不当利得として，その返還を請求することができるのかという問題を生ずる。このような場合の返還請求権を，一般に，**転用物訴権**という。

---

**設例③**

　Aは，自己所有の建物をBに賃貸し，Bは，当該建物の引渡しを受けてこれに居住していた。その後，Bは，当該建物の屋根の修繕を目的として，Cとの間で請負契約を締結し，Cは，当該建物の屋根を修繕した。ところが，Bが無資力になったため，Cは，Bから請負代金の支払いを受けることができなくなってしまった。

　Cは，Aに対して，請負代金相当額を不当利得として返還するように請求できるか。

---

　Aが，法律上の原因なくして利益を受けたということができるのは，A・B間の賃貸借契約を全体としてみて，Aが，対価関係なしに利益を受けたときに限られる。Aが，Bとの間の賃貸借契約において，何らかの形で，当該利益に相当する出捐・負担をしたときは，法律上の原因にもとづく利益であり，不当利得には該当しない。したがって，Cの工事によって，Aの受けた利益が，当該建物を営業用建物として賃貸するに際して，通常であれば，Bから得ることができた権利金の支払いを免除したという負担に相応するものであれば，不当利得には該当しない（最判平7・9・19民集49・8・2805）。

　つまり，契約上の給付が，契約の相手方以外の第三者の利益となった場合，当該第三者が，自己の受けた利益に相当する出捐・負担をしていたときは，不当利得には該当しないが，当該第三者が，自己の受けた利益に相当する出捐・負担をしていないときには，不当利得に該当することになる。

## ③　不当利得の効果

（1）**不当利得返還請求権の発生**　損失を受けた者（損失者）は，利益を得た者（受益者）に対して，不当利得返還請求権（債権）を取得する。受益者は，損失者に対して，不当利得返還義務（債務）を負う（703条）。

(2) **不当利得返還義務の範囲**　　(a) **善意の受益者の場合**　　善意の受益者
は，その利益の存する限度において（現存利益），不当利得を返還すべき義務を
負う（703条）。つまり，自己の受けた利益が現物のまま存在するときは，その物
を返還すべきであり，また，形を変えて存在するときは（たとえば，金銭），そ
れを返還すべきであるということになる。ここに善意とは，法律上の原因がな
いことを知らないことをいう。善意・悪意は，利益を受けた時を基準に判断さ
れる。なお，善意で不当利得をした者の返還義務の範囲が，利益の存する限度
に減縮されるのは，利得に法律上の原因があると信じて利益を失った者に，不
当利得がなかった場合以上の不利益を与えるべきではないとする趣旨からであ
る（最判平3・11・19民集45・8・1209）。

> 　金銭の交付によって生じた不当利得につき，その利益が存しないことについては，
> 不当利得返還請求権の消滅を主張する者において，主張・立証すべきである（最判平3・11・
> 19民集45・8・1209）。
> 　利得者が，利得に法律上の原因がないことを認識した後の利益の消滅は，返還義務
> の範囲を減少させる理由とはならない（前出・最判平3・11・19）。

　　(b)　**悪意の受益者の場合**　　悪意の受益者は，自己が受けた利益の全部に
（現存するか否かを問わず），利息を付して返還しなければならない（704条前段）。
なお，損失者に損害が生じているときは，悪意の受益者は，その損害も賠償し
なければならない（704条後段）。たとえば，損失者が，不当利得された物を他に
転売する予定でいたが，これができなくなってしまい，転売利益を得られな
かった損害などである。

## 4　特殊な不当利得

(1) **非債弁済（広義の非債弁済）**　　(a) **狭義の非債弁済**　　弁済者が，債務
の不存在を知っていながら（悪意），一定の債務の弁済としての給付をした場合
には，給付したものの返還を請求することはできない（705条）。これに対して，
弁済者が，債務の不存在を知らずに（善意），一定の債務が存在するものと思い，
その債務の弁済としての給付をした場合には，受益者に対して，不当利得の返

還を請求することができる。

　(b)　**期限前の弁済**　債務は存在しているが，その期限の到来前に，債務者が弁済としての給付をした場合には，債務者は，債権者に対して，自己が給付したものの返還を請求することはできない（706条本文）。債務が存在するのであるから，不当利得には該当しない。ただし，債務者が，錯誤によって（期限が到来しているものと誤信して），給付をした場合には，債権者は，これによって得た利益（たとえば，中間利息など）を返還しなければならない（706条ただし書）。

　(c)　**他人の債務の弁済**　債務者でない者が，錯誤によって（自己が債務者であると誤信して），他人の債務の弁済としての給付をした場合において，債権者が，善意で，証書を滅失・損傷し，担保を放棄し，または，消滅時効によって自己の債権を失ったときは，弁済者は，債権者に対して，自己が給付したものの返還を請求することはできない（707条1項）。善意の債権者を保護するためである。なお，この場合，弁済者は，債務者に対して，求償権を取得する（707条2項）。

　(2)　**不法原因給付**　不法な原因（公序良俗に反する法律行為をさす。90条参照）にもとづいてなされた給付を，**不法原因給付**という（最判昭27・3・18民集6・3・325）。公序良俗に反する法律行為は無効であるから，このような行為にもとづいて受けた利益は，不当利得に該当するはずである。しかし，不法原因給付をした者（損失者）は，受益者に対して，自己が給付したものの返還を請求することはできない（708条本文）。つまり，不法原因給付に該当するときは，不当利得返還請求が許されないことになる。なぜならば，みずから社会的に非難されるべき行為（反社会的行為＝公序良俗に反する行為）をした者が，自己の損失を取り戻すために，法の救済を求めることは許されないからである（最大判昭45・10・21民集24・11・1560）。

　ここにいう給付とは，相手方に終局的な利益を与えることを意味する。したがって，動産や金銭については，引渡し・払渡しによって，給付がなされたことになる。しかし，不動産については，それが，未登記か既登記かによって，判断が異なる。すなわち，未登記不動産については，引渡しによって，給付が

なされたことになるが（前出・最大判昭45・10・21），既登記不動産については，引渡しだけでは足りず，登記移転がなければ，給付がなされたことにはならない（最判昭46・10・28民集25・7・1069）。

　　✎　不法原因給付がなされ，不当利得返還請求が許されないときは，給付者（目的物の原所有者）は，所有権に基づいて（物権的請求権を行使して），目的物の返還を請求することも許されない。この場合，給付した物の返還を請求できないことの反射的効果として，目的物の所有権は相手方（受益者）に帰属する（最大判昭45・10・21民集24・11・1560）。

　　✎　給付者に多少の不法な点があったとしても，相手方（受益者）にも不法な点があり，給付者の不法性が相手方（受益者）の不法性に比較して，きわめて微弱なものにすぎない場合には，90条・708条は適用されず，給付者は，不当利得の返還を請求することができる（最判昭29・8・31民集8・8・1557）。

# Ⅷ　不　法　行　為

## 1　不法行為の意義

　**不法行為**とは，故意または過失によって，他人に損害を与える行為をいう（709条）。たとえば，わざと（故意に）他人に物を投げつけて，けがをさせた場合や，自動車の運転中に，うっかりと（過失によって）他人に衝突させてしまい，けがをさせた場合などの行為である。

## 2　不法行為の成立要件

　(1)　**加害者に故意または過失があること**　　故意とは，結果の発生を認識・認容しつつ一定の行為をすることを意味し（大判昭7・5・3民集11・812），**過失**とは，平均人・一般人に要求される注意を怠り（不注意），結果の発生を認識しうるのに，これを認識しないで一定の行為をすることを意味する（大判明44・11・1民録17・617，大判大5・12・22民録22・2474）。この要件は，**自己責任の原則・過失責任の原則**にもとづいて要求されるものである。

> **失火による不法行為の場合の特則**
> 　失火者に重大な過失（重過失）がある場合には，失火者は，不法行為責任を負うが，失火者の過失が軽微な過失（軽過失）である場合には，失火者は，不法行為責任を負わない（失火責任法）。

　(2)　**加害者に責任能力があること**　　**責任能力**とは，自己の行為の責任を弁識することができる能力をいう（712条・713条参照）。つまり，自己の行為の結果を認識しうる能力（意思能力）だけでは足りず，自己の行為が違法な行為であり，その結果に対する法律上の責任を負わなければならないことを認識しうる精神能力をいう（大判大6・4・30民録23・715）。通常，12歳程度で備わるとされている（大判大4・5・12民録21・692参照）。

　責任能力のない未成年者(712条)または精神上の障害によって責任能力を欠く者（713条）は，他人に損害を加えた場合でも，損害賠償責任を負わない（この場合の賠償責任については，本書325頁《714条》参照）。

　(3)　**加害行為に違法性があること**　　加害者が，他人の権利や利益を違法に侵害したことが必要になる。侵害の対象となるのは，厳密な意味での権利である必要はなく，法律上保護されると思われる利益であれば足りる（大判大14・11・28民集4・670）。故意または過失によって，他人の権利や利益を侵害した場合，それは，原則として，違法な行為となる。

　ただし，加害行為が，**正当防衛**（720条1項），**緊急避難**（720条2項），**正当業務行為**（たとえば，医師の治療行為，スポーツ中の行為，犯人の逮捕行為など）に該当するときは，**違法性が阻却**される。

　(4)　**被害者に損害が発生したこと**　　被害者に生じた損害は，財産的損害であると非財産的損害（精神的損害）であるとを問わない（710条参照）。財産的損害には，積極的損害（現実に財産を減少させた損害）と消極的損害（逸失利益・得べかりし利益）とがある。

　　　　交通事故の被害者が，事故に起因する後遺症のために身体的機能の一部を喪失したとしても，その後遺症の程度が比較的軽微で，しかも被害者が従事する職業の性質からみて現在または将来における収入の減少も認められない場合には，特段の事情のない限

り，労働能力の一部喪失を理由とする財産上の損害は認められない（最判昭56・12・22民集35・9・1350）。

(5) **加害行為と損害発生との間に因果関係があること**　加害行為によって（原因），被害者に損害が発生したこと（結果）が必要であり，加害行為と損害発生との間に自然的因果関係（または事実的因果関係）がなければならない。

3 **不法行為の効果**

(1) **損害賠償請求権の発生**　被害者は，加害者に対して，損害賠償請求権を有し，加害者は，被害者に対して，損害賠償義務を負う（709条）。被害者は，財産的損害だけでなく，精神的損害に対しても，その賠償（慰藉料）を請求することができる（710条）。不法行為にもとづく損害賠償制度は，被害者に生じた現実の損害を金銭的に評価し，加害者にこれを賠償させることにより，被害者が被った不利益を補塡して，不法行為がなかったときの状態に回復させることを目的としている（最大判平5・3・24民集47・4・3039）。

(a) **損害賠償の範囲**　加害者は被害者に対して，加害行為と相当因果関係に立つ損害を賠償しなければならない（416条の類推適用。大連判大15・5・22民集5・386，最判昭48・6・7民集27・6・681）。

(b) **過失相殺**　被害者側に過失があるときは，裁判所は，損害賠償の額を定めるについて，被害者側の過失を考慮する（損害賠償額を減額する）ことができる（722条2項）。これを，過失相殺という。不法行為によって生じた損害を，加害者と被害者との間において，公平に分担させるためである（最判昭51・3・25民集30・2・160）。

**【不法行為における過失相殺】**　(イ) 過失相殺の内容は，損害賠償額の減額のみであり，加害者の損害賠償責任を否定することはできない（大判昭12・5・14民集16・618）。

　　(ロ) 被害者の過失を認定した場合でも，裁判所は，過失相殺をしても，しなくともよい（最判昭34・11・26民集13・12・1562）。

❦ 被害者である未成年者の過失を斟酌する場合，未成年者に事理を弁識するに足る知能が具わっていれば足り，未成年者に対し不法行為責任を負わせる場合のごとく，行為の責任を弁識するに足る知能が具わっていることまでは必要ではない（最大判昭39・6・24民集18・5・854）。

❦ 被害者の過失には，被害者本人と身分上，生活関係上，一体をなすとみられるような関係にある者の過失（被害者側の過失）も含まれる。たとえば，夫が妻を同乗させて運転する自動車と第三者が運転する自動車とが，夫と第三者の双方の過失によって衝突し，妻が傷害を受けた場合，妻が，第三者に対して，損害賠償を請求する際の損害額の算定については，夫の過失を被害者側の過失として斟酌することができる（最判昭51・3・25民集30・2・160）。

❦ 被害者が，平均的な体格・通常の体質と異なる身体的特徴を有していたとしても，それが疾患にあたらない場合には，特段の事情の存しない限り，被害者の身体的特徴を損害賠償額の算定にあたり斟酌することはできない（最判平8・10・29民集50・9・2474）。

(c) **損益相殺**　被害者が，不法行為によって損害を被ると同時に，同一の原因によって利益を得た場合，実際の損害額から被害者の得た利益を控除して，損害賠償額が算定される。これを**損益相殺**という。損益相殺の対象となる利益としては，たとえば，逸失利益（消極的損害）の算定の際の中間利息や生活費などがある。

❦ 不法行為と同一の原因によって，被害者またはその相続人が第三者に対する債権を取得した場合には，当該債権を取得したということだけから損益相殺をすることは許されない。被害者またはその相続人が取得した債権が，現実に履行された場合，またはこれと同視しうる程度にその存続および履行が確実であるということができる場合に限り，損益相殺が許される（最大判平5・3・24民集47・4・3039）。

❦ 退職年金を受給していた者が不法行為によって死亡した場合，被害者の相続人は，加害者に対し，被害者が生存していればその平均余命期間に受給することができた退職年金の現在額を，同人の損害として賠償を請求できる。この場合，被害者の相続人が，被害者の死亡を原因として，遺族年金の受給権を取得したときは，支給を受けることが確定した遺族年金の額の限度で，損益相殺をすべきであるが，いまだ支給を受けることが確定していない遺族年金の額についてまで，損益相殺をすることはできない（前出・最大判平5・3・24）。

第6章　債権法各論の概要　*323*

(d)　**胎児の損害賠償請求権**　　被害者が胎児であった場合，胎児は，不法行為にもとづく損害賠償請求権については，すでに生まれたものとみなされる（721条）。したがって，胎児であっても，加害者に対して，損害賠償請求権を有する。ただし，胎児の損害賠償請求権は，胎児が生きて生まれた場合に，出生時にさかのぼって認められるものであるから（大判昭7・10・6民集11・2023），具体的な権利行使は，出生後でなければ認められない。

(e)　**近親者の損害賠償請求権**　　他人の生命を害した者は，**被害者の父母，配偶者および子に対しては，その財産権を害されなかった場合でも，損害賠償義務を負う**（711条）。したがって，被害者の父母・配偶者・子は，加害者に対して，固有の損害賠償請求権(慰藉料請求権)を有する。また，711条に規定する「父母，配偶者，子」に該当しない者であっても，被害者との間に，これらの者と実質的に同視しうべき身分関係が存し，被害者の死亡により甚大な精神的苦痛を受けた者は，711条の類推適用により，加害者に対して，固有の損害賠償請求権（慰藉料請求権）を有する（最判昭49・12・17民集28・10・2040［被害者の夫の妹の例]）。

　被害者が生命を害された場合ではなく，傷害を受けた場合であっても，被害者の近親者に固有の損害賠償請求権（慰藉料請求権）が認められることもある（最判昭33・8・5民集12・12・1901，最判昭39・1・24民集18・1・121，最判昭42・1・31民集21・1・161）。

　　*彡*　他人の不法行為により身体に傷害を受けた者の母は，そのために被害者の生命が侵害された場合にも比肩しうべき精神上の苦痛を受けたときは，自己の権利として，加害者に対して，慰藉料請求権を有する（最判昭33・8・5民集12・12・1901）。

(f)　**慰藉料（慰謝料）請求権の相続性**　　慰藉料請求権（710条）を有する被害者が死亡したときは，相続人は，当然に慰藉料請求権を相続する（最大判昭42・11・1民集21・9・2249）。慰藉料請求権は，単純な金銭債権であり，相続の対象とならないとする法的根拠はない。また，生命を害された被害者と一定の身分関係にある者は，被害者の取得する慰藉料請求権とは別に，固有の慰藉料請求

権を取得するが (711条)，両者の請求権は併存するものであり (被害法益を異にする)，かつ，被害者の相続人は，必ずしも，固有の慰藉料請求権を取得するとは限らないのであるから，711条があるからといって，慰藉料請求権が相続の対象となりえないとする理由はないのである。

(2) **損害賠償の方法** (a) 金銭賠償 損害賠償の方法は，原則として，金銭賠償の方法による (722条1項)。

(b) 原状回復 名誉毀損の場合，裁判所は，被害者の請求により，加害者に対して，損害賠償に代えて，または，損害賠償とともに，名誉を回復するために適当な処分を命ずることができる (723条)。たとえば，新聞紙等への謝罪広告の掲載などである。

(3) **損害賠償請求権の消滅時効** 被害者またはその法定代理人が，**損害および加害者を知った時から3年間**，損害賠償請求権を行使しないときは，損害賠償請求権は，時効 (消滅時効) によって消滅する (724条前段)。また，**不法行為の時から20年間**経過したときも，損害賠償請求権は消滅する (724条後段)。この20年という期間は，**除斥期間**である (最判平元・12・21民集43・12・2209，最判平10・6・12民集52・4・1087)。

    ❧ 「加害者を知った時」とは，加害者に対する損害賠償請求が事実上可能な状況のもとに，その可能な程度にこれを知った時を意味する。つまり，被害者が，加害者の住所氏名を確認した時を意味する (最判昭48・11・16民集27・10・1374)。

    ❧ 「損害を知った時」とは，被害者が，損害の発生を現実に認識した時を意味する (最判平14・1・29民集56・1・218)。

---

**民法改正の動向 (損害賠償請求権の消滅時効期間)**

不法行為にもとづく損害賠償請求権の消滅時効の期間に関しては，以下の方向で検討されている。
① 損害賠償請求権行使の長期期間制限 (724条後段) である20年間という期間の法的性質を，消滅時効期間とする (724条改正)。
② 人の生命・身体の侵害による損害賠償請求権の短期消滅時効期間 (724条前段) を5年間とし，長期消滅時効期間の起算点および期間については，権利を行使することができる時から20年間とする (条文新設)。
▲改正要綱仮案7頁，改正要綱案原案 (その1) 7頁，改正要綱案7頁

第 6 章　債権法各論の概要　*325*

### ④　特殊な不法行為

**(1)　責任無能力者の監督義務者等の責任**　　責任無能力者の監督義務者（親権者，後見人など）または代理監督者（小学校の教員，精神病院の医師など）は，原則として，責任無能力者が第三者に加えた損害を賠償する責任を負う（714条1項本文・2項）。

　ただし，監督義務者または代理監督者が，その義務を怠らなかったときは，損害賠償責任を免れる（714条1項ただし書・2項）。

　　※　未成年者が責任能力を有する場合であっても，監督義務者の義務違反と当該未成年者の不法行為によって生じた結果との間に相当因果関係を認めることができるときは，監督義務者については，709条に基づく不法行為が成立する（最判昭49・3・22民集28・2・347）。

　　※　責任能力のない未成年者の行為によって火災が発生した場合，重大な過失の有無（失火責任法の適用の有無）は，未成年者の監督義務者の監督について考慮され，監督について重大な過失がなかったときは，監督義務者は，火災により生じた損害を賠償する責任を免れる（最判平7・1・24民集49・1・25）。

**(2)　使用者責任**　　ある事業のために他人を使用する者（使用者）または代理監督者（営業所長，現場監督者，工場長など）は，被用者が，その事業の執行につき，第三者に加えた損害を賠償する責任を負う（715条1項本文・2項）。

　ただし，使用者または代理監督者が，被用者の選任および事業の監督につき，相当の注意をしたとき，または，相当の注意をしても損害が発生したであろうときは，損害賠償責任を免れる（715条1項ただし書・2項）。

　被害者に対して損害賠償をした使用者または代理監督者は，被用者に対して，求償権を行使することができる（715条3項）。

　　※　使用者が，その事業の執行につきなされた被用者の加害行為により，直接損害を被りまたは使用者としての損害賠償責任を負担したことに基づき損害を被った場合には，使用者は，その事業の性格，規模，施設の状況，被用者の業務の内容，労働条件，勤務態度，加害行為の態様，加害行為の予防もしくは損失の分散についての使用者の配慮の程度その他諸般の事情に照らし，損害の公平な分担という見地から信義則上相当と認め

られる限度において，被用者に対して，損害の賠償または求償の請求をすることができる（最判昭51・7・8民集30・7・689。使用者が被用者に損害賠償請求および求償請求できる範囲を，使用者の被った損害の4分の1に制限した）。

❧　被用者が，事業の執行につき，第三者との共同の不法行為により他人に損害を加えた場合において，当該第三者が，被用者との過失割合によって定まる負担部分を超えて，被害者に損害を賠償したときは，使用者は，当該第三者に対しては，被用者と同じ内容の責任を負う。このとき，当該第三者は，被用者の負担部分について，使用者に求償することができる（最判昭63・7・1民集42・6・451）。

❧　複数の加害者による共同不法行為について，各加害者を指揮監督する使用者が，それぞれ損害賠償責任（使用者責任）を負う場合，一方の加害者の使用者が，当該加害者の過失割合にしたがって定められる自己の負担部分を超えて損害を賠償したときは，その超える部分につき，他方の加害者の使用者に対して，当該加害者の過失割合にしたがって定められる負担部分の限度で求償することができる（最判平3・10・25民集45・7・1173）。

❧　1人の加害者を指揮監督する複数の使用者が，それぞれ，損害賠償責任（使用者責任）を負う場合，各使用者間の責任の割合は，被用者である加害者の加害行為の態様およびこれと各使用者の事業の執行との関連性の程度，加害者に対する各使用者の指揮監督の強弱などを考慮して定めるべきである。そして，使用者の一方は，自己の負担部分を超えて損害を賠償したときは，その超える部分につき，使用者の他方に対して，その責任の割合にしたがって定められる負担部分の限度で求償することができる（前出・最判平3・10・25）。

**(3)　共同不法行為者の責任**　　数人が，共同の不法行為によって，他人に損害を加えたときは，各自連帯して，損害賠償責任を負う（719条1項前段）。つまり，共同不法行為者全員が，被害者に対して，連帯責任を負うことになる。ただし，共同不法行為者が被害者に対して負担する損害賠償債務は，不真正連帯債務であり，連帯債務者の1人に生じた事由の絶対的効力に関する規定（434条以下）は適用されない（最判昭57・3・4判時1042・87，最判平6・11・24判時1514・82）。

なお，共同不法行為者の1人が被害者に損害賠償額全額の賠償をした場合には，各共同不法行為者の過失割合にしたがって定められる負担部分に応じて，他の共同不法行為者に対して求償することができる（最判昭41・11・18民集20・9・1886，最判昭63・7・1民集42・6・451，前出・最判平3・10・25）。

**(4)　製造物責任（製造物責任法＝PL法）**　　(a)　製造物責任の意義　　製造

業者等は，その製造，加工，輸入等をした製造物であって，その引き渡した物の欠陥によって，他人の生命，身体または財産を侵害したときは，これによって生じた損害を賠償する責任を負う（製造物3条本文）。このような責任を，**製造物責任**という。

　ここに，**製造物**とは，製造または加工された動産をいう（製造物2条1項）。また，**欠陥**とは，当該製造物の特性，その通常予想される使用形態，その製造業者等が当該製造物を引き渡した時期その他の当該製造物にかかる事情を考慮して，当該製造物が通常有すべき安全性を欠いていることをいう（製造物2条2項）。

　製造物の欠陥による被害者は，原則として，製造業者等の過失の有無を問わず，製造業者等に対して，損害賠償を請求することができる（**無過失責任**。製造物3条本文）。

　(b)　責任主体　　製造物責任を負う者は，製造業者等である。ここに，**製造業者等**とは，次のいずれかに該当する者をいう（製造物2条3項）。

　　㈠　その製造物を業として，製造，加工または輸入した者（同項1号）。

　　㈢　みずから，その製造物の製造業者として，その製造物に，氏名，商号，商標その他の表示（氏名等の表示）をした者，または，その製造物に，製造業者と誤認させるような氏名等の表示をした者（同項2号）。

　　㈣　その他，その製造物の製造，加工，輸入または販売にかかる形態その他の事情からみて，その製造物に，実質的な製造業者と認めることができる氏名等の表示をした者（同項3号）。

　(c)　免責事由　　製造業者等は，次の事項を証明したときは損害賠償責任を免れる（製造物4条）。

　　㈠　その製造物を製造業者等が引き渡した時における科学または技術に関する知見によっては，その製造物に，その欠陥があることを認識することができなかったこと（同条1号）。

　　㈢　その製造物が，他の製造物の部品または原材料として使用された場合において，その欠陥がもっぱら他の製造物の製造業者が行った設計に関する指示にしたがったことにより生じ，かつ，その欠陥が生じたことにつき過失が

ないこと（同条2号）。

(d) 期間制限　製造業者等に対する損害賠償請求権は，被害者またはその法定代理人が，**損害および賠償義務者を知った時から3年間**，これを行使しないときは，時効によって消滅する（製造物5条1項前段）。製造業者等が，その**製造物を引き渡した時から10年間**経過した時も，製造業者等に対する損害賠償請求権は消滅する（製造物5条1項後段）。

**(5)　自動車事故（交通事故）による損害賠償責任**（自動車損害賠償保障法《自賠法》）　(a)　**運行供用者責任**　自己のために自動車を運行の用に供する者は，その運行によって他人の生命または身体を害したときは，原則として，これによって生じた損害を賠償する責任を負う（人身事故の場合のみ適用される。自賠3条本文）。ただし，以下の全てのことを証明したときは，損害賠償責任を負わない（自賠3条ただし書）。

　　①　自己および運転者が自動車の運行に関し注意を怠らなかったこと。

　　②　被害者または運転者以外の第三者に故意または過失があったこと。

　　③　自動車に構造上の欠陥または機能の障害がなかったこと。

ここに，**他人**とは，事故自動車の運行供用者および運転者（他人のために自動車の運転または運転の補助に従事する者。自賠2条4項）以外の者をさす（最判昭42・9・29判時497・41，最判昭47・5・30民集26・4・898，最判昭50・11・4民集29・10・1501）。したがって，好意同乗者（前出・最判昭42・9・29），配偶者（前出・最判昭47・5・30），子（最判平3・2・5交通民集24・1・1，最判平6・11・22判時1515・76）なども他人である。

また，**運行供用者**とは，自動車の運行によって利益を得ている者であって，自動車の運行を指示・制御すべき立場にある者をさす（最判昭45・7・16判時600・89，最判昭47・10・5民集26・8・1367，最判昭48・12・20民集27・11・1611）。たとえば，自動車の保有者（最判昭39・2・11民集18・2・315），泥棒運転者（前出・最判昭48・12・20），自動車の借受人（最判昭39・12・4民集18・10・2043），自動車の修理業者（最判昭44・9・12民集23・9・1654），担保として自動車を預かった者（最判昭43・10・18判時540・36），会社の従業員のマイカーによる交通事故について，使用者

第 6 章　債権法各論の概要　　*329*

である会社（最判平元・6・6交通民集22・3・551）などである。

　(b)　**保険会社に対する損害賠償請求**(被害者からの直接請求権)　　自動車の保有者が，運行供用者責任を負う場合(被害者に対して，損害賠償責任を負う場合)，被害者は，保険会社に対して，保険金額の限度で，損害賠償額の支払いを請求することができる（自賠16条1項）。

# 第7章

# 親族法の概要

## I 親族とは何か

親族とは，血縁関係にある者（血族）および婚姻によって生ずる続柄（配偶者・姻族）にある者で，一定の範囲内の者をいう（725条）。

### 1 親族の種類

親族の種類としては，**血族**，**配偶者**および**姻族**がある。

(1) **血族** 血族には，自然血族と法定血族とがある。**自然血族**とは，出生によって，当然に血縁関係を生ずる者をいい，**法定血族**とは，養子縁組の成立によって，法律上，血縁関係にあるとされる者（727条）をいう。

(2) **配偶者** 配偶者とは，夫婦の一方からみた他方の者をいう（夫からみた妻，妻からみた夫）。

(3) **姻族** 配偶者の一方と他方配偶者の血族を，それぞれ，**姻族**という。すなわち，姻族とは，自己の配偶者の血族および自己の血族の配偶者をいう。

なお，配偶者の一方の血族と他方配偶者の血族との間には，姻族関係は生じない。

### 2 親族の範囲

親族とは，①6親等以内の血族，②配偶者，および，③3親等以内の姻族を

いう（725条）。

　親等とは，親族間における血縁関係の濃さ，または，世代の近さをあらわす単位であり，1世代（1つの親子関係）を1単位（1親等）として計算する。

　まず，**直系親族間の親等**は，その親族間の世代数を数えて定める（726条1項）。つまり，直系親族間では，その間の世代数が，そのまま，親等数となる。したがって，親と子は1親等であり，祖父母と孫は，2親等である。次に，**傍系親族間の親等**は，各親族から同一の祖先（血縁関係の分岐点）に至るまでの世代数を合計して定める（726条2項）。したがって，兄弟姉妹は，2親等であり，伯父（叔父）・伯母（叔母）と甥・姪とは，3親等であり，いとこ同士は，4親等である。

　姻族の親等数は，配偶者を基準として（配偶者を一体的に考えて），上述の計算をして定める。なお，配偶者間に親等はない。

### ③　親族関係の発生原因

**(1)　血族関係**　　(a)　**自然血族関係**
　嫡出子（法律上の夫婦間に生まれた子）
については，出生によって，当然に，法律上の親子関係が生じ，親および親の血族との間に，当然に，親族関係が発生する。これに対して，**非嫡出子**（法律上の婚姻関係にない男女間に生まれた子）

---

### 「直系親族」と「傍系親族」

　自己および配偶者を中心として，祖先から子孫へと血縁関係が直下する関係にある者を，**直系親族**という。直系親族には，直系血族と直系姻族とがある。直系に属する血族が，**直系血族**であり（父母，祖父母，曾祖父母，子，孫，曾孫など），直系に属する姻族が，**直系姻族**である（配偶者の父母，祖父母，曾祖父母などや自己の子の配偶者，孫の配偶者，曾孫の配偶者など）。これに対して，自己および配偶者よりも前の世代において，同一の祖先から血縁関係が分岐した者を，**傍系親族**という。傍系親族には，傍系血族と傍系姻族とがある。傍系に属する血族が，**傍系血族**であり（兄弟姉妹，甥・姪，伯父（叔父）・伯母（叔母），いとこなど），傍系に属する姻族が，**傍系姻族**である（配偶者の兄弟姉妹，甥・姪，伯父（叔父）・伯母（叔母）などや自己の兄弟姉妹の配偶者，甥・姪の配偶者，伯父（叔父）・伯母（叔母）の配偶者など）。

### 「尊属」と「卑属」

　自己および配偶者よりも前の世代にある者（父母，祖父母など）を尊属といい，自己および配偶者よりも後の世代にある者（子，孫など）を卑属という。尊属のうち，直系親族に属する者を，**直系尊属**といい，傍系親族に属する者を，**傍系尊属**という。また，卑属のうち，直系親族に属する者を，**直系卑属**といい，傍系親族に属する者を，**傍系卑属**という。

第7章 親族法の概要 333

## 親族関係図

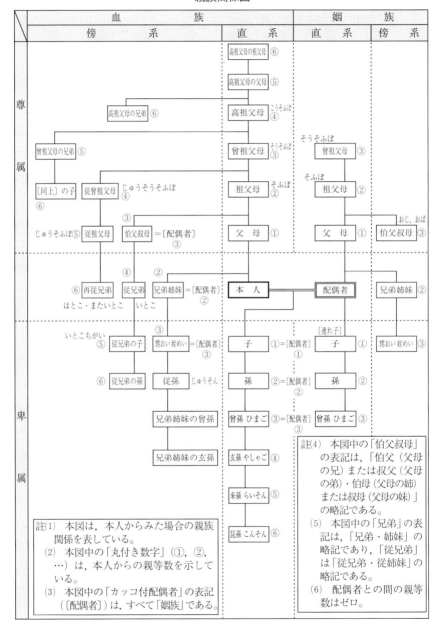

*334*

については，母親との間では，出生（分娩）によって，当然に，法律上の親子関係（母子関係）を生ずるが（最判昭37・4・27民集16・7・1247，最判昭54・3・23民集33・2・294），父親との間では，認知がなければ，法律上の親子関係（父子関係）は生じない（779条。最判昭54・6・21家裁月報31・11・84，最判平2・7・19判時1360・115）。したがって，非嫡出子については，出生によって，母親および母親の血族との間に，当然に，親族関係が認められるが，父親からの認知がなければ，父親および父親の血族との間には，親族関係は発生しない。

　　(b)　**法定血族関係**　　養子と養親およびその血族との間においては，養子縁組の日から，血族間におけると同一の親族関係を生ずる（727条）。なお，養子の血族（実方の血族）と養親および養親の血族との間には，親族関係は生じない。

　(2)　**配偶者関係**　　婚姻によって，親族関係を生ずる。

　(3)　**姻族関係**　　婚姻によって，配偶者の一方と他方配偶者の血族との間に親族関係を生ずる。配偶者の一方の血族と他方配偶者の血族との間には，親族関係は発生しない。

### 4 親族関係の終了原因

　(1)　**血族関係**　　(a)　**自然血族関係**　　自然血族関係は，本人の死亡によって，当然に終了する。その他，特別養子縁組が成立したときは，これによって，特別養子と特別養子の実親およびその血族との親族関係は終了する（817条の2・817条の9）。

　　(b)　**法定血族関係**　　「養子，その配偶者，直系卑属およびその配偶者」と「養親およびその血族」との親族関係は，離縁によって終了する（729条）。養子縁組が取り消された場合も同様である（808条・748条1項）。

　(2)　**配偶者関係**　　配偶者との間の親族関係は，配偶者の一方の死亡，離婚，婚姻の取消しによって終了する。

　(3)　**姻族関係**　　姻族関係は，離婚によって，当然に終了する（728条1項）。婚姻が取り消された場合も同様である（749条）。夫婦の一方が死亡した場合には，生存配偶者が，**姻族関係終了の意思表示**をしたときに，姻族関係が終了する

（728条2項）。姻族関係終了の意思表示は，戸籍上の届出によってしなければならない（戸96条）。

## Ⅱ　婚　　姻

　婚姻について，わが国では，**法律婚主義**が採用されており，法律の定める要件を充たさなければ，婚姻は成立しない。婚姻は，戸籍法の定めるところにより，届け出ることによって成立する（739条1項）。

### 1　婚姻の成立要件

　(1)　**実質的要件**　　(a)　当事者間に**婚姻意思の合致**があること　　婚姻は，両性の合意のみにもとづいて成立しうるものであるから（憲24条1項），当事者間に，婚姻意思の合致がなければならない。婚姻届が受理された場合であっても，婚姻意思の合致がないときには，その婚姻は，無効である（742条1号）。

　成年被後見人が婚姻する場合には，その成年後見人の同意は不要である（738条）。成年被後見人は，意思能力さえ回復していれば，単独で有効に婚姻をすることができる。つまり，婚姻をする者は，意思能力さえ備えていれば，行為能力を備えていなくとも，有効に婚姻を成立させることができる。

　　✎　婚姻の届出自体について当事者間に意思の合致があり，法律上の夫婦という身分関係を設定する意思はあった場合でも，それが，単に他の目的を達する（子に嫡出子としての地位を得させる）ための便法として仮託されたものにすぎないものであって，真に夫婦関係の設定を欲する効果意思がなかった場合には，婚姻はその効力を生じない（最判昭44・10・31民集23・10・1894）。

　　✎　当事者が，婚姻の届出書作成の当時，婚姻意思を有していたときは，かりに届出書が受理された当時，意識を失っていたとしても，その受理前に翻意したなど特段の事情のないかぎり，婚姻は有効に成立する（最判昭44・4・3民集23・4・709，最判昭45・4・21判時596・43）。

　(b)　**婚姻障害**がないこと　　婚姻届が提出されても，婚姻障害がある場合

には，その婚姻届は受理されない（740条）。民法が定める婚姻障害は，次のとおりである。

　　(イ)　**婚姻適齢**　　男は，満18歳に，女は満16歳にならなければ，婚姻をすることはできない（731条）。

　　(ロ)　**重婚の禁止**　　わが国では，一夫一婦制が採用されており，配偶者のある者は，重ねて婚姻をすることはできない（732条）。

　　(ハ)　**再婚禁止期間**（待婚期間）　　女は，前婚の解消（離婚・夫の死亡）または取消しの日から100日を経過した後でなければ，再婚をすることができない（733条1項）。ただし，女が，前婚の解消（離婚・夫の死亡）または取消しの時に懐胎していなかった場合や，前婚の解消（離婚・夫の死亡）または取消しの後に出産した場合には，期間の制限なく再婚することができる（733条2項）。

　　✍　女性の再婚後に生まれる子については，計算上100日の再婚禁止期間を設けることによって，父性の推定の重複が回避されることになる。本件規定のうち100日の再婚禁止期間を設ける部分は，憲法14条1項にも，憲法24条2項にも違反するものではない。これに対し，100日超過部分は，憲法14条1項に違反するとともに，憲法24条2項にも違反するに至っていたというべきである（最大判平27・12・16民集69・8・2427）。

　　(ニ)　**近親婚の禁止**　　(i)　**直系血族間**　　直系血族の間では，婚姻をすることができない（734条1項本文）。特別養子縁組の成立によって，実方の父母およびその血族との親族関係が終了した後でも同様である（734条2項）。直系血族の間では，何親等離れていても，まったく，婚姻をすることができない。たとえば，親子間，祖父母と孫との間などでの婚姻が禁止されている。

　　(ii)　**3親等以内の傍系血族間**　　3親等以内の傍系血族の間では，婚姻をすることができない（734条1項本文）。つまり，兄弟姉妹間や伯父（叔父）・伯母（叔母）と甥・姪との間の婚姻が禁止されている。このことは，特別養子縁組の成立によって，実方の父母およびその血族との親族関係が終了した後でも同様である（734条2項）。ただし，養子と養方の傍系血族との間では，3親等以内であっても，婚姻をすることができる（734条1項ただし書）。

　　(iii)　**直系姻族間**　　直系姻族の間では，婚姻をすることができない

（735条前段）。これは，配偶者が死亡した後，姻族関係終了の意思表示（728条2項参照）がなされていない間の問題となる。次に，離婚によって姻族関係が終了（728条1項）した後，または，配偶者の死亡後に姻族関係終了の意思表示がなされて姻族関係が終了（728条2項）した後も，同様である（735条後段）。さらに，特別養子縁組の成立によって，実方の父母およびその血族との親族関係が終了したことによって（817条の9本文），姻族関係が終了した後も，同様である（735条後段）。直系姻族の間では，何親等離れていても，まったく，婚姻をすることができない。たとえば，自己と，自己の配偶者であった者の父母・祖父母，自己の配偶者であった者の子（連れ子）・孫，自己の子の配偶者，自己の孫の配偶者などとの間の婚姻が禁止されている。

　なお，傍系姻族の間では，婚姻は禁止されていない。たとえば，自己と自己の配偶者であった者の兄弟姉妹との間，自己と自己の兄弟姉妹の配偶者であった者との間などでは，婚姻をすることができる。

　　(iv)　**養親子関係者間**　「養子，その配偶者，直系卑属またはその配偶者」と「養親またはその直系尊属」との間では，養子縁組の離縁によって，親族関係が終了した後でも，婚姻をすることができない（736条）。

　　(ホ)　**親の同意**　未成年の子が婚姻をするには，父母の同意を得なければならない（737条1項）。父母の一方が同意しないときは，他の一方の同意だけで足りる（737条2項前段）。父母の一方が知れないとき，死亡したとき，または，その意思を表示することができないときも，他の一方の同意だけで足りる（737条2項後段）。

　**(2)　形式的要件**　婚姻は，戸籍法の定めるところ（戸74条）により，届け出ること（婚姻届の提出）によって，その効力を生ずるとされており（739条1項），形式的要件は，戸籍上の**届出**（**創設的届出**）である。届出がなければ，婚姻は成立しない。

　婚姻成立のための届出（婚姻届）は，当事者双方および成年の証人2人以上から，口頭または署名した書面でしなければならない（739条2項）。この届出は，その婚姻が，民法731条から737条までの規定（婚姻障害に関する規定）および739

条2項の規定（届出の方式に関する規定）その他の法令（戸籍法等）に違反しないことを認めた後でなければ受理されない（740条）。婚姻の届出が受理されなければ，婚姻は成立しない。婚姻は，届出が受理された場合に成立する（届出日が婚姻成立日となる）。

なお，本人が市区役所・町村役場の戸籍窓口に出頭して戸籍上の届出をする場合には，本人確認書類（運転免許証・写真付住民基本台帳カード・パスポート等）を提示して，本人確認を受けることが必要となる（戸27条の2第1項）。本人以外の者が出頭して届出をした場合または届出書類を郵送した場合等は，その届出が受理された後，本人に対して，その届出を受理した旨の通知がなされる（戸27条の2第2項）。

---

### 「創設的届出」と「報告的届出」

創設的届出とは，届出をすることによって，はじめて，身分関係変動の効果を生ずるものをいう。たとえば，夫婦の一方の死亡による姻族関係の終了（728条2項，戸96条），婚姻（739条），協議上の離婚（764条），任意認知（781条1項），普通養子縁組（799条），普通養子縁組の協議離縁（812条）などである。これらについては，当事者からの届出がなければ，身分関係変動の効果は生じない。また，届出をするか否かは，当事者の自由である。

報告的届出とは，すでに発生した身分関係変動の効果について，事後的に報告するものをいう。たとえば，出生（戸49条・52条），死亡（戸86条・87条），強制認知（戸63条），裁判上の離婚（戸77条），普通養子縁組の裁判上の離縁（戸73条），特別養子縁組の離縁（戸73条）などである。これらについては，一定の者に届出義務が課せられており，一定期間内に届け出なければならない。届出期間内での届出を怠ると，過料が課せられる（戸135条）。

---

### 2 婚姻の無効

　婚姻の届出が受理された場合でも，人違いその他の事由によって，当事者間に婚姻をする意思がないときには，その婚姻は無効である（742条1号）。つまり，当事者の双方または一方に婚姻意思がないときのみ（たとえば，偽装結婚や相手方に無断での婚姻届の提出など），婚姻は，無効となる。

　婚姻が無効である場合，婚姻成立にもとづく法律効果は，はじめからまったく発生しない。ただし，婚姻の届出当時には婚姻意思はなかったが，後に婚姻意思を備えた当事者が追認をしたときは，届出当初にさかのぼって，その婚姻は有効になる（最判昭47・7・25民集26・6・1263）。なお，民法739条2項の規定

（届出の方式に関する規定）に違反する婚姻届が，誤って受理された場合でも，その婚姻は無効にはならない（742条2号）。

  ❧ 当事者間に婚姻をする意思がないときとは，当事者間に真に社会観念上夫婦であると認められる関係の設定を欲する効果意思を有しない場合を指すものと解すべきであり，したがって，たとえ，婚姻の届出自体について当事者間に意思の合致があり，当事者間に，一応，法律上の夫婦という身分関係を設定する意思はあったと認めうる場合であっても，それが，単に他の目的を達するための便法（子に嫡出子としての地位を得させるための便法）として仮託されたものにすぎないものであって，真に夫婦関係の設定を欲する効果意思がなかった場合には，婚姻はその効力を生じない（最判昭44・10・31民集23・10・1894）。

  ❧ 事実上の夫婦の一方が，他方の意思に基づかないで婚姻届を作成提出した場合においても，当時両名に夫婦としての実質的生活関係が存在しており，後に他方配偶者が届出の事実を知ってこれを追認したときは，その婚姻は，追認によりその届出の当初に遡って有効となる（最判昭47・7・25民集26・6・1263）。

## ③　婚姻の取消し

（1）**取消原因**　婚姻は，次の取消原因がある場合に限り，これを取り消すことができる（743条）。なお，親の同意のない婚姻届は受理されないが（740条），もし誤って受理されてしまったときは，その婚姻を取り消すことはできず，有効な婚姻となる（744条1項参照）。

 （a）**不適齢婚**（744条→731条）　（イ）取消権者　不適齢婚の各当事者，その親族または検察官から，その婚姻の取消しを家庭裁判所に請求することができる（744条1項本文）。ただし，検察官は，当事者の一方が死亡した後は，その婚姻の取消しを請求することはできない（744条1項ただし書）。

  （ロ）期間制限　不適齢者以外の取消権者は，不適齢者が適齢に達したときは，その婚姻の取消しを請求することができない（745条1項）。不適齢者本人は，適齢に達した後でも，なお3ヵ月間は，その婚姻の取消しを請求することができる（745条2項本文）。ただし，不適齢者本人が，適齢に達した後に，追認をしたときは，その婚姻の取消しを請求することはできない（745条2項ただし書）。

 （b）**重婚**（744条→732条）　（イ）取消権者　重婚（後婚）の各当事者，そ

の親族，検察官または重婚当事者の配偶者（前婚）から，その婚姻の取消しを家庭裁判所に請求することができる（744条1項本文・2項）。ただし，検察官は，当事者の一方が死亡した後は，その婚姻の取消しを請求することはできない（744条1項ただし書）。

　　　　(ロ)　期間制限　　重婚状態が続いている限り，その婚姻の取消しを請求することができる。

　　　※　重婚の場合において，重婚である後婚が，離婚によって解消されたときは，特段の事情のない限り，後婚が重婚にあたることを理由として，その取消しを請求することは許されない（最判昭57・9・28民集36・8・1642）。

　　(c)　**再婚禁止期間中の婚姻**（744条→733条）　　(イ)　取消権者　　婚姻の各当事者，その親族，検察官または婚姻当事者の前配偶者（前婚）から，その婚姻の取消しを家庭裁判所に請求することができる（744条1項本文・2項）。ただし，検察官は，当事者の一方が死亡した後は，その婚姻の取消しを請求することはできない（744条1項ただし書）。

　　　　(ロ)　期間制限　　前婚の解消もしくは取消しの日から6ヵ月を経過したとき，または，女が再婚後に懐胎したときは，その婚姻の取消しを請求することはできない（746条）。

　　(d)　**近親婚**（744条→734条・735条・736条）　　(イ)　取消権者　　近親婚の各当事者，その親族または検察官から，その婚姻の取消しを家庭裁判所に請求することができる（744条1項本文）。ただし，検察官は，当事者の一方が死亡した後は，その婚姻の取消しを請求することはできない（744条1項ただし書）。

　　　　(ロ)　期間制限　　いつまでも，取消しを請求することができる。

　　(e)　**詐欺・強迫による婚姻**（747条1項）　　(イ)　取消権者　　詐欺または強迫を受けて婚姻をした者は，その婚姻の取消しを家庭裁判所に請求することができる（747条1項）。詐欺または強迫が，他方配偶者によるものであるのか，第三者によるものであるのかを問わない。第三者の詐欺による場合でも，他方配偶者の善意・悪意は問わない（96条2項は適用されない）。

(ロ) 期間制限　当事者が詐欺を発見し，もしくは，強迫を免れた後3カ月を経過したとき，または，追認をしたときは，その婚姻の取消しを請求することはできない（747条2項）。

(2) 取消しの方法　婚姻の取消しは，家庭裁判所へ請求しなければならない（744条1項本文・747条1項）。

(3) 取消しの効果　(a) 身分上の効果　(イ) 将来効　婚姻の取消しは，将来に向かってのみその効力を生ずる（748条1項）。つまり，婚姻の取消しには，遡及効はないのであり，将来に向かって，婚姻関係が消滅する。

(ロ) 復氏　婚姻によって，氏を改めた夫または妻は，婚姻の取消しによって，婚姻前の氏に復する（749条・767条1項）。婚姻前の氏に復した夫または妻は，婚姻取消しの日から3ヵ月以内に届け出ることによって，婚姻中に称していた氏を称することができる（749条・767条2項）。

(ハ) 姻族関係の終了　婚姻の取消しによって，姻族関係は終了する（749条・728条1項）。

(ニ) 子の監護権　父母が婚姻の取消しをするときは，子の監護をすべき者その他監護について必要な事項を，その協議で定めなければならない。父母の協議が調わないとき，または，協議をすることができないときは，家庭裁判所がこれを定める（749条・766条1項）。

(b) 財産上の効果　(イ) 不当利得の返還　婚姻の当時，その取消原因があることを知らなかった当事者が，婚姻によって財産を得たときは，**現に利益を受けている限度**において，その返還をしなければならない（748条2項）。婚姻の当時，その取消原因があることを知っていた当事者は，婚姻によって得た利益の全部を返還しなければならない。なお，相手方が善意であったときは，これに対して，損害を賠償する責任を負う（748条3項）。

(ロ) 財産分与　婚姻の取消しをした者の一方は，相手方に対して，財産の分与を請求することができる（749条・768条1項）。財産分与について，当事者間に協議が調わないとき，または，協議をすることができないときは，当事者は，婚姻の取消しの時から2年以内に限り，家庭裁判所に対して，協議に代

わる処分を請求することができる（749条・768条2項）。家庭裁判所が，当事者の協議に代わる処分をする場合，当事者双方がその協力によって得た財産の額その他一切の事情を考慮して，分与をさせるべきかどうか，ならびに，分与の額および方法を定める（749条・768条3項）。

　　(ハ)　**祭祀財産の承継**　　婚姻によって，氏を改めた夫または妻が，祭祀財産の所有権を承継（897条）した後，婚姻が取り消されたときは，当事者その他の関係人の協議で，その権利を承継すべき者を定めなければならない（749条・769条1項）。その協議が調わないとき，または，協議をすることができないときは，祭祀財産の所有権を承継すべき者を，家庭裁判所が定める（749条・769条2項）。

## ④　婚姻成立の効果

　**(1)　夫婦の氏**　　夫婦は，婚姻の際に定めるところにしたがい，夫または妻の氏を称さなければならない（夫婦同氏。750条）。

　**(2)　同居・協力・扶助義務**　　夫婦は，同居し，たがいに協力し，扶助しなければならない（752条）。

　**(3)　貞操義務**（守操義務）　　夫婦は，たがいに，貞操を守るべき義務（守操義務）を負う。この義務に違反すると，離婚原因となる（770条1項1号）。

　**(4)　成年擬制**　　未成年者が婚姻をしたときは，これによって，成年に達したものとみなされる（753条）。ただし，成年擬制は，私法上の行為についてのみ認められ，その他の行為には認められない。たとえば，選挙権（公選9条），飲酒（未成年者飲酒禁止法1条），喫煙（未成年者喫煙禁止法1条）などについては，成年擬制は働かない。

　**(5)　夫婦間の契約取消権**　　夫婦間で契約をしたときは，その契約は，婚姻中，いつでも，夫婦の一方から取り消すことができる（754条本文）。夫婦の一方は，特別な理由なくして，契約の履行の前後を問わず，いつでも，取り消すことができる。この取消しは，相手方に対する一方的意思表示によってすればたり（123条），取り消された契約は，はじめにさかのぼって無効となる（121条本文）。

ただし，第三者の権利を害することはできない（754条ただし書）。したがって，夫婦間の契約の取消しの効果を，第三者に対抗することはできない。

なお，ここでいう「婚姻中」というのは，単に形式的に婚姻が継続しているということではなく，形式的にも実質的にも，婚姻が継続しているということをいうのであるから，婚姻が実質的に破綻している場合には，夫婦間の契約を取り消すことはできない（最判昭42・2・2民集21・1・88）。

(6) **婚姻費用分担義務**　夫婦は，その資産，収入その他一切の事情を考慮して，婚姻から生ずる費用（生活費・子の養育費など）を分担しなければならない（760条）。

(7) **日常家事債務の連帯責任**　夫婦の一方が，日常の家事に関して，第三者と法律行為をしたときは，他の一方は，これによって生じた債務について，連帯責任を負う（761条本文）。つまり，夫婦は，相互に，日常の家事に関する法律行為につき，他方を代理する権限を有していることになる（最判昭44・12・18民集23・12・2476）。ただし，夫婦の一方が，第三者に対して，他方の行為につき連帯責任を負わない旨を予告したときは，その責任を免れる（761条ただし書）。

なお，夫婦の一方が，日常の家事に関する代理権の範囲を超えて，第三者と法律行為をした場合には，その第三者において，その行為がその夫婦の日常の家事に関する法律行為の範囲内に属すると信じるにつき正当の理由があるときに限り，110条の規定の類推適用により，第三者の保護が図られる（前出・最判昭44・12・18）。

(8) **夫婦間での財産の帰属**　夫婦の一方が，婚姻前から有する財産および婚姻中に自己の名で得た財産（自己が贈与を受けた財産，自己が相続した財産など）は，その者の**特有財産**となる（762条1項）。夫婦のいずれに属するか明らかでない財産は，夫婦の**共有**に属するものと推定される（762条2項）。

5　離　　婚

(1) **離婚の方法**　離婚の方法としては，協議上の離婚，調停による離婚および裁判上の離婚という3つの方法がある。

(a) **協議上の離婚** 夫婦は，その協議で，離婚をすることができる（763条）。ただし，協議上の離婚が成立するためには，次の要件を充たさなければならない。

(イ) 離婚意思の合致 協議上の離婚をするためには，夫婦間に，離婚意思の合致がなければならない。成年被後見人が協議上の離婚をするには，成年後見人の同意は不要である（764条・738条）。協議上の離婚をするためには，意思能力は必要だが，行為能力までは必要ではない。制限行為能力者であっても，意思能力さえあれば，単独で有効に協議上の離婚をすることができる。

(ロ) 親権者の決定 父母が協議上の離婚をするときは，その協議で，その一方を親権者と定めなければならない（819条1項）。父母の協議が調わないとき，または，協議をすることができないときは，家庭裁判所は，父母の請求によって，協議に代わる審判をすることができる（819条5項）。

(ハ) 届出 協議上の離婚は，戸籍法の定めるところ（戸76条）により，これを届け出ること（離婚届の提出）によって，その効力を生ずる（**創設的届出**。764条・739条1項）。届出がなければ，協議上の離婚は成立しない。協議上の離婚の届出は，当事者双方および成年の証人2人以上から，口頭または署名した書面で，これをしなければならない（764条・739条2項）。

協議上の離婚の届出は，その離婚が，739条2項（届出の方式に関する規定）および819条1項の規定（親権者の指定に関する規定），その他の法令（戸籍法など）に違反しないことを認めた後でなければ，これを受理することはできない（765条1項）。しかし，これに違反して受理されたときは，協議上の離婚の効力を生ずる（765条2項）。協議上の離婚は，届出が受理された場合に成立する（届出日が離婚成立日となる）。

(b) **調停による離婚** 離婚の訴えを提起しようとする者は，まず，家庭裁判所に調停の申立てをしなければならない（**調停前置主義**。家事257条1項）。当事者が，調停の申立てをせずに離婚の訴えを提起していた場合には，裁判所は，これを調停に付さなければならない（家事257条2項）。離婚の調停は，裁判官1人と家事調停委員2人以上で構成される調停委員会で行われる（家事247条・248

条1項)。

　離婚の調停において，当事者間に離婚の合意が成立し，これを調書に記載したときは，離婚の調停が成立したことになり（離婚調停成立日が離婚成立日となる），その調書の記載は，確定判決と同一の効力を有する（家事268条1項）。離婚調停が成立した場合，申立人は，離婚調停が成立した日（離婚が成立した日）から10日以内に戸籍上の届出（**報告的届出**）をしなければならない（戸77条1項⇒63条1項，戸77条2項2号⇒戸規則57条2項1号）。

　(c)　**裁判上の離婚**　　夫婦の一方は，法定の離婚原因がある場合に限って，家庭裁判所に離婚の訴えを提起することができる（770条1項，人訴2条1号・4条）。裁判上の離婚には，判決による離婚のほか，裁判上の和解による離婚および請求の認諾による離婚が含まれる（人訴37条1項）。**裁判上の和解による離婚**は，離婚の訴えの係属中に（裁判所からの和解勧告等により），夫婦が合意することにより離婚を成立させるものであり，**請求の認諾による離婚**は，口頭弁論期日に被告が原告の請求を認諾する（無条件に認める）旨の陳述をすることより離婚を成立させるものである（人訴37条1項⇒民訴266条1項）。

　(イ)　**離婚原因**　　法定の離婚原因は，次のとおりである。

　①　**配偶者に不貞な行為があったとき**（770条1項1号）。

　ここに，不貞な行為とは，配偶者のある者が，自由な意思にもとづいて，配偶者以外の者と性的関係を結ぶことをいうのであって，この場合，相手方の自由な意思にもとづくものであるか否かは問わない（最判昭48・11・15民集27・10・1323）。

　②　**配偶者から悪意で遺棄されたとき**（770条1項2号）。

　妻が婚姻関係の破綻について主たる責任を負うときは，夫が扶助しないとしても，悪意の遺棄に当たらない（最判昭39・9・17民集18・7・1461）。

　③　**配偶者の生死が3年以上不明であるとき**（770条1項3号）。

　④　**配偶者が強度の精神病にかかり，回復の見込みがないとき**（770条1項4号）。

　⑤　**その他，婚姻を継続しがたい重大な事由があるとき**（770条1項5号）。

　たとえば，配偶者の暴力行為（最判昭33・2・25家裁月報10・2・39），配偶者の著しい怠慢による家庭不和（最判昭32・4・11民集11・4・629），性交異常・性交不

能（最判昭37・2・6民集16・2・206），アルコール中毒，性格の不一致などが挙げられる。

　　㈡　離婚請求の棄却　　裁判所は，上記①〜④までの事由（770条1項1号から4号までの事由）がある場合でも，一切の事情を考慮して，婚姻の継続を相当と認めるときは，離婚の請求を棄却することができる（770条2項）。

　　㈢　**有責配偶者**からの**離婚請求**の許否　　みずから離婚原因を作り出した夫婦の一方（**有責配偶者**）は，相手方に対して，離婚請求することが許されるか否かの問題である。

　　有責配偶者からの離婚請求は，原則として許されない（最判昭27・2・19民集6・2・110，最判昭29・11・5民集8・11・2023，最判昭29・12・14民集8・12・2143など）。

> ✎　婚姻関係を継続しがたいのは，夫が妻を差し置いて他に情婦を有するからである。夫さえ情婦との関係を解消し，よき夫として妻のもとに帰り来るならば，いつでも夫婦関係は円満に継続し得べきはずである。結局，夫が勝手に情婦を持ち，そのため，もはや妻とは同棲できないから，これを追い出すということに帰着するのであって，もしかかる請求が是認されるならば，妻はまったく俗にいう踏んだり蹴ったりである。法はかくの如き不徳義勝手気儘を許すものではない。道徳を守り，不徳義を許さないことが法の最重要な職分である。すべて法はこの趣旨において解釈されなければならない（最判昭27・2・19民集6・2・110）。

　　ただし，有責配偶者からなされた離婚請求であっても，夫婦の別居が両当事者の年齢および同居期間との対比において相当の長期間におよび，夫婦間に，未成熟の子が存在しない場合には，相手方配偶者が離婚により精神的・社会的・経済的に極めて苛酷な状態におかれる等離婚請求を許容することが著しく社会正義に反するといえるような特段の事情が認められない限り，例外的に，有責配偶者からの離婚請求も許される（最大判昭62・9・2民集41・6・1423，最判昭63・2・12家裁月報40・5・113，最判昭63・4・7家裁月報40・7・171，最判平2・11・8家裁月報43・3・72）。

> ✎　有責配偶者からされた離婚請求であっても，夫婦の別居が両当事者の年齢および同居期間との対比において相当の長期間におよび，その間に，未成熟の子が存在しない場

合には，相手方配偶者が離婚により精神的・社会的・経済的に極めて苛酷な状態におかれる等離婚請求を許容することが著しく社会正義に反するといえるような特段の事情の認められない限り，当該請求は，有責配偶者からの請求であるとの一事をもって許されないとすることはできない（最大判昭62・9・2民集41・6・1423）。

**(2) 離婚の訴え**（人事訴訟法）　（イ）訴えの提起　裁判上の離婚については，夫婦の一方（原告）から，他方を相手方（被告）としてのみ，訴えを提起することができる（人訴12条1項）。夫婦の一方が成年被後見人である場合，その成年後見人が，原告または被告となる（人訴14条1項本文）。ただし，夫婦の一方が成年被後見人である場合において，他方が，その成年後見人であるときは，成年後見監督人が，原告または被告となる（人訴14条1項ただし書・2項）。相手方が生死不明であるときは，公示送達の方法による（民訴110条〜113条）。

　離婚の訴えは人事訴訟であり，家庭裁判所の管轄に属する（人訴2条1号・4条）。離婚の訴えを提起しようとする者は，家庭裁判所（第一審）に訴えを提起しなければならない。家庭裁判所の判決に不服がある者は，判決書の送達を受けた日の翌日から起算して2週間（控訴期間）以内に高等裁判所（控訴審）に控訴することができる（裁16条1号，人訴29条2項⇒民訴281条1項・285条）。高等裁判所の判決に不服がある者は，判決書の送達を受けた日の翌日から起算して2週間（上告期間）以内に最高裁判所（上告審）に上告することができる（裁7条1号，民訴311条1項・313条⇒285条）。

　（ロ）親権者の決定　未成年の子がいる夫婦が判決による離婚をするときは，裁判所が，父母の一方を親権者と定めなければならない（819条2項，人訴32条3項）。裁判上の和解によって離婚する場合には，親権者の指定についての合意も必要となる（819条1項・2項参照）。未成年の子がいる夫婦は，請求の認諾によって離婚することはできない（人訴37条1項ただし書）。

　（ハ）届出　裁判上の離婚は，判決の確定（家庭裁判所の判決は，控訴されずに控訴期間が経過した時に確定し，高等裁判所の判決は，上告されずに上告期間が経過した時に確定する《民訴116条1項》。最高裁判所の判決は，判決書が送達された時に確定する《民訴255条》）によって，その効力を生ずる（判決の確定日が離婚成

立日となる）。訴えを提起した者は，判決が確定した日から10日以内に，判決の
謄本を添付して，戸籍上の届出をしなければならない（報告的届出。戸77条1項⇒
63条1項）。

　**裁判上の和解による離婚**は，離婚の訴えの係属中に，夫婦が離婚に合意した
場合に成立する。**請求の認諾による離婚**は，口頭弁論期日に被告が原告の離婚
請求を認諾する旨の陳述をした場合に成立する（人訴37条1項⇒民訴266条1項）。
裁判上の和解・請求の認諾を調書に記載したときは，その記載は確定判決と同
一の効力を有する（人訴37条1項⇒民訴267条）。和解調書・認諾調書への記載日が離
婚成立日となる。裁判上の和解による離婚・請求の認諾による離婚が成立した
場合，訴えを提起した者は，離婚成立の日（調書への記載日）から10日以内に戸
籍上の届出（報告的届出）をしなければならない（戸77条1項⇒63条1項，戸77条2
項2号⇒戸規則57条2項1号）。

　(2)　**離婚の効果**　　離婚によって，婚姻関係は，将来に向かって消滅する。

　(a)　**再婚の自由**　　離婚した夫婦は，自由に再婚することができる。未成
年者でも，親の同意なしで再婚することができる（成年擬制。753条）。ただし，
女が再婚する場合には，再婚禁止期間の制約を受ける（733条）。

　(b)　**姻族関係の終了**　　姻族関係は，離婚によって終了する（728条1項）。

　(c)　**復氏**　　婚姻によって，氏を改めた夫または妻は，離婚によって，婚
姻前の氏に復する（767条1項・771条）。婚姻前の氏に復した夫または妻は，離婚
の日から3ヵ月以内に届け出ることによって，婚姻中に称していた氏を称する
ことができる（767条2項・771条）。

　(d)　**祭祀財産の承継**　　婚姻によって，氏を改めた夫または妻が，祭祀財
産の所有権を承継（897条）した後，離婚したときは，当事者その他の関係人の
協議で，その権利を承継すべき者を定めなければならない（769条1項・771条）。そ
の協議が調わないとき，または，協議をすることができないときは，祭祀財産
の所有権を承継すべき者を，家庭裁判所が定める（769条2項・771条）。

　(e)　**子の親権と監護権**　　父母が離婚したときは，父母の共同親権から，
いずれか一方の単独親権になる（819条1項・2項・5項）。また，子の監護教育は，

親権の重要な内容であるが，子の監護権と親権とを分離することができる。父母が離婚（協議上の離婚・裁判上の離婚）するときは，子の監護をすべき者その他監護について必要な事項を，その協議で定めなければならない。その協議が調わないとき，または，協議をすることができないときは，家庭裁判所がこれを定める（766条1項・771条）。

　（f）**財産分与**（768条・771条）　　離婚（協議上の離婚・裁判上の離婚）をした者の一方は，相手方に対して，財産の分与を請求することができる（768条1項・771条）。財産分与について，当事者間に協議が調わないとき，または，協議をすることができないときは，当事者は，離婚の時から2年以内に限り，家庭裁判所に対して，協議に代わる処分を請求することができる（768条2項・771条）。家庭裁判所が，当事者の協議に代わる処分をする場合，当事者双方がその協力によって得た財産の額その他一切の事情を考慮して，分与をさせるべきかどうか，ならびに，分与の額および方法を定める（768条3項・771条）。

　離婚における財産分与の制度は，夫婦が婚姻中に有していた実質上共同の財産を清算分配し（**清算的性質**），かつ，離婚後における一方の当事者の生計の維持をはかること（**扶養的性質**）を目的とする（最判昭46・7・23民集25・5・805）。裁判所は，当事者の一方が，過去に過当に負担した婚姻費用の清算のための給付をも含めて財産分与の額および方法を定めることができる（最判昭53・11・14民集32・8・1529）。

　なお，財産分与請求権と慰藉料請求権とは，その本質を異にする別個のものであるから，当事者は，双方の権利を行使することができる。ただし，一方を請求した後に，他方を請求した場合には，後者の請求については，前者が考慮される（最判昭31・2・21民集10・2・124，前出・最判昭46・7・23）。

　　　✎　財産分与の請求権は，相手方の有責な行為によって離婚をやむなくされ精神的苦痛を被ったことに対する慰藉料の請求権とは，その性質を必ずしも同じくするものではない。したがって，すでに財産分与がなされたからといって，その後，不法行為を理由として別途慰藉料の請求をすることは妨げられない。財産分与がなされても，それが損害賠償の要素を含めた趣旨とは解されないか，そうでないとしても，その額および方法にお

いて，請求者の精神的苦痛を慰藉するには足りないと認められるものであるときには，すでに財産分与を得たという一事によって慰藉料請求権がすべて消滅するものではなく，別個に不法行為を理由として離婚による慰藉料を請求することを妨げられない（最判昭46・7・23民集25・5・805）。

## Ⅲ　親子（１）　―実親子関係―

　実親子関係における子（**実子**）には，**嫡出子**と**非嫡出子**とがある。嫡出子とは，法律上の婚姻関係にある男女間（夫婦間）に生まれた子をいい，非嫡出子とは，法律上の婚姻関係にない男女間に生まれた子をいう。

### 1　嫡　出　子

**(1) 推定される嫡出子**　　(a) **嫡出性の推定**　　妻が婚姻中に懐胎した子は，夫の子と推定される（772条1項）。婚姻成立の日から200日後または婚姻の解消（一方の死亡または離婚）もしくは取消しの日から300日以内に生まれた子は，婚姻中に懐胎したものと推定される（772条2項）。

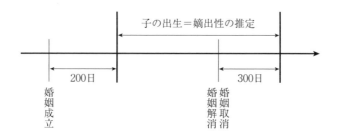

*無戸籍児問題・離婚後300日問題*
　離婚成立前から事実上の離婚状態にあった妻が，離婚後300日以内に前婚の夫以外の男性（再婚予定の相手方男性等）との間の子を懐胎・出産した場合，生まれた子について出生の届出をすると，「前婚の夫を父とする嫡出子」として戸籍に記載されてしまう（772条2項参照）。この場合，戸籍の記載を変更するためには，裁判手続等が必要となり煩雑・困難であるだけでなく，前婚の夫から暴力被害等を受ける危険性もある（前婚の夫によるＤＶ《ドメスティック・バイオレンス》から逃げていた場合等）。これを回避するために，離婚後300日以内に生まれた子については，母は出生の届出をしないという事態が生ずるように

なった。この場合，生まれた子は戸籍に記載されず，無戸籍となる。無戸籍児は，乳幼児健診・予防接種等の医療サービスを受けることができず，小学校に入学することもできない。また，将来，婚姻をしようとしても婚姻の届出をすることもできない。このような問題が，いわゆる「**無戸籍児問題**」・「**離婚後300日問題**」といわれている。

現在の戸籍実務では，平成19年5月21日以後の出生の届出については，離婚後300日以内に生まれた子であっても，「**懐胎時期に関する証明書**」（出生した子・その母体を特定する事項，推定される懐胎の時期・その時期を算出した根拠について診断を行った医師が記載した書面）が添付されており，その証明書の記載から，推定される懐胎の時期の最も早い日が離婚の日よりも後の日である場合に限り，民法772条の推定が及ばないものとして，「**母の嫡出でない子**」または「**後婚の夫を父とする嫡出子**」としての出生の届出をすることができるようになった（平成19年5月7日法務省民事局長通達）。したがって，それらの届出が受理されたときは，離婚後300日以内に生まれた子であっても，戸籍には，「**前婚の夫を父とする嫡出子**」としての記載はされない。なお，「母の嫡出でない子」としての届出が受理されたときは，その子の戸籍の身分事項欄に，出生事項とともに民法772条の推定が及ばない旨記載される。

しかし，出生の届出に「懐胎時期に関する証明書」が添付されていない場合には，民法772条の推定が及ぶものとして取り扱われることになり，「前婚の夫を父とする嫡出子」とする出生の届出でなければ受理されない。この届出によってされた戸籍の記載を変更するためには，後日，親子関係不存在確認の手続きが必要になる。

(b) **父を定める訴え**　再婚禁止期間内（733条1項）に再婚した女が出産した場合において，772条の規定によって，その子の父を定めることができないときは，裁判所が，これを定める（773条）。たとえば，離婚後1ヵ月以内に再婚した女が，離婚の日から300日以内，再婚の日から200日後に子を出産した場合には，嫡出性の推定規定の適用が重複することになる。このような場合，当事者からの申し立てによって，裁判所が，父を定めることになる。

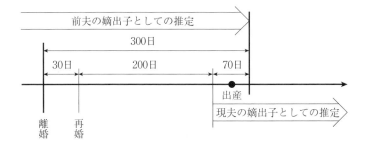

父を定める訴えの当事者

| 原告（人訴43条1項） | 被　告（人訴43条2項・3項） |
|---|---|
| 子または母 | 母の配偶者およびその前配偶者（一方が死亡した後は他の一方。双方ともに死亡したときは検察官） |
| 母の配偶者 | 母の前配偶者（死亡したときは検察官） |
| 母の前配偶者 | 母の配偶者（死亡したときは検察官） |

(c)　**嫡出否認の訴え**　　772条の規定によって，嫡出性の推定を受ける子については，嫡出否認の訴えによってのみ，子の嫡出性を否認することができる（774条・775条）。

嫡出性の否認権者は，原則として，夫のみである（774条，人訴41条1項）。訴えの相手方は，子，親権者である母，または，親権者である母がいないときは特別代理人である（775条）。ただし，夫が子の出生前に死亡した場合または嫡出否認の訴えの出訴期間内に訴えを提起せずに死亡した場合には，その子のために相続権を害される者その他，夫の3親等以内の血族が，嫡出否認の訴えを提起することができる（人訴41条1項前段）。

嫡出否認の訴えは，夫が子の出生を知った時から1年以内に提起しなければならない（777条・778条）。夫が，子の出生後において，その嫡出であることを承認したときは，その否認権を失う（776条）。

(2)　**推定されない嫡出子**　　婚姻後200日以内に生まれた子であっても，内縁関係が先行している場合には，当然に嫡出子たる身分を取得する（大連判昭15・1・23民集19・54）。この場合，772条の推定は働かない（最判昭41・2・15民集20・2・202）。推定されない嫡出子について，父子関係を否定する場合には，親子関係不存在確認の訴えによる（大判昭15・9・20民集19・1596，前出・最判昭41・2・15）。

(3)　**推定の及ばない子**　　772条は，正常な夫婦関係を前提としている。そこで，夫婦間に，性的交渉のなかったことが明白な場合は，嫡出性の推定が及ばないことになる（最判昭44・5・29民集23・6・1064，最判昭44・9・4判時572・26，最判平10・8・31家裁月報51・4・75）。たとえば，事実上の離婚状態による別居，海外出張，服役などの場合である。推定の及ばない子について，父子関係を否

定する場合には，親子関係不存在確認の訴えによる。親子関係の存否について
は，人事訴訟法により，親子関係存否確認の訴えによって主張することができ
る（人訴2条2号）。

### ＤＮＡ鑑定による嫡出性否認の許否

　婚姻中の妻が夫以外の男性と不倫をして子を出産した後，生まれた子を夫との間の子
として出生の届出をし，その子が夫との間の嫡出子として戸籍に記載されている場合に
おいて，後日のＤＮＡ鑑定により，夫と戸籍上の嫡出子との間に生物学上の父子関係が
ないこと（妻の不倫相手の男性が生物学上の父であること）が明らかになったとき，その嫡出
子は（または法定代理人である母がその子を代理して），戸籍上の父との間の親子関係を否認
することができるか否かが問題となる。

　民法772条の推定が及ぶ嫡出子（戸籍上の子）の嫡出性を否認し父子関係を否定しようと
する場合は，嫡出否認の訴えを提起することができる（774条）。ただし，嫡出否認の訴え
を提起することができるのは夫のみであり，出訴期間も，夫が子の出生を知った時から
1年以内に限られている（777条）。嫡出否認の訴えの出訴期間経過後に，ＤＮＡ鑑定に
よって，父と戸籍上の嫡出子との間に生物学上の父子関係が認められないことが明らか
になった場合，親子関係不存在確認の訴え（人訴2条2項）を提起することが許されるか
否かを検討する必要がある。親子関係不存在確認の訴えは，誰からでも提起することが
でき，出訴期間の制限もない。

　このことにつき，最高裁判所は（妻が子《原告》の法定代理人として，夫以外の男性が子の
父である確率は99.9998％とするＤＮＡ鑑定にもとづき，夫《被告》と子との間の親子関係不存在
の確認を求めて訴えを提起した事例），夫と戸籍上の子との間に生物学上の父子関係が認め
られないことが科学的証拠（ＤＮＡ鑑定）により明らかであり，かつ，夫と妻がすでに離
婚して別居し，子が親権者である妻のもとで監護されているという事情があっても，子
の身分関係の法的安定を保持する必要が当然になくなるものではないから，民法772条に
よる嫡出の推定が及ばなくなるものとはいえず，親子関係不存在確認の訴えをもって父
子関係の存否を争うことはできないとし，民法の規定（772条・774条～778条）は，法律上
の父子関係と生物学上の父子関係との不一致を生ずることを容認しているとした（最判平
26・7・17民集68・6・547）。

　ただし，民法772条2項所定の期間内に妻が出産した子について，妻がその子を懐胎す
べき時期に，すでに夫婦が事実上の離婚をして夫婦の実態が失われ，または，遠隔地に居
住して，夫婦間に性的関係を持つ機会がなかったことが明らかであるなどの事情が存在
する場合には，その子は同条の推定を受けない嫡出子に当たるということができるから，
民法774条以下の規定にかかわらず，親子関係不存在確認の訴えをもって，夫とその子と
の間の父子関係を争うことができる，としている（同・最判平26・7・17）。この判決には，
2人の裁判官の補足意見および2人の裁判官の反対意見が付されている。

## ② 非 嫡 出 子

法律上の婚姻関係にない男女間に生まれた子を非嫡出子という。非嫡出子との間の親子関係（親族関係）の判断は，母子関係と父子関係とで異なる。

非嫡出子と母親との間の親子関係（親族関係）は，分娩（出産）の事実により，当然に発生する（最判昭37・4・27民集16・7・1247，最判昭54・3・23民集33・2・294）。この場合，非嫡出子は，母の氏を称する（790条2項）。母は，非嫡出子の出生の届出をしなければならず（戸52条2項），非嫡出子は，母の戸籍に入る（戸18条2項）。

非嫡出子と父親との間の親子関係（親族関係）は，子が出生しただけでは発生せず，父の認知により発生する（779条。最判昭54・6・21家裁月報31・11・84）。

(1) **任意認知**（単独行為）　父の意思によって，積極的に子を認知することを**任意認知**という。任意認知は**単独行為**であり，父からの一方的行為によってすることができる。

(a) 要件　(イ) 認知能力　認知をするには，父が未成年者または成年被後見人であっても，その法定代理人の同意を必要としない（780条）。つまり，父は，意思能力を備えていれば，行為能力を備えていなくとも，有効に認知をすることができる。

(ロ) 承諾の要否　認知は，原則として，認知される側の意思を問わず（認知される側の承諾を得ずに），父からの一方的行為によってすることができる。ただし，次の場合には，認知をするためには，認知される側の承諾が必要となる。

まず，**成年の子を認知**する場合には，その者の承諾を得なければ認知することができない（782条）。次に，胎児であっても，これを認知することができるが，**胎児を認知**する場合には，その母の承諾を得なければならない（783条1項）。さらに，死亡した子でも，その子に直系卑属があるときは，これを認知することができる。**死亡した子を認知**する場合には，その直系卑属が成年であるときは，その直系卑属の承諾を得なければならない（783条2項）。

(b) 　方式　　認知は，戸籍法の定めるところにより届け出ることによって，これをする(781条1項)。この**届出**は，**創設的届出**である(戸60条～62条)。また，認知は，遺言によってもすることができる(781条2項)。**遺言による認知**は，遺言者の死亡によって，その効力が発生する(985条1項)。遺言による認知については，遺言執行者からの**届出**が必要となる(戸64条)。この場合の届出は，**報告的届出**である。

　なお，認知準正(789条2項。本書356頁参照)によって嫡出子となるべき子について，父母が嫡出子としての出生の届出をした場合は，その届出は，認知の届出としての効力を生ずる(戸62条)。また，事実上の父が，妻以外の女性との間に生まれた子を，妻との間の嫡出子として出生の届出をした場合や配偶者のない父が出生の届出をした場合(戸52条2項・3項1号参照)には，その届出は，認知の届出としての効力を生ずる(最判昭和53・2・24民集32・1・110)。

　(c) 　無効原因　　認知は，認知意思が不存在の場合(最判昭52・2・14家裁月報29・9・78)，事実に反する場合(最判昭50・9・30家裁月報28・4・81)には，無効となる。なお，自らの意思で認知をした者が，認知をした子との間に血縁上の父子関係がないことを知っていたとしても，その認知者は，786条の利害関係人として，後日，その認知の無効を主張することができる(最判平26・1・14民集68・1・1)。

　(d) 　取消し・撤回　　親子関係があって認知された場合でも，詐欺または強迫によって認知されたものは，取り消すことができる(96条)。しかし，撤回はできない(785条)。認知により形成された法律関係の安定と子の福祉を図るためである。

(2) 　**強制認知**(認知の訴え)　　父が任意認知をしない場合，子，その直系卑属またはこれらの者の法定代理人は，認知の訴えを提起することができる(787条本文，人訴2条2号)。ただし，父の死亡の日から3年を経過したときは，認知の訴えを提起することはできない(787条ただし書)。認知の訴えが提起された場合，家庭裁判所(人事訴訟法の制定により，認知の訴えの第一審裁判所は，家庭裁判所となった。人訴4条)または裁判所が，認定した事実にもとづいてこれを認めたと

きは，父の意思を問わず，法律上の親子関係（父子関係）が発生する（最判昭29・4・30民集8・4・861）。これを，強制認知または裁判認知という。認知の訴えは，形成の訴え（形成訴訟）である（前出・最判昭29・4・30）。

　(3)　**認知の効果**　認知は出生の時にさかのぼって，その効力を生ずる（**認知の遡及効**。784条本文）。つまり，子の出生の時にさかのぼって，父と子の間に法律上の親子関係（親族関係）が認められる。ただし，子は非嫡出子である。

　(a)　**親権**　認知された子に対しては，今までどおり，母が親権を有する（単独親権）。ただし，父母の協議で，父を親権者と定めたときは，父が親権を行う（819条4項）。父母の協議が調わないとき，または，協議をすることができないときは，家庭裁判所は，父母の請求によって，協議に代わる審判をすることができる（819条5項）。

　(b)　**氏・戸籍**　認知された子は，今までどおり，母の氏を称し（790条2項），母の戸籍に属する（戸18条2項）。ただし，子は，家庭裁判所の許可を得て，戸籍法の定めるところにより届け出ることによって，父の氏を称することができる（791条1項，戸98条）。氏の変更が認められたときは，子は，父の戸籍に入る（戸18条2項）。

　(4)　**準正**　非嫡出子である子が，父母の婚姻によって，嫡出子としての身分を取得する制度を，準正（じゅんせい）という。

　(a)　**婚姻準正**　子の出生後，父が子を認知し，その後に，その父母が婚姻した場合には，非嫡出子であった子は，父母の婚姻の時から，嫡出子としての身分を取得する（789条1項）。

　(b)　**認知準正**　子の出生後，父母が婚姻し，その後に，その父母の婚姻中に，父が子を認知した場合には，非嫡出子であった子は，父の認知の時から，嫡出子としての身分を取得する（789条2項）。

　(c)　**子の死亡後の準正**　子が死亡した場合でも，その者に直系卑属があるときは，父は死亡した子を認知することができる（783条2項前段）。父が，死亡した子を認知した場合には，準正（婚姻準正・認知準正）の効果を生じ，死亡した子は，嫡出子としての身分を取得する（789条3項）。その後に父母が死亡した

場合，相続に関して意味を有する。

準正によって嫡出子としての身分を取得した子（準正嫡出子）は，父または母が氏を改めたことにより，父母と氏を異にする場合には，父母の婚姻中に限り，家庭裁判所の許可を得ないで，戸籍法の定めるところにより届け出ることによって（戸98条1項），その父母の氏を称することができる（791条2項）。この場合，子は，その父母の戸籍に入る（戸98条1項）。なお，改氏の届け出をする子（準正嫡出子）に配偶者があるときは，配偶者とともに届け出をしなければならない（戸98条2項）。

# Ⅳ　親子（2）　―養親子関係―

養子と養親およびその血族との間においては，養子縁組の日から，血族間におけると同一の親族関係（法定血族関係）を生ずる（727条）。養子縁組には，普通養子縁組と特別養子縁組とがある。養子縁組の成立によっても，養子となった子（普通養子）とその実方の血族との間の親族関係が今までどおり存続するものを**普通養子縁組**といい，養子縁組の成立によって，養子となった子（特別養子）とその実方の血族との間の親族関係が終了するものを**特別養子縁組**という。

## 1　普通養子縁組の成立要件

**（1）実質的要件**　(a)　縁組意思の合致　養子縁組を成立させるためには，当事者間に，**縁組意思の合致**がなければならない。縁組届が受理された場合であっても，縁組意思の合致がないときには，その養子縁組は，無効である（802条1号）。成年被後見人が養子縁組をする場合でも，その成年後見人の同意は不要である（799条・738条）。成年被後見人は，意思能力さえ回復していれば，単独で，有効に養子縁組をすることができる。つまり，養子縁組をする者は，意思能力さえ備えていれば，行為能力を備えていなくとも，有効に養子縁組を成立させることができる。

(b)　養親となる者が，**成年者**であること(792条)　ここにいう成年者には，

成年擬制（753条）によって成年者とみなされる者も含まれる。

(c) 養子となる者が，養親となる者の**尊属**または**年長者**でないこと（793条）

ここにいう尊属は，血族尊属のことであり，姻属尊属（たとえば，亡妻のおじ，おば，など）との間では，養子縁組をすることができる。また，直系尊属は，つねに，年長者であるから，ここにいう尊属とは，自分より年少の傍系尊属（たとえば，おじ，おば，など）をいう。

養子となる者は，同年齢の者であってもよい。また，養子縁組については，近親者間での縁組を禁止してはいない。したがって，たとえば，祖父母が孫を養子にすること，兄が弟を養子にすること，非嫡出子を養子にすることなどは，いずれも許される。

(d) 後見人が，被後見人（未成年被後見人・成年被後見人）を養子とするには，**家庭裁判所の許可**を得ること（794条）。

(e) 配偶者のある者が，未成年者を養子とするには，その配偶者とともにすること（795条本文）。

配偶者のある者が，未成年者を養子とする場合には，**夫婦共同縁組**が原則となる。ただし，夫婦の一方が，他方の嫡出子を養子とする場合（たとえば，夫が，妻の連れ子を養子とする場合），または，夫婦の一方が，その意思を表示できない場合には，単独で養子縁組をすることができる（795条ただし書）。なお，配偶者のある者が，成年者を養子とする場合には，夫婦の一方のみでも，養子縁組をすることができる。

(f) 配偶者のある者が，単独で縁組をする場合には，その**配偶者の同意**を得ること（796条本文）。

たとえば，配偶者の未成年の嫡出子を，養子とする場合，配偶者のある者が，成年者の養親となる場合，配偶者のある者が養子となる場合などである。

(g) 養子となる者が**15歳未満**のときは，法定代理人が代わって縁組の承諾をすること（**代諾縁組**，**代諾養子**。797条1項）。

なお，養子となる者の父母で，監護者が別にいるときは，その者の同意が必要となる（797条2項）。

(h) 未成年者を養子とする場合には，**家庭裁判所の許可**を得ること（798条本文）。

ただし，自己または配偶者の直系卑属を養子とする場合には，家庭裁判所の許可は不要である（798条ただし書）。

**(2) 形式的要件**　　養子縁組は，戸籍法の定めるところにより，届け出ることによって，その効力を生ずるとされており（799条・739条1項，戸66条），形式的要件は，戸籍上の**届出**（**創設的届出**）である。届出がなければ，普通養子縁組は成立しない。

普通養子縁組成立のための届出（縁組届）は，当事者双方および成年の証人2人以上から，口頭または署名した書面でしなければならない（799条・739条2項）。この届出は，その縁組が，792条から799条までの規定（成立要件に関する規定）その他の法令（戸籍法など）に違反しないことを認めた後でなければ受理されない（800条）。縁組の届出が受理されなければ，普通養子縁組は成立しない。普通養子縁組は，届出が受理されたときに成立する。

なお，代諾養子縁組の場合には，承諾をする者が届出をしなければならない（戸68条）。

### 2　普通養子縁組の効果

**(1) 嫡出子たる身分の取得**　　養子は，養子縁組の日から，養親の嫡出子としての身分を取得する（809条）。

(a) **親権**　　養子が，未成年のときは，養親の親権に服する（818条2項）。

(b) **氏**　　原則として，養子は，養親の氏を称する（810条本文）。ただし，婚姻によって氏を改めた者については，婚姻の際に定めた氏を称すべき間は，その氏を称する（810条ただし書）。なお，婚姻の際に，自己の氏を称した者が養子となった場合は，本条ただし書の適用はない。この場合，養子となった者は，養親の氏を称する。この場合の氏の変更は，養子の配偶者にも当然に及ぶ（750条）。

(c) **扶養義務**　　養親子は相互に扶養義務を負う（877条1項）。

(d) **相続権**　　養親子は相互に相続権をもつ（887条1項・889条1項1号）。

（2）**法定血族関係の発生**　養子と養親およびその血族との間には，養子縁組の日から，血族間におけると同一の親族関係を生ずる（727条）。

（3）**実親子関係の不消滅**　普通養子縁組が成立しても，実親子関係は，今までどおり存続する。普通養子縁組の成立は，実親子関係を消滅させるものではない。

### ③　普通養子縁組の離縁

（1）**離縁の方法**　(a)　**協議上の離縁**　普通養子縁組の当事者は，その協議で離縁をすることができる（811条1項）。

　(イ)　実質的要件　当事者間に，離縁意思の合致がなければならない。成年被後見人が協議上の離縁をするには，その成年後見人の同意は不要である（812条・738条）。協議上の離縁をするには，意思能力を備えていれば，行為能力を備えていなくとも，単独で有効にすることができる。なお，養子が15歳未満であるときは，その離縁は，養親と養子の離縁後にその法定代理人となるべき者との間の協議でしなければならない（811条2項）。また，養親が夫婦である場合において，未成年者と離縁をするには，夫婦がともにしなければならない（811条の2本文）。

　(ロ)　形式的要件　協議上の離縁は，戸籍法の定めるところにより届け出ることによって，その効力を生ずるとされており（812条・739条），形式的要件は，届出（創設的届出）である（戸70条）。離縁届が受理されたときに，協議上の離縁が成立する。なお，養子が15歳未満であって，811条2項の規定によって協議上の離縁をする場合には，その協議をする者が届出をしなければならない（戸71条）。

　(b)　**裁判上の離縁**　養子縁組の当事者は，次のいずれかの離縁原因がある場合に限り，離縁の訴えを提起することができる（814条1項）。

　(イ)　離縁原因（814条1項）

　　①　他の一方から悪意で遺棄されたとき（同項1号）

　　②　他の一方の生死が3年以上明らかでないとき（同項2号）

③　その他縁組を継続しがたい重大な事由があるとき（同項3号）

(ロ)　**有責当事者からの離縁請求**　　**有責当事者**（みずから離縁原因を作り出した養親または養子）からの離縁請求は，まったく許されない（最判昭39・8・4民集18・7・1309，最判昭40・5・21家裁月報17・6・247）。

(ハ)　離縁請求の棄却　　裁判所は，上記(イ)①または②の事由（814条1項1号または2号の事由）がある場合でも，一切の事情を考慮して，養子縁組の継続を相当と認めるときは，離縁の請求を棄却することができる（814条2項・770条2項）。

(ニ)　届出　　訴えを提起した者は，離縁の裁判が確定した日から10日以内に，裁判の謄本を添付して届け出なければならない（**報告的届出**。戸73条1項・63条）。

(c)　**死後離縁**（許可による単独離縁）　　養子縁組の当事者の一方が死亡した後に，生存当事者が離縁しようとするときは，家庭裁判所の許可を得て，これをすることができる（811条6項）。この場合，生存当事者から，家庭裁判所の許可書を添付しての届出が必要となる（戸72条）。

**(2)　離縁の効果**　　(a)　**親族関係の消滅**　　「養子，その配偶者，直系卑属およびその配偶者」と「養親およびその血族」との親族関係は，離縁によって終了する（729条）。

(b)　**養子の復氏**　　養子は，離縁によって，養子縁組前の氏に復する（816条1項本文）。ただし，養子が，夫婦共同縁組をした養親の一方のみと離縁した場合には，復氏しない（816条1項ただし書）。なお，養子縁組の日から7年を経過した後に，離縁によって縁組前の氏に復した者は，離縁の日から3ヵ月以内に届け出ることによって，離縁の際に称していた氏を称することができる（816条2項）。

(c)　**祭祀財産の承継**　　養子縁組によって，氏を改めた養子が，祭祀財産の所有権を承継（897条）した後，離縁したときは，当事者その他の関係人の協議で，その権利を承継すべき者を定めなければならない（817条・769条1項）。その協議が調わないとき，または，協議をすることができないときは，祭祀財産の所有権を承継すべき者を，家庭裁判所が定める（817条・769条2項）。

## 4 特別養子縁組

家庭裁判所は，養親となる者の請求により，実方の血族との親族関係が終了する養子縁組（特別養子縁組）を成立させることができる（817条の2）。

### (1) 成立要件

(a) 実質的要件　(イ) 養親となる者に配偶者がいること（817条の3第1項）　夫婦の一方は，他の一方が養親とならないときは，養親となることができない（**夫婦共同縁組**。817条の3第2項本文）。ただし，夫婦の一方が，他の一方の嫡出子の養親となる場合は，一方のみが養親となることができる（817条の3第2項ただし書）。

(ロ) 養親となる者が，**25歳以上**であること（817条の4本文）　ただし，夫婦の一方が25歳以上であれば，他の一方は，25歳未満であっても，20歳以上であればよい（817条4ただし書）。

(ハ) 養子となる者が，**6歳未満**であること（817条の5本文）　ただし，養子となる者が6歳未満から引き続き養親となる者に監護されている場合には，8歳未満であっても養子となることができる（817条の5ただし書）。

(ニ) 養子となる者の**父母の同意**があること（817条の6本文）　ただし，父母がその意思を表示できない場合，または，父母による虐待，悪意の遺棄その他養子となる者の利益を著しく害する事由がある場合は，父母の同意は不要である（817条の6ただし書）。

(ホ) 特別養子縁組の**必要性**があること（817条の7）　特別養子縁組は，父母による養子となる者の監護が著しく困難または不適当であること，その他特別の事情がある場合において，子の利益のため，特に必要があると認められるときに成立させるものとされている。

(ヘ) **事前監護**がなされていること（817条の8第1項）　特別養子縁組を成立させるには，養親となる者が，養子となる者を6ヵ月以上の期間監護した状況を考慮しなければならない（817条の8第1項）。この期間は，原則として，家庭裁判所への特別養子縁組の請求の時から起算する（817条の8第2項）。

(b) 形式的要件　特別養子縁組が成立するためには，**養親となる者の請**

求により，**家庭裁判所の審判がなされなければならない**（817条の2第1項）。

(2) **効果**（特別養子縁組特有の効果）　特別養子縁組が成立した場合，養子（特別養子）は，養親の嫡出子たる身分を取得すること（809条），ならびに，養親およびその血族との間に法定血族関係が発生すること（727条）については，普通養子縁組の場合と同様である。その他，特別養子縁組特有の効果として，次のような効果が発生する。

養子と実方の父母およびその血族との親族関係は，特別養子縁組によって終了する（817条の9本文）。特別養子縁組成立後は，事実上の親から，その子を認知することはできない（最判平7・7・14民集49・7・2674）。養子と実方の父母およびその血族との間の親族関係が終了しても，実方の父母およびその親族との間での婚姻障害は残る（734条2項・735条）。ただし，夫婦の一方が，他の一方の嫡出子の養親となる場合は（817条の3第2項ただし書），その実方の親およびその血族との親族関係は終了しない（817条の9ただし書）。

養親は，特別養子縁組の審判が確定した日から10日以内に，審判の謄本を添付して届け出なければならない（**報告的届出**。戸68条の2）。

戸籍については，特別養子縁組が成立した場合，まず，特別養子について，実親と同じ場所を本籍地として，特別養子のみの単身戸籍を新たに編成する（戸20条の3第1項本文・30条3項）。この戸籍では，養親の氏を称する特別養子が戸籍筆頭者となる。特別養子になった者は，実親の戸籍からは除籍される。つぎに，特別養子は，単身戸籍から，養親の戸籍に入籍する（戸18条3項）。この場合，特別養子については，たんに，「長男」「長女」などと記載される。そして，特別養子のみの単身戸籍は，除籍簿に綴られる（戸12条1項）。

(3) **離縁**　特別養子縁組の離縁の方法としては，家庭裁判所の審判による離縁のみが認められる（817条の10第2項）。

(a) **離縁の成立要件**　次の離縁原因のいずれにも該当する場合において，養子の利益のため特に必要があると認めるときは，家庭裁判所は，養子，実父母または検察官の請求により，特別養子縁組の当事者を離縁させることができる（817条の10第1項）。

(イ) 養親による虐待，悪意の遺棄その他養子の利益を著しく害する事由があること（同項1号）。

(ロ) 実父母が相当の監護をすることができること（同項2号）。

(b) 離縁の効果　家庭裁判所によって，特別養子縁組の離縁が認められた場合，養子と実父母およびその血族との間においては，**離縁の日から**，特別養子縁組によって終了した親族関係と同一の親族関係を生ずる（817条の11）。養子と実父母およびその血族との間の親族関係の復活について，遡及効はない。そして，養子と養親およびその血族との間の親族関係は終了する（729条）。子は，特別養子縁組前の氏に復氏する（816条1項本文）。子は，特別養子縁組前の戸籍に復籍する（戸19条1項本文）。

---

**親権・未成年後見（未成年の子の法的保護）**

　未成年の子には，その保護・監督のため，法律上の保護者として，親権者または未成年後見人が付けられる（818条・838条1号）。親権者と未成年後見人は，未成年者の法定代理人となる（824条・859条）。

**1．親　　権**

　(1) **親権者・親権の効力**　親が，未成年の子の財産上・身分上の保護・監督を目的として，その子に対して有する権利および負担する義務を総称して**親権**という。未成年の実子は，実父母の親権に服する（818条1項）。未成年の養子は，養親の親権に服する（818条2項）。父母の婚姻中は，父母が共同して親権を行使しなければならない（親権の共同行使。818条3項本文）。父母の一方が親権を行使することができないときは，他の一方が単独で親権を行使することができる（818条3項ただし書）。親権者は，未成年の子の利益のために，その子の監護および教育をする権利（居所指定権《821条》，懲戒権《822条》，職業許可権《823条》等）を有し，義務を負う（820条）。また，親権者は，未成年の子の財産を管理する権利を有し，かつ，その財産に関するすべての法律行為についての代理権を有する（824条本文）。ただし，親権を行う父または母とその子との利益が相反する行為（**利益相反行為**）については，親権を行う者は，その子のために**特別代理人**の選任を家庭裁判所に請求しなければならない（826条）。

　(2) **親権の喪失・親権の停止**　父または母による虐待または悪意の遺棄がある場合や，父または母による親権の行使が著しく困難または不適当であることにより子の利益を著しく害する場合で，2年以内にその原因が消滅する見込みがないときは，家庭裁判所は，その父または母について，**親権喪失の審判**をすることができる（834条）。また，父または母による親権の行使が困難または不適当であることにより子の利益を害する場合には，家庭裁判所は，その父または母について，**親権停止の審判**をすることができる（834条の2第1項）。家庭裁判所は，親権停止の審判をする場合，その原因が消滅するのに必要と見込まれる期間および子の心身の状態・生活の状況その他一切の事情を考慮して，2年を超えない範囲内で，親権を停止する期間を定めなければならない（834条の2第2項）。

第 7 章　親族法の概要　　*365*

### 2．未成年後見

(1)　**未成年後見人・後見の効力**　　親権者以外の者によって，未成年の子に対する身上監護および財産管理がされることを，未成年後見という。未成年の子に親権者がいない場合，または，親権者が管理権を有しない場合（管理権喪失《835条》）には，その子に未成年後見人が付けられる（838条1号）。未成年の子に対して最後に親権を行う者は，遺言で未成年後見人を指定することができる（839条1項本文）。遺言による未成年後見人の指定がない場合には，家庭裁判所が未成年後見人を選任する（840条1項）。父もしくは母が親権・管理権を辞退し，または，父もしくは母について親権喪失・親権停止・管理権喪失の審判があったことにより，未成年後見人を選任する必要が生じたときは，その父または母は，遅滞なく，未成年後見人の選任を家庭裁判所に請求しなければならない（841条）。未成年後見人は，未成年の子の利益のために，その子の監護および教育をする権利（居所指定権《821条》，懲戒権《822条》，職業許可権《823条》等）を有し，義務を負う（857条⇒820条）。また，未成年後見人は，未成年の子の財産を管理する権利を有し，かつ，その財産に関するすべての法律行為についての代理権を有する（859条1項）。ただし，未成年後見人とその子との利益が相反する行為（利益相反行為）については，未成年後見人は，未成年後見監督人がいる場合を除き，その子のために特別代理人の選任を家庭裁判所に請求しなければならない（860条）。

(2)　**未成年後見人の辞任・解任**　　未成年後見人は，正当な事由があるときは，家庭裁判所の許可を得て辞任することができる（844条）。未成年後見人が辞任したことにより，新たに未成年後見人を選任する必要が生じたときは，辞任した未成年後見人は，遅滞なく，新たな未成年後見人の選任を家庭裁判所に請求しなければならない（845条）。また，未成年後見人に不正な行為，著しい不行跡その他，未成年後見人の任務に適しない事由があるときは，家庭裁判所は，その未成年後見人を解任することができる（846条）。

(3)　**未成年後見監督人**　　未成年後見人を指定することができる者は，遺言で，未成年後見監督人を指定することができる（848条）。また，家庭裁判所は，必要があると認めるときは，未成年後見監督人を選任することができる（849条）。未成年後見監督人は，①未成年後見人の事務を監督すること，②未成年後見人が欠けた場合に，遅滞なく，未成年後見人の選任を家庭裁判所に請求すること，③急迫の事情がある場合に，必要な処分をすること，④未成年後見人と未成年の子との利益が相反する行為（利益相反行為）について，その未成年の子の代理人として代理行為をすること，をその職務とする（851条）。

# Ⅴ　親子（3）—生殖補助医療によって生まれた子の親子関係—

　現在では，医学の発展・医療技術の進歩により，**生殖補助医療**（ＡＲＴ＝assisted reproductive technology）によって子を懐胎・出産することが可能となった。民法制定当時は，生殖補助医療自体が存在せず，当然のことながら，民法には，生殖補助医療によって生まれた子の法律上の親子関係に関する規定は置かれな

かった。近年の医療技術の進歩によって，生殖補助医療によって子を懐胎・出産する数は増加を続け，現在までに多くの子が生殖補助医療によって生まれている。しかし，生殖補助医療によって生まれた子の法律上の親子関係に関する民法上のルールづくりがなされないまま現在に至っており，民法解釈上の大きな問題を生じている。この問題につき，法務省法制審議会生殖補助医療関連親子法部会は，平成15年7月に，「**精子・卵子・胚の提供等による生殖補助医療により出生した子の親子関係に関する民法の特例に関する要綱中間試案**」(＊1)（以下，「中間試案」という）および「**精子・卵子・胚の提供等による生殖補助医療により出生した子の親子関係に関する民法の特例に関する要綱中間試案の補足説明**」(＊2)（以下，「補足説明」という）を公表した。その後，平成20年4月に，日本学術会議生殖補助医療の在り方検討委員会（法務大臣・厚生労働大臣連名による審議依頼を受けて設置）が，「**代理懐胎を中心とする生殖補助医療の課題―社会的合意に向けて―**」(＊3)と題する報告書（以下，「報告書」という）を公表した。

### ① 生殖補助医療の意義・種類

**生殖補助医療**とは，中間試案によると，「生殖を補助することを目的として行われる医療をいい，具体的には，人工授精，体外受精，顕微授精，代理懐胎等をいう」とされている（中間試案 前注1）。生殖補助医療の具体的内容につき，補足説明では，以下のように説明されている。なお，中間試案が対象としているのは，第三者が提供する精子・卵子・胚（受精卵）を用いて行う生殖補助医療である（補足説明1頁）。

(1) **人工授精**　人工授精とは，妊娠を目的として，精子を体外に取り出し，その精子を，注入器を用いて人工的に女性の体内に注入する方法をいう。人工授精には，夫の精子を用いて行う**配偶者間人工授精**（ＡＩＨ＝ artificial insemination with husband's semen）と夫以外の男性の精子を用いて行う**非配偶者間人工授精**（ＡＩＤ＝ artificial insemination with donor's semen）がある（補足説明5頁）。

(2) **体外受精**　体外受精（IVF‐ET ＝ in vitro fertilization‐embryo transfer）と

は，妊娠を目的として，体外に取り出した卵子と精子を培養液の中で受精・分割させて，その胚（受精卵）を子宮内に移植する方法をいう。体外受精には，夫婦の精子と卵子を体外で受精させて，その胚（受精卵）を妻に移植する**配偶者間体外受精**と**非配偶者間体外受精**がある。非配偶者間体外受精には，①夫以外の男性の精子と妻の卵子を体外で受精させて，その胚（受精卵）を妻に移植するもの（精子提供型），②妻以外の女性の卵子と夫の精子を体外で受精させて，その胚（受精卵）を妻に移植するもの（卵子提供型），③他の夫婦の配偶者間体外受精による胚（受精卵）の提供を受けて，その胚（受精卵）を妻に移植するもの（胚《受精卵》提供型），がある（補足説明5頁）。なお，理論上は，上記③の場合に，その胚（受精卵）を独身女性に移植する方法も考えられるし，④夫婦関係にない男女の精子と卵子を体外で受精させて，その胚（受精卵）を女性（妻または独身女性）に移植する方法（胚《受精卵》提供型）も考えられる。ただし，中間試案は，これらの方法を対象にはしていない。また，**顕微授精**は，体外受精の関連技術の一つとして，卵子に顕微鏡下の操作によって精子を注入等する方法をいう（補足説明5頁）。

（3） **代理懐胎（代理出産）**　　代理懐胎（代理出産）とは，不妊夫婦の妻に代わって，妻以外の女性に懐胎・出産してもらうことをいう。代理懐胎（代理出産）には，①不妊夫婦の精子と卵子を体外で受精させて，その胚（受精卵）を妻以外の女性に移植するもの（**代理母型体外受精。ホストマザー**《host mother》。補足説明では，「借り腹」と表現されている）と，②妻以外の女性に夫の精子を人工授精して行われるもの（**代理母型人工授精。サロゲートマザー**《surrogate mother》）がある（補足説明6頁）。なお，理論上は，③夫以外の男性の精子と妻の卵子を体外で受精させて，その胚（受精卵）を妻以外の女性に移植するもの（精子提供型体外受精）と，④妻以外の女性の卵子と夫の精子を体外で受精させて，その胚（受精卵）を妻以外の女性に移植するもの（卵子提供型体外受精）も考えられる。ただし，中間試案は，これらの方法を対象にはしていない。

2 生殖補助医療によって生まれた子の法律上の親子関係

　生殖補助医療によって生まれた子の法律上の親子関係を判断するためには，現在の民法解釈上，誰がその子を懐胎・出産したのかが重要である。現在の民法解釈では，妻が婚姻中に懐胎した子は夫の子と推定され（772条），生まれた子はその夫婦の嫡出子となり，法律上の親子関係を生ずる。また，独身女性が懐胎・出産した子はその女性の非嫡出子として，当然に，その女性との間に法律上の親子関係（母子関係）を生ずるが，事実上（生物学上・遺伝上）の父との間の法律上の親子関係（父子関係）は，父の認知がなければ発生しない（本書354頁参照）。現在の民法解釈では，これらのことを踏まえて，生殖補助医療によって生まれた子の法律上の親子関係を考察しなければならない（今後は，誰のためにその子を懐胎・出産したのか，誰のために精子・卵子・胚《受精卵》を提供したのかということも重要になるであろう）。ただし，この問題は，民法が想定していなかった問題であり，民法解釈の限界を超える問題である。この問題は，立法政策の問題であり，早急に立法によって解決されることが望まれる。

　(1)　**自己夫婦のために妻が懐胎・出産した場合**　　妻が婚姻中に懐胎した子は，夫の子と推定されるのであるから（772条），民法解釈上，生殖補助医療によって生まれた子であっても，その夫婦の嫡出子と認められ，法律上の親子関係を生ずることになる。したがって，後掲（本書372頁）の一覧表中の，類型Ⅰa，類型Ⅰb，類型Ⅱa，類型Ⅱb，類型Ⅲ，類型Ⅳa，類型Ⅳbについては，その夫婦の嫡出子としての法律上の親子関係が認められる。類型Ⅰa・類型Ⅰbの場合には，夫婦の精子と卵子を用いているのであるから，生物学的にも遺伝的にも，その夫婦との法律上の親子関係を認めることに問題はないであろう。類型Ⅱa・類型Ⅱb・類型Ⅲの場合には，生まれた子と夫または妻との間の生物学的・遺伝的血縁関係がないことになるが，現在の民法解釈では，親子間に生物学的・遺伝的血縁関係がない場合でも，そこに法律上の親子関係を認めることを否定するものではなく，そのようなことが生ずることも想定されているものと解されている（最判平26・7・17民集68・6・547参照）。したがって，類型Ⅱa・類

型Ⅱb・類型Ⅲの場合にも，その夫婦の嫡出子としての法律上の親子関係が認められることになる。類型Ⅳa・類型Ⅳbの場合には，生まれた子と夫婦双方との間の生物学的・遺伝的血縁関係がないことになるが，現在の民法解約では，同様の理由から，その夫婦の嫡出子としての法律上の親子関係が認められることになる。

　なお，中間試案では，類型Ⅲ・類型Ⅳaの場合には，出産した女性（妻）を子の母とするとしている（中間試案第1）。また，類型Ⅱa・類型Ⅱb・類型Ⅳaの場合には，夫を妻が懐胎した子の父とするとしている（中間試案第2）。ただし，この場合，夫の明確な同意が必要となる（中間試案第2《注1》）。中間試案では，類型Ⅰa・類型Ⅰb・類型Ⅳbの場合は，その対象とはしていない。

### 性別変更の審判により男性となった者と婚姻した妻が生殖補助医療により懐胎・出産した子の親子関係

　最高裁判所の判例では，性同一性障害者の性別の取扱いの特例に関する法律3条1項の規定にもとづき，性別の取扱いの変更の審判を受けて男性となった者と婚姻した女性（妻）が，夫の同意を得て，第三者から精子の提供を受けて，人工授精により，婚姻中に懐胎・出産した場合（類型Ⅱa），生まれた子は，婚姻している夫婦の嫡出子となるとしている（最決平25・12・10民集67・9・1847）。同決定では，同特例法4条1項は，性別の取扱いの変更の審判を受けた者は，民法その他の法令の規定の適用については，原則として，他の性別に変わったものとみなす旨を定めていることから，男性への性別の取扱いの変更の審判を受けた者は，法令の規定の適用については男性とみなされ，夫として婚姻することができるだけでなく，妻が婚姻中に懐胎したときは，民法772条の適用により，その子は，夫の子と推定されるとした（この決定には，2人の裁判官の反対意見および2人の裁判官の補足意見が付されている）。さらに，一方で性別変更の審判を受けた者の婚姻を認めながら，他方で，妻との性的関係の結果もうけた子ではあり得ないことを理由に，婚姻の主要な効果である民法772条の規定の適用を認めないとすることは相当ではないとした。したがって，生まれた子は，その夫婦の嫡出子として，その夫婦との間に法律上の親子関係を生ずることになる。

**(2) 他人のために第三者が懐胎・出産した場合**　　現在の民法解釈では，精子提供者・卵子提供者・胚（受精卵）提供者が誰であるかにかかわらず，また，生物学的・遺伝的血縁関係があるか否かにかかわらず，子を懐胎・出産した者が，法律上の親（母）であるとされる。したがって，類型Ⅴ・類型Ⅵa・類型Ⅵb・類型Ⅶの場合には，懐胎・出産した第三者が法律上の親であり，精子・卵子・胚（受精卵）を提供した者と生まれた子との間には，法律上の親子関係

は認められないことになる。この場合，代理出産を依頼した者が，生まれた子との間の法律上の親子関係を成立させるためには，養子縁組（普通養子・特別養子）の手続きが必要になる（報告書30頁参照）。

　なお，中間試案では，類型Ｖ・類型Ⅵａの場合，出産した女性（第三者）を子の母とするとしている（中間試案第1）。中間試案では，類型Ⅵｂ・類型Ⅶの場合は，その対象とはしていない。また，報告書では，原則として，代理出産を禁止することが望ましいとしているが，例外的に認められる場合には，代理出産をした者を母とするとの提言がなされている（報告書29頁）。

　最高裁判所の判例では，夫の精子と妻の卵子を人工授精（体外受精）し，その受精卵を第三者に移植し，第三者である女性が懐胎・出産した場合（類型Ｖ）について，現行民法の解釈としては，生まれた子を懐胎・出産した女性をその子の母と解さざるを得ず，その子を懐胎・出産していない女性との間には，その女性が卵子を提供した場合であっても，母子関係の成立を認めることはできないとした（最決平19・3・23民集61・2・619）。したがって，生まれた子は，その子を出産した女性（およびその女性の夫）との間に法律上の親子関係を生ずることになる（本決定には，3人の裁判官の補足意見が付されている）。

---

**代理出産により生まれた子について受精卵を提供した夫婦との親子関係を認める外国の裁判所の裁判の日本における効力**

　日本人夫婦が，米国人女性およびその夫との間で，有償の代理出産契約を締結し，夫の精子と妻の卵子を用いた受精卵をその女性に移植し，その女性が懐胎・出産した場合，生まれた子の親子関係等について判断された米国の州（ネバダ州）の裁判所の裁判（命令）の効力が，日本国内においても認められるか否かが争われた事例がある。日本人夫婦と米国人夫婦との間で締結された代理出産契約では，生まれた子については依頼者である日本人夫婦が法律上の父母であり，米国人夫婦は，生まれた子に関する保護権・訪問権等いかなる法的権利・義務も有しないこと等が定められ，その旨の契約書が作成されていた。米国ネバダ州の法律では，適法な代理出産契約において親と定められた者は，法的にあらゆる点で実親として取り扱われること，親子関係確定の裁判は，あらゆる局面において決定的なものであることが規定されていた。ネバダ州裁判所は，日本人夫婦が，その子の血縁上および法律上の実父母であることを認め，関係各機関に，出生証明書の発行・受理・記録保管等を命じた。そして，ネバダ州から，日本人夫婦の夫を父とし，妻を母と記載した出生証明書が発行された。

　その後，日本人夫婦は，日本に帰国し，生まれた子（双子）について，夫を父とし，妻を母とする嫡出子として出生の届出をしたが，その夫婦と生まれた子（双子）との間に嫡

第7章　親族法の概要　　*371*

出親子関係が認められないとして，不受理の処分がなされた。そこで，その夫婦は，家庭裁判所に対して，嫡出子としての出生の届出を受理するよう命じること求めて申立てを行った。家庭裁判所は，不受理を適法とし，申立てを却下したが，高等裁判所は，家庭裁判所の審判を取消し，その出生の届出の受理を命じた。

　最高裁判所は，以下のように判示した（前出・最決平19・3・23）。外国裁判所の判決が，民訴法118条により，わが国においてその効力を認められるためには，判決の内容がわが国における公の秩序または善良の風俗に反していないことが要件とされるところ，それがわが国の法秩序の基本原則ないし基本理念と相いれないものと認められる場合には，その外国判決は，同法条にいう公の秩序に反するというべきである。そして，わが国の身分法秩序を定めた民法は，同法に定める場合に限って実親子関係を認め，それ以外の場合は実親子関係の成立を認めない趣旨であると解すべきである。したがって，民法が実親子関係を認めない者の間にその成立を認める内容の外国裁判所の裁判は，わが国の法秩序の基本原則ないし基本理念と相いれないものであり，民訴法118条3号にいう公の秩序に反するものといわざるをえず，わが国においてはその効力を有しないとした。

(3)　**自己のために独身女性が懐胎・出産した場合**　　現在の民法解釈では，独身女性が懐胎・出産した場合，出産の事実により，出産した女性と生まれた子との間に，当然に親子関係（母子関係）が生ずるとしている（本書354頁参照）。したがって，類型Ⅷa・類型Ⅷb・類型Ⅸa・類型Ⅸbの場合には，出産した女性の非嫡出子として，出産した女性との間に法律上の親子関係（母子関係）を生ずることになる。

　なお，中間試案では，類型Ⅷa・類型Ⅷbの場合，出産した女性（独身女性）を子の母とするとしている（中間試案第1）。中間試案では，類型Ⅸa・類型Ⅸbの場合は，その対象とはしていない。また，報告書では，前述のように，代理出産をした者を母とするとの提言がなされている（報告書29頁）。

③　**生殖補助医療のために精子が用いられた男性の法的地位**

　精子を提供した男性は，自己の精子を用いた生殖補助医療により女性が懐胎・出産した場合，その子を認知することができるか否かが問題となる。このことにつき，中間試案では，精子を提供した男性は，女性（妻以外の者）が懐胎した子を認知することはできないものとし（中間試案第3・1(1)），認知の訴え（787条）を提起することはできない（中間試案第3・1(2)），としている。生殖補助医療により女性が懐胎した場合において，自己の意思に反して自己の精子がその

**【生殖補助医療によって子が生まれる類型・生まれた子の法律上の親子関係一覧】**
（提供者生存型）

| 類型 | 精子提供者 | 卵子提供者 | 懐胎・出産者 | 現行民法上の親子関係 | 生殖補助医療の方法 |
|---|---|---|---|---|---|
| Ⅰa | 夫 | 妻 | 妻 | 夫婦の嫡出子（民法772条） | 人工授精<br>※中間試案の対象外 |
| Ⅰb | 夫 | 妻 | 妻 | 夫婦の嫡出子（民法772条） | 体外受精<br>※中間試案の対象外 |
| Ⅱa | 第三者 | 妻 | 妻 | 夫婦の嫡出子（民法772条） | 人工授精 |
| Ⅱb | 第三者 | 妻 | 妻 | 夫婦の嫡出子（民法772条） | 体外受精 |
| Ⅲ | 夫 | 第三者 | 妻 | 夫婦の嫡出子（民法772条） | 体外受精 |
| Ⅳa | 第三者（卵子提供者の夫） | 第三者（精子提供者の妻） | 妻 | 夫婦の嫡出子（民法772条） | 体外受精 |
| Ⅳb | 第三者（卵子提供者の夫以外） | 第三者（精子提供者の妻以外） | 妻 | 夫婦の嫡出子（民法772条） | 体外受精<br>※中間試案の対象外 |
| Ⅴ | 夫 | 妻 | 第三者 | 出産女性の子（嫡出子《民法772条》・非嫡出子《判例》） | 体外受精（代理母《ホストマザー》） |
| Ⅵa | 夫 | 第三者 | 第三者（卵子提供者） | 出産女性の子（嫡出子《民法772条》・非嫡出子《判例》） | 人工授精（代理母《サロゲートマザー》） |
| Ⅵb | 夫 | 第三者 | 第三者（卵子提供者以外） | 出産女性の子（嫡出子《民法772条》・非嫡出子《判例》） | 体外受精（代理母）<br>※中間試案の対象外 |
| Ⅶ | 第三者 | 妻 | 第三者 | 出産女性の子（嫡出子《民法772条》・非嫡出子《判例》） | 体外受精（代理母）<br>※中間試案の対象外 |
| Ⅷa | 第三者 | 独身女性 | 独身女性（卵子提供者） | 出産女性の子（非嫡出子《判例》） | 人工授精 |
| Ⅷb | 第三者 | 独身女性 | 独身女性（卵子提供者） | 出産女性の子（非嫡出子《判例》） | 体外受精 |
| Ⅸa | 第三者（卵子提供者の夫） | 第三者（精子提供者の妻） | 独身女性 | 出産女性の子（非嫡出子《判例》） | 体外受精 |
| Ⅸb | 第三者（卵子提供者の夫以外） | 第三者（精子提供者の妻以外） | 独身女性 | 出産女性の子（非嫡出子《判例》） | 体外受精 |

生殖補助医療に用いられた者も，女性（妻以外の者）が懐胎した子を認知することはできず，認知の訴えを提起することもできない（中間試案第3・2），としている。ただし，妻が夫の精子によって懐胎した場合には，夫は，妻が懐胎した子を認知することができ，認知の訴えを提起することもできる（中間試案第3《注3》），としている。

## 4　凍結保存された精子・卵子・胚（受精卵）を用いて提供者の死亡後に生殖補助医療によって生まれた子の親子関係

　現在では，精子・卵子・胚（受精卵）の凍結保存が可能であり，それらの提供者の死亡後に，凍結保存された精子・卵子・胚（受精卵）を用いた生殖補助医療によって女性が子を懐胎・出産した場合，生まれた子の法律上の親子関係がどうなるのかという問題を生ずる。このような問題は，民法が全く想定していなかった問題であり，民法解釈の限界を超え，立法政策に委ねざるを得ないであろう。

　凍結保存された精子・卵子・胚（受精卵）を用いた生殖補助医療の類型としては，①凍結保存された精子を用いて，精子提供者（夫または第三者）の死亡後に，女性（元妻または第三者）が懐胎・出産した場合，②凍結保存された卵子を用いて，卵子提供者（妻または第三者）の死亡後に，女性（第三者）が懐胎・出産した場合，③凍結保存された胚（受精卵）を用いて，胚（受精卵）提供者（精子提供者・卵子提供者の一方または双方）の死亡後に，女性（第三者）が懐胎・出産した場合が考えられる。いずれの場合も，現在の民法解釈上は，生まれた子と出産した女性との間で，法律上の親子関係（母子関係）が認められることになるであろう（前述2(2)(3)参照）。出産した女性が独身であれば，生まれた子はその女性の非嫡出子となるが，出産した女性に夫がいるときは，生まれた子はその夫婦の嫡出子とされるであろう。上記①の場合に，精子提供者が元夫であり，出産した女性が元妻であったとしても，その女性が再婚していたときは，生まれた子は，再婚した夫婦の嫡出子とされるであろう（前述2(1)参照）。

　解釈上問題となるのは，上記①の場合において，精子提供者が元夫であり，

子を懐胎・出産した女性が元妻であるとき，生まれた子と元夫との間に法律上の親子関係（父子関係）および元夫婦の嫡出子としての親子関係を認めることができるか否かということである。この問題につき最高裁判所は，立法によって解決されるべき問題であるとし，現行民法の解釈としては，生まれた子（死後懐胎児）と死亡した父との関係は，民法が定める法律上の親子関係における基本的な法律関係（親権・扶養・相続等）が生ずる余地のないものであるから，法律上の親子関係の形成は認められないとした（最判平18・9・4民集60・7・2563）。

**【凍結保存した夫の精子を用いて夫死亡後に妻が懐胎・出産した子の法律上の親子関係一覧】**

| 類型 | 精子提供者 | 卵子提供者 | 懐胎・出産者 | 現行民法上の親子関係 | 方法 |
|---|---|---|---|---|---|
| Ⅰa-S | [夫] | 元妻 | 元妻（未婚） | 元妻の非嫡出子（判例） | 人工授精 |
| Ⅰa-M | [夫] | 元妻 | 元妻（再婚） | 再婚後の夫婦の嫡出子（民法772条） | 人工授精 |
| Ⅰb-S | [夫] | 元妻 | 元妻（未婚） | 元妻の非嫡出子（判例） | 体外受精 |
| Ⅰb-M | 「夫」 | 元妻 | 元妻（再婚） | 再婚後の夫婦の嫡出子（民法772条） | 体外受精 |
| Ⅲ-S | [夫] | 第三者 | 元妻（未婚） | 元妻の非嫡出子（判例） | 体外受精 |
| Ⅲ-M | [夫] | 第三者 | 元妻（再婚） | 再婚後の夫婦の嫡出子（民法772条） | 体外受精 |

＊1　法務省ホームページ　http://www.moj.go.jp/content/000071864.pdf
＊2　法務省ホームページ　http://www.moj.go.jp/content/000071865.pdf
＊3　日本学術会議ホームページ　http://www.scj.go.jp/ja/info/kohyo/pdf/kohyo-20-t56-1.pdf#page＝1

# 第8章

# 相続法の概要

## I 相続とは何か

　相続とは，自然人の有していた財産に属する権利・義務が，その者の死亡を理由として，特定の人（相続人）に，（包括的に）承継されることをいう（896条本文）。相続される人（死亡した人）を**被相続人**といい，相続する人を**相続人**という。被相続人が，死亡した時に有していた財産を**相続財産**（**遺産**）といい，積極財産（資産＝プラスの財産）と消極財産（負債＝マイナスの財産）が含まれる。ただし，被相続人の一身に属したものは，相続財産には含まれない（896条ただし書）。たとえば，生活保護法にもとづく保護受給権（最大判昭42・5・24民集21・5・1043）や公営住宅法にもとづく公営住宅を使用する権利（最判平2・10・18民集44・7・1021）などである。また，系譜，祭具および墳墓（祭祀財産）の所有権も，相続財産には含まれない。祭祀財産の所有権は，祖先の祭祀を主宰すべき者が承継する（897条）。

### 1 相続の開始

　(1) **相続開始の原因**　　相続は，自然人の死亡によってのみ開始する（882条）。ここにいう死亡には，肉体的死亡（事実上の死亡）の場合と，失踪宣告によって死亡（法律上の死亡）したものとみなされる場合（31条）とが含まれる。

　(2) **相続開始の時期**　　相続の開始時期は，被相続人が死亡した時である

（882条）。したがって，肉体的死亡の場合には，被相続人が死亡した時点で，相続が開始したことになる。また，失踪宣告によって死亡したものとみなされた場合には，普通失踪のときは失踪期間満了の時から，特別失踪のときは危難が去った時から（31条），相続が開始していたことになる。

(3) **相続開始の場所**　　相続は，被相続人の住所において開始する（883条）。相続開始の場所を定めておくことは，相続をめぐる紛争についての裁判管轄を決定する場合に意味を有する（家事4条，民訴5条14号参照）。

### ② 相続財産に関する費用

相続財産に関する費用は，相続財産の中から支出する（885条1項本文）。相続財産に関する費用としては，たとえば，相続財産の管理費用，財産目録調製費用などである。ただし，相続人の過失によって生じた費用については，相続財産の中から支出することはできない（885条1項ただし書）。

## Ⅱ　相　続　人

### ① 相続人の種類・順位

相続人の種類としては，**血族相続人**と**配偶者相続人**とがある。血族相続人は，第1順位から第3順位までに分かれる。第1順位の血族がいるときは，第2順位・第3順位の血族には相続権はない。第1順位の血族がいないときは，第2順位の血族が相続権を有し，この場合，第3順位の血族には，相続権はない。第1順位の血族および第2順位の血族がいないときは，第3順位の血族が相続権を有する。配偶者は，つねに，相続人となる（890条）。

配偶者がいないときは，血族相続人のみが相続人となる。第1順位から第3順位までの血族相続人がいないときは，配偶者のみが相続人となる。第1順位から第3順位までの血族相続人および配偶者ともにいないときは，相続人不存在となる。第1順位から第3順位までの血族以外の血族および姻族には，相続権はない。

|  | 血族相続人 | 配偶者相続人 |
|---|---|---|
| 第1順位 | 子（代襲者・再代襲者） | 配偶者 |
| 第2順位 | 直系尊属 | 配偶者 |
| 第3順位 | 兄弟姉妹（代襲者） | 配偶者 |

(1) **子**　　第1順位の血族相続人は，子である (887条1項)。子は，男女，実子・養子，嫡出子・非嫡出子を問わない。子が複数いるときは，全員が同順位で相続人となる。なお，胎児も，相続については，すでに生まれたものとみなされ，相続権を有する (886条1項)。子については，**代襲相続・再代襲相続**が認められる (887条2項・3項)。

(2) **直系尊属**　　第2順位の血族相続人は，直系尊属である (889条1項1号)。親等の異なる直系尊属がいる場合には，親等の近い者が優先する (889条1項1号ただし書)。したがって，世代を異にする複数の直系尊属がいる場合，親等の近い直系尊属のみが相続権を有し，親等の遠い直系尊属には相続権はない。実親・養親を問わない。親等の同じ直系尊属が複数いるときは，全員が同順位で相続人となる。なお，直系尊属については，代襲相続は認められない。

(3) **兄弟姉妹**　　第3順位の血族相続人は，兄弟姉妹である (889条1項2号)。兄弟姉妹は，男女，父母を同じくするか否かを問わない。兄弟姉妹が複数いるときは，全員が同順位で相続人となる。兄弟姉妹については，**代襲相続**が認められるが，再代襲相続は認められない (889条2項)。

(4) **配偶者**　　相続人としての配偶者は，法律上の配偶者のみをさし，内縁の配偶者は含まれない。配偶者については，代襲相続は認められない。

## ② 代襲相続

(1) **被相続人の子についての代襲相続**　　被相続人の子が，**相続の開始以前に死亡**したとき，または，**相続欠格者**に該当するとき，もしくは，**廃除**によって，その相続権を失ったときは，その者の子（被相続人の孫）が代襲して，相続人（代襲相続人）となる (887条2項本文)。このような相続を，**代襲相続**という。代襲相続人となれるのは，被相続人の直系卑属に限られる (887条2項ただし書)。

被相続人の直系卑属でない者（養子縁組前に生まれた養子の子《養子の連れ子》）は，代襲相続人とはならない。

代襲者（代襲相続人）が，相続の開始以前に死亡したとき，または，相続欠格者に該当するとき，もしくは，廃除によって，その相続権を失ったときは，その者（被相続人の孫）の子（被相続人の曾孫）が，さらに代襲（再代襲）して，相続人（再代襲相続人）となる（887条3項）。このような相続を，**再代襲相続**という。

【代襲原因】　被相続人の子が，次のいずれかに該当する場合に代襲相続が開始する。

①　相続の開始以前に死亡したとき

相続は，被相続人の死亡時に開始する（882条）。したがって，被相続人とその子が同時に死亡した場合でも（32条の2参照），代襲相続が開始する。

②　相続欠格者（891条）に該当するとき

③　相続人の廃除（892条・893条）によって，その相続権を失ったとき

(2)　**被相続人の兄弟姉妹についての代襲相続**　被相続人の兄弟姉妹が，**相続の開始以前に死亡したとき**，または，**相続欠格者**に該当するときは，その者の子（被相続人の甥・姪）が代襲して，相続人（代襲相続人）となる（889条2項）。

【代襲原因】　被相続人の兄弟姉妹が，次のいずれかに該当する場合に代襲相続が開始する。

①　相続の開始以前に死亡したとき

相続は，被相続人の死亡時に開始する（882条）。したがって，被相続人とその兄弟姉妹が同時に死亡した場合でも（32条の2参照），代襲相続が開始する。

②　相続欠格者（891条）に該当するとき

【子についての代襲相続と兄弟姉妹についての代襲相続との相違点】　兄弟姉妹についての代襲相続においては，相続人の廃除は，代襲原因とはならない。兄弟姉妹には，遺留分がないので（1028条），廃除の対象にはならない（892条）。また，兄弟姉妹についての代襲相続においては，再代襲相続は認められない。被相続人の兄弟姉妹の子（被相続人の甥・姪＝代襲相続人）について，代襲原因がある場合であっても，その者（被相続人の甥・姪）の子は，さらに代襲（再代襲）

して，相続人（再代襲相続人）となることはできない（889条2項は，887条3項を準用していない）。

## ③ 相続欠格者

次のいずれかに該当する者は，相続人となることができない（891条）。

① 故意に，被相続人または相続について先順位もしくは同順位にある者を死亡するに至らせ，または，至らせようとしたために，刑に処せられた者（同条1号）。

殺人罪（刑199条），殺人予備罪（刑201条），殺人未遂罪（刑203条）などで刑に処せられた場合に，相続資格を失う。殺人に関する故意がなければ（傷害致死罪《刑205条》，過失致死罪《刑210条》など），相続資格は失わない。

② 被相続人が殺害されたことを知っていながら，これを告訴または告発しなかった者（同条2号本文）。

ただし，その者に是非の弁別がないとき，または，殺害者が自己の配偶者もしくは直系血族であったときは，相続資格を失わない（同条2号ただし書）。

③ 詐欺または強迫によって，被相続人が相続に関する遺言を作成し，これを撤回し，取消し，または，変更することを妨害した者（同条3号）。

④ 詐欺または強迫によって，被相続人に相続に関する遺言を作成させ，これを撤回させ，取り消させ，または，変更させた者（同条4号）。

⑤ 相続に関する被相続人の遺言書を，偽造し，変造し，破棄し，または，隠匿した者（同条5号）。

✎ 相続に関する被相続人の遺言書がその方式を欠くために無効である場合，または，有効な遺言書についてされている訂正がその方式を欠くために無効である場合に，相続人がその方式を具備させることにより有効な遺言書としての外形または有効な訂正としての外形を作出する行為は，遺言書の偽造または変造にあたるけれども，相続人が遺言者たる被相続人の意思を実現させるためにその法形式を整える趣旨でしたにすぎないときには，当該相続人は，相続欠格者には該当しない（最判昭56・4・3民集35・3・431）。

✎ 遺言公正証書の保管を託された相続人が，遺産分割協議が成立するまで，他の相続人の1人に遺言書の存在を告げなかったとしても，別の相続人にその存在・内容を告げて

いた等のときは，遺言書の発見を妨げるものということができず，遺言書の隠匿には該当しない（最判平6・12・16判時1518・15）。

　📎　相続人が，相続に関する被相続人の遺言書を破棄または隠匿した場合において，相続人の当該行為が，相続に関して不当な利益を目的とするものでなかったときには，当該相続人は，相続欠格者には該当しない（最判平9・1・28民集51・1・184）。

### 4　相続人の廃除

　遺留分を有する推定相続人が，被相続人に対して，虐待をし，もしくは，重大な侮辱を加えたとき，または，推定相続人に，その他の著しい非行があったときは，被相続人は，その推定相続人の廃除を，家庭裁判所に請求することができる（892条）。

| 推定相続人 |
| --- |
| 　被相続人が死亡したときに，相続人となりうる地位にある者を，**推定相続人という**（892条参照）。つまり，「**推定相続人**」という用語は，被相続人の死亡前（相続の開始前）において使われる用語である。被相続人の死亡以後（相続の開始以後）は，「相続人」という。推定相続人は，被相続人の権利・義務を包括的に承継すべき期待権を有するだけで，いまだ当然には，個々の財産に対して権利を有するものではない（最判昭30・12・26民集9・14・2082）。 |

　(1)　**廃除される者**　廃除の対象となるのは，遺留分を有する推定相続人である（892条）。兄弟姉妹には，遺留分がないので（1028条），兄弟姉妹は，廃除の対象にはならない。したがって，廃除の対象となるのは，兄弟姉妹を除く推定相続人である。

　(2)　**廃除事由**　次のいずれかの事由に該当しなければ，推定相続人を廃除することはできない。

　　①　推定相続人が，被相続人に対して，虐待をしたこと。

　　②　推定相続人が，被相続人に対して，重大な侮辱をしたこと。

　　③　推定相続人に，その他の著しい非行があったこと。

　(3)　**廃除の方法**　廃除の方法としては，**生前廃除**と**遺言による廃除**の方法がある。生前廃除による場合には，推定相続人の廃除を，被相続人から家庭裁判所へ請求しなければならない（892条）。また，被相続人が遺言で推定相続人を廃除する意思を表示したときは，遺言執行者は，その遺言が効力を生じた後，遅滞なく，家庭裁判所に廃除の請求をしなければならない（893条前段）。

第8章 相続法の概要 *381*

(4) **廃除の効果**　廃除の審判の確定により，廃除された推定相続人は，相続権を失う。遺言による廃除の場合には，被相続人の死亡時にさかのぼって，廃除された相続人は，相続権を失う (893条後段)。

⑤ **相続人の不存在**

(1) **相続財産法人の成立**　相続人のあることが明らかでないときは，相続財産は，法人とされる (951条)。相続人のあることが明らかでないときは，家庭裁判所は，利害関係人または検察官の請求によって，相続財産の管理人を選任しなければならない (952条1項)。相続人の不存在が確定したときは，相続債権者および受遺者に対する清算手続きがなされる (957条)。

> 　相続人不存在の場合，相続債権者は，被相続人からその生前に抵当権の設定を受けていたとしても，被相続人の死亡の時点において設定登記がされていなければ，他の相続債権者および受遺者に対して抵当権に基づく優先権を対抗することはできないし，被相続人の死亡後に設定登記がされても，これによって優先権を取得することはない。相続財産管理人は，被相続人から抵当権の設定を受けた者からの設定登記手続請求を拒絶することができるし，また，これを拒絶する義務を他の相続債権者および受遺者に対して負う (最判平11・1・21民集53・1・128)。

(2) **特別縁故者への財産分与**　相続人不存在の場合において，家庭裁判所は，相当と認めるときは，被相続人と生計を同じくしていた者，被相続人の療養看護に努めた者その他被相続人と特別の縁故があった者の請求によって，これらの者に，清算後残存すべき相続財産の全部または一部を与えることができる (958条の3第1項)。

> 　共有者の1人が死亡し，相続人の不存在が確定し，相続債権者や受遺者に対する清算手続きが終了したときは，その共有持分は，他の相続財産とともに，特別縁故者に対する財産分与の対象となり，右財産分与がされず，当該共有持分が承継すべき者がないまま相続財産として残存することが確定したときにはじめて，255条により，他の共有者に帰属することになる (最判平1・11・24民集43・10・1220)。

(3) **国庫への帰属**　特別縁故者への財産分与の手続きによって処分されな

かった相続財産は，国庫に帰属する（959条）。

　　🖎　相続人不存在の場合において，特別縁故者に分与されなかった残余相続財産が国庫
　　に帰属する時期は，相続財産管理人において残余相続財産を国庫に引き継いだ時であり，
　　したがって，残余相続財産の全部の引継が完了するまでは，相続財産法人は消滅するこ
　　となく，相続財産管理人の代理権もまた，引継未了の相続財産についてはなお存続する
　　（最判昭50・10・24民集29・9・1483）。

# Ⅲ　相　続　分

　相続人が複数いる場合（共同相続）において，相続財産（遺産）に対して，各
相続人が相続する割合を，**相続分**という。相続分には，**法定相続分**と**指定相続
分**とがある。民法の規定によって定められている相続分が法定相続分であり，
被相続人の指定等によって定められる相続分が指定相続分である。指定相続分
の定めがあるときは，指定相続分によることになる。

## ①　法　定　相　続　分

　相続分について，被相続人の遺言または第三者による相続分の指定（902条）
がない場合には，各相続人の相続分は，法定相続分による（900条）。
　第1順位の相続人がいる場合の法定相続分は，**子が2分の1，配偶者が2分の
1**である（900条1号）。配偶者がいないときは，子が全部を相続する。第2順位
の相続人がいる場合の法定相続分は，**直系尊属が3分の1，配偶者が3分の2**
である（900条2号）。配偶者がいないときは，直系尊属が全部を相続する。第3
順位の相続人がいる場合の法定相続分は，**兄弟姉妹が4分の1，配偶者が4分
の3**である（900条3号）。配偶者がいないときは，兄弟姉妹が全部を相続する。
なお，血族相続人がいない場合で，配偶者のみが相続人となるときは，配偶者
が全部を相続する。

|  | 血族相続人 | 配偶者相続人 |
| --- | --- | --- |
| 第1順位 | 子〔2分の1〕 | 配偶者〔2分の1〕 |
| 第2順位 | 直系尊属〔3分の1〕 | 配偶者〔3分の2〕 |
| 第3順位 | 兄弟姉妹〔4分の1〕 | 配偶者〔4分の3〕 |

**(1) 均分相続の原則**　同順位の血族相続人（子，直系尊属，兄弟姉妹）が複数いる場合，各自の相続分は，平等の割合となる（900条4号本文）。

ただし，父母の一方のみを同じくする兄弟姉妹（半血兄弟姉妹）の相続分は，父母の双方を同じくする兄弟姉妹（全血兄弟姉妹）の相続分の2分の1となる（900条4号ただし書）。なお，従前は，非嫡出子の相続分を嫡出子の相続分の2分の1とする規定があったが，平成25年12月の民法改正により，民法900条4号ただし書前段の規定が削除され，非嫡出子の相続分と嫡出子の相続分が平等になった（平成25年9月5日以後に開始した相続に適用）。

> 法律婚という制度自体はわが国に定着しているとしても，その制度の下で父母が婚姻関係になかったという，子にとっては自ら選択ないし修正する余地のない事由を理由として，その子に不利益を及ぼすことは許されず，子を個人として尊重し，その権利を保護すべきであるという考えが確立されているものということができる。遅くとも，相続が開始した平成13年7月当時においては，立法府の裁量権を考慮しても，嫡出子と嫡出でない子の法定相続分を区別する合理的な根拠は失われていたというべきである。し

**【参考図①（第1順位の場合）】**

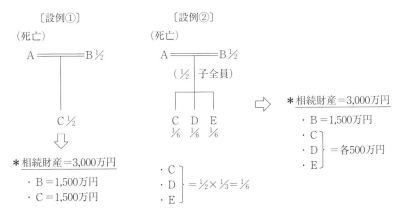

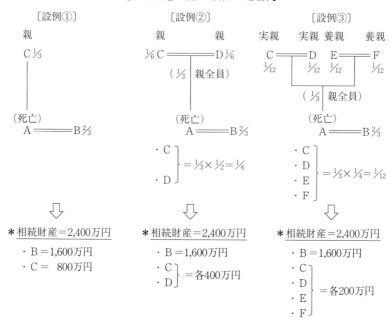

がって，民法900条4号ただし書前段の規定は，遅くとも平成13年7月当時において，憲法14条1項に違反していたものというべきである。本決定の違憲判断は，本件の相続開始時から本決定までの間に開始された他の相続につき，本件規定を前提としてなされた遺産の分割の審理その他の裁判，遺産の分割の協議その他の合意等により確定的なものとなった法律関係に影響を及ぼすものではない。本件の相続に関しては，民法900条4号ただし書前段の規定は，憲法14条1項に違反し無効であり，これを適用することはできない（最大決平25・9・4民集67・6・1320）。

(2) **代襲相続分** 代襲相続人となる直系卑属の相続分は，その直系尊属（被代襲者）が受けるべきであったものと同じである(901条1項本文)。代襲相続人となる直系卑属が数人いるときは，その各自の直系尊属（被代襲者）が受けるべきであった部分について，平等の割合で相続する。

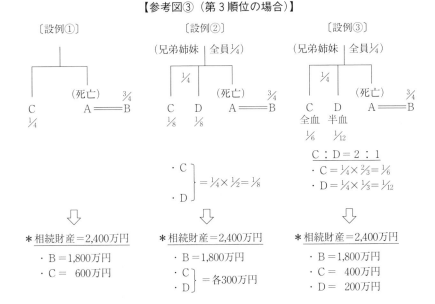

**【参考図③(第3順位の場合)】**

## ② 指定相続分

被相続人は,遺言で,共同相続人の相続分を定め,または,これを定めることを第三者に委託することができる(902条1項本文)。指定相続分の定め,または,第三者への相続分指定の委託は,かならず,**遺言**でしなければならない。ただし,被相続人または第三者は,遺留分に関する規定に違反することはできない(902条1項ただし書)。相続分の指定は,相続人の全員または一部の者について定めることができる。被相続人が,共同相続人の中の1人もしくは数人の相続分のみを定め,または,これを定めさせたときは,他の共同相続人の相続分は,法定相続分によって定める(902条2項)。

## ③ 特別受益者の相続分

共同相続人中に,被相続人から,遺贈を受け,または,婚姻・養子縁組のためもしくは生計の資本として贈与を受けた者(**特別受益者**)がいるときは,被相

**【参考図④（指定相続分）】**（□の中の数字が指定相続分）

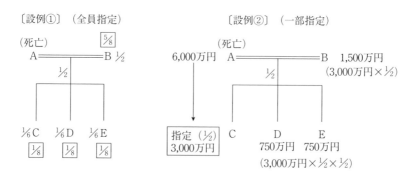

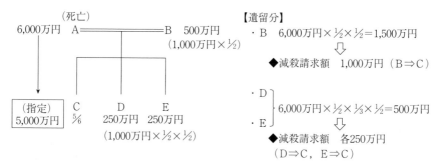

続人が相続開始の時において有した財産の価額に，その贈与の価額を加えたものを相続財産とみなし（**みなし相続財産**），法定相続分または指定相続分によって算定した相続分の中から，その遺贈または贈与の価額を控除し，その残額をもって，その者の相続分とする（903条1項）。遺贈または贈与の価額が，相続分の価額に等しく，または，これを超えるときは，受遺者または受贈者は，その相続分を受けることができない（903条2項）。

| みなし相続財産に対する相続分 | － | 特別受益分 | ＝ | 特別受益者の相続分 |

　被相続人が，これらと異なった意思を表示したときは，その意思表示は，遺留分に関する規定に反しない範囲で，その効力を有する（903条3項）。特別受益

【参考図⑤】（特別受益者の相続分）

〔設例①〕

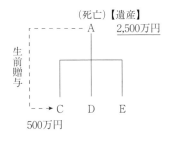

・遺産　2,500万円
・Cへの生前贈与　500万円

【みなし相続財産──→3,000万円】
　　（2,500万円＋500万円）
・相続分──→各1,000万円（3,000万円×⅓）

・C──→　500万円（1,000万円－500万円）
・D──→1,000万円
・E──→1,000万円

〔設例②〕

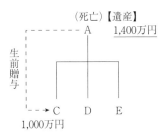

・遺産　1,400万円
・Cへの生前贈与　1,000万円

【みなし相続財産──→2,400万円】
　　（1,400万円＋1,000万円）
・相続分──→各800万円（2,400万円×⅓）

・C──→　　0円
　　（800万円－1,000万円＝－200万円）
・D──→700万円
・E──→700万円

者が受けた贈与の価額は、受贈者の行為によって、その目的たる財産が減失し、または、その価格の増減があったときでも、相続開始の当時なお原状のままであるものとみなして、これを定める（904条）。

4　特別寄与者の相続分

　共同相続人中に、被相続人の事業に関する労務の提供または財産上の給付、被相続人の療養看護その他の方法により、被相続人の財産の維持または増加につき特別の寄与をした者（**特別寄与者**）がいるときは、被相続人が相続開始の時において有した財産の価額から、共同相続人の協議で定めたその者の寄与分を

控除したものを相続財産とみなし（**みなし相続財産**），法定相続分または指定相続分によって算定した相続分に寄与分を加えた額をもって，その者の相続分とする（904条の2第1項）。

　寄与分を定める共同相続人の協議が調わないとき，または，協議をすることができないときは，家庭裁判所は，特別の寄与をした者の請求により，寄与の時期，方法および程度，相続財産の額その他一切の事情を考慮して，寄与分を定める（904条の2第2項）。寄与分は，被相続人が相続開始の時において有した財産の価額から，遺贈の価額を控除した額を超えることはできない（904条の2第3項）。

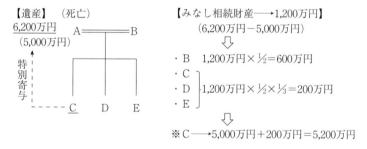

## Ⅳ 遺 産 分 割

　相続人が複数いるときは，相続財産（遺産）は，その共有に属する（898条）。各共同相続人は，その相続分に応じて，被相続人の権利義務を承継する（899条）。ただし，金銭債権その他の可分債権は，遺産分割を待たず，相続開始と同時に当然に分割され，各相続人はその相続分に応じて権利を承継する（最判昭29・4・8民集8・4・819）。相続開始後，共同相続人の相続分に応じて，相続財産（遺産）を各共同相続人に分配することを，**遺産分割**という。

　　🌀　委託者指図型投資信託受益権は，償還金請求権および収益分配請求権という金銭支払請求権のほか，信託財産に関する帳簿書類の閲覧・謄写請求権等の委託者に対する監督

的機能を有する権利が規定されており，可分給付を目的とする権利でないものが含まれている。このような委託者指図型投資信託受益権に含まれる権利の内容・性質に照らせば，共同相続された委託者指図型投資信託の受益権は，相続開始と同時に当然に相続分に応じて分割されることはない。また，個人向け国債は，法令上，一定額をもって権利の単位が定められ，1単位未満での権利行使が予定されていないものというべきであり，このような個人向け国債の内容・性質に照らせば，共同相続された個人向け国債は，相続開始と同時に当然に相続分に応じて分割されることはない（最判平26・2・25民集68・2・173）。

(1) **遺産分割の基準**　遺産の分割は，遺産に属する物または権利の種類および性質，各相続人の年齢，職業，心身の状態および生活の状況その他一切の事情を考慮して，これをしなければならない（906条）。

　　&#x273B;　共同相続人が，全員の合意によって，遺産分割前に，遺産を構成する特定不動産を第三者に売却した場合には，その不動産は，遺産分割の対象から逸出し，各相続人は，その第三者に対して，持分に応じた代金債権を取得する（最判昭52・9・19家裁月報30・2・110）。

(2) **遺産分割の実行**　(a) 指定分割　被相続人は，遺言で，分割の方法を定め，または，これを定めることを第三者に委託することができる（908条）。遺産分割の方法について，被相続人による指定または第三者による指定がある場合には，それにしたがって，遺産分割をしなければならない。

　　&#x273B;　特定の遺産を特定の相続人に「相続させる」趣旨の遺言者の意思が表明されている場合，その趣旨が，遺贈であることが明らかであるか，または，遺贈と解すべき特段の事情のない限り，遺贈と解すべきではなく，その遺産を，その相続人に単独で相続させる趣旨のものと解するのが当然の合理的な意思解釈である。そして，この「相続させる」趣旨の遺言は，遺産の分割の方法を定めた遺言であり，他の共同相続人も，この遺言に拘束され，これと異なる遺産分割の協議や審判をすることはできない。この場合，その遺産は，被相続人の死亡時（遺言の効力の生じた時）に，ただちに，その相続人に承継される（最判平3・4・19民集45・4・477）。

　　&#x273B;　特定の遺産を特定の相続人に「相続させる」趣旨の遺言がある場合には，特段の事情のない限り，何らの行為を要せずに，被相続人の死亡時に，ただちに，その遺産はその相続人に承継される。そして，この「相続させる」趣旨の遺言による不動産の権利の

取得については，登記なくして，その権利を第三者に対抗することができる（最判平14・6・10家裁月報55・1・77）。

(b) **協議分割**　被相続人の遺言による遺産の分割方法の指定がなく，かつ，遺産分割が禁止されていない場合においては，共同相続人は，いつでも，その協議で，遺産の分割をすることができる（907条1項）。したがって，共同相続人の協議によって遺産の分割ができるのは，遺産分割が禁止されていない場合において，被相続人による分割方法の指定または第三者への指定の委託がないとき，第三者が分割方法の指定を拒絶したとき，第三者による分割方法の指定が無効であり再指定がないときなどである。

各共同相続人は，他の相続人に対して，遺産分割の協議をするように請求する権利を有する。共同相続人の1人から遺産分割の協議の請求があれば，他の相続人は，遺産分割の協議に応じなければならない。遺産の分割について，当事者間に協議が調わないとき，または，協議をすることができないときは，各共同相続人は，その分割を家庭裁判所に請求することができる（907条2項）。

遺産分割の協議は，共同相続人全員が参加し，全員の合意にもとづいてしなければならない。一部の共同相続人を除外してなされた遺産分割の協議は無効である。ただし，相続の開始後，認知によって相続人となった者が遺産の分割を請求しようとする場合において，他の共同相続人が，すでに，遺産の分割その他の処分をしたときは，その者は，価額のみによる支払いの請求権を有する（910条）。このような場合，すでになされた遺産分割の協議は有効である。

(c) **審判分割**　遺産の分割について，当事者間に協議が調わないとき，または，協議をすることができないときは，各共同相続人は，審判による分割を家庭裁判所に請求することができる（907条2項）。遺産分割の審判がなされたときは，これによって，遺産の分割がなされることになり，その審判は，執行力を有する（家事75条）。

**(3)　遺産分割の禁止**　(a) **遺言による分割禁止**　被相続人は，遺言で，相続開始の時から5年を超えない期間内での遺産の分割を禁止することができる（908条）。

（b）協議による分割禁止　　共同相続人間の協議によって，全員の合意に
もとづき，相続開始の時から 5 年を超えない期間内での遺産の分割を禁止する
ことができる（256条 1 項ただし書）。

（c）審判による分割禁止　　家庭裁判所は，特別の事由があるときは，期
間を定めて，遺産の全部または一部について，分割を禁止することができる
（907条 3 項）。

**(4)　遺産分割の効力**　　（a）遡及効　　遺産の分割は，相続開始の時にさか
のぼって，その効力を生ずる（**遡及効**。909条本文）。ただし，第三者の権利を害す
ることはできない（909条ただし書）。つまり，第三者が，遺産分割前に権利を取得
していたときは，その第三者の権利が保護される（取引安全の保護）。この場合
の第三者の善意・悪意は問題にならないが，第三者が保護されるためには，対
抗要件を備えていることが必要となる。

なお，遺産分割後において，遺産分割前の状態における共同相続の外観を信
頼して，共同相続人の持分につき第三者が権利を取得した場合，その第三者と
遺産分割によりその権利を取得した相続人との関係は，対抗関係になる（最判昭
46・1・26民集25・1・90）。したがって，遺産分割後に権利を取得した第三者と，
遺産分割によってその権利を取得した相続人とは，いずれか先に対抗要件を備
えた者が優先する（177条・178条）。つまり，遺産分割時において，実質的には，
持分移転に関する新たな物権変動が生じたことになる。

（b）共同相続人の担保責任　　遺産分割の目的たる権利または物に瑕疵が
ある場合，各共同相続人は，他の共同相続人に対して，売主と同じく（560条〜572
条），その相続分に応じて，担保責任を負う（911条）。具体的には，代金減額，
解除，損害賠償に応じることになる。

遺産分割の対象が債権であった場合，各共同相続人は，その相続分に応じて，
他の共同相続人が遺産分割によって取得した債権について，分割の当時におけ
る債務者の資力を担保する責任を負う（912条 1 項）。弁済期に至らない債権およ
び停止条件付債権については，各共同相続人は，弁済期における債務者の資力
を担保する責任を負う（912条 2 項）。

担保責任を負う共同相続人の中に，償還をする資力のない者がいるときは，その償還することができない部分は，求償者および他の資力ある者が，それぞれ，その相続分に応じて分担しなければならない（913条本文）。ただし，求償者に過失があるときは，他の共同相続人に対して，分担を請求することはできない（913条ただし書）。

なお，共同相続人の担保責任に関して，被相続人が遺言で別段の意思表示をしたときは，その意思にしたがう（914条）。したがって，被相続人は，遺言で，共同相続人の担保責任を排除したり，担保責任の内容を変更したりすることができる。

## V 相続の承認・放棄

### 1 相続の承認・放棄をなしうる能力

**相続の承認**とは，被相続人の財産に属していた一切の権利の承継を（896条本文参照），全面的（**単純承認**）にまたは留保付（**限定承認**）で承認することをいい，**相続の放棄**とは，被相続人の財産に属していた一切の権利の承継を拒絶することをいう。

相続の承認または放棄は，財産上の法律行為（単独行為）であり，相続の承認または放棄をするためには，意思能力および行為能力が必要となる。制限行為能力者は，単独で有効に相続の承認または放棄をすることはできない（5条1項本文・9条本文・13条1項6号・17条1項）。

### 2 相続の承認・放棄をなしうる期間 （考慮期間・熟慮期間）

相続人は，**自己のために相続の開始があったことを知った時から3ヵ月以内**に，相続の承認（単純承認もしくは限定承認）または放棄をしなければならない（915条1項本文）。この期間を，相続の承認または放棄のための考慮期間または熟慮期間という。相続の承認（単純承認もしくは限定承認）または放棄は，かならず，この考慮期間内（熟慮期間内）にしなければならず，相続開始前の承認ま

たは放棄は許されない。

相続人が，相続の承認・放棄をしないで死亡したときは，その者の相続人が，前相続人の承認権・放棄権を相続することができるが（**再転相続**），このときの考慮期間（３ヵ月）は，後の相続人が，自己のために相続の開始があったことを知った時から起算する（916条）。相続人が，未成年者または成年被後見人であるときは，考慮期間（３ヵ月）は，その法定代理人が，未成年者または成年被後見人のために相続の開始があったことを知った時から起算する（917条）。

▨ 被相続人に相続財産が全くないと信ずるについて相当な理由があると認められるときは，相続の承認・放棄の熟慮期間は，相続人が相続財産の全部または一部の存在を認識した時または通常これを認識しうべき時から起算すべきものである（最判昭59・４・27民集38・６・698）。

▨ 相続人が複数いる場合には，相続の承認・放棄の熟慮期間は，相続人がそれぞれ，自己のために相続の開始があったことを知った時から，各別に進行する（最判昭51・７・１家裁月報29・２・91）。

## ３ 相続の承認権・放棄権の相続

相続人が，相続（第１の相続）の承認・放棄をしないで死亡したときは，その者（第１の相続人）の相続人（第２の相続人）が，前相続人の承認権・放棄権を相続（第２の相続）することができる（**再転相続**。916条）。

① 第２の相続人（再転相続人）は，第２の相続を承認したうえで，第１の相続を承認することができる。

② 第２の相続人（再転相続人）は，第２の相続を承認したうえで，第１の相続を放棄することができる。

③ 第２の相続人（再転相続人）は，第２の相続を放棄した場合には，第１の相続を承認または放棄することはできない（最判昭63・６・21家裁月報41・９・101）。

▨ 第２の相続人（再転相続人）が，第２の相続について放棄をしていないときは，第１の相続について放棄をすることができ，かつ，第１の相続につき放棄をしても，それによっては，第２の相続について承認または放棄をするのに何ら障害にならない。また，

その後に，第2の相続人（再転相続人）が，第2の相続について放棄をしても，先に再転相続人たる地位にもとづいて第1の相続につきした放棄の効力が遡って無効になることはない（最判昭63・6・21家裁月報41・9・101）。

## 4 相続の承認・放棄の撤回・取消し

相続の承認・放棄は，これを撤回することはできない（919条1項）。しかし，取消原因（5条2項・9条本文・13条4項・17条4項・96条1項・865条）があるときは，相続の承認・放棄を取り消すことはできる（919条2項）。

## 5 単 純 承 認

**単純承認**とは，相続人が，被相続人の権利・義務を無限に承継することをいう（920条）。

【法定単純承認】　次のいずれかに該当する場合には，相続人は単純承認をしたものとみなされる（921条）。

(1)　相続人が相続財産の全部または一部を処分したとき（同条1号本文）。

ただし，保存行為および短期賃貸借（602条）に該当するときは，単純承認したことにはならない（同条1号ただし書）。

(2)　相続人が相続の承認・放棄をなしうる期間（考慮期間）内に限定承認または放棄をしなかったとき（同条2号）。

(3)　相続人が，限定承認または放棄をした後でも，相続財産の全部または一部を隠匿し，私にこれを消費し，または，悪意でこれを財産目録中に記載しなかったとき（同条3号本文）。

ただし，その相続人が放棄をしたことによって相続人となった者が承認をした後であれば，単純承認したことにはならない（同条3号ただし書）。

　　🔖　相続人が，自己のために相続が開始した事実を知りながら相続財産を処分したか，または，少なくとも相続人が被相続人の死亡した事実を確実に予想しながら相続財産を処分した場合でなければ，「処分したとき」（1号本文）には該当しない（最判昭42・4・27民集21・3・741）。

　　🔖　3号本文でいう「相続財産」には，消極財産（マイナスの財産＝債務）も含まれ，限

定承認をした相続人が消極財産を悪意で財産目録中に記載しなかったときにも，単純承認したものとみなされる（最判昭61・3・20民集40・2・450）。

## 6 限 定 承 認

**限定承認**とは，相続人が，相続によって得た財産（プラスの財産）の限度においてのみ，被相続人の債務および遺贈（マイナスの財産）を弁済すべきことを留保して，相続を承認することをいう（922条）。

(1) **共同相続人の限定承認**　相続人が数人いる場合には，限定承認は，共同相続人の全員が共同してのみ，これをすることができる（923条）。

(2) **限定承認の方法**　相続人が限定承認をしようとするときは，相続の承認または放棄をなしうる期間（考慮期間）内に，財産目録を調製して，これを家庭裁判所に提出し，限定承認をする旨を申述しなければならない（924条）。

(3) **限定承認の効果**　限定承認をした相続人（限定承認者）は，相続によって得た財産（プラスの財産）の限度においてのみ，被相続人の債務および遺贈（マイナスの財産）を弁済すればよい（922条）。相続人が限定承認をしたときは，その被相続人に対して有していた権利・義務は消滅しなかったものとみなされる（925条）。

限定承認をした相続人（限定承認者）は，その固有財産におけると同一の注意をもって，相続財産の管理をしなければならない（926条1項）。限定承認をした相続人（限定承認者）は，限定承認をした後5日以内に，一切の相続債権者および受遺者に対し，限定承認をしたこと，および，一定の期間内にその請求の申し出をすべき旨を公告しなければならない（927条1項）。限定承認者は，この期間の満了前には，相続債権者および受遺者に対して，弁済を拒絶することができる（928条）。

> ✎ 土地について代物弁済予約がなされ，所有権移転請求権保全の仮登記がなされた後，予約完結の意思表示がされ，その後に，設定者が死亡し，相続人が限定承認をした場合でも，その後，所有権移転本登記がなされたときは，仮登記権利者は，当該土地所有権の取得をもって，相続債権者に対抗することができる（最判昭31・6・28民集10・6・754）。

❦ 不動産の死因贈与の受贈者が贈与者の相続人である場合において，限定承認がされたときは，死因贈与に基づく限定承認者への所有権移転登記が相続債権者による差押え登記よりも先にされたとしても，信義則に照らし，限定承認者は，相続債権者に対して，不動産の所有権取得を対抗することはできない（最判平10・2・13民集52・1・38）。

## 7 相 続 の 放 棄

相続の放棄をした者は，その相続に関しては，はじめから相続人とならなかったものとみなされる（939条）。相続の放棄をしようとする者は，その旨を家庭裁判所に申述しなければならない（938条）。相続放棄の効力は絶対的であり，誰に対しても，対抗要件（登記など）なくして，その効果を主張することができる（最判昭42・1・20民集21・1・16）。

❦ 相続の放棄の性質は，財産法上の法律行為であるから，これにつき民法95条の適用がある（最判昭40・5・27家裁月報17・6・251）。
❦ 相続の放棄の効力は絶対的であり，何人に対しても，登記等なくして，その効力を生ずると解すべきであって，放棄した相続人の債権者が，相続財産である未登記の不動産について，当該相続人も共同相続したものとして，代位による所有権保存登記をしたうえで，持分に対する仮差押登記をしても，これらは無効である（最判昭42・1・20民集21・1・16）。
❦ 相続の放棄のような身分行為は，民法424条の詐害行為取消権行使の対象とはならない。相続の放棄のような身分行為については，他人の意思によってこれを強制すべきでないと解するところ，もし相続の放棄を詐害行為として取り消しうるものとすれば，相続人に対して，相続の承認を強制することと同じ結果となり不当である（最判昭49・9・20民集28・6・1202）。

# VI  遺     言

## 1 遺 言 の 意 義

遺言とは，被相続人の死亡によって一定の法律効果を発生させようとする法律行為であり，被相続人（遺言者）の最終的な意思を確実なものとするためのものである。

第8章　相続法の概要　*397*

(1)　**遺言の法的性質**　　遺言は，**相手方のない単独行為**である。また，遺言は，**要式行為**であり，民法の定める方式にしたがわなければ，遺言をすることができない（960条）。

(2)　**遺言能力**　　遺言は，法律行為の一種（単独行為）であるから，意思能力を備えていなければ，有効な遺言をすることはできない。しかし，行為能力まで備えている必要はない。制限行為能力者であっても，単独で有効に遺言をなしうる（962条）。ただし，満15歳未満の者は，遺言をすることができない（961条）。

したがって，未成年者であっても，満15歳に達した者は，単独で遺言をすることができる（961条）。成年被後見人は，事理を弁識する能力を一時回復している時には，医師2人以上の立会いのもとで，遺言をすることができる（973条1項）。被保佐人・被補助人は，単独で有効に遺言をすることができる（962条）。

(3)　**共同遺言の禁止**　　遺言は，2人以上の者が，同一の証書ですることはできない（975条）。

　　　　同一の証書に2人の遺言が記載されている場合は，そのうちの一方に氏名を自書しない方式の違背があるときでも，当該遺言は，民法975条により禁止された共同遺言にあたる（最判昭56・9・11民集35・6・1013）。
　　　　遺言書が，各葉ごとに甲の印章による契印がされた数枚のものを合綴したものであっても，甲名義の遺言書の形式のものと乙名義の遺言書の形式のものとが，容易に切り離すことができる場合には，民法975条によって禁止された共同遺言には当たらない（最判平5・10・19家裁月報46・4・27）。

## ② 遺 言 事 項

遺言は，法律に定めのある事項に限って，これをすることができる。下記の事項のいずれにも該当しない内容の遺言は，法的には無効となる。

　①　認知（781条2項）
　②　未成年後見人の指定（839条1項本文・2項）
　③　後見監督人の指定（848条）

④　相続人の廃除・廃除の取消し（893条・894条2項）

⑤　相続分の指定・第三者への相続分指定の委託（902条1項本文）

⑥　特別受益者の相続分の指定（903条3項）

⑦　遺産分割方法の指定・指定の委託・遺産分割の禁止（908条）

⑧　遺産分割によって取得した財産に対する共同相続人間の担保責任の指定（914条）

⑨　遺贈（964条）

⑩　遺言執行者の指定・第三者への遺言執行者指定の委託（1006条1項）

⑪　遺贈の減殺方法の指定（1034条ただし書）

⑫　一般財団法人設立のための財産の拠出（一般法人158条2項）

⑬　信託の設定（信託2条）

### 3　遺言の方式の種類

　民法の定める遺言の方式には，**普通方式**と**特別方式**とがある。普通方式の遺言には，**自筆証書遺言**（968条），**公正証書遺言**（969条），**秘密証書遺言**（970条）の3種類のものがある。特別方式の遺言には，**危急時遺言**と**隔絶地遺言**とがあり，危急時遺言には，**一般危急時遺言**（976条）と**難船危急時遺言**（979条）の2種類のものがあり，隔絶地遺言には，**伝染病隔絶者遺言**（977条）と**在船者遺言**（978条）の2種類のものがある。遺言は，原則として，普通方式によってしなけ

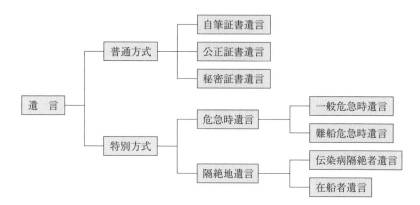

第8章 相続法の概要 *399*

ればならない。普通方式によることができない特別な事情がある場合にのみ，特別方式によって遺言をすることができる。

### 4 普通の方式による遺言

#### (1) 自筆証書遺言 (968条)

① 遺言者が，遺言書の**全文，日付および氏名を自書し，押印**しなければならない（同条1項）。

遺言書の全文は，外国文字・略字・速記文字などでもよい（最判昭49・12・24民集28・10・2152参照）。遺言書の全文は，1枚の用紙に記入されていなくとも，数枚の用紙に記入されていても，1つの遺言であると判断できればよい（契印の有無，綴じてあるか否かにかかわらない）。この場合，日付，署名，押印は，そのうちの1枚にされていればよい（最判昭36・6・22民集15・6・1622，最判昭37・5・29家裁月報14・10・111）。遺言書の全文，日付および氏名が，カーボン紙を用いて複写で記載されていても，自筆証書と認められる（最判平5・10・19家裁月報46・4・27）。

日付は，必ずしも暦日でなくとも，正確に年月日が特定できるものであればよい。しかし，「○年○月吉日」という記載は，日付のないものとみなされる（最判昭54・5・31民集33・4・445）。

印は，実印でなくとも，認印でも拇印でもよい（最判平1・2・16民集43・2・45）。

  🔖 自筆証書遺言における押印としては，遺言者が，印章に代えて拇指その他の指頭に墨，朱肉等をつけて押捺すること(指印)をもって足りる。自筆証書遺言の方式として，自書のほか押印を要するとした趣旨は，遺言の全文等の自書とあいまって，遺言者の同一性および真意を確保するとともに，重要な文書については，作成者が署名した上その名下に押印することによって，文書の作成を完結させるという我が国の慣行ないし法意識に照らして文書の完成を担保することにある。押印について，指印をもって足りると解したとしても，遺言者が，遺言の全文，日付，氏名を自書する自筆証書遺言において，遺言者の真意の確保に欠けるとはいえないし，いわゆる実印による押印が要件とされていない文書については，通常，文書作成者の指印があれば，印章による押印があるのと同等の意義を認めている我が国の慣行ないし法意識に照らすと，文書の完成を担保する機能においても欠けるところがないばかりでなく，必要以上に遺言の方式を厳格に解する

ときは，かえって，遺言者の真意の実現を阻害するおそれがある（最判平1・2・16民集43・2・45）。

✍ 遺言書本文の入れられた封筒の封じ目にされた押印をもって，自筆証書遺言の押印の要件に欠けるところはないとした原審の判断は正当として是認することができる（最判平6・6・24家裁月報47・3・60）。

② 加除その他の変更は，遺言者が，その場所を指示し，これを変更した旨を付記して，特にこれに署名し，かつ，その変更の場所に押印しなければならない（同条2項）。

### (2) 公正証書遺言 (969条)

① 証人2人以上の立会いがあること（同条1号）。

② 遺言者が，遺言の趣旨を公証人に口授すること（同条2号）。

口がきけない者が公正証書によって遺言をする場合には，遺言者は，公証人および証人の前で，遺言の趣旨を，通訳人の通訳により申述し，または自書して，公証人への口述に代えなければならない（969条の2第1項前段）。

③ 公証人が，遺言者の口述を筆記し，これを遺言者および証人に読み聞かせ，または閲覧させること（同条3号）。

遺言者または証人が，耳が聞こえない者である場合には，公証人は，筆記した内容を，通訳人の通訳により，遺言者または証人に伝えて，読み聞かせに代えることができる（969条の2第2項）。

④ 遺言者および証人が，筆記の正確なことを承認した後，各自これに署名し，押印すること（同条4号本文）。

ただし，遺言者が署名することができない場合には，公証人が，その事由を付記して，署名に代えることができる（同条4号ただし書）。

⑤ 公証人が，その証書は法定の方式にしたがって作成したものである旨を付記して，これに署名し，押印すること（同条5号）。

### (3) 秘密証書遺言 (970条)

① 遺言者が，その証書に署名し，押印すること（同条1号）。

遺言書の全文は，かならずしも自書である必要はなく，ワープロ，タイプラ

イターなどで作成してもよい。また，作成者は，遺言者本人でも，第三者でもよい。遺言書の用紙には，日付が記載されていなくともよい。

②　遺言者が，その証書を封じ，証書に用いた印章をもって，これに封印すること（同条2号）。

③　遺言者が，公証人1人および証人2人以上の前に封書を提出して，自己の遺言書である旨ならびにその筆者の氏名および住所を申述すること（同条3号）。

口がきけない者が，秘密証書遺言によって遺言をする場合には，遺言者は，公証人および証人の前で，その証書は自己の証書である旨ならびにその筆者の氏名および住所を通訳人の通訳により申述し，または封紙に自書して，申述に代えなければならない（972条1項）。この場合，遺言者が，通訳人の通訳により申述したときは，公証人は，その旨を封紙に記載しなければならない（972条2項）。また，遺言者が，封紙に自書したときは，公証人は，その旨を封紙に記載して，遺言者の申述の記載に代えなければならない（972条3項）。

④　公証人が，その証書を提出した日付および遺言者の申述を封紙に記載した後，遺言者および証人とともにこれに署名し，押印すること（同条4号）。

⑤　加除その他の変更は，遺言者が，その場所を指示し，これを変更した旨を付記して，特にこれに署名し，かつ，その変更の場所に押印しなければならない（同条2項・968条2項）。

秘密証書遺言は，法定の方式に欠けるものがあっても，自筆証書遺言としての方式を具備していれば，自筆証書遺言としての効力を有する（971条）。

　　🖊　秘密証書によって遺言をするにあたり，遺言者以外の者が，ワープロを操作して，市販の遺言書の書き方の文例に従って遺言書の表題および本文を入力して印字し，遺言者が，氏名等を自筆で記載したなどの事実関係のもとでは，ワープロを操作して遺言書の表題および本文を入力し印字した者が，970条1項3号の筆者である（最判平14・9・24家裁月報55・3・72）。

【証人・立会人の欠格事由】　　次の者は，遺言の証人または立会人になることはできない（974条）。

① 未成年者

② 推定相続人，受遺者およびその配偶者ならびに直系血族

③ 公証人の配偶者，4親等内の親族，書記および使用人

  ❧  盲人は，証人としての欠格者には該当しない。盲人は，視力に障害があるとしても，通常，この一事からただちに証人としての職責を果たすことができない者であるとしなければならない根拠を見出し難い。盲人は，事実上の欠格者であるということもできない（最判昭55・12・4民集34・7・835）。

  ❧  公正証書遺言の作成に当たり，民法所定の証人が立ち会っている以上，遺言の証人となることができない者(受遺者の子)が同席していたとしても，この者によって遺言の内容が左右されたり，遺言者が自己の真意に基づいて遺言をすることを妨げられたりするなど特段の事情のない限り，公正証書遺言の作成手続きを違法ということはできず，当該遺言は無効ではない（最判平13・3・27家裁月報53・10・98）。

## ⑤　特別の方式による遺言

　特別の方式による遺言は，遺言者が，普通の方式によって遺言をすることができるようになった時から6ヵ月間生存するときは，その効力がない（983条）。

　(1)　一般危急時遺言（一般臨終遺言。976条）　　疾病その他の事由によって死亡の危急に迫った者が遺言をしようとするときは，証人3人以上の立会いをもって，その1人に遺言の趣旨を口述して，遺言をすることができる（976条1項前段）。

　　　①　証人3人以上の立会いのもとで，その1人に遺言の趣旨を口述すること（976条1項前段）。

　口がきけない者が，一般危急時遺言（一般臨終遺言）によって遺言をする場合には，遺言者は，証人の前で，遺言の趣旨を通訳人の通訳により申述して，口述に代えなければならない（976条2項）。この場合，遺言者または他の証人が，耳が聞こえない者であるときは，遺言の趣旨の口述または申述を受けた者は，筆記した内容を，通訳人の通訳により，その遺言者または他の証人に伝えて，読み聞かせに代えることができる（976条3項）。

　　　②　遺言の趣旨の口述を受けた者が，これを筆記して，遺言者および他の

証人に読み聞かせ，または閲覧させて，各証人がその筆記の正確なことを承認した後，これに署名し，押印すること（976条1項後段）。

遺言の趣旨の口述を受けた者が筆記する場合，日付を記載する必要はない（最判昭47・3・17民集26・2・249）。

③　遺言の日から20日以内に，証人の1人または利害関係人から，家庭裁判所に請求して，その確認を得ること（976条4項）。

家庭裁判所は，遺言が，遺言者の真意に出たものであるとの心証を得なければ，これを確認することができない（976条5項）。

**(2)　難船危急時遺言**（**難船臨終遺言**。979条）　　船舶遭難の場合において，船舶中にいて死亡の危急に迫った者は，証人2人以上の立会いをもって，口頭で遺言をすることができる（979条1項）。

①　証人2人以上の立会いのもとで，口頭で遺言をすること（979条1項）。

口がきけない者が，難船危急時遺言によって遺言をする場合には，遺言者は，通訳人の通訳により，これをしなければならない（979条2項）。

②　証人が，その趣旨を筆記して，これに署名し，押印すること（979条3項）。

筆記は，口頭で遺言がなされた時でなくとも，船舶遭難の状況が止んでからでもよい。また，読み聞かせはしなくてもよい。署名または押印をすることができない者があるときは，証人は，その事由を付記しなければならない（981条）。

③　証人の1人または利害関係人から，遅滞なく，家庭裁判所に請求して，その確認を得ること（979条3項）。

家庭裁判所は，遺言が，遺言者の真意に出たものであるとの心証を得なければ，これを確認することができない（979条4項・976条5項）。

**(3)　伝染病隔絶者遺言**（**一般隔絶地遺言**。977条）　　伝染病のため，行政処分によって交通を遮断された場所にいる者は，警察官1人および証人1人以上の立会いをもって，遺言書を作ることができる（977条）。

①　警察官（立会人）1人および証人1人以上の立会いのもとで，遺言書を作ること（977条）。

遺言書の作成は，遺言者の自筆でなくとも，代筆でもよい。

② 遺言者，筆者，立会人および証人は，各自，遺言書に署名し，押印すること（980条）。

署名または押印をすることができない者があるときは，立会人または証人は，その事由を付記しなければならない（981条）。

(4) **在船者遺言**（978条）　船舶中にいる者は，船長または事務員1人および証人2人以上の立会いをもって，遺言書を作ることができる（978条）。

① 船長（立会人）または事務員（立会人）1人および証人2人以上の立会いのもとで，遺言書を作ること（978条）。

② 遺言者，筆者，立会人および証人は，各自，遺言書に署名し，押印すること（980条）。

署名または押印をすることができない者があるときは，立会人または証人は，その事由を付記しなければならない（981条）。

## 6 遺 言 の 効 力

(1) **遺言の効力発生時期**

① 遺言は，**遺言者の死亡の時**から，その効力を生ずる（985条1項）。

② 遺言に停止条件を付した場合において，その条件が，遺言者の死亡後に成就したときは，遺言は，**条件が成就した時**から，その効力を生ずる（985条2項）。

(2) **遺言の無効・取消し**

① 遺言能力のない者（満15歳未満の者。961条）のなした遺言は，無効である（963条）。

② 法定の方式によらない成年被後見人の遺言は，無効である（973条）。

【**成年被後見人の遺言**】

　(イ) 事理を弁識する能力を一時回復した時においてなされること。

　(ロ) 医師2人以上の立会いがあること。

　(ハ) 遺言に立ち会った医師は，遺言者が遺言をする時において，精神上の障害により事理を弁識する能力を欠く状態になかった旨を遺言書に付記して，これに署名・押印をすること。

㈡　秘密証書によって遺言をする場合には，その封紙に，上記の記載をし，署名・押印をすること。

③　被後見人（未成年者・成年被後見人）が，後見の計算の終了前に，後見人（未成年後見人・成年後見人）またはその配偶者もしくは直系卑属の利益となるべき遺言をしたときは，その遺言は無効である（966条１項）。ただし，直系血族，配偶者または兄弟姉妹が後見人である場合には，その遺言は，無効とはならない（966条２項）。

④　財産法的内容の遺言については，公序良俗（90条）に反する遺言や錯誤（95条）にもとづく遺言は無効となる。また，詐欺・強迫（96条）による遺言は，取り消すことができる。

## 7　遺言の撤回

遺言者は,いつでも,遺言の方式にしたがって,その遺言の全部または一部を撤回することができる(遺言の撤回の自由。1022条)。つまり,遺言者は,遺言の撤回権を有する。遺言者は,この遺言の撤回権を放棄することはできない(1026条)。

⑴　**撤回の遺言による撤回**（1022条）　遺言者は,「前の遺言を撤回する」旨の遺言（後の遺言）によって，前の遺言を撤回することができる。前の遺言と後の遺言の方式が異なってもよい。

⑵　**法定撤回**　遺言者が，遺言の趣旨と抵触する行為をした場合には，抵触した部分は，撤回したものとみなされる。

①　**前の遺言と抵触する内容の遺言**が，後になされた場合，その抵触する部分については，後の遺言で，前の遺言を撤回したものとみなされる（1023条１項）。たとえば，前の遺言の内容が,「甲不動産をＡに与える」というものであり，後の遺言の内容が,「甲不動産をＢに与える」というものであった場合，前の遺言は撤回されたものとみなされる。

②　遺言をした後に，これと**抵触する生前処分**その他の法律行為がなされた場合，その抵触する部分については，遺言を撤回したものとみなされる（1023条２項）。たとえば，遺言の内容が,「甲不動産をＡに与える」というものであり,

その後の生前処分で,「甲不動産をBに売却」した場合には,前の遺言は撤回されたものとみなされる。

③　遺言者が,**故意**に,**遺言書を破棄**したときは,その破棄した部分については,遺言を撤回したものとみなされる（1024条前段）。

④　遺言者が,**故意**に,**遺贈の目的物を破棄**したときは,その破棄した部分については,遺言を撤回したものとみなされる（1024条後段）。

**(3) 撤回の撤回**　　第1の遺言を撤回した後に,その撤回行為が撤回された場合でも,第1の遺言は,その効力を回復しない（1025条本文）。たとえば,第1の遺言の内容が,「甲不動産をAに与える」というものであり,第2の遺言で,「第1の遺言を撤回する」または「甲不動産をBに与える」とした後に,第3の遺言で,「第2の遺言を撤回する」とした場合,第1の遺言は復活しない。

> ✒　第1の遺言を遺言の方式に従って撤回した遺言者が,さらに,当該撤回遺言（第2の遺言）を遺言の方式に従って撤回した場合において,第3の遺言書の記載に照らし,遺言者の意思が,第1の遺言の復活を希望するものであることが明らかなときは,遺言者の真意を尊重して,第1の遺言の効力の復活を認めるのが相当である（最判平9・11・13民集51・10・4144）。

**(4) 撤回の取消し**　　第1の遺言を撤回した後に,その撤回行為が,詐欺または強迫を理由に取り消されたときは,第1の遺言は,その効力を回復する（1025条ただし書）。その他の理由で取り消されたときは,第1の遺言は,その効力を回復しない（1025条本文）。たとえば,第1の遺言の内容が,「甲不動産をAに与える」というものであり,第2の遺言で,「第1の遺言を撤回する」または「甲不動産をBに与える」とした後に,第2の遺言が,詐欺または強迫を理由として取り消された場合は,第1の遺言が復活する。

## ⑧　遺言の執行

**(1) 遺言執行の意義**　　遺言の効力発生後に,遺言の内容を実現する手続きを,遺言の執行という。遺言の執行は,原則として,遺言執行者によってなされる。ただし,一定の行為については,遺言の効力発生と同時に,当然に,そ

の内容が実現されるものがある。

**【遺言の執行手続きなくして遺言の効力が発生するもの】**

① 未成年後見人の指定 (839条1項本文・2項)

② 後見監督人の指定 (848条)

③ 相続分の指定・第三者への相続分指定の委託 (902条1項本文)

④ 特別受益者の相続分の指定 (903条3項)

⑤ 遺産分割方法の指定・指定の委託・遺産分割の禁止 (908条)

⑥ 共同相続人間の担保責任の指定 (914条)

⑦ 遺贈の減殺方法の指定 (1034条ただし書)

**(2) 遺言執行の準備** **(a) 検認** 遺言書の保管者または遺言書を発見した相続人は，相続の開始を知った後，遅滞なく，これを家庭裁判所に提出して，その検認を請求しなければならない (1004条1項)。ただし，公正証書遺言の場合には，家庭裁判所の検認は不要である (1004条2項)。

**(b) 開封** 封印のある遺言書は，家庭裁判所において，相続人またはその代理人の立会いをもってしなければ，これを開封することができない (1004条3項)。

**(c) 違反行為に対する罰則** 遺言書の提出を怠り，その検認を受けずに遺言を執行したり，または，家庭裁判所外において，遺言書の開封をした者は，5万円以下の過料に処せられる (1005条)。

**(3) 遺言執行者**

**(a)** 遺言執行者は，相続人の代理人とみなされる (1015条)

**(b)** 遺言執行者の選任の方法

(イ) 遺言による遺言執行者の指定・第三者への遺言執行者指定の委託

遺言者は，遺言で，1人または数人の遺言執行者を指定し，または，その指定を第三者に委託することができる(1006条1項)。遺言執行者が就職を承諾したときは，ただちに，その任務を行わなければならない (1007条)。

(ロ) 家庭裁判所による選任 遺言執行者がいないとき，または，いなくなったときは，家庭裁判所は，利害関係人の請求によって，遺言執行者を選

任することができる（1010条）。

　　(c)　遺言執行者の欠格事由　　未成年者および破産者は，遺言執行者になることができない（1009条）。未成年者および破産者以外の者であれば，特別な資格の制限なくして，誰でも，遺言執行者になることができる。遺言執行者は，自然人でも法人でもよい。

　　(d)　遺言執行者の任務　　(イ)　財産目録の調整　　遺言執行者は，遅滞なく，相続財産の目録を調整して，これを相続人に交付しなければならない（1011条1項）。遺言執行者は，相続人の請求があるときは，その立会いをもって，財産目録を調整し，または，公証人に，これを調整させなければならない（1011条2項）。

　　　　(ロ)　相続財産の管理・遺言の執行行為　　遺言執行者は，相続財産の管理その他遺言の執行に必要な一切の行為をする権利・義務を有する（1012条1項）。相続財産の管理については，委任に関する規定（644条〜647条・650条）が準用される（1012条2項）。

　　(e)　共同遺言執行者　　数人の遺言執行者がいる場合，その任務の執行は，過半数で決する（1017条1項本文）。ただし，遺言者が，遺言に別段の意思を表示したときは，その意思にしたがう（1017条1項ただし書）。数人の遺言執行者は，各自単独で，保存行為をすることができる（1017条2項）。

　　(f)　報酬　　家庭裁判所は，相続財産の状況その他の事情によって，遺言執行者の報酬を定めることができる（1018条1項本文）。ただし，遺言者が，その遺言に，遺言執行者の報酬を定めたときは，これによる（1018条1項ただし書）。遺言執行者が報酬を受けるべき場合には，その支払方法に関して，648条2項・3項の規定が準用される（1018条2項）。

　(4)　**遺言執行の費用**　　遺言の執行に関する費用は，相続財産の負担とされる（1021条本文）。ただし，これによって遺留分を侵害することはできない（1021条ただし書）。遺言の執行に関する費用の例としては，遺言書の検認・開封の費用，財産目録の調整費用，相続財産の管理費用，遺言執行者の報酬，などである。

第8章 相続法の概要　*409*

## Ⅶ 遺 留 分

### 1 遺留分の意義

被相続人が，贈与または遺贈によって自己の財産を処分した場合であっても，一定の相続人に，一定の割合の相続財産が留保されることになる。この割合を，**遺 留 分**という。

### 2 遺留分権利者

兄弟姉妹を除く相続人が，遺留分権を有する (1028条)。子の代襲者，再代襲者も，遺留分権を有する (1044条→887条2項・3項)。

### 3 遺 留 分 率

(1) **兄弟姉妹を除く相続人の遺留分率**　相続人が直系尊属のみの場合の遺留分率は，3分の1である(1028条1号)。その他の場合の遺留分率は，2分の1である (1028条2号)。その他の場合とは，相続人が，子 (代襲者・再代襲者) と配偶者，直系尊属と配偶者，兄弟姉妹と配偶者 (配偶者のみが遺留分を有する)，子 (代襲者・再代襲者) のみ，配偶者のみの場合である。

(2) **遺留分権利者が複数の場合の各自の遺留分率**　遺留分権利者が複数いる場合には，上記(1)の遺留分率に法定相続分率を乗じたものが，各自の遺留分率となる (1044条→900条)。

(3) **代襲者・再代襲者の遺留分率**　代襲者・再代襲者の遺留分率は，被代襲者の遺留分率を基礎として，代襲相続分の算定方法にしたがって算定される (1044条→901条)。

### 4 遺留分額の算定

遺留分は，被相続人が相続開始の時において有した財産の価額に，その贈与した財産の価額を加え，その中から，債務の全額を控除して，これを算定する

*410*

（1029条1項）。条件付権利または存続期間の不確定な権利は，家庭裁判所が確定した鑑定人の評価にしたがって，その価格を定める（1029条2項）。

（1）**生前贈与**　生前贈与は，相続開始前の1年間にしたものに限り，遺留分額算定の基礎となる財産の価額に算入する（1030条前段）。当事者双方が，遺留分権利者に損害を加えることを知って贈与をしたときは，1年前にしたものでも，遺留分額算定の基礎となる財産の価額に算入する（1030条後段）。

（2）**特別受益分**　特別受益者が受けた贈与については，すべての贈与について，その贈与の時期を問わず（相続開始前1年以内であるか否かにかかわらず），また，当事者双方が，遺留分権利者に損害を加えることを知っていたか否かにかかわらず，遺留分額算定の基礎となる財産の価額に算入する（1044条→903条。最判平10・3・24民集52・2・433）。

特別受益者が受けた贈与の価額は，受贈者の行為によって，その目的たる財産が滅失し，または，その価格の増減があったときでも，相続開始の当時，なお原状のままであるものとみなして算定される（1044条→904条）。

　　※　被相続人が，相続人に対し，その生計の資本として贈与した財産の価額をいわゆる特別受益として遺留分算定の基礎となる財産に加える場合に，当該贈与財産が金銭であるときは，その贈与の時の金額を相続開始の時の貨幣価値に換算した価額をもって評価すべきものと解するのが相当である（最判昭51・3・18民集30・2・111）。

　　※　被相続人が，相続開始の時に債務を有していた場合の遺留分の額は，被相続人が相続開始の時に有していた財産全体の価額に，その贈与した財産の価額を加え，その中から，債務の全額を控除して，遺留分算定の基礎となる財産額を確定し，それに遺留分の割合を乗じ，複数の遺留分権利者がいる場合は，さらに，遺留分権利者それぞれの法定相続分の割合を乗じ，遺留分権利者がいわゆる特別受益財産を得ているときはその価額を控除して算定すべきものであり，遺留分の侵害額は，このようにして算定した遺留分の額から，遺留分権利者が相続によって得た財産がある場合はその額を控除し，同人が負担すべき相続債務がある場合は，その額を加算して算定する（最判平8・11・26民集50・10・2747）。

　　※　民法903条1項の定める相続人に対する贈与は，その贈与が相続開始よりも相当以前にされたものであって，その後の時の経過に伴う社会経済事情や相続人など関係人の個人的事情の変化をも考慮するとき，減殺請求を認めることがその相続人に酷であるなど

の特段の事情のない限り，民法1030条の定める要件を満たさないものであっても，遺留分減殺の対象となる（最判平10・3・24民集52・2・433）。

## ⑤　遺留分減殺請求権

遺留分権利者およびその承継人は，遺留分を保全するのに必要な限度で，遺贈および贈与の減殺を請求することができる（1031条）。このような権利を，**遺留分減殺請求権**という。遺留分減殺請求権は，**形成権**であり，その権利の行使は，受贈者または受遺者に対する一方的意思表示によってすればたり，かならずしも，裁判上の請求による必要はなく，また，その意思表示がなされたときは，法律上，当然に，減殺の効力を生ずる（最判昭41・7・14民集20・6・1183）。

> ✎　被相続人がした贈与が遺留分減殺の対象としての要件を満たす場合には，遺留分権利者の減殺請求により，その贈与は遺留分を侵害する限度において失効し，受贈者が取得した権利は，その限度で当然に遺留分権利者に帰属する。受贈者が，その贈与にもとづいて目的物の占有を取得し，平穏かつ公然に占有を継続し，取得時効を援用したとしても，それによって，遺留分権利者への権利の帰属が妨げられるものではない（最判平11・6・24民集53・5・918）。
>
> ✎　自己を被保険者とする生命保険契約の契約者が，死亡保険金の受取人を変更する行為は，民法1031条に規定する遺贈または贈与にあたるものではなく，これに準ずるものということもできない（最判平14・11・5民集56・8・2069）。

(1)　**減殺の順序**　　贈与は，遺贈を減殺した後でなければ，これを減殺することはできない（1033条）。遺贈は，その目的の価額の割合に応じて，これを減殺する（1034条本文）。ただし，遺言者が，その遺言に，別段の意思を表示したときは，その意思にしたがう（1034条ただし書）。受遺者が相続人である場合には，遺贈の目的の価額のうち，受遺者の遺留分額を超える部分のみが，「その目的の価額」となる（最判平10・2・26民集52・1・274）。贈与の減殺は，後の贈与から始め，順次に前の贈与におよぶ（1035条）。

(2)　**減殺請求の制限**　　負担付贈与は，その目的の価額の中から，負担の価額を控除したものについて，その減殺を請求することができる（1038条）。

(3) **減殺請求権の消滅**　　遺留分減殺請求権は，遺留分権利者が，相続の開始および減殺すべき贈与または遺贈があったことを知った時から **1 年間行使し**ないときは，時効によって消滅する（**消滅時効**。1042条前段）。また，遺留分減殺請求権は，相続開始の時から**10年間行使**しないときも消滅する（1042条後段）。この10年という期間は，**除斥期間**であると解されている。

## 6　遺留分の放棄

　相続開始前の遺留分の放棄は，家庭裁判所の許可を受けたときに限り，その効力を生ずる（1043条 1 項）。共同相続人の 1 人のした遺留分の放棄は，他の各共同相続人の遺留分に影響を及ぼさない（1043条 2 項）。

# 索　引

※太字は語句の説明のページを示す

## あ　行

悪意　**16**

与える債務　**209**

安全配慮義務　**215**

異議なき承諾　250

遺産　375

──分割　388

意思主義　45, 114

意思能力　18

意思の不存在　46

異時配当の効果　199

意思表示　44

──の効力発生時期　62

──の到達過程　62

慰藉料請求権　323

**一物一権主義**　**102**

一括競売権　187

一身専属権　219

一般隔絶地遺言　403

一般危急時遺言　398, 402

一般財団法人　35

一般先取特権　160

一般社団法人　35

一般条項　10

一般法　3

一般法人　31, 35

一般臨終遺言　402

違法性　210, 320

──阻却事由　211, 212

違約手付　292

入会権　104

遺留分　409

──減殺請求権　411

──権利者　409

──率　409

因果関係　213, 321

姻族　331

──関係終了の意思表示　334

──関係の終了　341

インターネット等を利用した契約と錯誤　55

売主の担保責任　295

運行供用者　328

──責任　328

運輸の先取特権　162

永小作権　104

営利法人　31

越権代理　74

NGO　32

NPO　32

──法人　32

## か　行

カード機械払い　261

解除と第三者　123, 288

買主の代金支払拒絶権　292

解約手付　293

改良行為　65, 66, 139

隔絶地遺言　398

確定期限　100

──付債務　211

確定日付　254

──のある証書　254

瑕疵ある意思表示　46

貸金等根保証契約　245

瑕疵担保責任　299

過失　9, 210, 319

果実　*178*
　　——収取権　*158*
過失責任　*9, 67, 319*
　　——の原則　*9, 210, 319*
過失相殺　*214, 321*
家族法　*4*
学校法人　*31*
簡易の引渡し　*131*
慣習法　*6*
間接強制　*209*
元本確定期日　*201, 246*
元本確定事由　*201, 246*
元本の確定　*201*

機械式金銭借入れ　*262, 263*
機械式預貯金払戻し　*262, 263*
機械払い　*261*
棄却　*92*
危急時遺言　*398*
期限の定めのない債務　*211*
偽造キャッシュカード　*262*
既判力　*140*
却下　*92*
求償権　*236, 243, 325*
94条2項の類推適用　*51*
給付　*203*
　　——義務　*215*
共益費用の先取特権　*160*
協議上の離縁　*360*
協議上の離婚　*344*
狭義の無権代理　*76*
強制主義　*34*
強制認知　*355*
共同抵当　*197*
共同不法行為者　*326*
共同保証　*244*
共同遺言の禁止　*397*
競売権　*158*
強迫　*57*
共有　*38，138*

——物に関する契約の解除　*140*
——物に関する費用負担　*140*
——物に対する所有権（共有権）の主張と
　訴えの提起　*141*
——物の分割　*141*
許可　*34*
　　——主義　*34*
虚偽表示　*47*
極度額　*201, 245*
緊急避難　*212, 320*
近親婚　*340*
　　——の禁止　*336*
近親者の損害賠償請求権　*323*
金銭賠償　*213, 324*
均分相続の原則　*383*

空中権　*146*
区分地上権　*146*
クーリング・オフ　*284*
　　——制度による契約の解除　*284*

形成権　*86, 202, 265, 286, 411*
顕名主義　*69*
契約自由の原則　*8, 271*
血族　*331*
　　——相続人　*376*
現金自動入出機による預金の払戻しと478条
　の適用　*261*
権限外の行為による表見代理　*74*
検索の抗弁権　*242*
原始取得　*84*
現実的履行の強制　*208*
現実の提供　*258*
現実の引渡し　*130*
原状回復　*324*
　　——義務　*20, 287, 305*
限定種類債権　*207*
限定承認　*392, 395*
権利能力　*13*
　　——なき社団　*37*
権利の客体　*12*

索　引　*415*

権利の主体　*12*
権利の変動　*13*
権利濫用の禁止　*11*

故意　*9, 210, 319*
合意充当　*264*
行為能力　*18*
公益財団法人　*31*
公益社団法人　*31*
公益性の認定　*36*
公益法人　*30*
**更改**　***235***
恒久性　*137*
公共の福祉　*10*
工業労務の先取特権　*163*
**攻撃防禦方法**　***86***
工作物　*143*
公示の原則　*117*
公信の原則　*132*
公正証書遺言　*398, 400*
公然　*96, 133*
口頭の提供　*258*
公法　*1*
**合有**　***38***
考慮期間　*392*
雇用関係の先取特権　*160*
渾一性　*136*
婚姻準正　*356*
婚姻障害　*335*
婚姻適齢　*336*
婚姻の取消し　*339*
婚姻の無効　*338*
婚姻費用分担義務　*343*
混同　*135,* ***235***

### さ　行

債権　*203*
　　――の性質　*203*
　　――の準占有者　*261*
　　――の二重譲渡　*255*

債権質権の特則　*171*
債権者　*203*
債権者代位権　*218*
　　――の転用　*221*
債権者取消権　*224*
債権譲渡　*247*
債権譲渡の対抗要件　*249*
　　――と抵当権との関係　*251*
　　――と保証債務の関係　*250*
　　――に関する特例法　*254*
催告　*92*
　　――の抗弁権　*241*
再婚禁止期間　*336*
　　――中の婚姻　*340*
再婚の自由　*348*
財産分与　*341, 349*
財産法　*4*
祭祀財産の承継　*342, 348, 361*
在船者遺言　*398, 404*
再代襲相続　*378*
財団　*30*
　　――法人　*12, 30*
再転相続　*393*
裁判上の請求　*91*
裁判上の離縁　*360*
裁判上の離婚　*345*
**債務**　***93,*** *203*
　　――者　*203*
　　――不履行　*210*
詐害行為取消権　*224*
詐欺　*57*
　　――・強迫による婚姻　*340*
先取特権　*104, 149, 160*
　　――の種類　*160*
　　――の順位　*164*
錯誤　*53*
差押禁止債権　*219, 269*
差押えと相殺　*269*
指図による引渡し　*131*
詐術　*29*

三審制　7

敷金　312
時効　81
　──完成後の債務の承認　88
　──完成の効果　84
　──制度の存在理由　82
　──の援用　85
　──の起算点の任意選択の可否　127
　──の中断　91
　──の法的構成　83
　──利益の喪失　89
　──利益の放棄　88, 89
自己契約　67
自己責任の原則　319
持参債務　206
事実的因果関係　321
**使者　64**
自主占有　95
事前監護　362
自然血族　331
自然的因果関係　321
自然人　13
質権　104, 149, 166
　──者の義務　169
　──設定契約　166
　──の成立　166
失火責任法　320
失踪宣言　15
指定充当　264
指定相続分　382, 385
私的自治の原則　8
自働債権　266
自動車損害賠償保障法　328
支払いの差し止めを受けた債権　269
自筆証書遺言　398, 399
私法　1, 2
**指名債権　247**
社会福祉法人　31
社会法　1, 2

借地権の対抗力　308
社団　30
　──法人　12, 30
収益　136
宗教法人　31
重婚　339
　──の禁止　336
修繕義務　303
**従たる権利　177**
**従物　176**
熟慮期間　392
授権行為　65
守操義務　342
重大な過失　55
主たる権利　177
主たる債務者　238
受働債権　266
受働代理　64
取得時効　81
　──完成の要件　95
　──と第三者　126
種苗肥料供給の先取特権　162
主物　176
受領遅滞　216
種類債権　206
　──の特定　206
種類物　206
準則主義　34
準正　356
使用　136
**承継取得　84**
商事法定利率　207
使用者責任　325
承諾転質　168
承認　92
証人　400 〜 404
　──・立会人の欠格事由　401
消費者契約　278
　──法　278
消滅時効　82, 231, 324

索　引　417

——完成の要件　98
証約手付　292
将来効　341
除斥期間　231, 300, 324
処分　136
——行為　140
所有権　104, 136
——絶対の原則　8
——の性質　136
自力救済禁止　110
信義誠実の原則　11
信義則　11
親権者　22, 344, 347, 364
人工授精　366
親族　331
人的担保　148
親等　332
心裡留保　46

推定されない嫡出子　352
推定する　17
推定相続人　380
推定の及ばない子　352
随伴性　150, 241
数量指示売買　297

請求　91
制限行為能力者　19, 21
制限種類債権　207
制限物権　105
生殖補助医療　365
生前贈与　410
製造業者等　327
製造物　327
——責任　326
正当業務行為　320
正当防衛　320
成年擬制　21, 342
成年後見制度　19
成年後見人　23
成年被後見人　23

責任　93
——財産　217
——転質　168
——能力　320
——無能力者　325
絶対効　234
絶対的構成　50, 229
絶対的無効　20
説明義務　215
善意　16
——取得　132
善管注意義務　156, 169, 205, 207, 305
全面性　136
全面的支配権　105, 136
占有回収の訴え　112
——の相手方　112
占有改定による引渡し　131
占有権　104, 105
占有訴権　110
占有保持の訴え　111
占有保全の訴え　111

相殺　265
——適状　266
——の禁止　267
造作買取請求権　154, 305
葬式費用の先取特権　161
喪失　89
創設的届出　338
相続　375
——欠格者　379
——財産　375
——財産法人　381
——と第三者　124
——の承認　392
——の放棄　392, 396
——分　382
相続人　375, 376
——の廃除　380
——の不存在　381

相対効　*234*
相対的構成　*50, 229*
相対的無効　*230*
相当因果関係　*213, 321*
送付債務　*206*
双方代理　*67*
双務契約　*273, 279, 291, 302*
**総有　*38***
遡及効　*20, 77, 84, 270, 391*
即時取得　*132*
　　——の効果　*134*
　　——の要件　*132*
訴訟当事者能力　*39*
損益相殺　*322*
損害賠償額の予定　*215*
損害賠償請求権　*213, 321*
**尊属　*332***

## た　行

代位物　*178*
体外受精　*366*
代替執行　*209*
代価弁済　*189*
代金支払拒絶権　*292*
対抗関係　*115*
「対抗」という用語の意味　*115*
対抗問題　*115*
対抗要件　*115, 130, 249, 253*
　　——主義　*116*
第三者の強迫　*59*
第三者の詐欺　*58*
第三者の弁済　*259*
胎児の損害賠償請求権　*323*
代襲原因　*378*
代襲相続　*377, 378*
　　——分　*384*
大深度地下利用法　*137*
代諾縁組　*358*
代諾養子　*358*
代理　*63*

　　——懐胎　*367*
　　——出産　*367*
代理権　*65*
　　——授与行為　*65*
　　——授与の表示による表見代理　*74*
　　——消滅後の表見代理　*75*
　　——の消滅　*68*
　　——の発生原因　*65*
　　——の範囲　*65*
　　——の濫用　*72*
代理行為　*68*
　　——の瑕疵　*71*
代理人の能力　*70*
諾成契約　*273, 291, 302*
立会人　*401, 404*
建物買取請求権　*153, 223*
建物賃借人の原状回復義務　*305*
他人　*328*
他人の物の売買　*295*
　　——と相続　*295*
単純承認　*392, 394*
担保　*148*
　　——責任　*295*
担保物権　*105, 148*
　　——の性質　*150*
弾力性　*137*
地役権　*104*
遅延賠償　*213*
地下権　*146*
竹木　*143*
地上権　*104, 143*
　　——の効力　*144*
　　——の成立　*144*
父を定める訴え　*351*
嫡出子　*332, 350, 352*
嫡出性の推定　*350*
嫡出否認の訴え　*352*
中間特別法人　*31*
調停による離婚　*344*

索　　引　　*419*

直接強制　*209*
直系姻族　*332*
直系血族　*332*
**直系親族**　*332*
直系尊属　*332, 377*
直系卑属　*332*
賃借権の譲渡　*310*
賃借権の対抗力　*307*
賃借権の物権化　*107, 204*
賃借物の転貸　*310*
賃貸借契約　*302*
賃料支払義務　*304*

通常損害　*213*
通帳機械払い　*261*

DNA 鑑定　*353*
　　──による嫡出性否認の許否　*353*
定款　*35, 36*
停止条件　*101*
貞操義務　*342*
抵当権　*104, 149, 173*
　　──消滅請求　*189*
　　──の効力の及ぶ目的物の範囲　*175*
　　──の譲渡　*192*
　　──の成立　*173*
　　──の放棄　*193*
　　──の順位の譲渡　*194*
　　──の順位の変更　*196*
　　──の順位の放棄　*195*
**撤回**　*22*
転質　*168*
電子記録債権　*257*
**電子承諾通知**　*276*
**電子消費者契約**　*275*
電磁的記録　*238*
伝染病隔絶者遺言　*403*
転抵当　*191*
転得者　*50, 119, 228*
　　──の善意・悪意の判断　*50, 228*
天然果実　*178*

墳補賠償　*213*
転用物訴権　*316*

動機の錯誤　*56*
同居・協力・扶助義務　*342*
動産譲渡の対抗要件に関する特例法　*131*
動産先取特権　*160, 161*
動産質権の特則　*169*
動産売買の先取特権　*162*
動産物権変動の対抗要件　*130*
動産保存の先取特権　*162*
同時配当の効果　*198*
到達主義　*62*
盗難キャッシュカード　*263*
**特定債権**　*221*
特定非営利活動　*32*
　　──法人　*32*
特定物　*205*
　　──債権　*205*
特別縁故者　*381*
特別寄与者　*387*
特別先取特権　*160*
特別失踪　*15*
特別受益者　*385*
特別損害　*213*
特別代理人　*68*
特別法　*3*
特別養子縁組　*357, 362*
独立行政法人　*33*
土地所有権にもとづく物権的請求権行使の相
　　手方　*109*
特許主義　*33*
**取消し**　*19, 22*
取消しと第三者　*121*
取立債務　*206*

**な　行**

内容の錯誤　*54*
**なす債務**　*209*
難船危急時遺言　*398, 403*

難船臨終遺言　*403*

日常家事債務の連帯責任　*343*
日用品供給の先取特権　*161*
任意代位　*260*
任意代理　*64*
任意認知　*354*
認可　*34*
　　——主義　*34*
認証　*34*
　　——主義　*34*
認知準正　*356*
認定死亡　*15*

根抵当権　*200*
根保証契約　*245*

農業労務の先取特権　*163*
脳死　*15*
能働代理　*64*

## は　行

配偶者　*331, 377*
　　——相続人　*376*
背信的悪意者　*117, 118*
売買契約　*272, 291*
　　——締結に関する費用の負担　*291*
発信主義　*62*
判例法　*6*

PL法　*326*
引換給付判決　*157, 280*
引渡し　*130*
非債弁済　*317*
被相続人　*375*
卑属　*332*
非嫡出子　*332, 350, 354*
必要費　*303*
必要的共同訴訟　*140*
被保佐人　*24*
被補助人　*25*
秘密証書遺言　*398, 400*

177条の第三者から除外される者　*118*
表見代理　*74*
表示主義　*45*
表示上の錯誤　*54*
費用償還義務　*303*
費用償還請求権　*158*

夫婦間の契約取消権　*342*
夫婦共同縁組　*358, 362*
夫婦の氏　*342*
付加一体物　*175*
不確定期限　*100*
　　——付債務　*211*
不確定的無効　*77*
付加物　*175*
不可分性　*150*
不完全履行　*210, 212*
復氏　*341, 348, 361*
復代理　*66*
復任権　*66*
付合物　*176*
附従性　*150, 239*
付随義務　*215*
不正借入れ　*262, 263*
不正払戻し　*262, 263*
普通失踪　*15*
普通養子縁組　*357*
物権　*102*
　　——公示の原則　*103*
　　——の一般的効力　*106*
　　——の混同　*135*
　　——の種類　*103*
　　——の消滅　*135*
　　——の性質　*102*
物権的請求権　*107*
　　——と損害賠償請求権　*109*
物権変動　*114, 130*
　　——の時期　*114*
物権法定主義　*103*
物上請求権　*107*

物上代位　*178*
　——性　*151*
物的担保　*148*
不適齢婚　*339*
不動産工事の先取特権　*163*
不動産先取特権　*160, 163*
不動産質権の特則　*170*
不動産賃借権の対抗要件　*129, 307*
不動産賃貸の先取特権　*161*
不動産売買の先取特権　*163*
不動産物権変動の対抗要件　*115*
不動産保存の先取特権　*163*
不当利得　*315*
不法原因給付　*44, 318*
不法行為　*319*
　——債権　*268*
　——における過失相殺　*321*
分割債権　*232*
分割債務　*232*
分別の利益　*245*
分離物　*178*

平穏　*95, 133*
変更行為　*140*
弁済　*258*
　——受領者　*261*
　——による代位　*260*
　——の充当　*264*
　——の提供　*258*

妨害排除請求権　*108*
妨害予防請求権　*108*
放棄　*89*, *135*
傍系姻族　*332*
傍系血族　*332*
傍系親族　*332*
傍系尊属　*332*
傍系卑属　*332*
法源　*5*
報告的届出　*338*
法人　*12, 30*

法定果実　*178*
法定血族　*331*
法定充当　*264*
法定相続分　*382*
法定代位　*260*
法定代理　*64*
法定単純承認　*394*
法定担保物権　*105, 149*
法定地上権　*180*
法定中断事由　*91*
法定利率　*207*
法律婚主義　*335*
保佐人　*24*
補充性　*241*
保証契約　*238*
保証債務　*238*
　——の性質　*239*
保証人　*238*
　——の抗弁事由（附従性から導かれる保証
　　人の抗弁権）　*240*
　——の抗弁事由（補充性から導かれる保証
　　人の抗弁権）　*241*
保証連帯　*245*
補助人　*26*
保存行為　*66, 139*
本権　*105, 113*

## ま　行

未成年後見人　*22, 365*
未成年者　*21*
みなし相続財産　*386, 388*
みなす　*17*
民事法定利率　*207*
民法改正の動向
　——（意思表示）　*63*
　——（消滅時効）　*100*
　——（法定利率）　*208*
　——（保証債務）　*246*
　——（敷金）　*313*
　——（定型約款）　*314*

―――（損害賠償請求権の消滅時効期間）
　　*324*

民法典　　*3, 4, 5*

無過失責任　　*67, 214, 327*

無権代理　　*73*
　　―――と相続　　*78*
　　―――人の責任　　*78*

無効　　*18, 19, 41, 42, 47, 48, 54*

**無戸籍児問題**　　*350*

無資力要件　　*218, 227*

減権代理　　*75*

目的物返還義務　　*305*

目的物返還請求権　　*108*

持分権　　*138*

## や　行

約定担保物権　　*105, 149*

約定利率　　*207*

遺言　　*396*
　　―――事項　　*397*
　　―――執行者　　*407*
　　―――能力　　*397*
　　―――の執行　　*406*
　　―――の撤回　　*405*

有益費　　*304*

有償契約　　*274, 291, 302*

有責配偶者　　*346*

優先主義　　*199*

優先弁済的効力　　*149*

用益物権　　*105*

要素の錯誤　　*54*

要物契約　　*166, 273*

用法尊守義務　　*305*

予見可能性　　*213*

預貯金者保護法　　*262*

## ら　行

離縁　　*360, 363*
　　―――原因　　*360*

履行遅滞　　*210, 211*

履行不能　　*210, 212*

履行補助者　　*210*

離婚　　*343*
　　―――原因　　*345*
　　―――後300日問題　　*350*
　　―――の効果　　*348*

利息債権　　*207*

利息制限法　　*207*

流質契約　　*167*

留置権　　*104, 149, 151*
　　―――の効力　　*156*
　　―――の消滅　　*158*
　　―――の成立要件　　*151*

留置的効力　　*150, 156*

利用行為　　*66, 139*

旅館宿泊の先取特権　　*162*

利率　　*207*

連帯債務　　*233*

連帯保証　　*243*

## わ　行

割付主義　　*198*

和解契約　　*273*

［著者紹介］

松 野 民 雄 ［まつの たみお］

昭和28年　東京生まれ
昭和54年　明治大学大学院法学研究科博士前期課程修了
昭和59年　明治大学大学院法学研究科博士後期課程単位取得
　　　　　明治大学行政研究所講師，宮崎産業経営大学専任講師，城西大学経済学部助教授
　　　　　等を歴任
現　　在　城西大学現代政策学部教授，明治大学法学部・政治経済学部兼任講師

【著　書】

共　著　『新民法教科書』（平成13年，東京法令出版）
共　著　『私たちの生活と法』（平成14年，成文堂）
共　著　『法学事始』（平成20年，一学舎）
共　著　『民法小事典〔3訂版〕』（平成21年，住宅新報社）など

---

民 法 概 要　　　　　　　　　　　　　　　　　　　　　　　　《検印省略》

| | | |
|---|---|---|
| 2004年 5 月20日 | 第 1 版第 1 刷発行 | |
| 2007年 6 月30日 | 改訂版第 1 刷発行 | |
| 2009年12月31日 | 改訂版第 2 刷発行 | 著　者　松　野　民　雄 |
| 2011年 4 月30日 | 三訂版第 1 刷発行 | |
| 2012年 3 月20日 | 三訂版第 2 刷発行 | |
| 2015年 5 月31日 | 四訂版第 1 刷発行 | 発行者　前　田　　茂 |
| 2016年 3 月31日 | 四訂版第 2 刷発行 | |
| 2017年12月31日 | 四訂版第 3 刷発行 | |

発 行 所　嵯 峨 野 書 院

〒615－8045　京都市西京区牛ヶ瀬南ノ口町39　電話（075）391－7686　振替01020－8－40694

---

© Matsuno, 2004　　　　　　　　　　　　　　　　　　西濃印刷㈱・藤原製本

ISBN978-4-7823-0553-9

| | |
|---|---|
| **JCOPY** <出版者著作権管理機構委託出版物><br>本書の無断複製は著作権法上での例外を除き禁じられています。複製される場合は，そのつど事前に，出版者著作権管理機構（電話03-3513-6969，FAX03-3513-6979，e-mail: info@jcopy.or.jp）の許諾を得てください。 | ◎本書のコピー，スキャン，デジタル化等の無断複製は著作権法上での例外を除き禁じられています。本書を代行業者等の第三者に依頼してスキャンやデジタル化することは，たとえ個人や家庭用の利用でも著作権法違反です。 |